U0541469

Securities Law

# 证券法学

禄正平 / 著

商务印书馆
The Commercial Press
2019年·北京

## 图书在版编目(CIP)数据

证券法学/禄正平著.—北京:商务印书馆,2019
ISBN 978-7-100-17306-3

Ⅰ.①证… Ⅱ.①禄… Ⅲ.①证券法—法的理论—中国—教材 Ⅳ.①D922.287.1

中国版本图书馆 CIP 数据核字(2019)第 068970 号

**权利保留,侵权必究。**

## 证券法学

禄正平 著

商 务 印 书 馆 出 版
(北京王府井大街36号 邮政编码100710)
商 务 印 书 馆 发 行
北 京 冠 中 印 刷 厂 印 刷
ISBN 978-7-100-17306-3

| 2019年7月第1版 | 开本 880×1230 1/32 |
| --- | --- |
| 2019年7月北京第1次印刷 | 印张 18¼ |

定价:92.00元

# 序一

在中国，资本市场是一个既古老又新颖的话题。言其古老，是因为很早以前人们就已经意识到可以将货币作为资本进行投资而获利；说其新颖，则是因为资本市场作为一种由社会公众广泛参与的直接投融资活动，是在中国社会主义市场经济全面深入发展的浪潮中、在全球经济一体化的大趋势下，破土而出，方兴未艾。

从1986年9月26日，中国第一个证券交易柜台市场——上海静安证券业务部开业算起，中国资本市场迄今已度过了30年的风雨历程。30多年来，中国资本市场从无到有，从小到大，从街头巷尾零星的自发交易，到组织有序的场内交易；从单一的股票、国债品种，到股票、政府债券、公司债券、政策性金融债券、证券投资基金、商品期货和金融期货等衍生品种；从缺乏集中统一的规范制度到拥有覆盖发行、交易、结算、上市公司并购重组和证券中介服务等领域的相对完善的法律规则，初步建立了符合中国社会主义市场经济需要和特点的资本市场法律制度体系，即证券法体系。

资本市场对我国向市场经济转型具有重要的促进作用。首先，经过股份制改制和公司发行上市，国有经济和民营经济在资本的"混合"与"交融"中获得了新的活力，上市公司成为国民经济中最具有蓬勃增长力和创新力的部分。

其次，资本市场以其复杂多变的特点，对政府管理和引导市场的能力提出了前所未有的挑战，从而使政府管理经济活动的职能和手段发生了显著的改变。证券监管机构在实践中逐渐改革了带有计划经济色彩的传统管理模式，探索和创新了符合市场经济规律、以追求公开公正为特征的新型市场监管方式。

再次，大量的企业、公众和机构投资者通过进入资本市场进行投融资，直接面对市场涨跌起伏，得到投融资理念、风险意识、公平交易、依法经营、合规管理等方面的教育，为我国的改革开放的全方位纵深发展奠定了社会基础。到2018年5月底，我国居民和机构证券交易开户总数已超过1.38亿户，沪深两市总市值约达55万亿元，约占同期全国GDP总量的66%。虽然与发达国家相比尚有较大差距，我国资本市场的发展潜力不可低估。

我国资本市场用30多年的时间追赶西方发达国家约两百年走过的资本市场建设之路，其间充满艰辛曲折、复杂坎坷，遭遇种种困难和挑战。其超高速、超常规的发展，包含了中国改革开放所带来的经济规模快速发展的迫切要求以及经济全球化的强力推动等多种因素，同时也包括了在借鉴发达国家资本市场经验教训的基础上，结合本国实际情况进行的渐进式制度建设。其中，借鉴发达经济体的资本市场监管模式，尊重资本市场发展规律，建立和完善规制市场活动的基础性法律规章并健全以此为根据的监管体制机制，是中国资本市场得以在不长的时期内历经各种逆境而愈挫愈勇的重要原因。

2006年，《证券法》和《公司法》经过全面修订后施行，长期困扰资本市场的"股权分置"问题在制度上得到解决，一大批经营不善的证券公司的财务风险在治理整顿中得到化解，上市公司的控股股东或者实际控制人占用公司资金和上市公司财务造假、操纵市场、内幕交易等违法违规行为受到查处，市场秩序得以整治，从而使市场配置资源的功能有所提高，投资者信心有所恢复。在遭遇2015年股市暴涨暴跌的危机事件后，中国证监会进一步加强市场监管，清理各种威胁市场安全的游资和非法资金的来源和通道，对稳定和发展资本市场起到了较好的支持作用。

本书的立论和讨论，着意于回顾资本市场兴起和发展过程，反思政府监管市场的各种制度安排，洞悉投资者和市场参与者在不同时期的不同投资理念、服务意识、风险意识和法律意识，总结和梳理证券法律法规和规章的体系构成、规制内容，阐明依法治理资本市场对维护公开公平公正的金融交易秩序的重要意义。这无论对证券法初学者，还是对经历市场洗礼的证券投资者、证券业从业者和其他关注资本市场制度建设的人士，都有助于在追本溯源、把握体系、拓展视野中，实现从法律理论到实务应用的全面拓展。

本书作者禄正平先生对资本市场具有长期的实践经验和研究积累。我相信，他对中国资本市场的体验与感悟、对国内外证券制度的观察与思考和对证券法基本原理的领会与洞见，都能够为读者带来良多的教益与启迪。

是为序。

王卫国

2018年6月于北京

# 序二

前几天接禄正平学兄来信，邀我给他的新著《证券法学》作序。忽荷此任，倍感惶恐。这一方面是因为正平君是我的学长，不但曾共同师从于金平教授，而且在研究生学习期间一直是我辈学习的楷模。正平兄在校读书期间曾发表论文若干，每篇都曾作为我们仔细揣摩研读的对象。特别是其与顾培东先生共同翻译的《大陆法系》一书，更是深深影响了包括我在内的一大批后学的研究方法和思维进路，并直接促成了一些现代法学观念的形成。因此由我来给其鸿文作序未免有才轻任重之嫌。另一原因则在于我本人对证券法实无太多建树。虽然早在1991年我也曾出版过证券法著述——《中国证券法的理论与实务》，该书虽然打着专著的旗号，但由于缺乏充足的实践积累和理论支撑，因此其内容大多还是以介绍为主，除其中的无价证券部分为自己原创之外，其他部分基本上是对外国制度的嫁接和对现存制度的整合，法律制度的本土化做的并不够。此后我的研究兴趣和重点并始转向民商法基础理论，期间虽也曾做过一两个证券法方面的课题，发表过几篇这方面的文章，主编过几本这方面的专著，但已无暇再继续进行这方面的系统研究，可以说基本上脱离了证券法教学研究的主流。因此由我来对正平兄的洋洋大著进行评介更有不自量力甚至狗尾续貂之嫌。后经正平兄一再饬令，只好勉为其难地唠叨几句。

# 序二

正平兄于1982年2月考入西南政法学院的民法专业研究生，成为当时群星璀璨的研究生81级的七君子之一，毕业后曾一度留校任教，在调入兰州大学数年后又下海从事实业，先后就职于兰州民百、海南港澳国际信托、西南证券等单位，继而赴美国游学多年，近年又回归本业，受聘南国琼岛三亚学院专任法学教授。

我一直认为正平兄就其本质来说还是知识分子，并不适合风云诡谲、尔虞我诈的"商海"生活，后来的发展也证明了这一点。但值得赞誉的是，正平兄无论是在学校还是在商海，都一直怀有学术报国、知识报国的梦想，且一直没有放弃对学术的探索和追求，虽历经波折和磨难，始终恪守知识分子的本分，保持着学者的风范。呈现在读者面前的这本《证券法学》既是其多年实践探索的升华和理论寻觅的结晶，更是其报国梦想的另一种实现方式。通过阅读正平兄发给我的部分章节内容和提纲，不但感受到其厚重的学识和深厚的学养，更体味到其作为知识分子所具有的那种指点江山、评议天下的责任和担当。凝结其间的既有对中国改革开放建立市场经济的赞许，也有对证券市场扭曲、寻租诈欺横行、公权力泛滥的鞭挞，其拳拳爱国之心溢于言表。初读本书不但使我受教匪浅，感慨良深，更使我兴奋难抑，文思泉涌。为此特结合本书的内容，谈一下我对证券法的一些基本理解，以就教于正平兄并与之研商和琢磨。

按照我的理解，作为应然状态的证券法应该满足以下基本要求和条件：

首先，必须能够充分反映时代的需求。以证券活动作为自己主要调整对象的证券法是创新性非常突出的一个法律领域，中国乃至整个世界的证券法律制度都是在不断的创新过程中逐步加以完善的。正是基于创新，目前的上市公司已经成为我国经济发展中最具增长力和创新、创利能力的中坚力量，成为技术研发的排头兵和朝阳产业的引领者，并为传统的国有经济和集体经济注入了异质性经济成分而激发出非凡的活力。正是基于创新，经过博弈色彩浓烈且充满不确定性因素的证券市场的荡涤、冲击和引领，才促成了中国金融行业由传统金融业向现代金融业的成功转型。其表现是，以从事风险投资和证券交易为主要业务的证券公司、金融资产管理公司、投资公司等各类金融机构大量涌现，改变了传统银行业"坐商"的习惯，并促使它们必须以发现、培育和推介企业上市为目的，积极主动地对潜质企业进行创业投资、风险投资或者战略投资。由于这些金融机构主要从事的是证券、金融衍生产品的培育和交易，从而使金融业在传统的资金融通功能之外，不断通过开发资产证券化及其他各种创新业务的方式，引领企业转型升级，助推实体经济的发展。正是基于创新，直接促进了中国产业结构的调整和技术的不断进步，并通过直接融资、再融资、并购重组等多种方式，使得资本、技术、劳动力等社会资源得到有效整合和合理配置。因此在某种程度上说，创新是证券市场发展的灵魂，没有创新就没有证券市场的兴盛和繁荣。但另一方面我们也不能不清醒地认识到，创新在推动证券市场不断发展的同时，也在不断创造风险和累积风险。因此证券市场虽然允许创新甚至鼓励创新，但鼓励创新并不等于鼓励无把握的冒险，也不等于容忍漠视甚至践踏证券监管规则行为的存在。因为任何创新都会挑战现有的规则和理念，都会在一定程度上弱化政府对市场的掌控力和对风险的预警能力和防范能力。具体到证券市场来说，证券市场既是金融风险的主要载体和主要表现形式，同时也是金融风险的主要来源地，并且证券市场作为各种风险的聚集地，其本身就具有传导风险和放大风险的功能。证券市场通过创设金融衍生品交易的方式产生了金融风险的叠加效应，通过金融加杠杆的方式产生了风险的放大效应，通过形式多样的资产证券化产生了金融风险的累积效应。特别是伴随经济全球化，境外资本的全面渗透既会给我国的证券市场带来动力和活力，同时也会带来压力和风险。2015年中国遭遇的严重股市暴跌就是这种风险释放的一次集中反映。针对此次风险，中国证券监管部门亡羊补牢，通过清理各种威胁市场安全、"脱实向虚"的游资，关闭各种游离于监管之外的非法资金来源和通道等各种方式，拧紧了风险外溢的阀门，从而有效避免了股市风险向其他领域扩散态势的发生。

其次，必须能够有效促进证券市场的健康发展。根据美国著名经济学家布坎南的说法："市场是一种制度过程，在其间个人彼此作用，其目的在于追逐他们各自的不论哪一种目的。18世纪哲学家的伟大发现是：在适宜地设计的法律和制度中间，市场中分散的谋私利的个人的行为产生一种自发的秩序，一个分配结果的模式，它不是任何人选择的，但是它可以合适地归类为能反映参加者的价值最大化的秩序。"[①] 中国资本市场用30多年的时间走过了西方主要资本主义国家用约两百年时间的资本市场建设之路，其间充满艰辛曲折、复杂坎坷，遭遇种种困难和挑战。其超高速、超常规的发展，主要得益于中国改革开放所引发的社会生产力释放，现代文明的广泛传播，现代经济全球化的强力推动等多种因素，其中也包括对西方国家资本市场成功经验的广泛借鉴，但更

---

[①] ［美］詹姆斯·布坎南：《自由、市场和国家》，吴良健等译，第88页，北京经济学院出版社1988年。

为重要的还是立足中国国情，充分发挥证券市场对社会经济特别是实体经济的促进作用。按照学界观点，营利既是公司设立的目的，也是判断公司是否具有存在价值的主要标志，而证券法的主要作用之一就是通过各种外在的强制和引导，鼓励企业采取各种刺激手段，增强企业活力，以便为社会创造更多财富，为投资者带来更多回报。国内外在这方面比较成功的做法包括以充分调动公司管理层积极性为目的的股票期权制度，以强化员工和企业之间联系为目的的职工持股制度，以鼓励投资人长期持续持有公司股票为目的的类别股制度，以保护公司经营管理人员勤勉尽责为内容的商业判断规则等。不仅如此，通过观察发达国家证券市场的成功经验我们还可以看出，鼓励创新和构建覆盖范围广泛的多层次证券交易市场与多类型交易品种是保障证券市场繁荣发展的基础，但其健康发展则有赖于实体经济核心地位的确立，虚拟经济必须以服务于实体经济为发展目的，实体经济应当而且必须作为证券市场的主要经济载体。为此必须对那些有害于交易安全、有害于实体经济发展、有害于企业正常竞争的行为进行必要限制，抑制虚拟经济的非理性发展，积极稳妥推进期货期权市场建设。

再次，目的导向必须科学明确。立法目的是否明确、科学，不仅影响到证券法律制度的具体设计，而且影响到我国证券市场能否持续健康运行。据统计，到 2018 年 5 月底，我国居民和机构证券交易开户总数已超过 1.38 亿户，沪深两市总市值约达 55 万亿元，约占同期全国 GDP 总量的 66%。规模庞大的证券市场既为我国的国企改革、产业升级、科技发展提供了雄厚的资金供给，而且也为我国政治、经济、文化进一步向纵深改革发展奠定了坚实的群众基础。由于投资者是证券市场赖以有效运行的基础，因此各国证券法无一不把保护投资者利益放到突出的位置，努力通过良好的制度设计为投资者提供一种参与社会财富创造的机会和渠道，以帮助投资者实现财产保值增值的目的。但我们也应冷静看到，由于证券市场和证券交易制度既是市场经济发展到一定阶段的产物，同时也是市场经济的重要组成部分，因此证券市场和证券交易的相关制度设计中虽然要将保护投资者利益放到重要位置，但绝不能将其视为制度设计的根本目标甚至是唯一目标。证券法就其本质来说，应当是市场经济的促进法，是改革成果的分享法。因此，建立证券市场的目的并不是为了实现社会财富在不同主体间的转移和重新分配，而是建立合理的利益共享机制，成熟的证券法必须是能够充分实现改革成果和社会利益共同分享的良性共享型法律制度体系。如果简单地将保护投资者利益放到绝对优先考虑的位置，不仅会影响证券法相关制度的理性设计，更无法实现证券法所应承载的多项历史使命，特别是证券法所追求的刺激投资，引导资源优化配置的目的。从法律性质来说，证券法既包括具有私法属性的以配置权利义务为内容的证券交易法，也包括具有公法属性以对证券市场监管为目的的市场调控法。但无论是哪种性质的证券法，公平都是其必须考虑的价值目标。当然这里的公平既包括传统民商法思维所强调的证券交易主体之间权利义务配置的公平性，也包括经济法思维中的证券资源配置的公平性。因此相关的法律既要强调交易对象和交易条件的公平，也要注重交易结果的公平性。既承认每个市场主体的平等交易权利，充分发挥市场对证券资源配置和权利义务分配的指导作用，同时也要以实现证券福利的公平分享为目标，有条件地对市场自发作用所导致的利益分配失衡进行干预和矫正，因为"即使是最有效率的市场体系，也可能产生极大的不平等"[1]。因此要求所有社会主体都能公平且普惠性地受益于证券体系的运行和发展。理想的证券法必须是既能够最大限度地保护投资者的利益，又能够充分正视证券关系中的利益纠葛，妥善处理各种复杂的利益关系。

　　复次，必须能够反映证券市场发展规律和内在要求。在西方社会，资本市场是推动资本主义国家经济发展的最重要驱动器之一。从资本市场产生之日起，对资本市场的监管就成为国家的一项重要经济职能，其基本的监管逻辑是从自发过渡到自律，然后发展到规制，最后回归到规制与自律相结合。值得注意的是，这一路径并非呈线性的单一递进状态，而是间或有重叠与交叉，但总的态势是由自律监管向规制与自律相结合的方向发展。这一发展趋势不仅反映了不同经济体制下政府与市场关系因不断磨合而达致的和谐与协调，而且在更深层的意义上则体现了市场经济发展带来的公平与效率关系的平衡与统一。因此市场主体要想实现其营利目的必须以良好的秩序为条件，证券法也始终以维护交易秩序作为自己的功能领域。其原因在于，正常的社会秩序既是社会关系得以有效展开的必要条件，同时也是主体权利得以实现的前置条件，诚如哈耶克所言："显然，在社会生活中存有某种秩序、某种一致性和某种恒久性。如果社会生活中不存在这样一种有序性的东西，那么任何人都不可能有能力做好自己的事情或满足自己最基本的需求。"[2] 质言之，证券法的作用并非表现在国家借助于

---

[1] ［美］保罗·萨缪尔森、威廉·诺德豪斯：《微观经济学》，萧琛等译，第29页，华夏出版社1999年。
[2] ［英］弗里德利希·冯·哈耶克著：《法律、立法与自由》（第1卷），邓正来等译，第54页，中国大百科全书出版社2000年。

强力对证券市场发展所进行的预先制度设计，而是更多地体现在站在公正的立场上，通过对市场违法违规行为的查处，对市场主体行为的规制等手段，依法维护市场公平交易秩序，以实现证券交易行为公平、公开、诚信、有效的目的。证券法的存在同时还表明，资本市场并不是一个完全自由放任的市场，市场主体必须按照规范和制度从事相关的活动并接受监管部门的监管。同时也要求政府必须转变证券市场监管理念，因为完全依据政府意志进行运行的市场经济并不是真正的市场经济，充其量是一种披着市场经济外衣的"伪市场经济"。为了充分满足证券市场的以自由和自治为核心的内在发展要求，必须放弃使用类似计划经济时代的简单行政命令或政策指示，探索建立和健全符合市场自身发展规律的规范和制度，并不断完善其实现机制。

又次，必须能够实现对市场投机性的谦抑和对投资性的鼓励。投机性强，投资性显著不足，一直是中国证券市场最为人所诟病的痼疾之一。证券市场必须具有一定的投机性，这种投机性既是人性中的速富心理借助于证券市场这一特殊介质所进行的正常释放，同时适度的投机性也是保持证券市场持久生命力和持续活跃性的必然要求。但另一方面，证券市场也不能完全以投机性作为唯一的行为准则，否则投机所隐含的非理性和狂热性会冲垮正常的证券秩序，甚至会淹没整个证券行业，因此必须通过充裕的投资性行为对投机性行为进行稀释和中和。这要求证券法的所有规则设计都必须具有稳定性、确定性和可预期性，并建立适当的投机冷却和风险隔离机制（典型的如涨跌板限制，熔断机制，延时交割机制等）。因此，所有的制度设计都应当以有利于支持上市公司稳定健康发展为目标，既不能用急功近利式的政策偏好代替具有稳定性的制度设计，也不能以鼓励创新为名，助长各类投机行为的发生。就世界各国的经验来看，虽然几乎各国立法都不会绝对禁止证券投机行为，但当这些投机行为已经触及人类道德的底线从而具有非正义品性时，法律就必须站出来予以干涉，以避免整个资本市场沦落为唯利是图的冒险家的乐园。当然从立法技术来说任何国家的证券法其着眼点并不在于完全消除市场投机行为，而是用制度来改变投资者的投资偏好，减缓投机给社会造成的危害，并将投机行为限制在不危害金融安全和经济安全的限度之内。

最后，必须能够有利于助推社会道德水平的提高。由于证券行为相对于其他行为来说具有行为目的的投机性，结果的不确定性，风险的不可控性，信息的不对称性等，由此导致行为主体趋利避害的行为取向明显，见利忘义的现象突出，其结果是在繁荣交易的背后播下了诸多"魔鬼的种子"。

但值得说明的是，证券交易行为的高频性，交易内容的模糊性，交易目的的逐利性，交易对手的非明确性等，都不能作为排斥证券法道德适用的原因，因为法律存在的目的既是为了维护社会正常运转的秩序，同时也是为了固化和弘扬作为理性人和社会人所必备的内在道德品质。正是在这个意义上说，任何法律都负有增强社会道德凝聚力和提升社会道德水平的任务。因此证券法绝不能成为道德雨露播撒的例外之地，这既是保证证券市场健康发展的基础，同时也是良法善治的基本要求之一。证券法的作用并不是消极的对人性中的非良善习性进行简单的迎合和确认，而是利用道德的引领功能对人性中的不良基因进行矫正和抑制，从而将个人的逐利行为限制在不损害他人利益的限度之内。换言之，由于"法律秩序发挥作用的前提是，它必须达到具有约束力的道德规范的最低限度。任何法律秩序都是以道德的价值秩序为基础的。"① 因此证券法律制度的设计中除了要注重立法的技术性要求之外，还必须注重满足法律的伦理性要求，必须在冷冰冰的法律规则中适当融入一些具有价值引领功能的道德规范，尤其是要重塑投资者的诚信意识和规则意识，强化法律对有违道德的造假行为、背信行为、蒙骗行为等诈害投资者利益的行为进行全方位的行为约束和严格的责任追究。如果证券法的设计不能很好地实现对社会道德的升华和净化，而是以缺乏经验为由对少数人的恶意行为肆意放纵，其结果诚如拉德布鲁赫在《法律中的人》所言："在一切称之为无经验、穷困、轻率的场合，专门以狡猾、放任且利己的人为对象而制定的法，只能将与之性质不同的人引向毁灭。"② 这无疑是我们在进行证券法律制度设计时所应竭力予以避免的。

资本市场以其诡谲多变的特点对政府管理和引导市场的能力提出了前所未有的挑战。为了保障市场经济的健康发展，强有力的政府监管是必不可少的。有市场交易活动就必须有管理，市场交易也只有在科学监管之下才能有效运行。对市场监管最主要的方式是建章立制，确定"游戏规则"。由于资本市场相对于其他类型的市场而言具有更多的不确定性和投机性，因此，更需要通过不断完善"游戏规则"的方式，营造公开、公平、公正的外部环境，以吸引和鼓励更多的投资者积极参与证券投资活动。尤为关键的是建立体系严密、内容科学的证券法律体系。这里的法律

---

① ［德］魏德士：《法理学》，丁晓春等译，第180页，法律出版社2005年。
② ［日］星野英一：《私法中的人》，王闯译，第65页，中国法制出版社2004年。

体系既包括那些保障资本市场健康稳定运行的法律、法规、规章，以及在此基础上形成的自律性规则，这构成资本市场规制的静态方面；也包括资本市场主体根据各自的需求，针对具体的市场客体即证券及其衍生产品，依照法律法规和规章所进行的市场行为以及证券监管机构依法对市场秩序进行监管的机制及其活动规则，这构成资本市场规制的动态方面。

需要指出的是，政府对证券市场进行干预的主要手段应当是通过调节供给的方式或改革交易方式和交易规则的方式消除或减弱股市的投机色彩，而不是直接参与市场买卖，或是通过增加货币供应量、限制交易等行政措施，影响股价的涨跌。对证券市场交易价格的强力干预虽然在较短时期内可以改变市场的价格走势，但却无法从根本上改变证券市场的供求关系，短期的价格固化只是为更加剧烈的价格波动积蓄了动能，无异于饮鸩止渴。更何况"用行政命令代替市场交易而作用于企业交易的行政成本并不一定低于被代替的市场交易成本，这需要一个极其复杂的程序来证明。"[①] 换言之，虽然在现代社会，国家对社会经济生活进行适当干预既具有必要性，也具有可能性，但这种干预应以确属必要为限。市场运行有其自身的规律，也有自己的运行要求和运行逻辑。因此，既不能用政府决策代替市场决策，也不能用监管者判断代替投资者判断，市场不应成为政府的玩偶和工具。就具体实施结果来看，证券法的主要作用之一就是促使政府管理经济活动的职能和手段从根本上得以改变，中国证券市场监管的曲折发展历程已充分证明了这一点。

本书的作者凭据自己与中国资本市场共同成长、共同发展的从

---

① ［美］罗纳德·哈里·科斯：《企业、市场与法律》，盛洪、陈郁译，第114页，上海格致出版社、上海三联书店、上海人民出版社2009年。

业经历，通过多年的潜心研究和积淀，深刻阐释了证券法的基本原则和具体规范制度的法理渊源和适用依据，全面回顾了中国资本市场兴起和发展的艰辛过程，冷静反思了政府监管的各种制度安排的得与失，准确总结和梳理了中国证券法律、法规和规章的体系构成与规制内容，详细阐明了依法治市对维护公开、公平、公正的证券市场的重大意义。本书的出版无论是对法学理论研究工作者来说，还是对司法实践部门和立法部门而言，都会大有裨益。对于证券法初学者和那些关注资本市场制度建设的人士来说，通过阅读本书，能够明了中国证券市场的发展脉络，准确厘清杂乱繁冗的证券关系和证券法律制度，实现从法律规制知识到实际操作实践的飞跃与过渡。对那些业经市场洗礼的证券投资者、证券从业人员和证券法律实务工作者来说，本书丰富的史料、深邃的理论则具有探本溯源、盘根究底、厘清疑惑、拓展视野、启迪思维的作用，有助于实现对证券法律制度更精准的理解与适用。

值得说明的是，囿于自己的学识所限，尚无法对本书给予全面的评介，既有的论述也难免有挂一漏万、捡椟遗珠之嫌。实际上本书的学术贡献远不止于此，许多闪光点尚有待于读者在仔细阅读后予以体味和发掘。

最后，让我们携起手来，共同为建立具有中国特色的理念先进、规定科学、结构完备、设计合理的创新性证券法律制度而努力奋斗！

是为序！

赵万一

2018年6月18日于西南政法大学

# 目 录

序一 ································································ 王卫国
序二 ································································ 赵万一

## 第一编 总论

### 第一章 资本市场概述 ··········································· 3
第一节 资本市场的形成和发展 ································ 3
一、股份制与资本市场 ········································ 4
二、虚拟经济与资本市场 ······································ 9
三、证券市场、资本市场、金融市场三者之间的关系 ········ 13
四、资本市场是配置资源的最佳手段 ······················· 15
第二节 美国证券立法及其对中国证券法的影响 ············· 18
一、美国资本市场及其监管模式的崛起 ···················· 19
二、美国资本市场监管的主要立法和制度 ·················· 22
三、美国证券立法和监管模式的特点 ······················· 25
四、美国联邦证券立法对我国证券法的影响 ··············· 28

### 第二章 证券的法律特征与分类 ······························ 34
第一节 证券探源 ················································ 34
一、证券在中国的滥觞 ······································· 34
二、证券作为商品的流动性 ·································· 36

三、期货是一种特殊的证券⋯⋯⋯⋯⋯⋯⋯⋯⋯⋯⋯⋯⋯ 37
　第二节　证券的法律特征⋯⋯⋯⋯⋯⋯⋯⋯⋯⋯⋯⋯⋯⋯⋯ 40
　　　一、证券是一种财产权利⋯⋯⋯⋯⋯⋯⋯⋯⋯⋯⋯⋯⋯ 40
　　　二、证券的表现形式⋯⋯⋯⋯⋯⋯⋯⋯⋯⋯⋯⋯⋯⋯⋯ 44
　第三节　证券分类⋯⋯⋯⋯⋯⋯⋯⋯⋯⋯⋯⋯⋯⋯⋯⋯⋯⋯ 48
　　　一、民商法理论广义上的证券分类⋯⋯⋯⋯⋯⋯⋯⋯⋯ 48
　　　二、国外立法对证券品种的划分⋯⋯⋯⋯⋯⋯⋯⋯⋯⋯ 50
　　　三、我国证券法对证券品种的规制⋯⋯⋯⋯⋯⋯⋯⋯⋯ 52

第三章　我国证券法的产生和发展⋯⋯⋯⋯⋯⋯⋯⋯⋯⋯⋯⋯ 55
　第一节　我国证券法的缘起和流变⋯⋯⋯⋯⋯⋯⋯⋯⋯⋯⋯ 55
　　　一、我国证券法律法规的初步形成⋯⋯⋯⋯⋯⋯⋯⋯⋯ 55
　　　二、《证券法》产生的历史背景与局限性⋯⋯⋯⋯⋯⋯⋯ 57
　　　三、《证券法》的修订与完善⋯⋯⋯⋯⋯⋯⋯⋯⋯⋯⋯ 60
　第二节　证券法的综合法性质⋯⋯⋯⋯⋯⋯⋯⋯⋯⋯⋯⋯⋯ 62
　第三节　证券法的作用⋯⋯⋯⋯⋯⋯⋯⋯⋯⋯⋯⋯⋯⋯⋯⋯ 67
　　　一、资本市场制度安排与证券法的关系⋯⋯⋯⋯⋯⋯⋯ 68
　　　二、证券法调整的资本市场诸关系⋯⋯⋯⋯⋯⋯⋯⋯⋯ 72
　　　　（一）资本市场的民商事关系⋯⋯⋯⋯⋯⋯⋯⋯⋯⋯ 73
　　　　（二）资本市场的行政监管关系⋯⋯⋯⋯⋯⋯⋯⋯⋯ 76
　　　　（三）资本市场的自律管理关系⋯⋯⋯⋯⋯⋯⋯⋯⋯ 78
　第四节　证券法在我国法律体系中的地位⋯⋯⋯⋯⋯⋯⋯⋯ 79
　　　一、证券法和其他法律部门的关系⋯⋯⋯⋯⋯⋯⋯⋯⋯ 79
　　　二、我国证券法律规范体系⋯⋯⋯⋯⋯⋯⋯⋯⋯⋯⋯⋯ 82

第四章　证券法的原则⋯⋯⋯⋯⋯⋯⋯⋯⋯⋯⋯⋯⋯⋯⋯⋯⋯ 85
　第一节　法治是资本市场健康稳定运行的根本保障⋯⋯⋯⋯ 85

第二节　保护投资者利益是证券法的第一要务 …………… 89
　　一、保护中小投资者利益是证券法的重中之重 ………… 89
　　二、对资本市场社会公共利益的解读 …………………… 91
第三节　依法促进竞争和资本资源的合理配置 …………… 93
第四节　资本市场的公开、公平和公正 …………………… 96
　　一、资本市场不同于普通商品市场的特点 ……………… 96
　　　　（一）证券及其衍生产品的特殊性 ………………… 97
　　　　（二）证券发行人、上市公司的特殊性 …………… 98
　　　　（三）证券公司和其他证券服务机构的特殊性 …… 98
　　二、资本市场"公开"的要求 …………………………… 99
　　　　（一）"公开"的内容要求 ………………………… 99
　　　　（二）"公开"的程序要求 ………………………… 100
　　三、资本市场"公平"的要求 …………………………… 101
　　　　（一）市场主体的地位平等 ………………………… 101
　　　　（二）市场主体自愿、自由地进出市场 …………… 102
　　　　（三）市场主体享有完全平等的市场待遇 ………… 102
　　四、资本市场"公正"的要求 …………………………… 103
　　　　（一）规则公正 ……………………………………… 105
　　　　（二）程序公正 ……………………………………… 105
　　　　（三）行为公正 ……………………………………… 106
第五节　资本市场是最讲求诚实信用的市场 ……………… 107
　　一、诚实信用原则在资本市场的体现 …………………… 107
　　二、证券法对证券欺诈行为的规制 ……………………… 108
第六节　证券业与其他金融业适度分业经营与监管 ……… 110
第七节　资本市场必须实行集中统一监管 ………………… 113

一、集中统一监管模式的缘起 ……………………………… 113
二、集中统一监管模式的优势 ……………………………… 116
三、集中统一监管模式的弊端 ……………………………… 118
第八节 自律是资本市场健康发展的基石 ……………………… 120
一、自律的构成 ……………………………………………… 120
二、自律与他律的关系 ……………………………………… 122
三、竞争与垄断的关系 ……………………………………… 123

第五章 证券品种 ……………………………………………………… 125
第一节 股票 …………………………………………………… 125
一、股票及其法律特征 ……………………………………… 125
二、股票估值与风险 ………………………………………… 127
三、股票存托凭证 …………………………………………… 130
第二节 债券 …………………………………………………… 134
一、债券概说 ………………………………………………… 134
二、债券品种 ………………………………………………… 135
三、债的权能 ………………………………………………… 137
四、债券的表现形式 ………………………………………… 139
五、债券的赎回、回售与回购 ……………………………… 141
第三节 证券投资基金 ………………………………………… 142
一、证券投资基金的法律特征 ……………………………… 142
二、证券投资基金的运营特点 ……………………………… 143
三、开放式基金——共同基金 ……………………………… 145
四、封闭式基金 ……………………………………………… 146
五、私募基金和对冲基金 …………………………………… 148
第四节 证券衍生产品 ………………………………………… 150
一、证券衍生产品概说 ……………………………………… 150

二、创设证券衍生产品的必要性 ································ 152
　　三、证券衍生产品的表现形式 ···································· 153
　　四、证券衍生产品的高风险性 ···································· 154

# 第二编　市场主体

第六章　投资者 ················································ 159
　第一节　中小投资者 ·········································· 160
　　一、中小投资者的法律含义 ······································ 160
　　二、保护中小投资者利益的监管措施 ······················ 162
　　三、中小投资者维护自己合法利益的手段 ············· 167
　　四、中小投资者必须具备的投资风险意识 ············· 169
　第二节　上市公司控股股东和实际控制人 ············· 170
　　一、上市公司控股股东及其控制性利益 ·················· 171
　　二、上市公司实际控制人 ········································ 174
　第三节　机构投资者 ·········································· 175
　第四节　证券投资基金管理公司 ··························· 179
　　一、基金管理公司的法律性质 ·································· 180
　　二、基金管理公司的主要职责 ·································· 182
　第五节　证券私募基金机构 ··································· 183
　　一、证券私募基金机构的法律性质 ·························· 183
　　二、证券私募基金的运营风险 ·································· 185

第七章　证券发行人和上市公司 ··························· 188
　第一节　证券发行人和上市公司的法律定位 ········ 188
　　一、上市公司的法律含义 ········································ 188
　　二、证券发行人的法律含义 ······································ 190
　　三、证券发行人和上市公司的相互关系 ·················· 193

## 目 录

第二节　证券发行人和上市公司的企业价值 …… 194
　　一、企业价值的认定 …… 194
　　二、企业价值的人文因素 …… 196
第三节　证券发行人和上市公司的市场主体特性 …… 200
　　一、证券发行人、上市公司与普通企业的区别 …… 200
　　二、证券发行人和上市公司治理的三重关系 …… 203
　　三、证券发行人和上市公司的法人治理结构 …… 205
　　四、上市公司的退市 …… 208

第八章　证券公司 …… 211
　第一节　证券公司的多重法律主体地位 …… 212
　　一、证券经纪人 …… 212
　　二、实力雄厚的机构投资者 …… 213
　　三、证券保荐与承销人 …… 214
　　四、投资咨询机构 …… 214
　　五、专业财务顾问 …… 215
　　六、投资理财专家 …… 216
　第二节　证券公司与其他市场主体的关系 …… 217
　　一、与中小投资者的关系 …… 217
　　二、与证券发行人和上市公司的关系 …… 218
　　三、与证券服务机构的关系 …… 219
　　四、与机构投资者的关系 …… 220
　第三节　证券公司内部风险控制 …… 221
　　一、证券公司内部风险控制之殇 …… 222
　　二、证券公司内部风险控制体制机制建设 …… 224
　　三、证券公司财务风险与控制 …… 226

四、证券公司各项主要业务的风险与控制 …………………… 227
第九章　证券服务机构 ………………………………………………… 237
　第一节　从事证券业务的会计师事务所 …………………………… 237
　　一、会计师事务所从事证券业务的特点 …………………………… 238
　　二、会计师事务所从事证券业务的基本要求 ……………………… 240
　　三、会计师事务所从事证券业务的风险控制制度 ………………… 241
　第二节　从事证券业务的律师事务所 ……………………………… 243
　　一、律师事务所从事证券业务的要求 ……………………………… 244
　　二、律师事务所从事证券业务的特点 ……………………………… 245
　　三、从事证券业律师的常见违法违规行为 ………………………… 248
　　四、从事证券业律师的道德风险控制 ……………………………… 250
　第三节　证券投资咨询机构 ………………………………………… 252
　　一、证券投资咨询机构概说 ………………………………………… 252
　　二、证券咨询人员违法违规行为与风险控制 ……………………… 254
　第四节　财务顾问机构 ……………………………………………… 257
　　一、财务顾问机构概说 ……………………………………………… 257
　　二、财务顾问机构在上市公司并购重组中的法律地位 …………… 259
　　三、财务顾问业务违法违规行为及其风险控制 …………………… 262
　第五节　资信评级机构 ……………………………………………… 263
　　一、资信评级机构概说 ……………………………………………… 263
　　二、资信评级与债务风险的关联 …………………………………… 266
　　三、资信评级机构的业务风险和控制 ……………………………… 268
　第六节　资产评估机构 ……………………………………………… 270
　　一、资产评估机构概说 ……………………………………………… 270
　　二、证券资产评估业务违法违规行为及其风险控制 ……………… 272

## 第三编　市场行为

### 第十章　证券发行 … 281
#### 第一节　证券发行概说 … 281
#### 第二节　发行证券的法定条件 … 283
一、证券公开发行与非公开发行的法律界限 … 283
二、公开发行股票的法定条件 … 284
（一）首次公开发行股票的主要条件 … 285
（二）上市公司公开发行新股的主要条件 … 286
三、公开发行公司债券的法定条件 … 287
四、保荐人制度对公开发行证券的法律意义 … 292
#### 第三节　证券发行审核制度 … 295
一、证券发行审核制度概说 … 295
二、证券发行核准制的法律意义 … 298
#### 第四节　证券承销制度 … 301
一、证券承销制度概说 … 301
二、证券承销协议 … 303

### 第十一章　证券上市交易 … 306
#### 第一节　证券上市交易概说 … 306
一、上市交易与柜台交易的各自定位 … 307
二、证券上市交易的基本要求 … 310
三、证券上市交易与证券发行的联系和区别 … 312
四、股票上市交易的保持、风险警示、暂停和终止 … 314
五、公司债券上市交易的保持、暂停和终止 … 319
#### 第二节　持续信息公开制度 … 320
一、持续信息公开制度的法律意义 … 320

二、持续信息公开制度的基本要求 323
　　三、信息公开的主要内容 328

第十二章 上市公司收购与重大资产重组 330
　第一节 上市公司收购概说 330
　　一、上市公司收购概念辨析 330
　　二、收购人 333
　　三、上市公司收购的财务顾问 337
　第二节 上市公司收购信息披露 339
　第三节 上市公司收购方式 342
　　一、要约收购 342
　　二、协议收购 347
　　三、强制要约收购豁免 352
　　四、管理层收购 355
　第四节 上市公司收购的反收购 360
　第五节 上市公司重大资产重组 363
　　一、上市公司重大资产重组概说 363
　　二、上市公司发行股份购买资产 367

第十三章 禁止的交易行为 371
　第一节 禁止的交易行为概说 371
　第二节 虚假陈述行为 374
　　一、虚假陈述行为概说 374
　　二、虚假陈述行为的主体 378
　　三、虚假陈述行为的表现方式 380
　第三节 内幕交易行为 383
　　一、禁止和处罚内幕交易行为的法律意义 383

## 目 录

　　二、内幕交易行为构成 ……………………………………… 389
第四节　操纵市场行为 …………………………………………… 395
　　一、操纵市场行为概说 ……………………………………… 395
　　二、操纵市场行为的具体表现方式 ………………………… 398
第五节　编造、传播虚假信息行为 ……………………………… 405
　　一、编造、传播虚假信息行为概说 ………………………… 405
　　二、编造、传播虚假信息的表现方式 ……………………… 407
　　三、编造、传播虚假信息行为的认定 ……………………… 410
第六节　欺诈客户行为 …………………………………………… 411
　　一、欺诈客户行为概说 ……………………………………… 411
　　二、欺诈客户行为的构成 …………………………………… 412

# 第四编　市场规制

第十四章　证券自律管理机构 …………………………………… 419
　第一节　证券自律管理机构概说 ……………………………… 419
　第二节　证券交易所 …………………………………………… 422
　　一、证券交易所概说 ………………………………………… 422
　　二、证券交易所自律管理的特点 …………………………… 426
　　三、证券交易所的职能 ……………………………………… 428
　第三节　证券登记结算机构 …………………………………… 431
　　一、证券登记结算机构概说 ………………………………… 431
　　二、证券登记结算机构的法律地位和职能 ………………… 433
　　三、证券登记结算机构的风险与控制 ……………………… 436
　第四节　证券业协会 …………………………………………… 438
　　一、证券业协会的法律地位 ………………………………… 438
　　二、证券业协会的职责 ……………………………………… 440

## 第十五章 证券监管机构 … 443
### 第一节 证券监管机构的法律地位和职责 … 443
一、分业监管与金融业混业经营监管的协调 … 444
二、证券发行审核制及其寻租风险控制 … 447
三、证券监管机构的职责 … 449
### 第二节 监管、查处证券违法违规行为的程序 … 452
一、监管调查措施 … 452
二、行使监管职权的程序 … 454

## 第十六章 证券违法违规行为 … 459
### 第一节 证券违法违规行为概念辨析 … 459
### 第二节 证券违法违规行为的特征 … 463
一、证券违法违规行为的一般特征 … 463
二、证券违法违规行为的行业特征 … 466
### 第三节 证券违法违规行为产生的原因 … 472
一、政府机构对资本市场发展和治理缺乏经验 … 472
二、市场各类机构和个人投资者尚未成熟 … 473
三、多种因素造成的资本市场监管不力 … 474
### 第四节 证券违法违规行为的构成 … 477
一、证券违法违规行为的侵害对象 … 477
二、证券违法违规行为的客观表现 … 479
三、证券违法违规行为的主体 … 482
四、证券违法违规行为的主观方面 … 485

## 第十七章 证券违法违规行为的法律责任 … 489
### 第一节 证券违法违规行为的监管处罚责任 … 489
### 第二节 证券侵权行为的赔偿责任 … 494

一、证券侵权责任的特点 ………………………………… 494
　　二、证券侵权行为承担赔偿责任的法律依据 …………… 497
　　三、证券侵权行为承担赔偿责任的条件 ………………… 500
　　四、证券侵权行为承担赔偿责任的诉讼程序问题 ……… 506
　第三节　证券犯罪的刑事责任 ……………………………… 509
　　一、证券犯罪的特点 ……………………………………… 509
　　二、证券犯罪罪名构成与刑事责任 ……………………… 512

# 附录

　一、主要证券法律法规、规章汇总表 ……………………… 522
　二、案例索引表 ……………………………………………… 537
主要参考文献 …………………………………………………… 548
后记 ……………………………………………………………… 552

# 第一编 总论

# 第一章 资本市场概述

## 第一节 资本市场的形成和发展

现代意义上的资本市场是伴随着证券这种特殊商品的产生、交易而逐渐形成和发展起来的。

资本市场发轫于近代西方，率先从海上运输和海上贸易强国，如荷兰、瑞典、西班牙、葡萄牙、英国等国出现，距今已有四百多年的历史。1531年，荷兰的安特卫普正式开张了世界上第一个商品交易所，不过人们在这里交易的不是实物，而是代表商品期货单证的商品远期交货合约，如货单、包单、船单等。因为这种商品买卖并非现货交易，绝大多数商品交货期是在未来货运船只到岸以后，交易者是以某种商品凭证代表所买卖的标的物，商品所有权表现为未来交货的合约或者提货单证，其交易便开始具有了证券交易的雏形。这种与海上运输和海上贸易直接关联的商品期货交易，从一开始就带有风险交易和信用交易的混合成分：是交易者对未来某一时间才交货的商品质量、运输风险、支付能力的预期，是用金钱对未来时段可能获得收益的商品的直接投资，是交易者彼此之间对受未来不确定因素影响的商品买卖的博弈，是金钱与商品的现实交换向金钱转化为资本的嬗变。所以，包含了信用交易因素的期货交易是资本市场的萌芽。

西方国家较为严格意义上的资本市场形成，与股份制企业即股份公司的产生及其发行股票、公司债券的活动互为依托，相伴而行。1553年，英国以公开招股方式成立主要从事远洋运输的莫斯科尔公司，1581年成立凡特利公司。船运公司刚开始运营时，每次航行回来就返还股东投资和分红，其后改为将资本留在公司内长期使用，每次航行回来仅就盈利进行分红，从而产生了公司的普通股份制度。1602年，荷兰东印度公司成立，并于1605年成立了世界上第一个公司董事会，由此开始发行现代意义上的股票。1613年，荷兰阿姆斯特丹证券交易所开张，这是人类历史上的第一个正式的证券交易所，它将过去人们零星散落的街头证券交易吸纳到正规的场所并加以现场管理，开创了资本市场及其证券交易管理的先河。

## 一、股份制与资本市场

股份制既是反映生产社会化的企业先进经营方式和管理模式，又是一种财产组织形式。股份制企业基于募集多个或众多私人的资金而形成，在管理和经营上必然适度脱离单个个人的私人属性，而具有了社会化以及多人共同经营管理的特征，所谓公司法人治理结构即是由此而来。由多人共同出资，组成一个"共同资本"或者"共同资金"，也称为公司的总股本或总资本。公司对内虽有股份分割并量化到个人股东，对外却是一个不可分割的整体法人资本。公司的行为表现为全体股东的意志，而不是少数个人股东的意志。

马克思在《资本论》中对此论述道：股份制度是在资本主义生产方式本身范围内产生的，通向一种新的生产形式的过渡形式。"它是在资本主义体系本身的基础上对资本主义私人产业的扬弃；它越是扩大，越是侵入新的生产部门，它就越会消灭私人产业。"[①] 马克思还高度评价了股份公司在集中社会资金、积累资本、促进经济发展方面的独特作用。比如像修建铁路这样规模浩大、所需资金甚巨的工程，完全依靠单个个人资本积累，很难在短时间内凑齐所需基金。通过股份公司发行股票，募集巨额资金转瞬之间便可完成。马克思对股份制企业作用及其未来前景的阐述，高度概括和预示了股份制度的社会性本质及其大规模发展的方向。在马克思逝世之后的一百多年里，资本主义国家的私人资本借助股份制以及其他公司模式，聚集资金，扩大生产经营规模，使社会生产力快速提高，社会财富迅猛膨胀。英、法、德、美等后起的资本主义国家更是借助工业革命以来的资本市场发展，一跃而成为世界资本主义强国。

我国资本市场形成和发展也与股份制度密切相关。在1949年新中国建立之前，上海是中国内地最早出现股票和证券交易所的城市。1840年鸦片战争之后，英帝国主义者不仅用坚船利炮轰开了清王朝尘封已久的国门，也将资本主义的生产经营方式引入已经沦为半殖民地城市的上海。在此之前，我国古代专制皇权朝代的统治者不仅对外实行闭关锁国的"海禁"政策，对内更是宣扬"重农抑商"、"重义轻利"、"读书做官"、"无商不奸"等与商品经济完全对立的小农经济意识和"官本位"的理念。因此，像诸

---

[①]《马克思恩格斯全集》第25卷，第493页，人民出版社2005年。

如"契据"、"仓单"一类的书面凭证，仅限于证明财产权利，并无财产流通转让的证券交易功能。即使晚近在清朝末年出现的可以流通的"银票"、"行票"等票据，也只是一种替代货币的支付工具，与股票、债券、期货等投资工具相去甚远，资本市场更无从谈起。

1891年，伴随着外国资本主义进入中国并开始在上海租界地面进行证券交易，上海建立证券捐客公会，是我国历史上首次出现的证券经纪人及其证券经纪机构的雏形。此时，起源于我国民族资本主义的公司、工厂纷纷在上海及其周边城市开办，产生了为企业募集资金的股票、债券发行和交易行为，同时还有民国政府发行的公债的交易活动，逐渐形成了经纪人自行组织证券交易的零散市场。1920年前后，上海证券物品交易所和上海华商证券交易所分别开业，从此，中国有了现代意义上的资本市场。茅盾的小说《子夜》及据此改编的电影，对20世纪20和30年代的上海证券市场股票买卖和投机有较多描写，从中可以窥见一斑。[①]

我国现代企业制度、股份制度及其相应的资本市场，是在1978年中国进行全面改革开放之后，随着社会主义市场经济观念普及、深化，市场经济制度的逐步建设和发展，才开始为今天的国人所认识和接受。1997年9月召开的中共十五大会议的工作报告，对股份制作出了科学的结论："股份制是现代企业的一种资本组织形式，有利于所有权和经营权的分离，有利于提高企业和资本运作的效率，资本主义可以用，社会主义也可以用。不能笼统

---

[①] 参见雪亮：《民国时期的证券交易市场》，《和讯网》news.hexun.com 2017年11月22日。

地说股份制是公有还是私有，关键看控制权掌握在谁手中。"报告还明确提出了要着重发展资本市场等生产要素市场。

1984年11月18日，改革开放后中国第一个公开发行的股票——上海飞乐音响，向社会发行1万股（每股票面价值50元），在海外引起比国内更大的反响，被誉为中国将更深入改革开放的一个信号。1986年9月26日，中国第一个证券交易柜台——上海静安证券业务部开张，虽然当时在柜台交易的股票仅有飞乐音响和延中实业两只股票，但标志着中国从此有了股票交易。1990年11月26日，经国务院授权，由中国人民银行批准建立的内地第一家证券交易所——上海证券交易所正式成立。从那时起到2017年，我国资本市场沪深两市已有3500多家上市公司，总市值达到55万亿元，从市场直接募集资金逾5万亿元，给国家和证券公司缴纳的税金和交易佣金逾万亿元，为我国改革开放以来产业经济的高速发展做出了巨大的贡献。

股份制和资本市场在我国形成与发展，除了具有一般意义上直接募集资金的积极作用外，还有以下特殊意义：

第一，有利于促进国有大中型企业转换经营机制，建立现代企业制度

我国境内沪深两个证券交易所主板挂牌的上市公司中，大约80%是由国有企业实行股份制改制而来。上市后，许多国有企业不仅因发行股票、募集资金增加了经营资本和竞争实力，而且还引进了新技术、新产品、新工艺，调整了产业结构，改善了公司治理，重新焕发了经营活力。

绝大多数国有企业经过股份制改制，在企业的法人治理结构、经营和决策机制、监督和制约机制等方面，都较改制以前发生了

积极的变化：实现了产权多元化，决策民主化，账务公开化，责任明晰化，建立了基于市场规则的企业生产经营目标的硬约束和奖惩激励机制；企业经营压力加大了，动力增强了，促进了由单纯的全民所有制企业向混合所有制企业的产权结构转变。不但公有制经济没有因此削弱，反而通过明晰产权、明确责任，彻底改变了过去国有企业内部责、权、利不明确的吃"大锅饭"状况，改善了经营管理，提高了经济效益，公有制经济形式更加多样化，更加充实，更具有活力。

第二，有利于推动投融资体制改革

我国长期以来实行单一的间接融资体制，企业融资几乎全靠银行贷款，国有企业的资产负债率居高不下，资本金严重不足，有的企业资产甚至全部都是银行贷款，企业发展受到"输血瓶颈"的制约，并由此增加了极大的金融风险。发展资本市场，开辟直接融资渠道，改变传统国有企业主要依靠银行贷款支持生产经营的局面，既可吸纳社会闲散资金，改善企业资本结构和财务状况，也可增加多种投融资工具，降低和分散金融风险。

对银行类的传统国有金融机构来讲，通过上市募集资金，较大地提高了其自有资本金在总资产中所占的比例，面对日益开放的境内金融、资本市场，具有了与境外金融机构进行竞争的一定实力。中国银行、中国建设银行、中国工商银行、中国农业银行、招商银行、交通银行、华夏银行等一批国有银行公开发行股票和上市，从根本上改变了我国金融市场和金融体制单一国有、分业经营的格局，不仅使资本市场与金融市场紧密结合在一起，而且为传统的国有金融市场注入了新鲜的公众投资血液，更符合国际金融发展潮流。

第三，有利于促进社会资源优化配置和产业结构调整

资本市场建设发展30多年来，我国股份制企业，通过境内外资本市场募集资金的80%都投入了新建项目和技改项目，支持了国家重点项目建设，促进了国民经济支柱产业的发展，培育了一批拥有相当规模和实力、具备一定竞争力的上市公司，改变了过去由单一的国有企业经营所有产业和行业的"大一统"经济结构，使得经济体制改革和国有企业"混合所有制"改制具备了向纵深发展的条件。

深圳证券交易所建立的以鼓励创新型企业发行股票、上市交易为主的创业板市场，以及非上市股份柜台交易——"新三板"市场的创立，更是为集体企业、私营企业进行股份制改制，募集资金，发展创新型技术，提供了广阔的空间。[①]

一个包容多种所有制形式和多种经济成分、接纳各种不同类型证券发行上市、提供各种证券及其衍生产品不同层次交易的资本市场，正在与我国社会主义市场经济一道，迅速发展，充满勃勃生机。

## 二、虚拟经济与资本市场

虚拟经济是相对于实体经济的概念，是货币市场、外汇市场、

---

① "新三板"市场，又称全国股份转让系统，原指中关村科技园区非上市股份有限公司进入代办股份系统转让试点，因为挂牌企业均为高科技企业而不同于原转让系统内的退市企业及原STAQ、NET系统挂牌公司，故形象地称为"新三板"。新三板的意义主要是针对未上市的中小科技型股份公司的股权转让和交易。目前，新三板不再局限于中关村科技园区非上市股份有限公司，也不局限于天津滨海、武汉东湖以及上海张江等试点地的非上市股份有限公司，而是全国性的非上市股份有限公司股权交易平台，主要针对的是中小型企业股份转让。

资本市场等全部以非实物的货币、证券、期货合约等形式进行运作的金融活动的理论表达术语。在经济运行中,"实体经济"用于表述物质资料生产、销售以及直接为此提供劳务所形成的全部经济活动,主要包括农业、工业、交通运输业、商业、建筑业、物流、通讯、电商等产业部门。

虚拟经济用于表述以各种各样的金融工具或信用手段持有财产权益并进行交易所形成的经济活动,主要包括银行、信托、证券、期货、保险等金融行业。从整个金融活动的构成来看,虚拟经济不仅包括证券、期货业在内的资本市场,也包括银行业在内的货币市场,还包括保险市场和外汇市场等。多数经济学者将虚拟经济视为一个涵盖整个金融业的概念。从马克思所讲的"虚拟资本"的本意和实践中虚拟经济的价值构成状况来看,虚拟经济可以理解为与虚拟资本相关的全部金融活动,其中包括与股票、债券、基金、期货以及证券衍生品种相关的资本市场活动。发达国家的资本市场总值通常占全部虚拟经济成分的40%以上,是虚拟经济的主要组成部分。

虚拟经济是从具有信用关系的虚拟资本衍生出来,并随着信用经济的高度发展而发展。虚拟经济以服务于实体经济为最终目的。但虚拟经济自身具有的虚拟性,使得各种虚拟资本在市场买卖过程中,其价格的决定并非像实体经济价格决定过程一样遵循价值规律,而是更多地取决于虚拟资本持有者和参与交易者对未来虚拟资本所代表的权益的主观预期,这种主观预期又取决于宏观经济环境、行业前景、政治及周边环境等许多非经济因素。所以,市场投资者经常说,买股票就是买企业的未来,而未来又有不确定性。影响市场和企业发展的许多因素自身变化频繁无常,且随着虚拟经济的快速发展，其交易规模和交易品种不断扩大，就使得虚拟经济的存在和发展变得更为复杂和难以驾驭，在外界看来，虚拟经济不免具有一定的投机性。

虚拟经济和股份制度是指资本运动的两个方面：股份制度侧重从财产法律关系和资本的静态上关注资本的组成形式，由此产生了资本社会化、股份化和企业法人的独立资本所有权与法律人格；虚拟经济则从货币市场和资本市场的运行角度关注货币、证券和其他金融衍生产品的发行、回笼、交易等动态过程，通过引导资本流动，促进和调整资源在各实体经济部门和企业间的合理配置，提高经济效率。

虚拟经济最初依托实体经济而产生并得到发展，以推进实体经济的发展为基本目的。在金融市场发展到一定规模后，产业资本只有和金融资本相结合，即借助资本的"输血"和扩张，才能迸发出更为强大的生命力，才会更快地推动社会生产力发展。在现代经济活动中，股票、债券、基金、期货以及其他金融、证券衍生产品，有如流通于人体内的血液，渗透到国民经济的各个部门、各个方面和各个企业，实体经济的运行已经离不开虚拟经济。除了利用直接投资带动的资本流动来配置资源外，运用金融、证券衍生产品盈利并以之防范金融风险和能源、原材料贸易经营风险的例子，不胜枚举。

2004年12月1日，新加坡上市公司中航油（新加坡）股份有限公司（China Aviation Oil）发布公告称，公司在石油衍生品交易中，遭受重创，合计损失5.5亿美元，公司因之严重资不抵债，已向新加坡最高法院申请破产保护。这家母公司为中国航油集团及其CEO陈久霖的企业，在一夜之间成为全中国甚至全世界财经媒体的关注对象,有的甚至将陈久霖与当年同样在新加坡从事日经股票指数期货投资、搞垮英国巴林银行的里森相提并论。权且不予置评陈久霖在此事件中的过错与责任,仅从操作期货交易的常识看,这是一种投机行为及其风险控制缺位造成的后果。在这次石油期货交易中,该公司既没有设定套期保值的工具,也没有确定卖空之后出现账面亏损的止损平仓点,坚持做空石油期权与投机市场对赌,将中航油(新加坡)一步步推向悬崖。[①]

这种投机炒作石油期货的做法,与金融、证券、期货界利用金融、证券衍生产品套期保值、防范和化解经营风险的制度安排本意相去甚远,同时为资本市场从业者敲响了警钟:对虚拟经济中的金融、证券及其衍生产品市场必须认真学习和研究,放弃投机心理,与市场对赌最终会使自己走上不归路。

应当看到,在当今世界经济活动中,由资本和金融市场所代表的虚拟经济已经成为极其重要的组成部分,没有虚拟经济,也就没有现代实体经济,乃至整个现代经济。而且全球虚拟经济的总规模早已大大超过了实体经济。一般而言,虚拟经济与实体经济在总量上的配比并没有严格的黄金分割线,即它们相互之间因为经济发展的阶段性需求和重点不同,比例会有较大差别。发达国家的虚拟经济与实体经济占比,较发展中国家和欠发达国家高出很多,这是因为发达国家的虚拟资本流动量更大,而发展中国家通常以实业为主,虚拟经济发展规模有限。

近些年来,中国的虚拟经济获得了空前的发展,虚拟经济以

---

① 刘华:《中航油新加坡公司内部控制案例分析》,《上海经济管理干部学院学报》2008年6(3),第16—20页。

其高流动性和高获利性吸引了大量闲散资金投入到股票、债券、期货、基金、金融理财产品和其他金融衍生产品等虚拟资本之上。譬如，银行业利润非正常膨胀、资金脱离实业领域过多投入到房地产业，资产价格高涨而隐含泡沫化风险，与之相关的影子银行过度滋生等，引发了各界对融资拆借"脱实向虚"的担忧。

从发达国家经济走过的道路来看，随着信息技术的迅猛发展以及经济金融化程度的提高，金融已经成为现代经济的核心，在现代电子交易条件下，股票、债券、期货等金融产品越来越表现为抽象虚拟的价值形式，越来越脱离实体资产而独立存在和运动，包括比特币等网络虚拟货币的出现，更对虚拟资本、虚拟经济的理论和市场法律监管提出了新的挑战。

## 三、证券市场、资本市场、金融市场三者之间的关系

依前所述，凡是以货币或资金为特殊商品，从事资金流动或融通，并从中获利的活动，都是金融市场活动。资金作为本钱能够通过投资产生收益，即为资本。从资本用钱生钱的基本特征来看，资本市场属于金融市场的一个重要组成部分或者说是金融市场的核心部分，所有与资本融通、投融资等相关的股票、债券、基金、期货以及其他衍生产品，包括投资理财产品等的发行、流通、交易活动都可归纳为资本市场的活动。但是，投资者投资于资本市场中的股票、债券、期货、基金等，并不主要是为分得红利或债息等收益，投资者更在乎带有投机色彩的证券及其衍生产品的买卖收益以及未来可能发生的巨大升值空间。

客观存在的证券及其衍生产品在买进与卖出之间的价格差额，

是驱动绝大部分投资者加入资本市场的原动力。所以，尽管金融市场的所有产品都是以钱生钱，生钱的方法和途径以及多少却各不相同。由此，我们可以将金融市场切分为货币市场、外汇市场、保险市场和资本市场四大块。其中货币市场主要调整货币供需、货币流通、票据发行、货币回笼、存贷款及其利率等关系；外汇市场调整外汇管理、外汇供需、外汇交易等关系；保险市场调整保险管理、保险产品供需、保险资金运用、保险赔付等关系。资本市场包含证券、期货市场和与此相关的其他衍生产品市场，以及与此关联的信托投资业务和资产证券化业务等。它们实际上和银行、保险、外汇管理等市场具有千丝万缕的紧密联系。例如银行资金合规进入股市，保险资金依规进入股市、债市，用外汇购买B股、H股等。

在实践中，股市、证券市场、资本市场三个称谓经常交互使用。股市是资本市场的核心，所以说到资本市场，必然突出股市以及企业股份制在法律制度中的地位；《公司法》和《证券法》规范的重点是股份公司及其股票与公司债券的发行和上市交易；证券市场是资本市场的主要构成部分，其中有股市、债市、上市公司并购重组、证券投资基金发行、交易和证券衍生产品的发行、交易等；资本市场中的商品期货市场、信托投资业务和资产证券化业务等规模较小，有的还在探索阶段，尚不足以与证券市场直接募集资金、上市公司并购重组等资本运营的重要地位相提并论，因此在许多场合，人们往往将证券市场与资本市场两个提法通用，彼此不分。

2004年1月，国务院发布了《关于推进资本市场改革开放和稳定发展的若干意见》，首次以政府政策文件的形式使用资本市场的提法，将股票、债券、商品期货、证券和金融衍生产品等有关投融资和资本运营的事项一统于资本市场之内，其中特别强调了股票市场作为资本市场的核心地位和作用，不仅为我国今后较长时期内发展和开放资本市场指明了方向，也在理论上区别了资本市场作为投资者直接从事投资活动的市场与证券市场单纯强调证券交易买卖活动的不同，为研究和发挥资本市场的作用提供了政策依据，也区分了资本市场、证券市场与股票市场。

## 四、资本市场是配置资源的最佳手段

马克思的经济理论和现代经济学原理都告诉我们：企业用于投入生产和劳务的劳动（劳动力）、土地和资本是生产经营活动的必备要素，简称为生产要素。生产要素对于产出的物品或劳务而言，又是资源，有时还因市场供需关系的变化表现为稀缺资源。市场就是运用价格杠杆来配置这些要素或资源，使生产要素或资源得到最大效率的使用，从而为社会增加更多的财富。

资本市场配置资源的功能主要表现为两个方面：一是通过发行股票和公司债券，募集社会闲散资金，将其集中用于有较好发展前景的投资项目，同时还可以分散社会资金过多存放于银行而带来的银行业金融风险，这在实践中称为资本一级市场，包括股票首次发行、增加发行、定向增加发行、配售发行等；二是通过股票、公司债券的市场交易活动，调动市场资本向有发展优势或前景良好的企业集中，淘汰劣质企业，鼓励通过股权收购或转让，进行上市公司的收购兼并和资产重组，这在实践中称为资本二级市场。

资本的一、二级市场互为依托，互相促进，又互相掣肘。一级市场是资本市场的源头，不断向市场提供新发行的证券，带动新的社会资金入市；二级市场是资本市场的本体，是资本流动和蓄积的水库。一级市场若发行过多、过快，则会使二级市场难以承受；若发行过少、过慢甚至不发，二级市场则缺乏输血或给养。"问渠哪得清如许，为有源头活水来"，只有一、二级市场联动，资本市场才能蓬勃发展。

要发挥和维护资本市场正常的融资功能或配置资源的功能，最需要的是政府与市场的合作，因为与其他任何市场相比，资本市场运行中的人为因素更多，受政府干预或控制也更大。在过去受传统计划经济影响的政府运作市场的理念中，政府与市场的关系被表述为：市场引导企业，政府引导市场。换个通俗的说法则是：政府老大，市场老二。政府可以决定市场应该做些什么和不应该做些什么。用民间流行的俗语来表达政府与资本市场的关系，则是"炒股要听党的话，党说干啥就干啥"。[①]

的确，在我国资本市场发展的早期，在《证券法》、《公司法》等相关法律法规缺位的情况下，对资本市场的规制，主要依靠政府相关部门发布政策或行政指令，而且这些政策通常也都对市场产生了积极影响和作用。譬如，出台股市涨跌停板制度和取消 T+0 交易，限制恶炒股票；在 1994 年前后股市受宏观调控影响陷入低迷时期，推出"暂停新股发行、严控配股规模、扩大入市资金"等政策；发布治理上市公司与其控股股东关系的规则与办法等。

---

[①] 《都说炒股要听党的话！但"国家队"你学不会》，《和讯网·和讯名家》2017 年 7 月 12 日。

但是，政策毕竟有其滞后于市场的因素和较多的人为成分。政策制定者对市场的看法、政策贯彻执行水平以及市场监管者执行政策时的个人偏好等因素，都会对政策的实施有很大影响。有时，一个表面上"利好"的政策发布，市场却会做出相反的反应。譬如，2001年6月，国务院发布《减持国有股筹集社会保障资金管理暂行办法》，政府有关部门官员将之解释为增加市场流通性，不会减少证券市场资金供给，但市场股价却随之应声下跌。

政策失灵是市场对过去投资者太多依赖政策导向的报复，正如人吃多了某一种食品必然要厌食一样，也是市场本身对重政策引导、轻法律制度的太多人为因素的抵牾，更是对"政府老大，市场老二"指导思想的矫正。

政府与市场、政策与市场关系的本质是：政策只能为弥补市场法律法规不足、市场调整有缺漏而制定，促进提高效率和维护市场秩序的公开、公平、公正。在市场经济体制下，政府绝不能过多利用政策绕过法律法规干预经济，否则，便会适得其反。

资本市场配置资源的优势远远超过了计划安排、政府调控和政策指令，这已为境内外经济实践所证明。美国作家约翰·斯蒂尔·戈登在其著作《伟大的博弈》中，详细介绍了美国资本市场两百多年兴衰起伏的历史，阐明了资本市场是美国经济发展的根本支柱，没有资本市场，便没有美国的今天。[①]

我国资本市场配置资源的优势表现为：通过发行股票募集资金，改变单一的国有企业产权结构或者私人企业家族式产权结构，

---

① [美]约翰·斯蒂尔·戈登著：《伟大的博弈》，祁斌译，中信出版社2005年。本书讲述了华尔街从一条普普通通的小街发展成为世界金融中心的传奇般的历史，展现了以华尔街为代表的美国资本市场在美国经济发展和腾飞过程中的巨大作用。

实现公司的法人治理；集中资金用于新的项目或技术改造，达到通过聚合资金而聚合人才、聚合劳动、聚合技术、再造企业的目的；通过证券在市场里自由平等交易，让投资者真正面对市场价格，选择具有投资价值的企业，取得合理的投资回报；通过上市公司的股权流通、转让、股份置换等，收购或兼并上市公司，引导资源重新配置，促使生产要素向更有效率的企业流动，促进生产力水平的不断提高。

## 第二节　美国证券立法及其对中国证券法的影响

凡是市场必然都会有监管，不论这种监管是源于市场参与者自发的自律管理，或是由市场组织者、行业协会组织的自治式监管，还是由政府出面作为权威的第三方进行监管，都会在监管过程中逐渐形成一些制度和规则，这些制度和规则不仅会随着市场的发展逐步得到修改和完善，而且会因为稳定、成熟而被上升为国家认可、制定的法律法规和规章等，要求市场参与者一体遵行。在法律制度和规则不断产生、适应、调整、修改和完善的过程中，市场法治模式开始成熟并且反过来对市场产生作用。如果法律制度制定适当，顺应市场的发展趋势，就会对市场及其监管产生积极的保护和促进作用；如果法律制度制定或安排不当，违背了市场自身的规律，或者落后于市场的发展，则会对市场及其监管产生消极的迟滞和阻碍作用。

在资本市场监管法律制度建设和执行方面，全球唯数美国监管模式最全面，对中国也最有参考价值。美国不仅GDP全球最高，资本市场经济体量也最大，是全球股票、债券（含美国国债）交易量最大的市场。截至 2014 年年底，全球股市市值排行是：美国（纽约+纳斯达克）约 25 万亿美元、中国（上海+深圳+香港）约 13 万亿美元、日本东京约 4 万亿美元、德国法兰克福不到 2 万亿美元。[①] 美国拥有全球最大资本市场的监管经验，必然对中国具有现实的引领意义。而且从市场监管经验的积累来看，美国资本市场已经有两百多年的历史，从 18 世纪荷兰殖民者据守纽约曼哈顿，建立华尔街开始，与荷兰人海外扩张带来的股票交易传统就逐渐形成了华尔街的街头资本市场，其后历经变迁，华尔街已经成为美国资本市场的代名词。

历史悠久的市场必然会积累各种各样的监管经验，尤其是美国资本市场经历过 1929 年爆发的严重经济危机，此后建立的美国联邦集中统一的资本市场监管制度，不仅给后来新兴的其他资本主义国家和新兴的发展中国家提供了市场监管模式的经验，对中国资本市场的开拓发展尤为具有借鉴意义。

中国资本市场是建立在中国政府统一领导的社会主义市场经济基础上，集中监管和统一领导，是中国经济得以快速有效发展的最大特色，资本市场的复杂和监管的高技术性，更需要集中监管，统一领导，美国市场监管模式是最直接、最全面的参照。

## 一、美国资本市场及其监管模式的崛起

现代西方国家资本市场监管及其制度安排和市场本身的孕育、

---

① 《股市直追华尔街 谁是最大赢家》，《中财网》2015 年 5 月 24 日。

发展一样，最早起源于荷兰、英国等以殖民主义、海外贸易和海上运输为主的老牌资本主义国家。由于市场容量、文化传统、海上和全球贸易规模限制等多种因素，老牌资本主义国家早期的市场监管制度多是从市场活动中自发产生，一般以国王批准个别股份公司设立的令状为依据，例如荷兰东印度公司和英国东印度公司的设立和发展，都是公司自身在存续过程中积累了一些监管惯例，其股票发行和交易规则并没有上升为国家全面系统制定的法律法规，市场监管主要依靠行业团体内部的自治和自律，政府的外在监管措施付诸阙如。

随着北美新大陆的发现和开发，老牌资本主义国家的工业技术开始向以产品制造、能源开发为主的美国工业化生产大规模转移，大量聚集资金成为美国经济快速发展不可或缺的手段，美国的资本市场便以应对空前大规模的资金需求而发展起来。大量股票、债券的发行和上市交易，在为资本主义发展筹集资金的同时，也因不规范操作而带来极大的金融风险，市场发展呼唤相应的法律制度和政府监管体制出台。美国资本市场及其法律法规与监管体制以其体量、规模和最新运营范式成为20世纪资本主义市场法治模式的典型代表。

美国资本市场监督管理和证券立法是美国20世纪20年代末、30年代初经济危机的直接产物。从1929年到1933年，美国爆发了大规模的经济危机。当时的情况是：第一次世界大战之后，美国经济获得较快发展，资本市场上股票和债券交易异常活跃和繁荣，大量银行贷款流向资本市场。投资者获得银行贷款的普遍方式是以证券为标的物办理抵押贷款，而市场对证券抵押贷款的规模、次数、风险控制等，缺乏相应的法律制度约束和监管。证券经过多次重复抵押，获得银行多次贷款，规模成倍放大，银行贷款所积累的风险也日益增大。

1929年美国经济危机爆发前夕，在美国所有银行的各种证券抵押数量已达到相当惊人的程度。据美国参议院对纽约10家银行的调查，在10家银行全部抵押贷款中，属于经营证券买卖的贷款占银行贷款总额的比例从42.8%到93%不等，这表明银行的抵押贷款基本上用于证券投资或投机活动。

大量银行贷款流向资本市场，进一步助长了投机的狂热性，引发股票价格暴涨。此时，美国联邦议会尚未对资本市场制定统一的立法，一向崇尚判例优先的司法体制也没有关于资本市场控制投机行为的判决案例，市场监管基本处于空白状态。而在纽约证券交易所等市场上，各种有关上市公司和股票暴涨的谣言四起，证券欺诈现象、操纵市场行为对股票价格上涨起到了推波助澜的作用。

1929年4月29日，纽约股市价格暴跌，股票持有人纷纷抛售，纽约证券交易所当天共有1600万张股票易手，市场在这一天之内陷于崩溃。从1929年到1931年，美国资本市场股票市值损失达500亿美元以上。截至1932年年底，道琼斯工业股票指数下降89%。其间很多投资者因投资股票亏损，无力清偿贷款，导致有5500家银行或其分支机构倒闭，迫使美国总统富兰克林·罗斯福下令所有美国银行从1933年3月13日起停业整顿。到1933年底，全美国仅剩14500家银行及其分支机构恢复营业，不足1921年美国银行业发展鼎盛时期银行及其分支机构总数的一半，银行倒闭又连累大批企业破产，无数失业者流落街头，这便是20世纪30年代资本主义历史上最严重的经济危机和大萧条。[1]

---

[1] 参见[美]约翰·斯蒂尔·戈登，《伟大的博弈》第1章、第4章，祁斌译，中信出版社2005年。

美国资本市场全面而迅速的崩溃，对美国朝野震动很大。1932年，富兰克林·罗斯福竞选美国总统时，改革资本市场监督管理体制，制定相应的证券法律规范，成为罗斯福所在的民主党竞选纲领的主要内容，该纲领宣称：凡今后公司发行股票均要向政府申报，并要实行公告制度，即公告发行公司的真实财务报告。罗斯福当选总统后，立即着手对美国资本市场监督管理体制进行改革，并确立了美国证券立法中的一个根本原则——公开原则。[①]

## 二、美国资本市场监管的主要立法和制度

美国有关资本市场的监管制度和规定主要体现在《1933年证券法》（The Securities Act of 1933）和《1934年证券交易法》（The Securities Exchange Act of 1934）两部法律中。此后，美国国会还陆续制定了有关禁止内幕交易、禁止和惩罚内部人炒作股票的立法，其指导思想都是以《1933年证券法》为蓝本对资本市场进行规制。在这两部法律产生之前，美国各州曾经制定了一些关于证券发行和交易信息披露的规则或条例，被人们广泛地称为"蓝天法"，寓意有关股票的所有信息都要在光天化日之下公开披露，不得隐瞒不报、暗箱操作或内幕交易。

综合上述两部美国联邦主要法律和各州有关股票的法律法规的规定，美国资本市场监督管理制度主要包括以下内容：

---

[①] 参见《罗斯福炉边谈话》第1章，《谈银行危机1933年3月12日星期日》，中国社会科学出版社2009年。

1. 在美国境内发行和销售任何类型的证券，除了有法律明文豁免以外，必须根据法律规定予以登记。在美国证券交易所发行、交易总数在 500 万美元以上且购买人在 500 人以上的股票或其他证券，还必须向美国联邦证券交易管理委员会（U.S Securities and Exchange Commission 简称 SEC）进行登记。

2. 对于公开发行和上市交易的股票，发行人必须向投资者提供公司全部实质性的信息，以便让投资者自行判断其投资的必要性，禁止在证券发行行为中有任何欺骗或不实的宣传。但是，联邦证券交易管理委员会并不核实这些信息内容的真实性和可靠性。一旦发现发行人有欺诈发行股票的行为或者发行股票信息披露不完全，联邦证券交易管理委员会将做出严厉处罚；情节严重的，也可由司法部门介入调查，最终由法院判决发行人是否有罪并承担刑事责任。

3. 证券发行人、证券公司在证券发行过程中，因有欺骗、夸大等不实之词而造成投资者经济损失的，投资者有权通过法律手段要求证券发行人或证券公司赔偿。同时，发行人的董事以及经营管理的主要负责人等高级管理人员也要对这些行为承担包括民事赔偿在内的法律责任。

4. 禁止内幕交易。任何知悉与股票发行或交易有关的上市公司内幕信息或其他有关影响股票价格或交易数量信息的人员，都不得在此信息公开之前买入或卖出此种股票，否则将视为内幕交易行为而给予重罚。根据联邦 1984 年《公司内幕交易制裁法令》的规定，对从事内幕交易炒作股票获利的人员，以及任何帮助他们进行获利的人员，罚款幅度可以是其因内幕交易而获利的 3 倍。法院若判定有罪，还可处以最高为 10 万美元的罚款或者 5 年以下的监禁。

2016年10月30日,美国纽约南区联邦法庭公开审理了麻省理工学院(MIT)博士后研究员严飞涉嫌股票内幕交易一案。庭审查明:严飞曾经两次利用其妻王梦露在律师事务所参与客户企业并购谈判中的职位之便,获得内幕信息,据此进行股票交易。一次是在2016年早些时候,严飞从其妻处得知斯坦国际控股(Steinhoff International Holdings)欲收购床垫控股公司(Mattress Firm Holding Corp.),并购金额高达24亿美元。在消息公布之前,严飞以其远在中国的母亲的名字在股票经纪公司开设账号购买股票,在消息公布之后又迅速将购入的股票尽数出手,获利9700美元。第二次是在2016年11月,严飞再度从妻子口中得知,南非矿业公司(Sibanye Gold Ltd.)计划斥资22亿美元,收购科罗拉多州(Still Water Mining)矿业公司,他趁双方还在谈判之际,再次以母亲的名义购入大量看涨期权,并于12月9日消息公布时全部卖出,获利11万美元。同时,严飞还在网上搜索了美国证券交易委员会(SEC)对于内幕交易判决的先例,浏览了一篇名为《想进行内幕交易吗?》的文章。而且在收购发生前的一段时间里,严飞曾多次给这家经纪公司和他的妻子打电话。这些证据都让SEC和美国检方确认:严飞确实是蓄意以内幕信息牟取利益,犯下两起证券欺诈(Securities Fraud)罪和一起电信欺诈罪。

庭审中,严飞表示将放弃包括上诉、无罪设定等权利,并允诺服完刑期之后立刻被递解出境。根据严飞和检方达成的认罪协议,严飞非法谋取的12万美元将被没收充公,另外他还将被罚款55000美元。根据其犯罪情节和认罪态度等因素衡量,严飞最终被法院判处15个月的监禁,服完刑后将被递解出境。此外,虽然严飞申明妻子对自己买卖股票的行为并不知情,但检方认为其妻不能洗清嫌疑。对此,王梦露所供职的律师事务所将其解雇,王梦露已经返回中国。①

5.对于已经注册登记的证券,发行人在证券发行之后的存续期内,必须定期向投资者或证券购买人提供有关公司商务和财务信息,而且上市公司的董事、高级管理人员以及拥有 10% 以上股权的股东,必须向联邦证券交易管理委员会提供其股票持有报告,并明文禁止这些人员从事任何持有股票时间少于 6 个月的买卖行为。此外,任何拥有上市公司 5% 以上股票的股东,必须定期向联邦证券交易管理委员会报告其股票持有情况,以使其他股东或投资者了解公司股票的买卖情况。

6.所有证券经纪人或者证券公司都必须在联邦或州政府注册,其业务必须有明确和详细的记录。每一个证券经纪人都必须参加证券经纪人专业协会,如全美证券经纪人协会等。这些协会实行会员自律管理,按照协会的规则规范每个证券经纪人的经纪活动。

## 三、美国证券立法和监管模式的特点

美国资本市场证券立法和监管模式主要有以下特点:

1.全力倡行公开原则

公开信息、在阳光下操作市场行为,是美国资本市场在 20 世

---

① 《与律师妻子涉非法内幕交易获利 12 万美金 MIT 中国博士后法庭认罪》,《美国中文网·美国新闻》,2017 年 10 月 31 日;《当日服刑!MIT 华人博士沦为阶下囚,精英夫妇为 12 万美元自毁前程》,《拉斯维加斯华人资讯》,2018 年 4 月 3 日。

纪30年代初崩溃后得以较快恢复的基石，也是美国证券立法的根本原则。在公开原则的引导下，美国证券立法中所有与证券发行、交易相关的制度安排，都是围绕保护投资者利益、防止欺诈行为和内幕交易行为而设计。换言之，证券发行、交易中公开信息和公开操作所需要的配套规定都在证券立法中得以体现。

公开原则源于美国公众对资本市场大危机爆发前一些人利用内幕信息疯狂炒作和投机的痛恨，以及政府对资本市场运营监管不透明、不及时的反省。证券产品本身就是普通人难以了解和掌控的特殊商品，它的许多特点需要在公开的媒体披露或者由中介机构加以公开介绍，内幕交易其实就是对所有投资者的挑战，是对市场秩序的破坏。所以，资本市场交易有序的前提就是所有信息公开，在这里，太阳是最好的防腐剂，电灯是最好的警察。如果资本市场的所有活动都能在公开、透明中进行，不正当的投机行为将会得到极大遏制，疯狂的炒作之风也会随之收敛。

2. 建立联邦政府对资本市场高度集中的垂直管理体制

美国联邦证券交易管理委员会根据《1934年证券交易法》成立，是直属美国联邦的独立监管机构，具有准司法机关的性质，负责全美资本市场活动的监督和管理工作，是美国证券行业的最高监管机构，有5名专职成员，由总统任命，直接对国会负责，拥有立法、执法和准司法权力，即除了有权制定证券规章制度，依法管理资本市场之外，还独立地监督和调查资本市场中的违法违规行为，对经查证落实的违法违规行为，依法做出处罚决定。

按照美国的传统观念，市场以及市场参与者的活动是私人领域，各州政府，特别是联邦政府，一般不应进行干预，联邦政府只对涉及联邦国防、安全、税收等重点环节进行制度安排和管理。资本市场大危机的爆发，摧毁了美国人心目中这一传统观念。1934年，美国国会在对资本市场存在的问题进行了长达一年多的调查之后，通过颁布《证券交易法》，创设了联邦政府对全国资本市场实行垂直监管的体制。联邦证券交易管理委员会依法独立行使监管权力，不受其他政府部门干涉，并享有调查和冻结账户等准司法权，以加强对资本市场的特别监管，防范市场风险，维护金融安全。

3. 创设禁止证券欺诈行为的各种制度，严惩证券欺诈行为

要维护公开原则，保证证券交易的公平和透明，就必须禁止妨害公平交易的虚假陈述、操纵市场和内幕交易等证券欺诈行为，并对这些行为施以严厉的经济处罚，对情节特别严重的，还要由法院判以刑事处罚。资本市场大危机的惨痛教训告诉人们：稳定的市场秩序和公平交易，不仅取决于交易制度和各种交易规则的建立，更取决于对违法违规行为的严厉处罚。如果有制度而不严格贯彻实施，对违法违规行为放纵，法律制度也会成为摆设。

4. 用证券监管实例和司法判例补充证券法的不足

证券法用于规范资本市场的主要原则和制度，对证券法各项具体制度的理解和实施，还要以执法机关和法院做出的行政处罚判例与司法判例为依据。美国是普通法系国家，尽管证券法被破例以成文法形式得到国会通过，而在贯彻实施中，证券法规定的具体制度在每一个个案适用的理解和认识上，必然众说纷纭，难以统一，需要用美国证券交易管理委员会制定的规则以及据此做出的处理相关案件的实例和法院的判例来补充。证券成文立法是美国以判例法为主的普通法系法律制度的创新成果，由此改变了过去的执法和司法实践完全适用判例的习惯做法，形成了成文立

法、交易规则、监管处罚实例和判例共同存在的美国证券法法律体系。

由于美国经济对全球资本主义经济的根本性影响，也由于美国资本市场在整个西方国家资本市场中突出的领先地位，美国资本市场管理模式及其立法框架，为许多资本主义国家，特别是后起的新兴市场经济国家和地区以及发展中国家和地区所效法，连一些在传统上属于大陆法系的国家和地区，如日本、俄罗斯和我国台湾地区的证券管理和证券立法，都在很多方面参照了美国模式，因此本书不再赘述其他西方国家的证券立法，主要将美国证券法治模式作为参照进行比较。

## 四、美国联邦证券立法对我国证券法的影响

在美国 20 世纪 30 年代初经济危机爆发之前，全球其他资本主义国家的资本市场没有一个达到过美国市场的筹融资规模和交易水平，而美国因资本市场股市暴跌引发金融危机，继而引爆经济危机，对整个西方国家的经济都造成莫大的冲击。换言之，20 世纪初叶及其以后的资本主义国家的经济发展唯美国马首是瞻。

经济危机之后，美国联邦政府在罗斯福总统的领导下，痛下决心，运用强人的国家干预经济手段，改过去资本市场完全自由散漫的发展模式，出台严格监管的法律法规，建立起联邦统一的、全新的资本市场监管秩序，从此告别了完全自由的资本主义时代。

肇始于《1933 年证券法》的美国联邦资本市场证券立法和严格监管模式，经过多年的发展，日臻完善，对世界许多国家证券

立法和市场监管制度影响极大,自然也为许多国家仿效和借鉴,尤其是对公司股票上市所要求的信息公开、财务审核以及对内幕交易、操纵市场等违法行为的惩治,几乎成为所有西方资本主义国家制定监管资本市场的法律法规的主要内容。第二次世界大战后,随着美国经济在全球影响力的不断扩大,美国更成为亚洲、拉丁美洲等其他世界各国、地区的新兴资本市场监管立法的典范。

美国联邦证券法律法规体系主要由以下立法组成:《1933年证券法》、《1934年证券交易法》、《1935年公共事业控股公司法》、《1939年信托契约法》、《1940年投资公司法》、《1940年投资顾问法》、《1970年证券投资者保护法》、《2002年公众公司会计改革与投资者保护法》等。此外,美国联邦各级法院的判例和美国证券交易委员会制定的规则和相关处罚案例也构成美国联邦证券法律法规体系的重要组成部分。

美国联邦证券立法所建立的主要监管制度有:

第一,信息披露制度。信息披露制度是美国证券监管法律制度的核心,其中详细列举了发行人必须披露的信息的具体内容,尤其是要求发行人必须披露有关公司财务状况、发展前景、经营风险、公司董事会成员等重要信息。发行人依法披露的一切有关证券发行的信息必须及时、充分、准确,供投资者在投资决策时参考,不得含有虚假、误导性陈述或重大遗漏。这些信息不仅是投资者做出合理投资决策的必要基础,而且也是社会媒体、证券监管机构对发行人进行监管的重要手段。

第二,公开发行股票的注册制度。注册制要求证券发行人提交注册申报材料后,应等待20天使证券交易委员会有时间对注册申报材料进行审查。如果发现注册申报材料在重要事项方面披露不完整或不准确，委员会有权发布停止令来暂停该证券的公开发行；在注册申报材料生效后，如果其中存在虚假陈述或重大遗漏，发行公司的董事会、高级管理人员、会计师、承销商除能证明尽到勤勉谨慎之义务外，将承担相应的法律责任。

注册制度得以实施的前提是公开、充分的信息披露制度。美国联邦证券法所依据的理论是：如果发行人在市场出售股票时将所有与该企业相关的情况都予以充分、公正的披露，为投资者提供了充分评估其投资价值的机会，投资者就是受到了充分的保护，因为投资者自己一般都拥有对适当、安全的投资进行评估的能力，也应该具备承担市场风险的承受力，不需要政府部门对证券发行和上市进行耗钱费时的实质性审查。

美国2002年颁布的《公众公司会计改革与投资者保护法》（即《2002年萨班斯—奥克斯利法案》），再次强调了上市公司董事和高管对法定信息披露制度的完整性和真实性负有的法律责任，强调了对信息披露有假而发生的证券欺诈行为的法律责任追究，并且对证券审计师和研究分析师的行为给予更多的关注。这个法案从加重法律责任入手，进一步树立了市场监管的权威，开创了联邦证券法的新时代。

第三，公开、公平的证券交易制度。和所有传统商品、传统交易人不相同的是，证券作为新型无纸化的特殊商品，难以用传统的商品价值观念衡量，投资者把握证券投资机会，除了通过信息披露制度了解上市公司发行股票的经营背景和财务状况之外，还需要作为第三者的证券监管机构和证券交易所出面维护公开、公平的交易秩序，杜绝虚假陈述、内幕交易、操纵市场等妨害公开、公平交易秩序行为的发生。

证券交易所一般是从会员自律、自治的角度要求证券商和上市公司守法合规进行交易，是从证券交易市场内部进行监管；证券监管机构则需要更大的场外监管权威对违法违规交易行为进行严格监管和严厉处罚，从而对市场投资者和其他中间商构成强大的法治威慑，使之不敢火中取栗，以身试法，这就需要证券立法的授权和做出相关规定，使公平交易的证券监管于法有据，实施有权。

80多年来，美国证券交易委员会依据联邦证券法处罚了无数的虚假陈述、内幕交易、操纵市场、欺诈客户等证券违法违规行为，从总体上维护了美国资本市场证券交易的安全、稳健运行，即使在2007年因次级贷款引发的美国金融危机中，美国资本市场的证券交易秩序依然平稳运行，这不能不说是美国证券法建立的市场监管制度发挥了巨大作用。

我国《证券法》是1998年12月29日第九届全国人民代表大会常务委员会第六次会议通过，从1999年7月1日起开始实施的。此时距我国资本市场最初建设时期已经度过了10多年。这10多年中，我国资本市场上市公司从几十家发展到近千家，股票交易从最初的有型纸质股票的柜台交易乃至路边摆摊的转手交易，发展到上海证券交易所和深圳证券交易所成规模的无纸化电子交易和逐步推进的网络交易，为证券法出台积累了大量的一手资料和经验。

此前，我国《公司法》已经由第八届全国人大常委会第五次会议于1993年12月29日通过，自1994年7月1日起施行。《公司法》有关股份有限公司制度的相关规定及其立法、司法实践和上市公司股票交易的实际做法和经验的积累，为《证券法》立法提供了与我国国有企业进行股份制改制相适应的、配套的法律法规和实际操作环境，再加上有美国证券法立法先例可以借鉴和参照，我国《证券法》制定、颁布、实施和其后的修订过程相对顺利，而且避开了传统大陆法系在立法上讲求"概念清晰、逻辑严密、理论完整"的法律体系与结构的影响，强调了《证券法》的实操性和应用性，对我国资本市场的规制产生了重大影响和作用。

在 1998 年之后的 20 年时间里，我国资本市场日新月异，上市公司数量和股票市值增幅惊人，市场规制和监管越来越成熟，走过了美国、英国等西方主要资本主义国家用一百多年时间走过的资本市场法治化之路。在《公司法》、《证券法》及其修正案之外，我国立法机关和中国证监会陆续制定、颁行了《证券投资基金法》、《证券公司监督管理条例》、《上市公司信息披露管理办法》、《上市公司收购管理办法》、《上市公司证券发行管理办法》、《期货交易管理条例》、《证券期货投资者适当性管理办法》等等法律法规。其中《证券法》历经 1 次修订，3 次修正，日臻完善，成为我国资本市场稳健发展的基石。

我国现行《证券法》在结构和内容上参照了美国《1933 年证券法》、《1934 年证券交易法》，但也突出了中国资本市场监管特色，即对公司公开发行股票采取与美国注册制不同的审核制，加重了对公司发行和入市的审核监管。

我国《证券法》主要内容包括基本原则、证券发行上市、证券交易、信息披露、禁止的交易行为、上市公司的收购、证券交易所、证券公司、证券登记结算机构、证券服务机构、证券业协会、证券监管机构和法律责任，其中对公司股票发行、上市交易、上市公司并购重组等的重大信息披露监管，对证券违法违规行为及其法律责任的规制和监管追究,是《证券法》的主要内容,也是包括美国在内的全球资本市场监管的核心所在。

就《证券法》在我国法律体系中的性质和地位而言,《证券法》属于新兴的经济法的范畴,其立法重点是对资本市场各种关系的规制和监管,是政府借助行政权力对市场无效或者可能发生紊乱情状的调整和干预,在本质上属于经济领域的规制和监管法。然而《证券法》又包括了证券发行、交易、公司并购重组等具有平等主体之间经济往来性质的商事行为,对依法产生的证券买卖合同关系、公司并购合同关系以及其他商事关系中的债权债务予以规范和保护。这样来看,《证券法》既有纵向的规制监管法的性质,又有横向的商事法的性质,用传统的法律部门观念不能给予其清晰定位。在我国大学法学教育中,有些法学教材将《证券法》作为《商法》的一部分编入其中,有的则将《证券法》作为经济法的一个组成部分,还有的民商法学院和财经院校将《证券法》作为独立的专门课程进行安排。从法律服务于实践的角度出发,《证券法》面对日益蓬勃发展的资本市场,需要规制内容越来越多,证券监管任务越来越繁重,证券监管的功能越来越需要加强和扩大,应该将其列为独立、特别的市场规制与监管法,与保险法、商业银行法等其他金融法律一起,作为金融市场法治建设的一个重要组成部分。

# 第二章　证券的法律特征与分类

## 第一节　证券探源

### 一、证券在中国的滥觞

证券一词究竟来源于外国还是中国，尚未有人专门考证过。但是"证券"或者"券"、"券书"代表着一种权利，却在古老中国的政治和经济活动中都扮演了极为重要的角色，而且这种权利又和契约行为密切相关，权利享有人不仅用之向设立契约的对方主张权利，更可用之向世人宣称权利所在。据《汉书·高帝纪下》载：高祖"与功臣剖符作誓，丹书铁契，金匮石室，藏之宗庙。"此中所言"铁契"，即为"铁券"。这是汉高祖刘邦在夺得天下后，为酬谢和稳定各立功大臣，将其功劳以红字记载于用铁做成的"券书"之上，昭示于天下，并妥为收藏，成为这些立功权臣及其子嗣向皇权朝廷主张荣誉的凭证。《后汉书·祭遵传》对此有更为详细的记载。博士范升在祭遵死亡后请求汉光武帝给予追赐谥号并荫袭子嗣的奏章中称："臣闻先王崇政，遵美屏恶。昔高祖大圣，深见远虑，班爵割地，与下分功，著录勋臣，颂其德美。生则宠以殊礼，奏事不名，入门不趋。死则畴其爵邑，世无绝嗣，丹书铁券，传于无穷。斯诚大汉厚下安人长久之德，所以累世十余，历载数百，废而复兴，绝而复续者也"。[①]汉高祖刘邦用"丹书铁券"分爵赐侯、安抚功臣、平定天下、收揽权力的同时，开创了中国封建历史上皇家对功臣授予的特权福利可以荫袭子嗣、传承万代的先河。此时的"券"便开始具有权利证书的色彩了。当然，这是一种封建特权的权利证书，与今天的证券不能同日而语。

中国历史上在经济活动中最早出现的证券的表现形式是书券。书券在民间作为财产权利凭证而广泛应用，是宋、明以来各朝民间房地产买卖、交易活动所推动的结果。中国传统法律文化中的契约又称为契据，含有买卖行为的证明以及买卖标的物的所有权证明的双重意义。所以将契据也称为"券"，是因为其本身就是一种权利凭证。所谓传统的"地契"、"房契"，既有买卖双方合意的记载，又有针对第三人的权利证明作用。因此，其制作过程或签约过程比较复杂。传统的中国汉字是由上至下，由右至左进行书写，制作契约也遵循这一体例。先写右联，再写左联，然后由缔约双方即买卖双方以及中人或保人签字画押。契约制毕，将左联交予买收方，右联由出卖方保留备查。如果买收方已持有左联，而出卖方尚未交付实物（房屋、土地等），则买收方可以凭持有的契约左联向出卖方请求支付或索取赔偿，出卖方不得以任何理由拒绝。如果发生出卖方拒绝交付实物或者其他第三人侵占实物的情形，买收方凭所持有的契约左联，

---

① 《后汉书·祭遵传》。

即可无条件地赢得诉讼。成语中所谓"左券在握"、"稳操胜券"即由此而来。①

## 二、证券作为商品的流动性

时代的进步改变了汉字书写方式的变化,汉字书写现在已广泛地改为从左至右的平行方式,契约也不再分为左联、右联,传统意义上的"券"、"书券",很早就不再拘泥于对功劳以及荫袭权利的记载,也不仅仅局限于因房屋、土地等不动产的权利设定或买卖等行为而产生的物权记载凭证,而是更加广泛地应用于对各种财产权利的记载及其在交易活动中的证明。人们在经济生活日益频繁的资金流动、商品贸易、财产转让等活动中总结出:实际物品或者某种财产利益除了可以用书面记载或者证明的方式来表现其存在之外,还可以将这种书面凭证或契约用之于交易,从而在为进行交易的各方当事人提供交易便捷的同时,带来其他好处或利益。

我国原始意义上的财产权凭证交易最初由不动产的典当或抵押派生而来,因房屋、土地的典当或抵押发生"房契"、"地契"在所有权人和抵押权人之间的"有价"流动,还可以据此产生转抵押或再抵押,契据的市场价值便在有限的流通中得到显现。随着社会经济生活的日益多样化,不动产契据的有价和流动,可以延伸到所有其他用书面记载或者证明的财产权益的交换或流通活动当中。历数各种各样的票据,提单、仓单、认股权证、权利证

---

① 见《现代汉语词典》1744页"左券"词条,商务印书馆2012年。

明书、债权合同或契约、股票、债券、期货合约等,凡是有价值的凭证都可以纳入广义上的证券及其交易的范畴中。

由于证券是脱离于实物、物权以及现代知识产权等财产权利概念而独立存在的又一类财产权利,而其衍生产品,如股票指数期货、股票期权等的交易,更是完全脱离了实际商品的虚拟权利、利益或者风险利润的交易,因此,我们用证券一词概括资本市场的主要客体,也就是用证券代表资本市场交易的主要标的。

证券,静,可以表现为以书面凭证、契约或者以记账方式、电子记载方式等所表现的财产权利或财产利益;动,又可以表现为与这种凭证、契约相关的发行、上市交易、结算、上市公司并购、重大资产重组等一系列市场行为,由此形成了以证券交易为主的资本市场,即将证券作为一般流通物的市场。在这个市场中,不仅有发行证券的发行者、证券上市的公司、有交易证券的双方或多方当事人,即投资者,还有为证券发行人、上市公司、投资者等提供专门服务的各种机构和交易场所,更有政府为了保证市场活动公开、公平、有序运行而设立的证券监管机构。这些林林总总的投资者、上市公司、市场服务机构、自律管理机构及其从业人员围绕证券发行、交易、公司并购等所发生的各种行为,构成了资本市场的主要活动。

## 三、期货是一种特殊的证券

资本市场另一种常见客体——期货,也是带有证券色彩的财产权利。期货交易的标的并不是商品或者证券、金融产品本身,而是基于实际商品或者证券、金融产品所设计的期货合约,即将投资者或交易者未来实际完成买卖或者交付的某种商品、证券、金融产品、股票指数等设计为合约买卖的对象，投资者或交易者则是对这种合约进行买卖，拥有合约，就是拥有了未来交收实物商品、证券等的权利或义务。在此基础上，还产生了在未来的买卖中选择是否进行实际买卖的权利，即商品或其他产品、财产权利的买卖期权，也就是对已经设定在未来进行的某种商品或证券买卖的选择权。

期货交易是以现货交易为基础，与产品生产周期、资金周转周期以及其中发生的变化紧密联系的交易行为。人们在简单的商品现货交易中认识到，在产品生产、运输、加工和贸易过程中存在各种各样的不确定因素，这些因素会影响现货的供应量，进而由供求关系变化影响现货的价格。譬如，天气变化造成主要农产品减产，主要石油输出国爆发战争造成石油供应紧缺等，均会使相关产品的价格发生较大幅度的波动。如果在这些事件发生之前的稍早时期有所预见，并提早预订或者预购货品，就可以适度避免因情势变化而带来的价格涨跌风险。于是，最初以套期保值为基本特征的期货交易便应运而生。随着期货交易规模的进一步扩大，人们还发现用来套期保值的期货交易不仅可以规避风险，还可以获得风险利润，并在最终完成实物交割（交付）之前将获得的风险利润予以转让，即期货交易本身为人们利用对未来一段时间内可能发生影响商品价格的情况进行预测而获得的利润提供了交易市场。因此，"买空卖空"是期货交易的常见手段。大部分投资者将买进的期货合同在到期前卖掉，而卖出期货合同的投资者，在合同到期前又买进期货合同来轧平先前卖出期货合同造成的"空仓"缺口。先买后卖或者先卖后买在期货交易中都是允许的。一般来说，期货交易合同中最后履行实物交割的只占很小一部分。

受实物商品的期货交易启发，人们又认识到，证券在其存续过程或者交易中，也会受到各种各样因素的影响而使其价格发生较大的变化。譬如，大量新发行的股票上市交易使股票供大于求，造成股票价格显著波动。如果以这些证券及其收益为依托，设计随着市场变化致其价格波动而可能产生收益的获取手段，以合约的形式约定参与买卖者的权利和义务，并以该合约作为交易转让的标的，就不仅会为金融、证券产品现货交易规避一定的风险，而且还会创造出不同于金融、证券产品现货交易的第二市场，即契约型金融、证券衍生产品的交易市场——金融期货市场。

不论期货还是期权，从以合约形式代表未来发生特定买卖权利义务关系的本质讲，也都是财产权利的体现，因此可以将其归类为广义上的证券。但是，期货、期权合约所体现的在未来特定时间实际买卖或选择买卖某种商品、证券的财产权利，在开始设定权利时，就会因为投资者或交易者做出在未来买进或者卖出的不同选择而有决然不同的差别。价格下跌则使投资者或交易者持有相关期货、期权合约所代表的财产权利，因亏损而变为负债。此时，期货合约就不再和证券一样是财产权利凭证，而是债务的凭证，是负数的财产权利。一般意义上的证券则没有期货合约这种极端的变化。债券的稳定性不言而喻。股票即使价格暴跌，也总有残余价值，就是上市公司破产，股东遭遇的最差情形莫过于将其股份资产全部赔光，并不存在另外负债的担心。因此，期货交易，特别是具有期货交易特点的金融、证券衍生产品交易，具有比证券更高的风险，历来是资本市场规制的重点。

## 第二节　证券的法律特征

证券作为用以设定或证明财产权利的凭证，既有与大陆法系国家传统民法物权相似的地方，又有与普通法系国家财产法律规范中金融资产权利的共同之处，更有兼具物权和债权的混合特性。把握证券的法律特征，必须跳出大陆法系传统物权概念的窠臼，从现代财产权利的多样性、多维性、无形化、无纸化等多方面探求。

### 一、证券是一种财产权利

尽管在中国古代历史上证券曾被皇权朝廷用于记载功劳，为功臣授予某些特别的政治和经济的权利，并以此为凭，用于家族传承永续，但作为特殊商品，从可以流通转让的意义上来看，证券必须体现为一种特定的财产权利，是反映具有特定物质内容或者经济利益的财产关系的法律表现形式，是对特定财产关系的证明或创设。

传统的物权理念要求财产权利要直接及于物品或者财产之上，由此产生了所有权、占有权、使用权、自物权、他物权、担保物权等名目和内容众多的使用或者支配物品的权利，不论物权的名称和内容变化有多少，其都是以直接支配实际的物或者使用、占有、处分物以及在物上设定、获取收益为基本特征。换言之，这种物权概念强调权利人对实际物品的直接控制、利用或支配。一旦物品或者财产离开了权利人的控制、利用或者支配，要么是这种财产权利已被合法转让，要么是该权利受到他人的不法侵害，必须通过权利救济的诉讼来捍卫权利的完整或实现。这种物权的典型代表如土地、房屋的所有权、使用权，其他商品的所有权、使用权、占有权等。在这种物权概念之下，证券所代表的财产权利，如股票所代表的股东的权利，基金份额所代表的基金持有人的权利，债券所代表的债权人的权利，期货合约所代表的合约持有人的权利、金融衍生产品所代表的其持有人的权利等，便无从归类或被恰当安排。

物权法律体系在概括现代证券、金融财产的特点，以及在对证券、金融财产权利的法律保护方面已显露出其落后和窘迫的缺陷。在传统的物权概念之外，有一些学者为补救物权法理论的不足，提出了准物权的概念，将某些从实际物品派生的物质利益的所有权、支配权、使用权、占有权等，视为物权概念的延伸。譬如，对矿业之采矿权，对渔业之捕鱼权，对物业之管理权，对森林之伐木权，对荒地之种植权，对滩涂之养殖权等。[1]

准物权对所涉及的物质利益的权利已不再像物权那样可以直接和全面地控制与支配物品，而是对实际物品所衍生的利益的享有或支配，权利所及范围和强度都不如物权，是物权派生的权利，故被称为"准物权"。然而，如果将这种在物权基础上享有或支配实际物品产生的利益的权利，延伸推广到证券所体现的财产权利，则很难概括表达证券财产权利的本质特征。

和股份制经济带有混合所有制经济的特点一样，证券财产权

---

[1] 崔建远：《物权法》"第十六章 准物权"，第371—422页，中国人民大学出版社2014年。

利也明显带有混合财产权利的特色。可转换债券将债券和股票融为一体，兼具债券和股票的不同特点；期货合约既是财产权利凭证，又是债务凭证，因时而变；证券投资基金中的保底收益股票基金份额，既有物权属性，又有债权属性；股票认购权证或者金融期权，不具有任何传统物权或者"准物权"的含义，完全是新型的证券或金融衍生权益。这些混合财产权利突出体现了与市场经济深入发展相伴而行的金融现代化，带来的金融工具、财产权利及其相关利益的相应变化，很难用传统的物权、债权理论对其加以周详而充分的阐释和归纳。

过去，证券是以"券"为权，凭"券"行使权利，无"券"则无权。当今世界金融、证券领域中的"券"越来越无纸化、无形化和数字化，与"物"或者"准物"的概念已相去甚远。用债权债务关系也不能准确解析具有即时履行、强行平仓结算等特点的证券抵押融资合约、期货抵押融资合约以及其他衍生产品的权利义务关系结构。所以，了解和研究作为资本市场客体——证券的较为简洁的办法，就是放弃套用传统的物权、准物权、债权等概念，从市场的实际情况出发，结合证券、期货及其衍生产品交易理论，运用法律规制的一般原理分析它们的现实特点。

对证券作为财产权利的认识，需要着重理解以下三个方面：

第一，证券的财产权利内容记载于发行证券或者推介期货以及其他衍生产品的招股说明书、发行债券章程或其他产品的说明书中。

证券持有人凭其持有的书面证券或记载于电脑系统、电子文档中的证券及其衍生产品数额，作为行使相应财产权利的依据。股票、政府债券、公司债券、基金份额、期货合约、期权合约以及其他衍生产品等,都是持有人享有相应财产权利的载体。某项证券财产权利的具体内容和行使方式以发行这种证券的发行人的章程(招股说明书、发债说明书、期货推介说明书等)与相关法律法规和规章的规定为标准。

股票、债券等证券的发行和期货的推介通常有预先的约定和说明,类同于传统契约关系中发出要约一方对不特定的对方提出的缔约条件,对方认可该条件并有认购行为,即标志着认购合意完成。从双方合意形成来看,证券、期货合约及其衍生产品迄今都保留着鲜明的契约性质,而从其可以转让并且可以对抗任何第三人的支配性质而言,它们又有些许物权特点。所以,我们说证券、期货合约等所体现的财产权利是物权与债权的结合,具有混合性质,是财产权利与时俱进的法律结晶。

第二,证券的财产权利与证券本身不可分割。

证券不同于证书或普通证明。现代证券一般采取不记名方式,以券为权,具有鲜明的财产属性,持有人或者被记载持券的人既可凭券行使权利,也可依交易规则和约定的价格转让证券,同时也就让渡了权利。证券一旦因公司回购、破产被注销、到期终止或者履行支付完毕,其所代表的权利也寿终正寝。权利伴券而存,随券而行,与券共亡。

具有证明意义的证书或其他形式的证书,或为证明特定人的资格、荣誉或身份,或为证明某种特定人身权利和财产权利,一般都具有人的属性,行使和主张这种特定权利或利益,与特定个人的身份密不可分,有时还需要有其他证明条件配合。譬如,文凭或资格证书可以证明一个人的学历、任职资格、职称,但该人现在的职务及行为与其学历、职称等并无直接关联。又如房产证书、地产证书可以证明房地产所有权的法律归属，但这种证书在遗失、毁弃、偷盗之后，权利人仍可凭其原始记载或其他旁证，申请补发新的证书。同理，记名的票据、存款单、银行卡等丢失后，从法律上就失去了存在的意义。他人在无权利人的授权下，持有此类银行卡、证书并不能行使权利，除非其同时获得了其他辅助条件的配合，如同时获得失主名章、身份证、取款密码等。

第三，证券是可以完全流通或转让的商品。

证券、期货合约以及其他衍生产品所代表的财产权利是一种特殊商品，可以买卖、交换、赠予、继承。从流通的广义上看，证券还可以包括票据，如本票、汇票、支票等，也可以包括表示商品所有权的证券，如提单、仓单、出资入股证明，以及债权契约，如购物卡、收购农民粮食所打的"白条"等。但是，从商品流通不应有特别限制的狭义上看，证券只有在无条件转让，而且可以为社会公众投资者自由买卖的情况下，才能称为完整意义上的商品，与证券交易相关的一系列活动乃至资本市场才能因此而形成。票据的转让，如本票、支票、汇票的转让，是有条件的背书转让，转让时间、形式、次数都有严格限制；提单、仓单等商品单证的转让受制于提货时间、地点等因素的限制；购物卡、欠款的"白条"等私下流通，则属于不正当、不法经营活动滋生的非正常市场现象，不受法律保护。

## 二、证券的表现形式

一种财产权利或者一个法律行为的设定和产生，需要具备一定的形式，符合一定的条件，被传统民法称为要式性，其源自于大陆法系的始祖罗马法为重要物品的交易或者权利创设所规定的形式条件。譬如，罗马法规定买卖房屋要有若干证人到场，举行一定的仪式，以保证通过交易行为所设定权利的严肃与可靠。这与古代中国买卖不动产需要立契画押并有中间人或保人在场见证有着异曲同工之妙。然而，时代变迁和日益频繁、复杂的交易活动，使过去重大交易行为过度复杂的形式极大地减少、省略与简化，交易没有形式或者简化形式，已经成为商品经济发展的必然趋势。

但是，在现代大陆法系国家的立法中，为了交易安全和对法律历史传统的尊重，仍然规定某些重要财产的转让行为需要采取一定的形式，以便证明权利归属的可靠性。譬如，买卖不动产、汽车等要办理登记和过户手续，设定遗嘱继承权要有公证或见证，设定物之抵押权、合同担保等要签订保证协议等。

证券、期货合约等作为特殊商品和特殊的财产权利，除了通过证券发行、证券和期货上市交易行为来表明新的商品产生、新的财产权利设定之外，还因为证券、期货合约本身已经脱离了实际有形的财产或商品，具有了虚拟的成分。譬如，股票是对发行企业的价值或者其未来盈利能力的预估，期货合约是对商品在未来生产和供应过程中影响其价格变化因素的预测等。尽管这些估算或预测是基于实际的企业资产及盈利状况或者商品的生产经营平均成本而做出，其中仍然有相当多的人为因素不能忽略。

在对证券发行人的企业价值或盈利能力的评估中，包括对企业资产、历年经营业绩、企业管理层职业操守和经营能力、企业经营管理状况等多方面的评估，每一项指标都可能含有评估人的主观看法。正是因为证券具有设定财产权利的意义，而其财产权利的价值确定又具有很多的人为评估因素，所以针对证券发行交易的形式要求，主要国家和地区的法律制度都做出了明确的规定。

证券的形式要求，可以概括归纳为以下三个方面：

第一，证券要有具备发行资格的发行人发行，并由其负责发行行为的真实、公开、可靠。发行人不得有虚假陈述、信息误导等损害投资者即证券持有人利益的行为。发行人提供的有关对所发行证券进行说明的文件，如招股说明书、发债说明书等，必须按照相应的法定格式制作。对发行人发行资格的审查，对发行人提供的发行文件是否符合法定格式的审查，对发行人发行证券是否有弄虚作假行为的审查和认定，对证券发行后的上市交易安排和后续跟踪审查等，由证券监管机构和证券交易所负责依法监督管理，并承担相应的监管责任。

第二，证券发行和上市交易之前，要有协助发行的保荐机构——证券公司和证券服务机构——资产评估机构、会计师事务所、律师事务所等，对发行人的财务状况、资产状况、经营状况、法律权益或诉讼纠纷状况等的真实性、合法性进行全面审查和说明，并对其中与自己行为相关部分的真实性承担连带保证责任。通常这种说明的书面格式都会有决定的格式加以指引，视同证券形式要求的一个重要组成部分，由作为保荐人的证券公司以及证券服务机构为证券发行和上市交易的真实性作出保证，这一形式要求是证券作为商品的特殊性所决定的特别法律制度。在中国古代交易习惯中，对房屋、土地这类重要不动产的买卖交易或典当抵押，有契据或者买卖契约的严格形式要求，除了制作上有"左联"、"右联"并存，两者相合即为"合同"的书面形式之外，[①]中间人或者保人在契据上签字画押以证明契据的真实、合法也十分重要。在古代罗马的要式买卖中，中介人或居间人到场见证，也是对买卖行为合法有效的证明。

证券作为商品的特殊性，在于其具有更多的人为考量、估值等因素，其真实价值很难像实体物一样，有具体的效用参照标准进行把握衡量。因此，要求证券公司对所承销的证券做出推荐保证，由证券服务机构对发行人的资产、资本、财务、经营等相关证券价值的真实情况给予审查说明，并对其真实性作出连带保证，是对资本市场秩序的维护，更是对社会公众投资者利益的保护。

第三，证券发行和上市交易必须经过证券监管机构的核准。资本市场发展成熟的国家或地区一般对证券发行上市采取登记制，不进行事前审查核准，侧重于证券上市后对发行人的依法严格监管，对违规欺诈上市行为追究相关法律责任。我国资本市场是新兴的市场，缺乏经验，证券监管机构对证券发行上市采取了更为审慎的态度和严格监管下的核准制。

在我国，证券作为特殊商品进入市场与普通商品交易有很大的不同。普通商品中除国家特别控制的物品，如麻醉药品、精神药品、贵重金属等限制流通之外，进入市场无需政府授权机关的特别核准或者审批，证券发行、上市交易则需要经过法定程序，

---

[①] 合同最早被称作"书契"。《周易》载："上古结绳而治，后世对人易之以书契。""书"是文字，"契"是将文字刻在木板上。这种木板一分为二，称为左契和右契，以此作为财产交易转让的凭证。当需要证明权利存在时，将分为两半的书契合二为一，也就是合同，才能够看清楚契约的本来面目。

并且最终要经过证券监管机构的核准,即拿到"市场准入证"或者"发行批文",才能进入市场发行和交易。

在证券发行实践中,有些舆论对证券监管机构在证券发行中使用"审批"、"核准"等行政许可权力颇有非议。从执行的效果看,"审批"、"核准"等行政许可权的运用,适度遏制了一些不具备上市资格的企业发行股票、募集资金的冲动,从审核证券发行的条件方面严格把关,控制了更多劣质上市公司的出现,阻滞了一些企业试图通过弄虚作假、包装上市"圈钱"的不法行为,是证券形式要求直接有效的体现。

## 第三节 证券分类

所有资本市场投资者和其他参与者的行为都是为了在资本市场获取利益或者通过中介服务获得利益,而这些行为都将直接或间接地涉及资本市场的客体——各种各样的证券、期货以及其他衍生产品。换言之,证券就是市场主体所追求的经济利益的物质载体,是市场活动或行为最终指向的标的。至于哪些证券会为资本市场所接纳,为证券法律所规制,各国的法律规定都不尽相同,需要进行比较探讨。

### 一、民商法理论广义上的证券分类

民商法理论在广义上对证券做出的分类有很多,举其荦荦大端有:

第一，根据证券所证明的权利内容的不同，将其分为资格证券和价值证券。资格证券用以表明证券持有人凭券享有行使证券的资格，即除了有相反的证据证明之外，证券持有人有权行使证券上所载明的权利，如入场券、火车票、飞机票、优惠券等。显然，资格证券一般不能流通转让。价值证券用来表明一定财产权利的存在，如邮票、金融票据等。价值证券通常也称为有价证券，因为其所载明的财产权利是有价的。但是，价值证券也不都是可以流通的，有的尽管可以流通，但流通的范围、条件和时间却有不尽相同的限制，与证券法上证券的交易性质不可同日而语。

第二，根据证券上的财产权利的属性不同，证券又可分为财物证券、货币证券和资本证券。财物证券又称为商品证券或者商品流通证券，持券人被视为财物或者商品的所有人，丧失证券则意味着丧失了对财物或商品的所有权，如仓单、提单等。货币证券是指证券本身能使持有人或者第三人取得货币索取权的书面凭证，所以又称为支付及信用证券，用以替代货币的流通，如商业期票、银行汇票、银行本票等。资本证券是指由金融投资或者与金融投资直接关联的活动所产生的证券，如股票、债券、基金份额等。与资本证券相比较，财物证券与货币证券所体现的财产权利的属性是静态的，仅表现为对特定人的财物或者货币的索取或兑付凭证，不存在投资增值或者贬值的动态可能性，而且其流通转让要受记名转让或者背书转让的限制，转让时间也极为有限。

第三，根据证券的表现形式不同，还可以分为实物券式证券和簿记券式证券。实物券式证券是由政府主管部门发行或者经政府主管部门批准，指定证券发行人在特定的印刷机构印制，以实物纸品为载体的证券，如早期的公债券、国库券、金融债券、企业债券等。簿记券式证券是由证券发行人按照有关法律法规所规定的统一格式制作的、记载证券权利人的名册。簿记券式证券没有任何实物形态，是通过网上开户或者电脑存储的方式，将证券持有人持有的证券品种及数额予以记载，证券持有人可以自行在其账户内查阅其所持有的证券品种及数额，并行使相应的权利。

第四，根据证券所具有的效力的不同，将其分为设权证券与证权证券。设权证券是指证券上的财产权利由证券发行人通过发行证券而创设，具有原创性，也称为初始权利。譬如，已经发行而尚未上市的股票曾经在民间被广泛地称为"原始股"。股票和债券都属于设权证券。证权证券有些类似于证权证书，不过证权证书应用范围更广，可用于证明各种权利和法律事实。在财产方面，证权证券仅用于对既存财产权利或财产关系的证明，如认股权证、股东证明、出资证明等。

## 二、国外立法对证券品种的划分

证券在国外立法上的品种划分也有很大的不同，但通常为证券法所规制的证券都会在相关法律或法规中一一列举出来，传统大陆法系国家的立法也不例外。

1996年的《荷兰证券交易监管法》列举以下品种为证券：（1）股权证书、债务工具、利润分配证书、发起人持有的股份、交易选择权、认股证书及类似的流通票据;(2)参与权利、选择权、期货合同、在股份及债务登记人处所作的登记或类似的权利;(3)对法定的交易或债务工具签发的权利证书;(4)对法定的交易或债务工具签发的收据。①

作为英美法系成文立法的代表,美国1993年修订后的联邦《证券法》充分列举了可能成为证券法规范对象的各种各样的证券:证券,系指票据、股票、库存期货、证券期货、债券、信用债券、债务凭证、盈利分配协议项下的权益证书或参与证书、抵押信托证书、组建前证书或认购书、可转让股份、投资合同、有投票权信托证书、证券存托证书,石油天然气或其他矿产权小额滚存利益,任何证券的卖出权、买入权、买卖权、期权或优先权,存款凭证、一组证券或证券指数(包括其中的任何利益或者以其价值为基础的利益),在证券交易所中与外汇有关的任何卖出权、买入权、买卖权、期权或优先权,一般普遍认为是"证券的任何利益或工具,或上述任何一种证券的利益或参与证书、收据担保证书、认股证书、认购权购买权。"② 从实际的应用角度看,美国证券法对证券的列举式规范和品种划分,更有利于丰富资本市场证券交易的内容,也更有利于市场的开拓和发展。

与大陆法系国家立法强调法律规范的对象必须概念清晰、逻辑严密,侧重表达其准确的法律定义有所不同,普通法所采用的对资本市场对象——证券种类的列举法,通过对证券品种的无限排列,更为全面而准确地规范了所有可能成为资本市场交易对象

---

① 节译自 *Doing Business in the Netherland*。holand @ d-b-in.com。
② 徐冬根:《美国九十年代的证券立法》,《中外法学》1996年第8期。

的客体。任何设定权益并且能够流通转让的非实物的财产权利，都可以作为证券得到证券法的保护。因此，作为英美法系判例法代表的美国，通过制定证券法和建立资本市场的监管体制，从立法、行政监管和司法实践多方面修改了遵从先例的原则，一切以顺应资本市场需求和证券业务发展的制度安排需要为出发点，从而构筑了美国现代证券法的基础。从立法体例上看，我国证券法受美国证券法立法模式的影响，要远远超过受大陆法系法国、德国、日本以及其他国家的证券法的立法影响，成为相对独立于以往立法体例的第三种模式。

## 三、我国证券法对证券品种的规制

我国《证券法》第二条规定："在中华人民共和国境内，股票、公司债券和国务院依法认定的其他证券的发行和交易，适用本法。""政府债券、证券投资基金份额的上市交易，适用本法。"该规定以列举式方法所列举的证券品种虽然极为有限，但在延伸的规定中拓展了证券法所规制的证券品种空间。

首先，认可"国务院依法认定的其他证券"品种，以之作为现有证券品种的补充。该条文是兜底性规定，将今后可能增加的其他需要由证券法所规制和保护的新证券品种，都纳入证券法的适用范围，保证了证券法随着市场发展在适用范围上的周延和扩展。国务院及其证券监管机构依据法律认定的其他证券品种，可以是在资本市场实践中因实际需要而产生的更多、更加灵活多样的证券产品。譬如，一些上市公司为解决"股权分置"问题而发行的股票认购权证，既作为新的证券品种，又属于证券衍生产品，在多年前就曾经上市交易。

其次，认可证券衍生产品，将其作为原生证券品种的派生品种，纳入证券法所规制的资本市场总的框架体系范围内。《证券法》第二条第三款："证券衍生品种发行、交易的管理办法，由国务院依照本法的原则规定。"该条文进一步明确了规制证券衍生产品的必要和其法律规制与《证券法》的关系，从而将《证券法》所确定的基本原则和制度，作为指导、规制整个资本市场活动的根本性准则。据此，证券、期货、期权以及其他证券、金融衍生产品都在证券法律法规以及其他相关规则的规制之下，依法发行和交易，构筑了较为统一和完整的我国资本市场法律规制体系。

从上述条文中也可以看出，与我国目前资本市场的发展水平相适应，《证券法》对证券品种的规制，是从大的类属概念上，去繁就简，将主要的证券品种列为调整对象，其进一步的细致划分或者在条文中详尽列举，有赖于我国资本市场不断发展的实际需要和具体行政法规、规章或规则的规定。这种规制方法既尊重了我国立法的历史传统，又参照了美国证券法的证券品种分类，考虑了《证券法》目前规制证券品种的实际应用和实践可操作性，为今后资本市场发展可能产生更多的证券品种预留了适用法律规制的余地。

从学术完整的角度和资本市场交易的商品品种来看，将证券化资产、信托公司发行的信托凭证等，作为与资本市场证券相关联的特殊商品种类，一并进行介绍和讨论，也有一定的道理。凡是证券化的财产权利都可以纳入证券法确定的资本市场规制所讨论的范围。然而，考虑到我国资本市场目前上市交易的证券品种和实践中对《证券法》、《公司法》等相关法律法规规定的具体适用，以《证券法》、《公司法》及其配套法规、规章的规定为主线，集中阐述我国资本市场现有的证券品种，将会更有利于读者细致地把握各种证券以及其他衍生产品的法律规制。

# 第三章 我国证券法的产生和发展

## 第一节 我国证券法的缘起和流变

### 一、我国证券法律法规的初步形成

我国资本市场制度建立在相应的公司、证券法律法规和规章之上，是适应我国国有企业股份制改制和资本市场发展需要逐渐形成的。早在20世纪80年代中期，上海、北京、沈阳等城市率先进行了股份制改制试验，通过对国有企业、集体企业改制，成立了一批股份公司，发行内部股票或者内部职工股票，并尝试开展了柜台交易。1990年11月和1991年6月，上海和深圳两地相继分别成立了证券交易所，开始有组织地进行为数不多的股票集中上市交易，是为新中国资本市场规制之滥觞。

在资本市场初创阶段，关于股票发行和交易的制度与规则都是在试验和摸索之中，其中有地方政府部门制定的政策性指导意见，有中国人民银行发布的相关批准程序和办法，还有国家体改委以及国务院其他部委下发的关于企业股份制改革、发行股票的办法和审批程序等。这些级别高低不一、规格大小不同的政策性文件，虽然因政出多门而多有相互抵触，贯彻实施中经常发生矛盾与摩擦，各地的股份制改革进程和效果也瑕瑜互现，但从总体上看，促进了经济体制改革和资本市场发展，对资本市场集中统一监管模式初步形成起到了积极的推动作用。

1993年4月，国务院颁布了《股票发行与交易管理暂行条例》（以下简称《股票条例》），这是中国第一个证券法律规范，虽然还谈不上专门的证券立法，属于行政法规，却对当时较为混乱的资本市场及其监管起到了"定纷止争"的作用。自《股票条例》颁布施行之后，国务院各部、委之间，各部、委与中国人民银行、国家体改委之间有关股票发行、上市交易的矛盾大大减少，由国务院设立的统一协调各有关部、委的资本市场专门的监督管理机构——国务院证券管理委员会及其办事机构中国证监会，开始依据《股票条例》对资本市场进行集中统一的监管。①

这种集中统一的资本市场监管模式在初始运作阶段，也遭到来自各方，尤其是经济发达地区有关各方的诟病，因为其对全国各地平衡分配股票发行上市指标并进行审批，与传统的中国计划经济管理体制运作模式并无二致。但是，从其实际效果来看，除了早期的证券发行上市审批制的确有计划经济之嫌外，证券监管体制机制却与美国资本市场的集中监管模式不谋而合，成为改革开放的中国经济管理体制的亮点之一。

1993年12月由全国人民代表大会常务委员会通过的《中华人

---

① 国务院证券监督管理机构（简称"证券监管机构"）最初是指1992年10月26日成立的国务院证券委员会及其办事机构。1998年4月，国务院证券委员会与中国证券监督管理委员会合并，简称：中国证监会。

民共和国公司法》(以下简称《公司法》),是继《股票条例》之后又一部在立法意义上与资本市场发展和监管相关的法律。《公司法》确立了作为资本市场存在基础的公司制度和股份公司制度,规定了股份有限公司股份发行、转让的条件,明确了公司股票和公司债券上市等与资本市场运行和监管密切相关的具体制度要求,为资本市场的规范运作奠定了良好的基础。

在《公司法》颁行之前,我国资本市场对设立股份公司、发行股票并上市交易的制度规范尚在探索之中,各地都有不同的实际操作方法。除了公开的交易市场有沪、深两个证券交易所之外,有些地方和企业自行发行并印制股票,有的地方自发地开展了股票柜台交易,如在四川、海南等地,甚至出现股票街头地摊交易。《股票条例》和《公司法》的相继颁行,将股份公司设立以及股票和公司债券的发行、上市和交易,引领走上了统一、正规、有序的轨道。

## 二、《证券法》产生的历史背景与局限性

1998年12月由全国人民代表大会常务委员会通过的《中华人民共和国证券法》(以下简称《证券法》),是中国第一部由立法机关制定的专门适用于资本市场的证券法律规范。它确立了我国资本市场运行和管理的基本原则;确认了上市公司、证券公司、证券服务机构、证券交易所等资本市场参与者、组织者的主体地位,规制了证券发行、上市交易、结算、上市公司并购等资本市场行为,并对市场违法违规行为以及证券监管机构的监管和法律

责任追究进行了界定和规制，初步建立了我国证券法律法规制度体系。

《证券法》产生的历史背景，是1997年亚洲金融危机刚刚度过之后，中国与这场金融危机虽然擦肩而过，却也颇受其危害的影响。中国政府和立法机关鉴于亚洲各有关国家和地区的资本市场在此次金融危机中遭遇暴跌的惨痛经历，在立法指导思想上趋向于以防范金融风险为主，主要制度设计或安排体现了对资本市场参与者市场行为较多的限制和禁止，其中对市场参与者违法或违规行为法律责任的规定多达45条，占《证券法》条款全文20%的比例；在其余169条条文中，有限制或禁止性规定的条文为110条，占169条条文内容的65%。将有法律责任规定的45条条文与有限制或禁止性规定的110条条文相加，共为155条，占全部214条条文的72%。用如此之多的条文防范资本市场风险，用其余不多的条文规定资本市场的运行原则、规范和相关制度，在一定时期内遏制了市场的不正当发行、交易行为和证券欺诈行为等的多发，但是由于缺乏发展资本市场的积极制度引领，也产生了限制市场发展的局限性。

1998年，为了配合《证券法》的实施，中国资本市场进行了自建立以来最大的一次清理整顿：

撤销全国18个省市的41个非法股票交易场所；

撤销26家证券交易中心及STAQ系统；

整顿全国90家证券公司，清查1000余亿元违规资金，处罚君安证券公司；

原14家期货交易所撤并为3家，交易品种由原来的35个减至12个；

清理原有 50 余只老基金,并开始新的证券投资基金试点。①

经过这些清理,市场投机者"坐庄"、"跟庄"、跟风的疯狂逐利行为,证券公司的违法违规经营行为,上市公司明目张胆的造假行为,证券服务机构为虎作伥、协助造假的行为,机构投资者内幕交易、操纵股价行为等,在短期内有所遏制,整顿效果也比较明显。

然而,立法机关的美好意图和善良愿望毕竟不能代替市场运行的自然规律,缺乏基础制度疏导和保障的防范风险控制手段或措施,压不住市场参与者的投资冲动和资本逐利的本能,证券法律法规密而不疏的条文规定,难以抵御资本市场各种违法违规行为给市场参与者带来获利机会的诱惑。在 2000 年之后,随着市场逐渐走好,新一轮的证券违法违规行为又进入多发阶段,较为典型的代表是 2001 年资本市场耳熟能详的"中科创业"的"庄家"吕梁等人和机构操纵市场一案,为吕梁等人操纵市场违规提供股票融资的证券公司营业部多达 125 家。②

市场利益对市场主体的诱惑,是推动市场发展的根本动力。追逐利益的愿望和主张只能根据市场规律,用合理的制度加以疏导,并最终由市场主体依据诚实信用原则对其行为负责。对市场活动禁止和限制太多的具体后果往往是:要么市场如一潭死水,微澜不兴,证券成交量和股市指数持续走低,市场作用与功能被大大弱化和边缘化;要么参与者不约而同地造假欺诈,违法违规,造成市场失灵与混乱。最终由于"法不责众"的世俗力量,对违

---

① 沐红衣:《5.19 行情纪念日》,https://www.taoguba.com.cn 2010 年 5 月 13 日。
② 崔荣慧:《中科系:股市的泰坦尼克》,《中国经济时报》2002 年 6 月 14 日。

法违规结果承担法律责任的证券从业机构、上市公司或者个人毕竟是极少数，法律权威和市场监管权威都受到挑战，"惩一儆百"难以与市场无序相抗衡。

从市场监管体制机制看，1998年《证券法》虽然确认了证券监管机构对全国资本市场实行集中统一的监管体制，但对证券监管机构履行监管职责，缺乏细化的制度安排，使其在表面上拥有很多权力，特别是拥有相当多的审批或核准许可的行政权力，而真正需要查处市场参与者的违法违规行为，对市场秩序进行有力的监管和处罚时，其所作所为又显得苍白无力。也就是说，《证券法》从立法到执法模式，仍然沿袭了一些我国计划经济时代遗留下来的"大政府"、"小市场"的传统行政计划指令观念，证券监管机构的职责依然侧重于多管理，少监督；多审批，少查究，而行政审批权力最容易滋生寻租和腐败。

### 三、《证券法》的修订与完善

《证券法》于1998年通过后，在2004年8月作了小幅修订，2005年10月又和《公司法》一道进行了大面积的修订。2005年修订后的《证券法》和《公司法》从总的制度安排上弥补了原《证券法》的不足。这次修订是对《证券法》的全面补充和修改，在原《证券法》共214条的基础上，新增53条，删除27条，许多条款还有文字表述修改，全部修改面涉及《证券法》约40%的条款。其修订内容主要有：

1. 完善上市公司监管制度。包括：（1）建立证券发行上市保荐制度，确保上市公司规范运作；（2）增加上市公司控股股东或实际控制人、上市公司董事、监事、高管人员的诚信义务和法律责任规定;(3)建立发行申请文件的预披露制度,提高发行透明度,拓宽社会监督渠道。

2.加强对投资者(特别是中小投资者)权益的保护力度。包括:(1)建立证券投资者保护基金制度;(2)明确证券发行人、证券公司、上市公司的收购人或控股股东等对各类投资者的损害赔偿的民事责任规定。

3.加强对证券公司的监管措施,防范市场风险。包括:(1)健全证券公司内部控制制度,保证客户资产安全;(2)明确了证券公司高级管理人员任职资格管理制度;(3)增加对证券公司主要股东的资格要求,禁止证券公司向其股东或股东的关联人提供融资或担保等。

4.完善证券发行、证券交易和证券登记结算制度,规范市场秩序。包括:(1)明确界定证券公开发行行为,为打击非法证券发行提供法律依据;(2)增加发行失败的规定,强化发行人的市场风险意识;(3)改革证券账户开立制度,适应资本市场对外开放(QFII等)的需要;(4)规范证券登记结算业务,防范证券结算风险等。

5.完善证券监督管理制度、增强对资本市场的监管力度。包括:(1)增加证券监管机构的执法手段和权限;(2)增加了有关部门要配合证券监管机构履行职责的规定;(3)对证券监管机构履行职权的行为予以必要的约束。

6.强化证券违法行为的法律责任,惩治证券违法犯罪行为。包括:(1)明确规定证券发行与交易中的民事赔偿责任;(2)追究控股股东或实际控制人的民事责任、行政责任直至刑事责任;

（3）对有欺诈发行、虚假陈述、内幕交易等行为的相关责任人员可给予警告、没收非法所得、罚款等处罚；（4）规定了证券市场禁入制度。

7. 修订了社会普遍关注的其他重大问题。包括：（1）增加但书规定，为金融业适度混业经营和监管预留规制空间；（2）拓展《证券法》的适用范围为证券现货以及其他交易品种；（3）不再限制券商融资融券；（4）取消禁止银行资金入市的规定，鼓励合规资金入市。

## 第二节 证券法的综合法性质

公司法和证券法都是资本市场重要的法律制度基础，都对股份有限公司做了不同程度的规制，也都对公司发行股份以及公司资本运营做了具体的规定，它们从不同的角度对资本市场稳定运行和发展发挥规范作用。

证券法与公司法各自的立法侧重点不同，前者侧重于资本市场的运行监管，重点对市场参与者即市场主体进入资本市场的行为进行规制；后者侧重于对资本市场的基石——未上市公司和上市公司自身经营管理行为的规制，重点在建立和完善公司以及股份制度。可以说，证券法是公司法的延伸和发展，是公司和股份制度市场化、证券化之后的必然要求，是对股份公司参与资本市场并且在市场中进行资本运作的行为规制。

证券作为资本商品的特殊性和资本市场的多样性、复杂性决定了证券法的综合性质或者说证券法作为综合法的本质。

在传统大陆法系法律部门分类学说中，根据法律调整对象的"公"、"私"属性，将法律从整体上划分为"公法"和"私法"两大部门。宪法、行政法、刑法、行政诉讼法、刑事诉讼法等涉及公共利益或社会利益较多的法律被划入"公法"范畴；民法、商法、民事诉讼法、婚姻家庭法、继承法等涉及私人利益或私人团体、公司利益较多的法律被划入"私法"范畴。

在近现代国家干预经济的浪潮中，涌现出很多带有"公"的色彩的国家监管或调控私人经济活动的法律法规，譬如《反不正当竞争法》、《消费者权益保护法》、《自然资源管理法》等。许多学者将此类法律法规纳入经济法范畴，并由此形成了经济法学及其教学和研究领域。也有观点认为经济法就是"公法"在经济领域的延伸，性质上仍属于"公法"。在中国改革开放以来随着市场经济发展和个人对市场活动的广泛参与，市场经济观念深入人心，创设和完善与市场经济相关的"私法"的呼吁也渐入人耳。一些学者主张恢复"公"、"私"法的称谓，淡化国家对经济活动的干预，以此来消除计划经济时代残余观念对现代市场经济的消极影响。

无论"公法"、"私法"如何称谓，如何划分，都可能忽略了这样一个事实：现代经济生活或者市场活动越来越复杂，各种经济成分相互交融和多样化，"公"、"私"相互之间你中有我，我中有你的混合情形越来越多。正如股份制将过去单一的"国有"和"私有"演变为"混合所有"一样，它既有"公"的成分，也有"私"的性质，成为独立于单纯的"公"与"私"之外的"第三者"。证券法就可以称为兼有"公法"和"私法"双重性质的"混合法"或者称为"综合法"。

证券法与过去单纯片面强调国家干预经济活动而形成的经济法有很大的不同。经济法强调国家对经济活动的参与和干预，即在传统的"私人领域"中伸入政府"看得见的手"，用政府的行为或者活动来抵御或者防止市场这只"看不见的手"的作用失灵或失控。

有关市场失灵或失控的事实和理论不胜枚举。从美国20世纪30年代罗斯福总统实施"新政"，到苏联在斯大林领导下全面实行计划经济，再到我国1949年以后复制苏联经济模式，可以看到由于市场失效或部分失灵以及政治观念不同而导致政府对市场采取的各种不同程度的干预、指令和调配，还包括有些社会主义国家，如古巴、柬埔寨等国，一度完全废弃市场的最为极端的做法。[①]

历史和经验告诉我们，市场是配置资源的好方法，只不过市场在有些情况下，会失效或者失灵，此时便需要政府的干预或补救。政府的干预或补救只能出于帮助市场恢复其配置资源功能的目的，即运用法律手段、行政手段、经济手段保证市场公平和效率，防止和打击造假行为、内幕交易、操纵市场等不法行为，而不是让政府取代市场。经济法最初的本意源于"经济控制"、"经济管制"或者"经济监管"等相关经济的法律制度，是对市场作用的弥补，如果过多强调政府在调控经济活动中的作用，并试图用政府行为取代市场功能，经济法就与计划经济制度相去不远了。在中国走向全面市场经济国家的道路上，经济法不是越来越强化，而是与市场一起并行不悖，有张有弛，为市场服务。

---

① 刘维广:《古巴社会主义经济建设与发展》，《拉丁美洲研究》2009年2月，第31卷，第1期。

我国经济法的发展过程基本上是按照计划法定化，强化政府管理市场手段，到淡化计划，为市场服务，通过监管保证市场公平交易的路径循序而来。改革开放初期对法治的呼唤，催生了一大批法律，其中包括许多带有经济管制性质的法律，它们比计划经济时代政府单方的行政指令制度安排前进了一大步，但依然保留了浓厚的计划第一的强化政府管理色彩。在这种背景下产生的有关调整经济关系的法律，基本上都带有轻民商法，重经济法；轻市场作用，重政府管理的特点。《全民所有制工业企业法》、《经济合同法》、《技术合同法》，包括《民法通则》等等法律法规，都突出地规定了一些维护国家计划、强调政府管理的条款，总体上看，就是计划第一、市场第二；公权益优先，私权益置后。随着改革开放深入和市场经济范围逐步扩大，尤其是中国加入WTO之后，与国际经济惯例的接轨，使我国的经济立法开始转向以市场需求为主和平等保护市场主体各方经济利益的轨道。许多过去制定的法律法规相继修订，《证券法》就是其中之一，同时又制定了一批符合市场经济需求的法律，譬如《合同法》、《侵权责任法》、《物权法》、《民法总则》等。

我国整体经济向市场经济的全面转变，使得经济法从过去注重强调计划第一、国家干预的立法主旨开始向为市场服务、监管市场公平交易的方向转变。换言之，经济法不再主要是计划经济手段和政府行政指令的替代品，而是维护市场经济公平正义的法律武器，是市场经济的护卫者和"守夜人"，是用市场法律规制、疏通、调整、服务和捍卫市场。与之相关产生或者修订的《消费者权益保护法》、《食品安全法》、《产品质量法》、《药品管理法》、《反垄断法》、《反不正当竞争法》以及有关环境和生态保护方面的法律法规，取代、更新、改变了传统意义上的经济法。修改后的《证券法》扩大证券监管机构对资本市场的监管范围、加重证券违法违规行为相关责任人的法律责任，赋予并强化证券监管机构行政监管处罚措施，从根本上将《证券法》定位于以保护资本市场公平交易、维护投资者和市场各方参与者合法权益为目的的市场监管法，充实和完善了我国经济法的理论和体系。

《证券法》现在所规定的证券监管机构监管资本市场的许多内容和措施，与过去政府行政机关依靠行政指令或者行政手段管理经济或者市场的做法大有不同，其对证券监管机构职责、监管措施和监管程序的规制，对市场参与者违法违规行为法律责任的规定等，主要是出于保护资本市场实现公平与效率相平衡的目的，即依法授予证券监管机构用行政监管手段保证市场交易公平，促进市场发挥配置资源的功能，维护正常的市场秩序。这种监管，是以保护和促进资本市场活动有序和健康发展为前提，同时也对监管行为本身进行规制和约束，与过去的政府对市场的单方面干预相比，是将市场需求作为法律规制的核心。

法学界也有一些教科书将《证券法》归属于商法范围。[①]其中的主要观点认为《证券法》原本是以规范平等的民商事主体之间的证券买卖行为为主，市场监管为辅，没有证券买卖，自然谈不上市场监管，所以《证券法》应当是民商法的特别法，要按照民商法或者私法原理看待和解释《证券法》的具体内容。

其实，所有关于商品买卖或者财产交易的一般规则，在《合

---

[①] 参见朱羿锟：《商法学——原理·图解·实例》，第一章第一节、第十七章，北京大学出版社2012年。刘俊海：《现代证券法》，第2—3页，法律出版社2011年。

同法》、《民法通则》和《民法总则》等法律法规中已经规定明确。证券作为一种特殊商品，其买卖交易活动主要受对证券本身的理解和认识的局限。如何利用法律规制保证向投资者说明证券发行人的真实情况，保证市场公开透明，保证各方公平交易，保护投资者和其他市场参与者的合法权益，才是《证券法》的首要任务。为了完成这一任务，必须强化监管，必须明确和加强相关市场行为责任人的法律责任，必须有程序和措施保证市场监管落到实处。显然，《证券法》这些内容与传统"私法"的概念和范围相去甚远，与传统经济法的国家干预也大相径庭，它属于现代市场法律规制，具有综合法的性质和内容，介于传统民商法和经济法之间，属于改良和发展中的经济法范畴。

## 第三节 证券法的作用

纵观境内外资本市场的形成与发展，以及资本市场监管中应当体现的公平与效率，无一不和证券法所确立的制度及其配套规定紧密相关。可以说，不仅证券法的有无决定着资本市场的兴衰成败，证券法所确立的制度的适当、健全和完善，更决定着资本市场对整个国民经济的作用和贡献。

遗传于计划经济时代的传统思维方式以及对股份制和资本市场缺乏经验，反映在最初的证券立法及其实施过程中，就是重政策指导，轻制度安排；重法律形式，轻实际操作；重行政作用，轻市场规律。我国资本市场早期，包括法律法规在内的政策规章层见叠出，依法兴市、依法治市的呼声不绝于耳，而实际上在确立或安排事关资本市场发展的重要制度时,立法和行政法规、规章也要让位于来自各方面的利益。只有在经过市场不断地摸索、"试错",投资者付出代价,获得认识和经验,政府相关部门,包括证券监管机构,向市场缴纳了"学费"之后,各方面利益在平衡的基础上,才将证券立法逐渐与市场自身的要求相结合,探索制定符合资本市场发展规律、便于实际操作的证券法律法规和规章。

## 一、资本市场制度安排与证券法的关系

制度安排是近些年制度经济学家在探讨经济运行中公平与效率的关系时,从侧重公平的角度提出的前沿经济学概念,已广为传播媒介和学界引用并接受。制度通常被用来指在多人社会中促成合作的行为规范或俗称为游戏规则,这个表述已与法律规制的表述相去不远,只不过后者在传统意义上更强调体现统治阶级意志,而制度则是市场运行中自发、自然形成的为多方或多人所接受的一般行为规则。制度一旦为法律所认可并被加以规定,便成为法律制度或法律规制。显然,从通俗意义上看,制度的内容比法律规制更为宽泛。制度不仅有法律所规定的,也有法律没有规定而在市场运行中被广泛采用的,还有在市场活动中不断创造形成的,更有市场中已经存在而尚待法律加以规制或认可的,当然也有一些看似制度而实际上是一些不规范的做法被长期沿用而形成的惯例或习俗。

由于制度这种宽泛性,必须有一种选择和识别机制来确定哪些制度可用并长期采用,哪些制度需要在使用中修改和完善,哪

些制度在使用一段时间后要放弃。这种选择和识别制度的机制在经济学中称为制度安排，在法学中则称为制定法律或法制建设。

经济学上的制度安排侧重于从制度形成、选择或者使用的交易费用上，对构成制度的规则或者内容进行成本收益分析，进而对制度或规则进行价值判断；法学中的立法在法律和制度的建设过程中，更多地考虑制度或规则的公平与正义，对可能制定的法律规范进行公正性判断。经济学上的制度安排因为从价值判断入手，分析制度的交易成本或费用的多少、高低，容易运用数学中的定量、定价分析模式，由此确定一项制度的"好"与"坏"、"适当"或"过时"；法学中的法律规范不能进行定量、定价分析，只能随着时间的推移，从整个社会相关的变迁中，人为地判定该项法律规范的"良"与"恶"、"进步"与"落后"。经济学上的制度安排因为取决于实践中某项制度的成本或交易费用的昂贵与否，直接与选择或采用该项制度的组织或人员的经济利益相关联，因而其变动、修改、增减都会表现得更为直接、迅速、全面；法学中法律规范的修改、立废，表面上不和任何组织或个人的经济利益直接关联，立法的成本也一时难以用价值度量，故而其进程是缓慢的，修改的内容是个别的，和经济活动的关联性是间接的。

无论经济学上的制度安排，还是法学中的法律规范，在确定市场制度和保护市场参与者利益方面的共同点是显而易见的：

其一，在经济活动或者市场运行中，成熟的制度不但在经济学中得到认可和推崇，法律也必然加以规制，上升为法律制度。譬如，资本市场的融资融券交易制度，在过去的证券法中曾经明确禁止，而在实践中却屡禁不止，不断地以各种各样的变相方式被市场参与者和投资者所采用。其在证券交易中不朽的生命力，足以说明其就是证券交易不可或缺的组成部分，运用、控制适当必然会促进市场的发展。所以，2005年修订后的《证券法》认可并规定了这一制度。又如，商品交易中的平等互利、诚实信用原则，在经济学中不可或缺，民商法规范和证券法规范也一以贯之。

其二，市场中或经济上成功的制度，往往在于其简便易行，其中除了包含制度本身可操作的合理性之外，还有交易费用或者成本低廉的意义。法律规范如果在实践应用中不生歧义，得心应手，得到普遍遵守，那一定是规定相关制度的法律条文表述清晰，逻辑严密，直接将实践中成功的制度复制为法律规范，具有现实的可操作性。

其三，市场中或经济上的制度往往是指较为重要、较为根本地影响市场或经济发展的重大制度，譬如产权制度、交易制度、股份制度等。法学中的法律制度通常也是指重要、重大的制度安排或制度建设，譬如物权制度、合同制度、知识产权制度等。不过，从法学的角度看，为了使一项重大或重要的制度得以贯彻和落实，必须配套或者辅之以相关具体、细致的法律法规和规章的条文规定，其中包括从程序和实体两方面对法律责任的落实。如果用一般的法律规定尚不足以保证某项制度的施行，则还需以相关的行政法规、司法解释、部门规章和规则等来补充和完善。这正是当一项经济学上的制度为法律加以规制时，与一般非法律的制度的根本不同之处。所以说，法律制度如果制定的好，顺应市场和经济发展的趋势，必然会促进和保护经济的发展；反之，则会制约经济的发展。

其四，市场中或经济上的制度和法律制度一样，都处在不断的变化和创新之中。市场中或经济上的制度往往变化在前，创新更多，这是市场和经济活动本身的活跃性、发展性、创造性所决定的。市场或经济活动实践为市场参与者提高效率提供了大量的创新机会，凡是与降低成本、增加效益相关的事项，市场参与者都可以探索、试验直至孵化成熟。法律制度，即使是立法机关所创制的立法，也需要随着时代的变化和市场条件、环境的变迁而变化与创新。但是，这种变化和创新必须以市场或经济活动中已经创造或形成的、有效的、简便易行的制度为依据，不是简单复制，更不是立法者的凭空想象。

我国资本市场制度安排和证券法律法规的创制大体上同时进行而且不分彼此，这是由于我国资本市场制度是在政府经济体制改革推动下产生并实施的顶层设计，而非民间长期自行发展、磨合的商事习惯。这种顶层设计的优势就是可以借鉴、模仿西方国家已经在走过的资本市场道路上所积累的经验和成熟的制度。所以，我国资本市场制度安排现状也就是我国证券法的现状，资本市场存在的问题和缺陷也直接反映在证券法律规范的缺陷和不完善之中，这是市场制度借鉴和学习过程中必然出现的不适应、不到位、不合实际、缺乏可操作性的实际情况，绝不可能一蹴而就。

2005年3月14日，时任国务院总理温家宝在第十届全国人大第三次会议回答中外记者提问时，就我国资本市场存在的问题给出的解决方案之一是："要加强以制度为主的证券市场的基础设置建设。"[①] 在我国证券法及其配套法律法规和规章相对齐全之时，重提加强资本市场的基础制度建设，寓意深远。这表明：一方面，

---

① 《2005年温家宝总理记者招待会实录》，《新华网》2013年3月15日。

从中外资本市场中形成和发展的制度尚未全面为我国证券法律规范体系所认可或接纳；另一方面，业已存在的资本市场制度和证券法律法规需要有一个较大的变革和创新。已经修订、颁行的《证券法》和《公司法》，以及近些年中国证监会制定的许多规章就是对资本市场制度的重新安排。①

## 二、证券法调整的资本市场诸关系

资本市场是一个复杂的市场，这里有证券买卖双方的平等交易关系；有证券发行人与证券经营机构和证券服务机构之间的委托合作关系；有市场参与者相互之间及其与市场组织者之间为维护市场秩序而建立的自律管理关系；有投资者与证券经营机构或服务机构之间的交易委托、咨询服务、投资委托关系；还有证券监管机构与所有市场参与者及投资者之间的监管与被监管关系等。用法学理论将这些众多繁杂的关系逐一梳理，大致可以归类为以下三种性质的关系：

一是平等主体之间以等价有偿为原则的证券买卖和劳务买卖关系，即民商事关系；

二是证券监管机构与投资者、发行人、上市公司、证券经营机构、证券服务机构、证券交易所、登记结算机构、证券业协会等之间的证券活动监管关系，即市场行政监管关系；

三是加入某一机构或某一社团的会员与该机构或团体相互之间因遵守约定的规则而形成的自律管理关系，如证券交易所与加

---

① 见本书附录：《主要证券法律法规、规章汇总表》。

入该所的会员机构之间的关系,加入证券业协会的会员与协会之间的关系等。

**(一)资本市场的民商事关系**

这是指在平等的资本市场参与者之间及其与投资者之间因证券发行、交易、服务、上市公司并购重组等行为而形成的财产或其他经济利益关系,具体可以细分为以下几种关系:

1. 证券发行关系

这是指投资者与证券发行人之间因认购发行人发行的股票、债券以及其他衍生产品而发生的财产关系。发行人发行股票、债券以及其他衍生产品,由投资者购买的交易过程,在法律上体现为投资者的财产由货币转化为股权、债权或其他财产权利,即由资金演变为资本,成为投资者对发行人的投资。在这一过程中,形成了投资者对股份公司或其他公司的股东权利义务关系、债权债务关系或其他财产关系。

2. 证券交易关系

证券交易关系的本质是证券所代表的股权、债权等财产权利通过证券买卖行为而转让,在法律上则表现为买卖合同关系。随着买卖行为的完成,财产权利发生转移,出卖人让渡财产权利,买受人取得财产权利。证券交易是已存权利在不同投资者之间的转移,而证券发行是股权、债权等财产权利的原始设定。

3. 证券保荐与承销关系

在证券发行过程中,为了保证证券发行公开和公平,投资者认购证券公平,需要设置保荐和承销制度。根据该制度,在发行人和投资者之间要有证券经营机构作为中介机构,进行证券保荐和承销,以使投资者依据证券发行说明资料做出相对准确的投资判断和选择，即投资的真实、自愿的意思表示。由此在证券发行人、中介机构和投资者之间发生证券保荐与承销关系，实践中也称为中介服务关系。

证券保荐和承销制度由来已久，美国是较早设立该制度的国家之一，主要目的是增加证券发行的公开性。[①]中国历史上房屋、土地的买卖要有保人或中间人在场证明作保也有异曲同工之妙。由中介机构对发行人发行的股票或债券进行保荐和承销，虽然增加了证券发行人的发行成本，同时对投资者而言，也抬高了发行（认购）价格，但却在一定程度上保证了证券发行的真实性和公允性。如果发行行为中有假，作为保荐和承销机构的证券公司要承担连带责任。

证券保荐与承销关系在民法上表现为附条件的中介服务合同关系：承销是提供服务，赚取中介服务费；保荐则是所附条件，即赚钱别忘了保证证券真实无假的责任。在实践中，承销又分为代销和包销。前者是单纯的代理销售关系，证券公司无论销售多少，都不对全部证券是否卖完承担最终的义务，只根据代销数量赚取代销费用。后者除了受托代理销售之外，还要对最终的销售情况负责，如有销售剩余，证券公司要自己承担买入全部剩余证券的义务。

4.证券发行、交易中的专业服务关系

除了证券公司作为中介机构从事证券保荐和承销服务之外，还有投资咨询机构、财务顾问机构、资信评级机构、资产评估机

---

① 参见［美］理查德·斯考特·卡内尔等：《美国金融机构法》下册，高华军译，第99—108页。商务印书馆2016年。

构、会计师事务所、律师事务所等专业证券服务机构，根据相关制度安排，接受发行人、投资者和其他市场参与者的委托，用专业知识、经验，服务于证券发行、交易、公司并购重组等活动。

单纯从提供服务的角度看，专业服务机构接受委托、提供服务是一种委托合同关系。从提供服务的内容看，这种服务有别于普通的民商事委托，它不是按照委托人的意志，为了委托人的利益提供服务，而是根据资本市场有关法律法规的规定，依照职业规则确定的程序和内容，进行独立的专业证券发行上市服务。这种服务既要对委托人负责，也要对社会公众投资者负责，是接受委托人委托后独立自主的行为，不为委托人的意志所左右。

有些媒体舆论曾将专业证券服务机构的身份比拟为资本市场的"经济警察"，寓意它们负有监督证券发行人或上市公司不说假造假的义务。其实这种比喻并不妥当。"拿人钱财，替人消灾"是中国俗语对委托关系的真实形容，虽然专业证券服务机构做不到替人消灾，但是知情不举或者不出具合格的证明文件也是职业规则允许的，这与同流合污、沆瀣一气、协助造假有着本质区别。

5. 证券交易中的经纪关系

在现代的证券及其衍生产品交易活动中，投资者已不再像西方资本主义国家证券交易初期那样，自己直接到交易场所进行证券交易，或者找证券掮客帮忙代理，而是必须作为客户委托证券公司或证券经纪公司进行交易。这种委托关系在法律上称为经纪关系，证券公司也称为证券经纪商。经纪关系既具有一些委托代理的特征，也具有传统的行纪关系的特点。委托代理，寓意客户买卖证券要以自己的名义委托证券公司，利用该公司的交易席位，在交易所进行交易，客户对买卖结果享有权利、承担义务。讲行纪关系，是指在客户买卖证券的结算中，证券公司是结算的主体，以自己的名义，用所掌管的集合资金，向证券登记结算机构统一办理证券交易登记结算业务，并对结算结果统一承担责任。证券公司对其客户统一提供服务、统一使用交易席位、统一进行结算并承担相应的责任，使之区别于一般商业活动中的单纯代理商，而是兼有代理和行纪二重性的证券经纪人。"经"为代他人经手，"纪"为自己整合梳理，合二为一称为"经纪"。

### （二）资本市场的行政监管关系

国务院证券监督管理机构（简称"证券监管机构"）作为法定的资本市场监督管理者，与作为相对人的资本市场参与者、投资者之间，是监督与被监督、管理与被管理的市场行政监管关系。从行政执法的角度看，这是一种法定的、具有强制性的社会关系，证券监管机构依照《证券法》以及其他有关行政法规赋予的职责，对资本市场参与者、投资者依法进行监督管理，并对其违法违规行为依法进行监管处罚。行政执法性质要求证券监管机构必须积极履行法定职责，如果证券监管机构怠于履行法定职责或者在履行中违反相关的法律法规的规定，都要承担相应的法律责任。

市场行政监管关系与民商事关系的最大不同之处在于：

民商事关系双方或多方当事人之间地位平等，由财产或劳务引起的民商事关系还要由财产多少来决定财产权利的大小，如股东对股份公司的收益分配请求权、债权人向债务人的财产请求权等。商品交换建立在等价的基础上就包含了这层意思。市场行政监管关系双方当事人之间的地位是不平等的，一方是监管者，另一方或其他的多方是被监管者，被监管者对监管者的监管行为必须服从，即使有异议也只能在行政复议或行政诉讼程序中提出抗辩，在监管行政行为未经法定程序修正或撤销之前，被监管者只能按照证券监管机构的决定或要求实施相关行为。

作为具有部分国家行政机关职能的事业单位，证券监管机构只在法律赋予的职责范围内对其监管行为的合法性负责，而在民商事关系中，当事人除了自己对其民商事行为的合法性负责之外，还要向对方当事人或其他多方当事人负责。传统法学理论将行政关系的调整列为"公法"范畴，将民商事关系的调整列为"私法"范畴也是源出于此。在资本市场，监管行为"公"的特点表现为，证券监管机构不因任何被监管者的违法违规行为给相对人或其他人造成的损失承担责任。譬如，证券监管机构不会对上市公司造假行为给投资者造成的损失承担任何责任；证券监管机构也不会对证券服务机构参与造假行为给投资者造成的损失承担任何责任。也就是说，即使存在证券监管机构监管不力、不严或者疏于监管的情形，证券监管机构也不因此对被监管者违法违规行为的后果负责。证券监管机构只有在未履行监管职责或者监管不当并因此损害相对人的利益时，才承担与之相应的监管不作为或监管不当的行政法律责任，造成损失的，证券监管机构还要承担民事赔偿责任。

政府对资本市场的行政监管关系已经或正在通过法律法规的规范和调整进一步得到强化，这一趋势在世界各国大同小异，连一向自诩以自律管理为本位的老牌资本主义国家荷兰、英国等，也开始对资本市场加强行政监管。究其原因，在于现代通信手段不断进步、发达，促进交易手段不断更新、快捷，尤其是互联网使用普及，使绝大多数交易行为在转瞬之间便已完成；令人眼花缭乱的金融、证券及其衍生产品的不断出现，使投资者难以适从，金融机构的内部风险控制制度疲于应对；资本市场里的欺诈、操纵、内幕交易甚至盗窃等违法违规行为，甚至犯罪行为，可借助网上交易、网上转账、电话委托以及跨国、跨行业等更加复杂和隐蔽的方式实施。运用行政监管手段加强对资本市场的监管力度，处罚相关的违法违规行为，协助打击证券及其衍生产品犯罪，与发展资本市场的民商事关系相辅相成，互为依托。

### （三）资本市场的自律管理关系

证券法所规制的资本市场有三个特殊机构：证券交易所（期货交易所属于同一类型），证券登记结算机构，证券业协会。

证券交易所的特殊在于：它既是"为证券集中交易提供场所和设施，组织和监督证券交易，实行自律管理的法人"，又是必须由国务院决定其设立和解散的机构；[①] 既是由会员单位组成的社团，而其主要负责人又必须由证券监管机构任免，有些近似于行政官员的特征；其既负责证券发行人申请证券上市交易的审核，又与发行人和上市公司签订上市协议；其不是企业，却可以自行收支与证券上市交易相关的各项费用，甚至向会员单位买卖交易席位或通道。在有的国家和地区，证券交易所还可以申请为上市公司。

证券登记结算机构的特殊在于：其一方面为所有的投资者即证券交易的各方当事人提供证券登记结算服务，通过与证券公司建立委托登记结算服务关系，让买卖各方的股票或债券转让得以实际履行；另一方面，登记结算机构又不以营利为目的，负有保证证券登记结算及时畅通的法定职能，其必须设立证券结算风险基金，以备在作为买入方的债务人不能履行支付价款的义务时，

---

[①] 《证券法》第102条。

先行代为支付,然后再向债务人追偿。证券登记结算机构保证证券登记结算支付的地位和作用决定了其并非普通的民商事活动主体,而是《证券法》赋予特定权利和义务的特殊市场主体。[1]

证券业协会的特殊在于:既"是证券业的自律性组织,是社会团体法人",由会员机构和会员个人所组成,又是协助证券监管机构工作并受证券监管机构领导的附属机构。[2]

证券交易所、证券登记结算机构和证券业协会的特殊地位,决定了它们与资本市场参与者和投资者的关系既不是以营利为目的的民商事主体之间的民商事关系,也不是证券监管机构与被监管者之间的市场行政监管关系,而是介于民商事关系和市场行政监管关系之间、包含两种关系各自不同特点的自律管理关系。这种自律管理关系仍然以服从证券监管机构的监管为前提,在法律法规和规章规定的范围内,对参与该机构业务活动的会员或成员进行自律约束和自我管理。

## 第四节 证券法在我国法律体系中的地位

### 一、证券法和其他法律部门的关系

本章前面述及证券法的综合性质与综合调整、规制资本市场的作用,使其与传统法学的立法以及法律规范部门分类的理论产

---

[1] 《证券法》第 155 条—168 条。
[2] 《证券法》第 174 条。

生了较大分野，其既不能被简单地归纳于传统的部门法中，也不宜套用法律部门分类概念，另辟为一个新的部门法。

传统法学理论根据调整对象的不同，在"公"、"私"法的理念争论之外，将有关经济活动或者市场活动的法律规范，或者一统于经济法的概念下，或者悉数归纳于民商法的范畴内，其中商法是民法的延伸或分支。在商法里又有商事主体和商事行为，包括公司、票据、保险、破产等若干内容。按照这一理论，资本市场参与者、投资者可以视为商事主体，证券发行、交易、结算、公司并购等行为都可归为商事行为，证券法可以作为商法的一个分支。这种简单的归类显然与证券法的"混合"内容与实践中的"综合"实施和监管大相径庭，更不利于初学者实际掌握和应用证券法。

法律制度发展史以及立法发展史表明，任何一个国家在不同历史时期，其法律体系设置、法律部门分类以及立法的取舍和发展，都会随着时代的进步和发展而有所改变，只是这种改变的到来或快或慢而已，固守不变或者陈陈相因只会阻碍社会进步。市场经济越是发展，法律制度对市场的促进和保护作用就越为积极、明显，与此同时，法律强化统治阶级独裁、专政的作用就相对减弱。运用法律制度调整、规制市场关系，促进经济发展，成为缓和矛盾、保持稳定、推动社会和谐进步的利器。可以想见，当1933年美国国会以成文法的形式通过并颁布了联邦《证券法》时，对美国资本市场的自由放任和私法制度造成了多么人的震撼。这个素以判例法为法律渊源而且绝对崇尚个人自由的国家，终于在资本市场危机引发全面经济危机之后，吸取市场放任的惨痛经验教训，在以成文法创设资本市场法律制度的同时，还授予证券监管机构具有司法性质的调查权和处罚权，这一石破天惊的举措，为全世界的资本市场管理和证券立法创制了范例。

我国法律体系理论和观念,既有苏联时期遗留的模式,又有传统大陆法系的影响,注重用理论将立法、执法、司法与法学中法律部门的划分统一起来,因而不可避免地造成立法和司法实践往往与法学教学和研究相互脱节。立法、执法和司法实践更关注实际需要,以应用性和可操作性为第一要务,法学教学和研究则以既有的体系和传统理论为圭臬,尽可能将新的立法归纳于已有法律体系的部门法学类别中,证券法被归入商法就是这类划分方式的典型事例。类似的还有银行法、信托法、担保法、保险法、票据法等,由于法学理论体系庞大,仅刑法、民法、诉讼法等常规的法学理论教学和研究已占去相当比例,证券法、银行法、保险法、信托法等这些新型法律的教学和应用研究尚未引起足够重视。

从我国市场经济的发展趋势和资本市场的实际需要看,从大学本科和研究生法学教育面临的专业细分看,将证券法单独作为与整个金融、资本市场相关的金融法序列中的一个重要分支,是切实可行的做法。

传统民商法侧重于调整一般的经济关系以及普通商品市场的财产关系和相关民事关系,与金融活动相关的银行法、证券法、信托法、保险法等调整金融、资本市场的各种关系,其中包括发生在货币市场、资本市场、外汇市场、保险市场等诸多金融行业领域的各种关系。金融法在法学教育和研究中可以与民法、经济法等法律部门并列,证券法、银行法等则作为金融法学的次级分支法学课程进行授课安排,这样更便利于从专业角度对证券法进行深入学习研究。

## 二、我国证券法律规范体系

2005年修订后的《证券法》和《公司法》吸取了1998年以来资本市场在跌宕起伏、诡谲多变中积累的经验教训，以补充资本市场缺乏的、引导市场发展的基本制度为重点，兼顾完善防范市场风险的措施，强化证券监管机构查处资本市场违法违规行为的职责和调查、处罚措施，确立了较为符合资本市场发展规律的市场监管模式。以修订后的《证券法》和《公司法》为基础，证券监管机构和证券市场自律管理机构陆续制定、修改了更为具体的规制证券及其衍生产品发行、交易等活动的规章、规则等，我国全面规制资本市场活动的证券法律法规制度体系架构业已形成。

从严格的法律规范组成架构上划分，我国有关资本市场的证券法律规范或法律渊源可以概括为以下四个层次：

第一层即最高层，是全国人大常委会制定的专门规制资本市场活动、调整资本市场诸关系的《公司法》和《证券法》。对市场经济活动有一般性规范作用的《民法通则》、《民法总则》应视为资本市场的普通法，是这两部特别法律的补充。

第二层是国务院或其授权证券监管机构制定的有关资本市场监管的行政法规、规章（简称"证券法规"）。中国证监会是《证券法》规定的"依法对证券市场实行监督管理，维护证券市场秩序，保障其合法运行"的证券监管机构，其所制定的有关证券市场监督管理的规章，是对证券法律法规的补充，是资本市场法律制度的具体化和细致化，是除了证券法律法规之外，在整个资本市场所有规章制度中最为重要的组成部分，对市场参与者、投资者的行为有法定的约束力。譬如，中国证监会制定的《首次公开发行股票并上市管理办法》、《证券投资基金运作管理办法》、《期货交易管理条例》等，它们对《证券法》起到了拾遗补阙的作用。应当注意的是，随着政府行政管理职能逐渐向市场化方向转变，以行政法规形式规范资本市场制度的情形越来越少，而由国务院授权证券监管机构以及证券监管机构授权市场自律管理机构，通过依法制定部门规章或者市场规则的形式来监管市场的作法越来越多。

第三层是最高人民法院在司法实践中对与资本市场相关的刑事诉讼、民事诉讼、行政诉讼程序和实体问题做出的司法解释。近些年来，司法实践借助最高人民法院司法解释甚至借助典型判例来弥补法律、法规规定内容欠缺，表述不清的情形较为常见。特别是在资本市场发生的有关争议仲裁和诉讼当中，由于许多案件既有民事纠纷性质，又有违反证券法律法规的内容，有的还涉嫌证券犯罪，证券法律法规针对某项行为的原则性规定可能使证券监管机构和司法机关很难准确对某一争议或案件做出处理或裁决，有的案件一拖就是几年。证券监管和司法实践都需要在具体处理证券纠纷或案件时，对法律法规适用有更为准确的解释，以便公正地做出处罚和裁判。

第四层是证券监管机构批准或授权与资本市场活动有关的自律管理机构，如证券交易所、证券登记结算机构、证券业协会、注册会计师协会以及其他团体等，制定的有关本机构及其成员从事证券业务活动的行为准则、章程等。[①]

证券交易所、登记结算机构等是资本市场活动的组织者、集

---

① 见本书附录：《主要证券法律法规、规章汇总表》。

中交易与结算的服务者，在一线市场掌握证券每日上市交易、结算运行的数据，对市场违法违规行为通过大数据分析即可随时掌握，其在证券监管机构授权范围内制定的规则或行为指引，对全体会员机构具有约束力。从本质上说，这些规则是一种特殊的、源于行政授权的准行政行为，它源于证券法律法规，又要服从于证券法律法规，不得与证券法律法规和规章的规定相抵触。但它们不属于具有强制力的法律法规和规章范畴。

# 第四章　证券法的原则

在法律法规的条文中，通常会确立一些贯穿于整个法律规范及其实施过程的原则，这些原则概括地表达了立法者根据经济和社会生活规律所形成的立法意图和立法精神，成为简洁明确地指导执法和司法实践的法律观念或者法律精神。资本市场的基本制度主要为证券法所规范，证券法也确立了资本市场运行的若干原则，将这些原则结合我国资本市场运行和发展规律进行阐述和说明，有利于准确理解和应用证券法律法规和规章。

## 第一节　法治是资本市场健康稳定运行的根本保障

纵观各国资本市场法律制度的全部内容，其核心不外两点：一是证券业实行特许经营，即许多资本市场由政府直接监管；二是强制信息公开，保证市场交易双方的公平或对价，防止和惩罚欺诈、操纵、内幕交易等有碍市场公平交易的行为。我国证券监管中的证券发行审核批准制以及其他履行职责的行为，是直接或者间接行使行政权力，有时不免与市场的"私权利"发生矛盾或冲突。证券交易双方因经济实力、信息资源等方面的差异，特别是证券发行人一方占据发行和交易的主动地位，侵犯中小投资者利益的行为时有发生。除了上述两种矛盾或冲突外，我国资本市场还处于计划经济向市场经济转型时期，中央和地方政府有关部门的利益与市场需求之间存在矛盾，这些部门会通过其所拥有的行政权力以及牵制国有企业等方式影响市场。

行政权力影响或者干预市场的出发点也许是为了维护公平的市场秩序，但是权力行使如果没有规制，不受约束，不仅会产生腐败，也会导致市场失灵或失效。只有通过建立符合市场需要的法律制度，即依靠法治，才能约束权力、限制权力，进而理顺市场与政府、投资者"私权利"与政府"公权力"、大股东与中小投资者、监管机构与被监管者之间的关系，保持普通社会公众权利与政府权力之间的合理均衡。

依靠法治保障资本市场健康稳定运行，根本在于根据市场的运行规律和实际需要以及市场在现阶段的发展水平，制定适应市场的法律制度，让证券监管机构以及其他有关政府部门的行为、证券发行人和上市公司的行为、证券中介机构和服务机构的行为、投资者的行为等，都置于依法治理的阳光下，制止内幕交易、"灰色交易"或者暗箱操作，让市场在更加符合市场自身规律的轨道上运行，让妨害或破坏市场的违法违规行为及时得到惩治和矫正。

依法治市的首要前提是：法是"良法"，制度经过"优选"。法律制度有"良"、"恶"、"优"、"劣"之分的例子在中国历史上俯拾皆是。

秦律是秦统一六国的政治、军事和经济实践中积累而来，创立初始体现了严明的法度，在治理乱世中起到了不可磨灭的作用。另一方面，秦王朝的法律又以严刑峻法著称于世，其罗织的法网上到皇帝的权威尊严，下至黎民百姓的婚丧嫁娶，不可谓不严谨、不细密，可是其维护皇权苛政利益的"恶法"本质终不能挽救秦王朝在农民起义打击下的短暂命运。

大清律例是在总结中国历朝历代法律制度基础上，经清朝康熙、雍正、乾隆几代皇帝不断修订完善，应该说集中国传统法律文化之大成，但是其源于农耕社会维护小农经济关系和皇权专制统治的本质没有丝毫改变，所规定的内容与现代文明与法治不可同日而语，自然在西方列强坚船利炮的冲击下，荡然无存。清末制宪和全面修订法律就是一个顺应历史潮流的法制改革，可惜这一改革来得太晚，其修订的法律尚未正式颁行，清王朝就已终结。倒是民国初期的法律继受了清律改革的衣钵，划分了刑、民、行政、诉讼等部门法，为后来的民国《六法全书》奠定了基础。

改革开放以来，从1979年至2018年第十三届全国人民代表大会结束，由全国人大及其常委会制定的现行有效的法律一共是266件，国务院及其所属部门制定的行政法规有425件，各省级人大制定或其授权制定的地方法规更是多得难计其数。其中对推动改革开放具有积极作用、至今仍有鲜活生命力的法律法规只是一部分，还有相当多的法律法规随着时代变迁和改革开放的深化已逐渐落伍或不再具备完全的适用性。譬如，1988年颁布的《中华人民共和国全民所有制工业企业法》，在1993年《公司法》颁布并经2005年修订再度颁布后，其许多内容已不合时宜，可是由于国有企业的定性在实践中并不明确，除了国有独资公司外，相当一部分国家控股公司也被视为国有企业，因而这部法律仍然局部发挥着作用，其中规定的某些制度与《公司法》的制度形成抵触，以职工代表大会为核心的"老三会"制度对以股东代表大会为核心的"新三会"制度发生直接对撞。[①]

资本市场的法治还表现为立法者、执法者、司法者、市场参与者以及社会公众投资者所具有的法律观念和法律意识。真正平等、自律的法律观念和法律意识只能产生在市场经济所带来的市场主体地位平等的环境中，只有实现了市场的依法自由进出，依法自由、自愿交易，市场主体的平等地位才能落到实处。

法治在资本市场全面推广，意味着在正确的法律观念和法律意识的指导下，法律制度根据市场内在的规律得到合理安排，其中主要涉及的内容是：

第一，将股权平等、股权流通、同股同权的市场基本制度落到实处，股权分割设置不再成为市场发展的障碍，国有股权逐步实现全流通，为市场股权平等铺垫基础。

第二，通过促进股权流通、限制关联交易、限制大股东权利的制度安排，遏制大股东"一股独霸"，操纵上市公司的行为。大股东、控股股东以及公司的实际控制人都是指可以操控上市公司的个人或机构投资者，他们或站在前台，或隐于幕后，操控上市公司首先为自己的利益服务，以实现最低成本的"以小博大"。对他们的权利进行适度限制，符合证券立法公平、公正的本意。

第三，加强强制信息公开的制度安排，加重对上市公司造假欺诈行为的惩罚力度，促使上市公司放弃在资本市场恶意"圈钱"的念想，务实地经营好公司主营业务。

---

① "老三会"是指国有企业和集体企业中的党委会、职工代表大会和工会。是以前在党委负责制及党领导下的厂长经理负责制时期，在企业中发挥重要作用的领导部门。"新三会"是指股东会、董事会和监事会。自从国有企业进行股份制改革后，"老三会"的行政领导作用逐步向"新三会"转移。

第四,明确公司入市和退市的市场机制和相关制度安排,广泛推行证券发行上市相关各方的保荐连带责任制,加重证券公司作为保荐人、承销商的连带赔偿责任,并尝试从承销商的承销费用中提取一定比例,作为保荐、承销公司股票上市的风险抵押金,以备发现公司股票上市有假后作赔偿或罚款之用。

第五,强化证券监管机构对证券违法违规行为进行监管查处的职责和强制措施,真正使证券监管机构成为资本市场的"保护者"、"守夜人"。

第六,健全对因证券发行人、证券公司、证券服务机构等造假或欺诈而受害的投资者请求赔偿的民事法律救济制度,使对受害投资者的法律保护真正具有可操作性和社会公正性。

## 第二节 保护投资者利益是证券法的第一要务

保护投资者利益,特别是保护中小投资者利益,在各国证券法中都被列为证券法立法和实施的首要目的。

### 一、保护中小投资者利益是证券法的重中之重

确立保护投资者利益作为证券立法首要目的的本意在于:与中小投资者比较而言,证券发行人、上市公司、证券公司、证券服务机构、大机构投资者等,都是资本市场的强势参与者,其不仅从中小投资者身上募集资金,赚取交易佣金、咨询服务费等其他收益,还利用所掌握的资金、信息、专业投资知识等优势,在

市场竞争中将中小投资者置于相对的弱势群体地位。中小投资者进入资本市场虽然也出于获利的动机,但囿于信息不对称和缺乏专业投资知识,在大多数情况下,他们是根据证券公司、证券咨询机构等的推介以及发行人公告的招股说明书、债券募集办法等,做出投资判断和决定。投资盲目性和缺乏风险保护意识是中小投资者的共同特点。因此,在资本市场里,中小投资者更需要法律保护,公平正义的天平应当向他们倾斜。

特别保护中小投资者的利益,是我国资本市场的特殊"市情"所决定的。资本市场初始产生的环境表明,当时设置或安排的主要市场制度,带有保护国有企业及其大股东的利益、保护政府部门利益的倾向性,而且在立法指导思想上也反映出将政府部门利益和国有企业利益等同于社会公共利益的传统意识。

其实,即使在社会主义国家,政府部门的利益、国有企业自身的利益和社会公共利益也不是完全一致的,有时甚至是相互冲突的。譬如,同样是国有企业,由于垄断资源和垄断经营,国有电力行业和烟草行业职工工资比其他行业职工工资高出几倍甚至几十倍,而相当一部分国有企业下岗职工领取生活救济金都十分困难。又如,由于制度安排不合理,曾经一度一些国有企业高层管理人员的年薪可达百万元甚至数百万元,而有些地方的政府公务员、教师等也会被欠薪。再如,国家财政核拨的专项资金、扶贫基金、救助善款等,也时有被政府部门挪用于建设本部门豪华办公场所和住宅楼的情况。事实表明,在我国社会主义市场经济条件下,在税收和其他社会公共资源或福利相对不变的情况下,每个国有企业,每个政府部门都首先代表或反映着本企业或本部门及其组成人员的利益,即团体或部门的利益。

与政府部门利益、国有企业利益、大公司利益等相比，中小投资者势单力薄，与证券发行人和上市公司欠缺信息沟通渠道，在资本市场的证券交易中处于弱势的一方，而他们自身又有跟风、跟庄的"羊群效应"习惯或投机心理，往往在博弈的最后，成为待宰的羔羊。所以，对中小投资者的风险意识教育需要和制度保护结合在一起，才能真正起到维护市场公平的作用。

## 二、对资本市场社会公共利益的解读

社会公共利益是不同于各级政府部门所代表的国家利益和国有企业利益的第三种利益，其主体是社会公众，是以社会公共资源或福利为依托，为社会公众或者多数人乃至弱势群体所着想、所考虑的利益维护和安排的出发点。我国许多民法学者将社会公共利益视为传统民法中所倡导的公共秩序和社会公德两个方面，公共秩序包含了国家利益，社会公德就是指善良风俗，简称为民事行为必须遵守的"公序良俗"原则。[①]

社会公共利益在不同的社会发展阶段有不同的解读。在专制皇权时代，传统的家国天下的理念将社会公共利益完全等同于皇帝和皇室朝廷的利益，即国家利益，在朝廷之外，社会公众就是草民的集合，他们不可能有独立于国家的利益。在现代文明中，人们已经认识到，国家和社会公众是两个不同的主体，也是两个不同的概念。国家是指全社会范围的主权存在，社会公众则可能

---

[①] 陈维凤、徐传伟：《社会公共利益的理性思辨》，《中国法院网》2016年2月23日。

是局部地区、单个事件中的多数人。国家利益主要涉及国家安全、外交、领土、军事等，社会公共利益主要涉及公众在经济和生活方面的诉求。国家利益在有些时段会与社会公众利益发生冲突。譬如，为了国家安全或者其他需要对局部地区实行戒严、交通管制，国家需要对冤狱受害人进行国家损害赔偿等。社会公共利益虽然与个人利益不完全一致，但总体上是为了大家或者多数人受益，与集体利益相似。国家利益在私法范围或者私权范围内，如国有企业或国家股权，和其他主体的权利和利益不应该有差别对待，而所有私法范围的主体的利益，都不能与社会公共利益抗衡，在私法领域内，社会公益为王，国家只是私法领域自治的看护人。

  社会公益和社会公德或者善良风俗并无直接关联。社会公德因为缺乏具体的指向标准而在实践中往往沦为空洞的口号或标榜，而且社会公共道德因时因地会有很大的不同，不仅在法律上规定难度较大，在司法实践中也无法给予准确的判定，往往引起较多争议。2007年11月，南京市鼓楼区法院对彭宇撞倒徐老太的案件做出判决，判定彭宇给予原告部分赔偿，一时引发媒体舆论热议，核心自然是对道德标准的认识和案件的举证问题。由于彭宇不能证明自己没有撞倒徐老太，故对徐老太指认他的冲撞侵权伤害承担部分赔偿责任。法律与道德在这里遭遇证据举证的困扰。[1]

  用法律制度维护社会公德，固然有着良好的愿望，而社会公

---

[1]　2006年11月20日上午，南京市民徐寿兰女士在某公交车站等车，据其称被正在下车的市民彭宇撞倒，而彭宇则称下车时候见老人摔倒，所以扶至旁边，并且在其亲属到来以后一起送该老人到医院，其中还垫付了200元的医药费。当好心的彭宇离开以后，却被告知要赔偿医药费用。2007年1月4日，徐老太将彭宇告上了法庭。9月3日，南京市鼓楼区人民法院给出的判决结果是，彭宇应该赔偿40%的损失费计45876.36元。

德又是无形的意识理念，很难把握，在市场经济中，更不宜用道德观念代表社会公共利益。

社会公共利益反映在资本市场里，应该是社会公众投资者的利益，具体体现为建立和执行保护社会公众投资者利益的法律制度。过去"股权分置"设置之所以迟迟得不到纠正，就是因为政府部门以及国有企业大股东等利益团体的利益诉求难以与社会公众投资者的利益相统一有关。因此，让中小投资者在资本市场里平等地与证券发行人、上市公司及其控股股东、证券公司、证券服务机构对话，享有和自己持有股份相一致的权利，承担相应义务，是证券法当仁不让的首要任务。

## 第三节 依法促进竞争和资本资源的合理配置

保护中小投资者利益，彰显证券法保护公平交易的立法宗旨，促进竞争和资本资源的合理配置又是证券法保护市场秩序、维护公平交易的最终目的。任何市场制度的设立、发展和完善，都以兼顾公平和效率为出发点。从资本市场看，侧重保护中小投资者利益是为了实现公平，并通过市场交易公平，为投资者节约交易成本。促进竞争和资本资源的合理配置则是为了提高对资本的利用效率，加快创造、增加社会财富。所以，提高效率既是市场本身的出发点和归宿，也是开拓和建设市场的目的。

在资本市场形成和发展过程中，由于市场主体各自的不同利益以及各自对资本利润最大化的追求，必然发生彼此之间及其与市场之间采用各种手段和各种力量的博弈、抗衡、较量。当这些博弈、抗衡、较量不是依据市场规律进行，即围绕公司质量、股票价格展开竞争，从而形成市场供需均衡、资源配置均衡，而是诉诸暗箱操作和其他违法违规手段，市场就会失效或失灵。因此可能爆发股市暴跌、金融危机、经济危机等。保护市场公平，防止不正当竞争，惩处违法违规行为等，都是为了市场长治久安，最终都体现为实现和提升市场配置资源的功能。

美国《1933年证券法》初始颁布时，有如下规定："在根据本法制定规则，或要求考虑或决定是否必要或适于根据公共利益来采取行动时，证券交易委员会除了考虑保护投资者之外，还应该考虑该行动是否能提高效率并促进竞争和资本形成。"[1]1975年该法经修订后重新颁布时，对该项规定进行了删减修正，更多强调了证券交易委员会制定规则或行动时对公众利益或者投资者利益的保护。[2]在经历40多年的演变后，美国资本市场发展得更加成熟，用立法手段对资本市场初期阶段的制度安排进行矫正，反映了美国证券法对促进市场提高效率、维护竞争的考虑已经让位于对社会公众投资者利益的保护。这一变化表明：在成熟的市场环境中，合理配置资源、提高效率、促进竞争等，依靠市场本身就可以完成，市场法律制度和政府监管机构需要更多地关注维护市场公平。

证券法侧重于考虑保护社会公众投资者利益，不仅说明市场已经由不成熟发展到相对成熟，而且说明法律制度以及立法者的意图也在向法律本来的地位和作用回归，即法律授予政府监管机

---

[1] 张路：《美国1933年证券法（中英文对照本）》，第2条，法律出版社2006年。

[2] ［美］理查德·斯考特·卡内尔等：《美国金融机构法》下册，高华军译，第99—108页。商务印书馆2016年。

构或其他部门的职责不再主要是介入市场自身的行为或者活动，而是置身市场之外，专门监管市场是否存在有损社会公众投资者利益的行为，进而决定是否采取查处行动。

美国证券法原则的这一演变，对我国证券法是一个很好的启示和借鉴。但是，对我国当前的资本市场而言，还必须坚持证券法对市场公平和效率共同考虑的制度安排。一方面，证券法必须着重考虑保护中小投资者利益，中国证监会近几年发布的有关保护社会公众投资者利益的规章已经反映出这种动向；另一方面，证券法也要考虑通过制度安排来促进市场提高效率，鼓励竞争，合理配置资源，最大限度地发挥市场的功能。

我国证券法所以需要进行这种双重考虑，基于以下几个原因：

第一，我国资本市场仅有近30年的历史，与西方发达国家，特别是美国成熟的资本市场相比，在许多方面都处于起步阶段，我国国情又与西方发达国家有着很大的不同，不能完全照搬西方国家成熟的资本市场制度，而是要在学习、认识、了解西方国家证券法律制度的基础之上，创制出适合我国现阶段资本市场真正需要的制度。

第二，我国资本市场除了发展历史很短之外，还有管制经济遗留因素的干扰，而且这种干扰对市场带来的长期负面影响远比市场产生于自由竞争环境所伴有的竞争无序状态严重得多。证券法在负有保护中小投资者利益使命的同时，还要兼顾对市场制度的培育和开拓，对管制经济残余势力或者不正当行政权力向市场的渗透或干预筑起藩篱，保护市场公平、有效地运行。

第三，通过培育资本市场法律制度，促进提高效率，包括规定证券监管机构和政府相关部门的职责，都含有降低交易费用、节约交易成本的考虑。市场活动中越是有政府部门的身影，交易费用就越大，成本也就越高，投资者所付出的代价也相应越大，这是为获得诺贝尔奖的著名经济学家科斯所证明的定理。[①]

## 第四节　资本市场的公开、公平和公正

公开、公平和公正是资本市场稳定健康运行的客观要求，通常习惯地表述为资本市场的"三公"原则。

凡是市场，都应该公开、公平、公正。只有公开，市场才会吸引交易者进入；只有公平，市场买卖才会兴旺，交易双方才能双赢；只有公正，不法奸商得到惩处，守法原则得到弘扬，市场才能长治久安，持续发展。这些看似简单的道理在资本市场的贯彻应用中，由于资本市场和证券商品的特殊性，则有了更深层的含义。

### 一、资本市场不同于普通商品市场的特点

普通商品市场的交易相对简单，因为商品的简单决定了交易

---

[①] 科斯定理：只要财产权明确，并且交易成本为零或者很小，那么，无论将财产权赋予谁，市场均衡的最终结果都是有效率的，可以实现资源配置的帕雷托最优。科斯定理发现了交易费用与产权安排的关系，指出市场机制的运行是有成本的，一切制度安排的产生及其变更都离不开交易费用的影响。交易费用可以解释其他领域很多经济现象，甚至解释人们日常生活中的许多现象。比如当人们处理一件事情时，如果交易中需要付出的代价太多，人们可能要考虑采用交易费用较低的替代方法甚至是放弃原有的想法；而当一件事情的结果大致相同或既定时，人们一定会选择付出较小的一种方式，用中国俗语解释，就是趋利避害。

程序和内容的简化。资本市场的复杂和特殊来自于证券及其衍生产品的特殊性以及证券发行人和承销商的特殊性。

**（一）证券及其衍生产品的特殊性**

1.定价特殊或者价格形成机制特殊

实物货品的价格（价值）是生产该产品单位时间内投入的资本和劳动，即生产成本；货币的价格是利息；商品期货的价格是该商品的生产成本与交付（交割）之前的风险因素之和；债券的价格是债息率和债券发行人的信用程度；股票的价格是发行股票的企业的价值，而企业价值很难估量；金融与证券衍生产品的价格则是其所依赖的金融、证券基础产品的价格与持有期间的价格风险因素之和。上述商品中，除了实物货品价格变化微小和货币价格变化相对较小之外，其他产品的价格都因产品本身包含某些不确定因素而具有较大的市场价格波动性，其中尤以股票和金融、证券衍生产品的价格变化为著。

2.严重的信息不对称

证券发行人、上市公司对所发行证券的信息有客观上的操纵权，证券认购者即投资者，获得或了解有关该证券的信息，全凭证券发行人、上市公司单方面提供，没有其他渠道或路径可以依赖，市场里也没有可以相互比较的其他同类、同种证券信息用于参考。普通商品信息较为容易获得，通过同类或近似商品的比较，市场信息就已较为充分，即通过俗语所说的"货比三家"，就可以大致了解同类、同种商品的质量和产销情况，商品信息不对称的情况较为少见。

3.供求关系极易被人为地扭曲

在资本市场中，每个证券发行人或上市公司发行在外的证券数量有限，在证券发行总量相对不变的情况下，每个投资者持有股票、公司债券多少，决定了其对该证券总规模的控制或影响程度，同时还决定了其对发行该证券的公司管理层的控制或影响程度。前者主要表现为"庄家"通过控制股票流通或交易数量，改变供需状况来影响股票价格；后者则表现为大股东通过在股东大会或董事会行使表决权来改变公司决策或更换管理层人员。如果"庄家"通过协议转让取得控股股份或者斥巨资大量买进股票筹码，使其持有的股份比例高达30%以上，该公司股票的供求关系就会被扭曲，操纵上市公司乃至操纵股票价格就轻而易举。普通商品虽然也存在供求不平衡的情形，但在大多数情况下，市场的价格手段会自动调整这种不平衡，并最终形成市场均衡。

（二）证券发行人、上市公司的特殊性

证券发行人、上市公司的特殊性表现在：证券发行在外，资本聚合在内，拥有一部分或一小部分股权的人可以控制公司全部资本或整个公司，获得公司的控制性利益，形成"以小搏大"、"以少胜多"的局面。并且在此基础上还可以用公司的资本或信用作担保，放大贷款规模，扩大公司经营范围，有的实际控制人甚至转移公司财产，掏空公司。这就是有些不法大股东或"内部人"想方设法控股上市公司的目的所在，也是资本市场生生不已，不断发生上市公司收购兼并的动力所在。

（三）证券公司和其他证券服务机构的特殊性

证券公司和其他证券服务机构在资本市场的活动与一般的商品销售商有很大区别：前者是赚取服务费用，后者是赚取商品批发或零售差价；前者需要对证券发行人进行评估和"包装"推介，后者只负责销售，产品广告一般由生产厂商提供；前者通常对所承销、提供相关服务的证券"一卖了之",没有证券质量的连带保证责任,即使有证券发行上市的保荐制度,也仅是前者取得证券承销利益的附带条件,不能保证证券没有瑕疵或缺陷,而后者则须和生产厂商一起对产品进行"三包",并对因产品质量而给消费者造成的损失承担连带赔偿责任。相形之下,前者赚钱多而责任小,后者赚钱少而责任大。

## 二、资本市场"公开"的要求

资本市场的公开,是指证券发行、上市交易、上市公司并购重组等市场活动的信息都要公开披露,不得暗箱操作、内幕交易或者实施欺诈等。

### (一)"公开"的内容要求

1. 发行信息公开

其中包括证券发行程序,定价方式,证券承销商、证券服务机构介绍,发行人财务报告,经营状况,盈利与风险预测,前景展望,等等。核心内容是要求发行人必须真实陈述企业财务状况、经营状况、资产状况和所募集资金的用途。

2. 交易信息公开

上市公司资本是由股份和借入资本构成,有关上市公司股权结构和股份持有变化情况就显得十分重要。上市公司对此关联的所有信息都需要公开,包括但不限于:公司公开发行股票、债券的持有情况;主要股东的持股比例和持股比例较高的股东的情况;主要债券持有人情况;该股票、债券日常交易量情况和交易量发生较大的证券公司的情况;股票、债券的日常价格变动情况等。

### 3. 收购和重大资产重组信息公开

上市公司收购和重大资产重组是影响其股票价格以及股票交易量的特别重大事项，其信息披露是投资者关注的重点，更是投机者从事内幕交易的突破口。保证上市公司收购和重大资产重组信息公开的最好制度安排，除了将非流通股全部转换为流通股，通过公开的场内集中交易持有股票之外，需要将持有股票达到一定的持股比例的情况以及必须发出收购要约的信息公开，同时用法律法规防止和限制因"协议收购"可能带来的暗箱操作。我国境内资本市场中，只有曾经属于"三无板块"的上市公司，即其股票全部是流通股的上市公司，在公司收购方面因为依法必须举牌收购而使信息公开相对合法合规，并为社会公众投资者所认可。

### 4. 日常重大事项信息公开

影响股票价格及交易量波动的上市公司日常重大事项主要有：主要董事或高级管理人员的任职、离职或行踪变化；公司经营中的突发事件，如遭遇自然灾害、生产安全事故、遭遇重大诉讼等；公司重要的生产经营项目的投产、竣工、验收、合作签约等。证券立法的发展方向是：将所有可能预见到的影响股价波动的重大事项信息全部用列举式的方法予以明示，要求上市公司必须给予全面披露。

### （二）"公开"的程序要求

信息公开除了要求将应予披露的信息内容公开披露之外，还要求必须完整、准确、及时地披露。一件影响市场的重大事项信息的迟延或者残缺的披露与没有公开披露对投资者和市场的伤害并没有本质区别，前者往往还会因此逃避法律的制裁，因为披露者可以找出种种理由或借口为自己信息披露迟延或瑕疵进行辩护，指称这是一种过失行为，而不公开或者不披露则有故意而为的嫌疑。

信息披露对重大事件的表述应当全面、无保留且客观，将事件的真相和全部内容告知社会公众投资者，由投资者对事件可能给相关证券及其发行人经营情况带来的影响进行价值判断，从而决定是否投资和如何投资。如果在信息披露中遮遮掩掩，欲语还休，"犹抱琵琶半遮面"，无论其主观动机与否，都会在客观上形成对投资者的误导。

信息及时公开，要求信息披露的义务人按照法律规定，在限定的日程或时间之内将应当披露的信息向市场公开，如果超出了限定的时间要求，则视为迟延，无论有什么理由，都应该依法受罚。这是法律制度为防止相关机构或人员利用信息披露上的"时间差"从事内幕交易或操纵市场而做出的规定。

## 三、资本市场"公平"的要求

资本市场公平是指市场主体以平等的地位参与证券及其衍生产品的发行、交易、咨询服务、上市公司并购重组以及其他证券活动，可以自愿、自由地进出资本市场并且得到完全平等的市场待遇。

### （一）市场主体的地位平等

从理论上说，在资本市场里，除了证券监管机构之外，所有的市场主体在法律地位上都是平等的，甚至包括证券交易所和证券登记结算机构，他们彼此之间是平等的证券交易和服务关系。但是，证券交易所和证券登记结算机构又被《证券法》赋予一些特殊职能，它们在法律规定的职责范围内，拥有对其会员依法自律管理的地位和作用，因而它们又有特殊的地位。但就其法人的地位和提供市场证券交易结算的服务本质而言，它们仍然是资本市场的主体，是市场活动的参与者，和其他市场主体一样，在市场活动中的地位是平等的。

地位平等意味着各个主体参与市场活动不以财产多寡论高低，不以机构大小排座次，更不以职责、权利重轻论先后，一律平等地根据其所参与市场活动的内容，享有权利、承担义务，并且平等地对其市场行为的法律后果负责。其中包括但不限于交易地位平等、交易权利平等、股权平等、知情权平等、诉讼地位与诉讼权利平等。

（二）市场主体自愿、自由地进出市场

完善和成熟市场体制下的公平，还意味着市场主体在没有垄断和欺诈的环境中对加入或退出市场做出自由和自愿的选择。市场中居于垄断地位的一方垄断市场资源的行为，具有主动权一方或者发行证券一方的欺诈行为，都是市场公平的天敌。垄断排斥竞争，使投资者面对市场无法做出权衡取舍。譬如，某些大型证券公司对大型国有企业发行证券的垄断，某些国家控股上市公司对国内自然资源或其他资源的垄断等。欺诈与投资者本身的投资意愿相对抗，它通过弄虚作假，引诱投资者做出错误的投资判断和选择，以便从中牟利。譬如，一些证券投资咨询公司通过证券评价"黑嘴"，引诱投资者买入某些股票，哄抬价格后自己卖出；某些上市公司通过虚假陈述误导投资者，欺诈发行股票、骗取上市资格等。

（三）市场主体享有完全平等的市场待遇

资本市场的平等待遇不仅仅是一般意义的同股同权、同股同利，而且还细化为不同类别的股权以及股东分享不同类别的权利，承担不同类别的义务，才能将平等落到实处。在股份制理论上，公司股份有优先股和普通股之别，股东权利因此亦有不同；股票与公司债券的性质不同，因此有股权和债权的区别。在实践中，股权设置曾经有流通股与非流通股之别，还有A股、B股与H股之别等。[①] 各种股份设置背景与股票发行条件不同，其所体现的权利和义务必有差异，如果简单地套用同股同权、同股同利理论，就会抹杀不同财产权利之间的区别，导致发生侵犯中小股东利益的行为。近年来，证券监管机构做出的有关公司关联交易事项表决，大股东必须回避，以及不同股东对公司重大决策的类别表决机制等规定，就是对投资者平等待遇的落实和补救。

## 四、资本市场"公正"的要求

资本市场公正是指市场主体之间发生纠纷，发生证券欺诈侵权行为或者其他违法违规行为，甚至发生危害市场安全和秩序的犯罪行为时，得到及时、平等的依法处理，依法处罚，依法获得赔偿，直至被追究刑事责任。

公平和公正看似相近，其实不然。公平指公允、公道。以公

---

[①] A股是由中国境内公司发行并在上海和深圳证券交易所上市的普通股票，以人民币认购和交易，用无纸化电子记账，实行"T+1"交割制度，有涨跌幅（10%）的限制。B股是以人民币标明面值，以外币（美元或港币）认购和买卖，在上海和深圳证券交易所上市交易的外资股，其正式名称是人民币特种股票，交易方式类同于A股。H股也称国企股，指公司注册地在中国境内、上市地在香港、以国有企业为主发行的股票（因香港英文——HongKong首字母，而得名H股）。H股为实物股票，实行"T+0"交割制度，无涨跌幅限制。

允的立场看待某种现象是否平等，而非简单的平均，可称为公平。公平一般用在双方当事人之间交易对价的评判上，通常所说的公平交易，就是指买卖双方商品价值相等或等价交易。公平还可以用于衡量或均衡双方当事人或多方当事人相互之间的利益关系，"一碗水端平"就包含了公平对待各方的意思。中国历史上还有老百姓对封建统治"不患寡而患不均"的说法，反映了黎民大众"均贫富"、"均田地"的原始公平观念。

公正主要含有"正义"或"正气"的内容和解释。所谓"社会正义"、"社会公正"、"程序正义"等，通常带有国家权力机关在维护社会秩序过程中，依法查处违法违规行为，为社会公众弘扬正义、扶持正气、惩办邪恶、主持公正的理念。公平更多地用在双方当事人相互之间或者多方当事人相互之间的关系处理场合，不偏袒任何一方。公正则主要用在事关社会公共利益的制度安排和对妨害社会公共利益行为的查处方面。

资本市场是在证券监管机构集中统一监管之下运行的市场，其与资本原始积累时期完全自由放任的普通商品市场的不同在于：后者只有买卖双方或者多方当事人，任何交易都是当事人自己选择的结果，即使被骗也只能怨自己没经验；资本市场里证券及其衍生产品的特殊性决定了市场里除了有市场参与者和投资者之外，还有证券监管机构的直接或间接参与。证券监管机构依法对证券欺诈、市场操纵、内幕交易等违法违规行为的调查和处罚，就是保护社会公众投资者利益，也就是弘扬社会正义。

对我国既有公的成分又有私的性质的"混合所有制"的资本市场而言，公正既是对证券监管机构以及市场自律管理机构监督管理行为的要求，也是对所有政府部门和司法机关做出与资本市场活动相关的行政行为和司法行为的要求。在实践中全面实现这种"公正",需要长期的努力。

(一)规则公正

规则公正是要求证券监管机构在依法制定资本市场的具体监管规章时,必须从公正的角度出发,充分考虑规则的科学性、市场承受力、前后连续性和前瞻性等,将规章作为进一步保护社会公众投资者利益和促进市场提高效率的手段。

规章,包括自律管理机构经授权制定的相关证券交易、结算等规则,与法律法规一样,都由人来制定,所以不可避免地带有局限性,而且由于规则是根据市场的变化和需要随时制定,比法律法规的制定有更多的随意性,更易于随时发生变化,因此为实践中准确把握、执行规则带来较大的难度。如果规则制定排除了行政权力的临时干扰,更多地与市场运行规律相符合,更多地以保护社会公众投资者利益为出发点,就体现了社会公正,就易于为市场参与者和投资者所接受并遵守。

(二)程序公正

程序公正包含了两方面的要求:一是要求证券监管机构进行监管必须符合相关程序规定,不能带有随意性,保证监管行为合法合规;二是要求证券监管机构、司法机关在查处证券违法违规行为和证券犯罪时,要按照相关的调查、处理程序以及司法程序办事,不得滥用行政监管权力或司法权力,以程序的公正保证查处结果、结论或者司法裁判的公正。

在实践中,程序公正在上述第二方面的要求尤为重要,对涉及证券违法违规案件的调查与处理,无论证券监管机构的查处、公安机关的刑事侦查、检察院的起诉、法院的审判,都必须按照程序规定，依法调查取证，依法处罚或依法起诉和审判。在这个过程中，如果证券监管机构或者司法机关违反程序规定，非法取证或者采用非法手段调查、侦查、起诉、审判等，则有可能出现诱供、逼供、证据造假乃至处罚或判决不公等情形，最终将从实体上妨害行政行为与司法行为的公正，酿成损害当事人身心财产利益，最终影响对中国证券市场的信任。

（三）行为公正

行为公正是指证券监管机构和司法机关，必须严格按照法律法规的相关规定以及维护社会正义的精神，做出没有任何偏袒的行政行为与司法行为。

广义上的行政行为包括制定行政规章在内的、行政机关做出的所有决定、许可、批准、核准、处罚等。实践中通常取用不包含制定行政规章以及政策在内的狭义上的行政行为概念，即行政机关做出具体的决定、许可、处罚等行政行为。

做出行政行为或司法行为，可能针对彼此有利害关系的双方当事人中的一方。譬如，在行政行为中，针对给公司利益造成损害的上市公司董事会成员做出的处罚决定；在司法行为中，针对民事诉讼被告一方做出的判决、裁定等。

做出行政行为或司法行为，也可能针对不特定当事人的证券违法违规行为或者证券犯罪。这些行为在实施当中或许对某个机构或者个人的利益造成了损害，但同时也是对资本市场秩序造成危害，因此必须首先受到行政处罚或者追究刑事责任，相关的受害人可以据此向人民法院起诉，请求民事损害赔偿。

无论行政行为还是司法行为，其伸张正义、主持公道、维护市场秩序、保护社会公众投资者利益不受侵害，都是行为本身所体现的"公权力"性质所决定,即这些权力都为法律所赋予,从社会公众即人民群众手中取得,自然要反映社会公众的呼声,支持他们的诉求,此即为社会公正。相反,如果在执法或司法中有徇私舞弊、贪赃枉法、贪污受贿、懈怠渎职、偏袒不公等行为,就是对公正的妨害,也就是对社会公众利益的漠视甚至是践踏。

## 第五节 资本市场是最讲求诚实信用的市场

### 一、诚实信用原则在资本市场的体现

诚实信用是所有市场中民商事活动主体需要遵守的原则,其更多体现为对市场主体道德信念的要求或约束。资本市场所蕴涵的不确定性和风险要比一般的商品市场和劳务市场大得多,其对市场参与者的诚实信用要求也远比对普通商品或劳务交易者的要求高得多。特别是涉及证券发行、交易、上市公司并购重组的信息披露,必须伴之以信息披露义务人的诚实信用。如果信息披露义务人缺乏诚实信用,则其所发行证券的合理价值趋于零,正如上市公司财务造假被揭露后会引发其股票价格狂跌一样。从这种意义上说,任何资本市场在本质上都应是"诚信市场"。

诚实信用可以简称为诚信,通指人们在彼此发生的商业或民事交往中的真诚、可靠与守信。与诚信相对应的则是欺诈、虚假、无信用和不可靠。

诚实信用作为法律原则,是从民商法的规则中发展演变而来。早期的民商事活动中除了现货交易之外,逐渐发展了商品远期交

易、借贷契约、租赁契约等。这些非现货交易或者长期契约的共同特点就是一方当事人要先履行协议，另一方则要在经过一定时间或者期限之后再履行协议。到了双方约定的另一方需要履行义务的期限时，另一方是否履行，则看其真诚信守合约的态度。如果积极按时履行，就是诚实信用，如果无正当理由拖延，甚至爽约、毁约，就没有诚实信用。在现代社会生活中，诚信原则不仅体现在所有商业合同关系里，也反映在人们日常交往的朋友关系、家庭关系以及其他社会关系当中，由诚信原则所导引的契约精神已经成为维系现代社会经济秩序的重要纽带。

诚实信用原则适用于资本市场的主要表现是：

其一，证券发行人、上市公司披露信息要真实、完整、准确和及时，改善信息分布的不对称状态，减少和防止利用信息未公开而进行的内幕交易，反对欺诈与造假。

其二，证券公司、基金公司、资产管理公司、证券服务机构等资本市场的从业机构及其从业人员必须信守诚信原则和职业道德，以公允、客观、勤勉的态度从事相关服务或者出具相关法定证明文件，不协助造假或欺诈客户，最大限度地保护中小投资者的利益。

## 二、证券法对证券欺诈行为的规制

资本市场中的欺诈行为是诚实信用的天敌。为此，各国或地区有关资本市场的立法，都将惩治证券欺诈行为作为一项重要任务，有的还专门制定了防止证券欺诈法。

美国《1933年证券法》规定："使用任何装置、设置或人为方法进行欺骗；或通过对重大事实的不真实报告，或漏报在制作报告时使报告不致被误解所必要的重大事实,以获得金钱或财产;参与从事或将来从事对购买人进行欺诈或欺骗的交易、活动或业务程序,属证券欺诈行为。"[1]美国1984年《公司内部交易制裁法令》和1988年《内幕交易与证券欺诈实施法》对此进行了补充,增加了刑事处罚的内容。

英国1958年《防止欺诈(投资)法》规定:"凡明知是错误的、虚伪的、欺诈的,或是粗心大意制作,或不诚实地隐瞒了重大事实的各种陈述、许诺或预测,引诱他人同意购买或处置其证券;未经允许的任何机构或个人,散发邀请他人购买或处置股票通告,或在通告内载有可能导致这种股票交易的信息,都是欺诈行为。"[2]

日本《证券交易法》明令禁止证券交易中的各种不公正行为,尤其是证券欺诈行为,将虚假陈述、假象买卖、操纵行情、散布虚假信息等情节严重的行为视为犯罪。由于日本国民的保守传统和日本证券法的严格规制与监管,日本资本市场历史上很少发生证券欺诈行为或犯罪。[3]

我国香港特别行政区《证券条例》规定了四种证券欺诈行为:(1)创设或使之创设,或有任何作为意图在于创设虚假证券市场信息;(2)直接或间接地与他人进行证券交易时使用诡计欺骗他人;(3)单独或与他人联手进行旨在固定或稳定某类证券价格而违反有关规定的证券买卖活动;(4)直接或间接地为诱使售卖任何法人团体的证券,而就该证券或法人团体的过去和将来的情况作虚

---

[1] 张路:《美国1933年证券法(中英文对照本)》,法律出版社2006年。
[2] 黄宝奎 李晓峰:《英国证券投资业务管理的重大改革》,《外国经济与管理》1989年第4期。
[3] 于秀峰:《日本证券交易犯罪评析》,《日本研究》1998年第1期。

假或导致误解的陈述。①

我国在 1993 年颁行的《禁止证券欺诈行为暂行办法》，对证券欺诈行为做出了列举式规制，证券监管和司法实践中也有处罚实例和判例。2005 年修订后的《证券法》所规制的"禁止的交易行为"，也包含了证券欺诈行为，其中有虚假陈述、欺诈客户以及内幕交易、操纵市场等。

从上述列举的有关国家和地区的证券立法对证券欺诈行为的规定来看，凡是有悖于市场诚实信用的行为，都被纳入欺诈行为范畴，行为人将因此而承担相应的行政责任、民事责任、经济责任，甚至刑事责任。对证券欺诈行为的严格监管和严厉处罚惩治，从制度上保证了诚实信用在资本市场活动中的推行和遵守，是证券法保护投资者利益，特别是保护中小投资者利益宗旨的具体体现。

## 第六节　证券业与其他金融业适度分业经营与监管

证券业和银行业、信托业、保险业等，都属于金融业范畴，对它们实行适度的分业经营、分业监管，既是防范金融风险的需要，又是我国政府金融管理体制的客观要求，《证券法》、《信托法》、《保险法》、《中国人民银行法》等法律对此有明确规定。

1997 年亚洲金融危机爆发，最初是由泰国宣布放弃固定汇率制，实行浮动汇率制，国际炒家携国际游资狙击泰铢，导致泰铢大幅度贬值而引起，其后在菲律宾、印度尼西亚、马来西亚、中国香

---

① 香港《证券条例》第 135—138 条。

港和台湾、韩国、日本、俄罗斯等实行联系汇率制或浮动汇率制的国家和地区，其汇市、股市都因国际炒家狙击当地货币而受到重创，汇市、股市急剧下跌，引发金融危机。这场金融危机给有关国家造成经济损失的严重程度，不亚于20世纪30年代美国的经济危机。由于我国当时还实行严格的汇市、股市的外汇管制，外资尚不能自由兑换人民币并自由进出我国金融与资本市场，因此我国与这场金融危机擦肩而过。但是，在这场金融危机中出现的东南亚各国以及韩国、中国香港和台湾地区银行业、保险业与证券业等混业经营的极大风险，警示我国要处理好银行、证券、保险、信托、外汇等属于金融业范畴不同类业务之间的经营和监管关系。

2005年修订后的《证券法》比此前颁行的《中国人民银行法》、《保险法》等，更加清晰明确地规定了分业经营与分业监管制度。《证券法》第6条规定："证券业和银行业、信托业、保险业实行分业经营、分业管理，证券公司与银行、信托、保险业务机构分别设立。国家另有规定的除外。"根据这一规定，在金融和资本市场的实践中很快建立了与这些制度相应的监管体制。2018年3月，在第十三届全国人民代表大会第一次会议通过的国家机构改革方案中，原有的中国银行业监督管理委员会（简称"银监会"）与中国保险监督管理委员会（简称"保监会"）合并，组成中国银行保险监督管理委员会（简称"银保监会"），仍然保留了独立的中国证监会，可见，中国资本市场的适度分业经营和监管将会较为长期地存在下去。

对证券业与其他金融业实行分业经营和监管，是与我国金融与资本市场发展和管理水平相适应的金融业总体规制措施，其适应性或比较优势表现在：

第一，市场经济及其监管在新中国仅有40年的发展历史，其中还存在很多传统计划经济因素的影响,证券业、信托业、保险业等起步更晚,成熟的经验积累不多。在过去的计划经济体制下,凡是金融业务,都由人民银行经营管理,业务单一,管理简单。建立市场经济之后,各种金融业务发展迅速,新业态纷至沓来,亟待细分管理。

第二,经济管理水平的提高和规范化,建立在经营活动的细分化和专业化基础之上。银行业与证券业、保险业、信托业相互之间虽然有资金融通、业务合作、相互交叉投资的情况,但经营业务的重点不同,需要在巩固现有主要业务的基础之上,完善各自的经营规则,挖掘自身经营领域的潜力,而不是发展跨行业的竞争。

第三,我国市场经济依然处在摆脱传统计划经济模式影响,与国际市场规则接轨与磨合之际,加入WTO虽然给我们提供了巨大的发展机遇,但也带来更多的挑战。许多国外的大型投资机构、金融机构、投资银行等,对我国金融市场和资本市场虎视眈眈,正在通过各种方式取得市场地位,占领市场份额,与我国银行、证券公司以及其他金融机构合资、合作,甚至收购兼并就是其占领市场的方式之一。如果在此时实行混业经营和管理,则无异于给对方提供了更多的"通吃"机会,将市场份额拱手相让。为了合理推进市场竞争,提高经营管理水平,在引入境外金融机构的同时,需要将金融业由大切小,分而办之,分而治之,给市场未来发展留下更大的空间。

第四,适度分业经营与分业监管,尤其是将证券业所在的资本市场分业监管,可以避免货币资本与保险资金直接大规模流入股市、债市,为防范金融风险筑起必要的防火墙。美国以及其他西方国家和发展中国家发生金融风险,一般都与银行资金、保险资金直接流入股市有关，股市的暴涨暴跌又会助推投资者的投机心理，推动银行资金、保险资金流入股市。2015年我国股市暴涨之后继而暴跌，导致众多中小投资者损失惨重，就与银行资金、保险资金等场外资金借助融资渠道大规模进入股市相关。殷鉴不远，中国仍然需要扎牢金融业适度分业经营、分业监管的篱笆。

当然，分业经营和分业管理也不是各业之间完全泾渭分明，搞成井水不犯河水，老死不相往来的禁区。各业之间分中有合，合中有分乃是市场向复杂和成熟阶段发展的标志。分中有合是指在分业经营与监管基础上的"合"，"分"是基础，"合"是补充，"合"是对"分"的必要修正。金融业各方在资本市场的合作，除了技术层面有资金存管、周转、合规入市交易等的合作之外，还有在市场监管层面的合作，如证监会与银保监会在规制银行资金和保险资金依法合规进入股市方面的合作，在制定证券公司开展融资融券与创新业务上的合作等。

这些合作是在"分"的前提下进行的，最终还是为了使各方利益得到最大的实现，通过合作达到双赢或多赢。所以说，分业经营管理的分开只是适度分开，而不是绝对分开。

## 第七节　资本市场必须实行集中统一监管

### 一、集中统一监管模式的缘起

资本市场在西方国家最初兴起时，完全处于自由放任状态。处于资本原始积累阶段的西方资本主义国家，在政治上以提倡个人自由及私人所有权绝对神圣不可侵犯作为对抗封建制度的主张，与之相应，经济活动完全彻底的自由开放和国家不干预成为资本主义初期的基本原则之一。当市场发展到较大规模时，其自身必然产生组织化、制度化或规范化的内在要求，市场自律管理便应运而生。当市场自发的管理办法或管理制度不能驾驭市场更大规模的发展和由此带来的变化，以致市场失灵或失效，并且危及国家整体经济安全时，国家干预带来的国家集中统一的市场监管便以法律制度的形式隆重登场。

由初始的自由放任到自律管理，再到集中统一管理，反映了市场由简单到复杂，由实物交易到期货、证券交易，由一元化到多元化的演变与发展历程，也反映了人们认识市场，监管市场经验和水平的不断提高。

美国的资本市场几乎是和美国经济发展相伴而行。早在美国南北战争时期，政府就开始发行战争债券，铁路公司也在发行股票，这时的股票和债券相对数量较少，证券监管几乎没有。[①] 在19世纪末、20世纪初资本主义开始全面发展的时代，资本市场蓬勃兴起，石油大王洛克菲勒、钢铁大王卡耐基、汽车大王福特、投资银行家JP摩根等，均是在那个时代借助自由竞争机制和资本市场募集资金的渠道，成为在各自经营领域中的翘楚。也是在这个时候，市场监管才开始出现在人们的视野中。

---

[①] 1862年，美国总统林肯批准通过了第一个建设太平洋铁路法案，该法案规定由联合太平洋铁路公司和中央太平洋铁路公司共同承建横贯北美大陆的太平洋铁路，分别从内布拉斯加州的奥马哈和加利福尼亚州的萨克拉门托相向修建。该两家公司分别以发行股票的方式向社会募集资金。这是世界历史上第一条通过募集社会资金完成的铁路，长达3000多公里，并招募大批华工参与建设，于1869年5月在犹他州的盐湖城实现接轨通车，为开发美国西部建立了不朽功勋。

在实业界，1888年，美国参议院的共和党议员约翰·谢尔曼提出《抵制非法限制与垄断保护贸易及商业法案》，主张加强市场自由竞争保护，反对垄断。该法案于1890年7月20日以《谢尔曼法》之名为国会通过，成为美国政府监管市场的法律依据之一。据此，美国政府针对洛克菲勒标准石油公司利用发行信托（Trust）证券垄断石油业的行为向法院起诉标准石油公司违反《谢尔曼法》，要求对其强制拆分。在持续长达10多年的诉讼之后，1911年，美国联邦最高法院做出判决，支持对标准石油公司强制拆分，政府对市场的监管通过司法程序进一步得到落实。

在资本市场，1911年，美国堪萨斯州通过了一部管理证券发行的综合性法律，即人们俗称的"蓝天法"，对证券发行中的信息公开作了相应的规定，其后为各州纷纷效仿。"蓝天法"只是要求证券发行人必须公布财务报告并接受银行专员的检查，并没有规定对违反信息公开行为的处罚措施，而且又是一个州的立法，对当时炙手可热的纽约华尔街证券交易所及其交易行为几乎没有任何约束力。此时的证券监管只能称为凌乱、松散的监管。一直到1929年美国股票市场崩溃之后，公众才意识到资本市场与普通商品市场不同，不仅需要联邦政府的统一立法，也需要依法建立全国统一的资本市场监管体制；不仅需要对商业银行与投资银行即证券商实行分业经营，更需要对资本市场的专门监管。随着美国联邦政府证券交易管理委员会根据《1934年证券交易法》设立，美国全国资本市场场内集中统一的监管模式开始形成，并且逐步扩大到对全国证券柜台交易市场的统一监管。

我国资本市场制度以史为鉴，吸取了美国以及其他西方主要资本主义国家资本市场监管历史上松紧不均、宽严失衡的经验教训，借鉴美国资本市场的监管体制，确立了"国务院证券监督管理机构依法对全国证券市场实行集中统一监督管理"的监管体制。[1]

与此同时，在20世纪90年代中期，针对各地纷纷乱发股票和自办证券柜台交易的现象，国务院强调了中央政府对资本市场的集中统一监管，取缔了各地不规范的柜台交易市场，严厉处罚了违法的证券黑市，保护了资本市场的稳定发展。

## 二、集中统一监管模式的优势

从世界上一些国家和地区资本市场的共性与发展趋势看，集中统一监管体制的优势有以下两个方面：

第一，资本市场因证券及其衍生产品集中竞价交易的特点，以全国统一的市场为优，与之相适应，市场监管也以集中统一的体制机制为好。资本市场中股票、债券发行以发行人符合相应的条件为标准，涵盖各行各业，能够发行上市的公司仅是所有企业中的一部分，可以进行期货合约交易的商品或金融、证券衍生产品也十分有限，如果分别搞几个甚至多个市场，不仅不利于发挥市场配置资源的功能，还可能将现有的资本资源分散，违背股份制与资本市场制度建设的初衷，消解了资金的集中效应，不利于资本向优势企业聚集。

将资本市场集中统一，有条件上市的企业和上市公司都集中在一或两个市场里，既可以通过竞争实现市场优化配置资源，又有利于活跃交易，促进市场发展。市场监管也因统一而提高效率，

---

[1] 《证券法》第7条。

降低成本，减少内耗。

第二，集中统一的市场监管更能体现法律法规和规章的权威及其一体遵行的效力。法律制度的关键在于其是否真正得到贯彻和执行，而贯彻执行的要害，除了法律制度本身与实践相结合的适应性之外，就是组织和保证其实施的机构及其监管体制机制的有效性。

中国从古至今都是实行高度集中统一政治体制的国家，中央政府令行禁止，本是极为正常的政治和法律目标，可是行政和司法方面的地方保护主义居然屡见不鲜，产品销售在异地屡遭抵制、司法判决在异地执行屡遭拒绝的情形比比皆是，甚至还有政令不出"中南海"的情况发生。①

这些说明我国不仅存在法律制度中的立法、行政、司法三者之间的严重脱节，而且还有中央和地方分权管理中的政令执行贯彻的严重脱节。这种脱节并非权力分配不当或权力制衡失准所造成，而是由于贯彻执行法律的制度安排或者管理体制机制存在缺陷。比较而言，凡是在实行从上到下、一以贯之的独立组织机构和管理体制机制的系统或行业，相关法律制度和职责容易得到落实。相反，多头牵制，需要经常协调各方利益的事情，则很难办成。譬如，证券监管机构根据《证券法》就证券发行、上市交易、上市公司并购重组等活动制定的相关规章，在资本市场具有一体遵行的效力，其实施监管较为容易，然而，当市场的某些制度安排需要由政府其他部门或其他监管机构配合、协作时，则比较难

---

① 郭俊奎：《"政令不出中南海"该谁买单？》，《人民网——中国共产党新闻网》，2014年8月12日。

于解决或落实。

从市场监管的效率来看,集中统一监管,集中了人才优势、专业优势、职权优势,统一了市场运行的规章、规则或办法,监管措施必然专业化、系统化、法制化,监管效果必然立竿见影,有利于市场发展,这是中国监管模式的优势。

### 三、集中统一监管模式的弊端

毋庸否认,集中统一监管模式也存在以下弊端:

其一,某些应当按照市场运作方式处理的事项被纳入集中统一的行政监管体系内,客观上为权力寻租提供了机会。这方面典型的例子就是依然实行的证券发行申请核准制。尽管证券监管机构对证券发行审查核准制进行了一定的改革,聘请非本机构工作人员的专家组成发行审查委员会,并且将其组成人员名单公开,但其在根本上依然是行政权力的延伸,并非市场规律调整的办法。从市场长期发展的角度看,应当把由证券监管机构运用行政权力审批或核准的资本市场事项,逐渐改变为提高市场准入门槛或条件,加重对关联关系人,包括保荐人责任的事后追究等制度安排和市场调整的办法。

市场调整的办法,说到底就是价格,如果供需不平衡,则需要从价格机制上考虑调整供需关系,而不是主要借助行政权力干预。对发行人和上市公司发行证券造假行为严厉追究法律责任,包括对相关的证券服务机构和个人追究法律责任,施以重罚,才能吓阻那些试图通过造假包装、上市"圈钱"的以身试法者。

2017年，中国证监会做出行政处罚因被处罚人不服受到起诉的行政诉讼案件达48起，法院对其中35件案件做出判决或裁定，其余未予受理立案或驳回起诉。在35件案件中，原告主动撤诉5件；法院驳回再审申请1件；剩余案件都没有判决撤销或改变中国证监会的行政处罚决定。这一方面说明监管处罚决定的质量很高，经得起司法审判的检验；另一方面也通过严格的事后监管处罚，改变了过去发行人争先恐后排队申请发行上市的局面，对市场造假和欺诈行为构成一定的威慑。[1]

其二，在集中统一的监管体制内，如果权力、职责分配不均衡，会造成重管理、轻监督的现象，最终会妨害整个监管体制的安全。传统计划经济体制的影响和人们对管事、管人的偏好，都决定了在资本市场的监管中，管理比监督的权力大，管理比监督更有实惠。即管理之权可以轻易寻租，没有成本；监督之权虽然也可寻租，但难度较大，成本更高。在证券监管实践中，管理包含规章的制定，更包含所有涉及资本市场准入事项的审批或核准，而监督除了例行检查外，主要是事后对违法违规行为的查处，其权力寻租空间相对较小。

资本市场的证券核准制度，依然存在寻租者或供需双方寻找交易的空间，各种批文乃至主管官员的个人资料或社会关系等，都可以成为钱权交易的对象。为了杜绝监管权力寻租和权力滥用，必须大力减少资本市场行政审批许可的项目，用市场调整的方法

---

[1] 杜卿卿：《强监管下证监会一年被告48次：绝不因怕诉讼不敢处罚》，《一财网》2018年4月9日。

逐渐取代行政审批权力，加重监督权力分配比重，使监督成为比管理更重要的监管内容。

## 第八节　自律是资本市场健康发展的基石

资本市场自律是指从事证券及其衍生产品发行、上市交易、上市公司管理层并购重组活动的组织者、交易机构、服务机构等，在相关法律法规规定的市场行为规则框架范围内，按照行业规律和特点，依法组织和建立实行自律管理和自我约束的体制机制。

自律，用通俗的话来说，就是自己要求自己，自己规范自己。自律可以适用在很多场合或环境下，凡是在有机构或人员进行相互交往或者共同参与的政治、经济和社会活动中，都存在参与者自律的问题，而且往往是参与者自律性强，活动就有秩序，进行的就顺利、圆满；参与者自律性差，纵使违法违规行为得到惩治，也会影响活动的顺利进行，还会加大进行活动的经济成本。

### 一、自律的构成

从产生约束的过程和效力上来看，自律其实是一个职业道德或从业机构及其从业人员的职业操守问题。遵守职业道德或者行为符合职业道德的要求，即为自律的表现，也是自律所期望达到的效果。违背职业道德或者行为不符合职业道德的要求，即是非自律的表现，与自律期望的效果背道而驰。构成职业道德或者自律之

"律"的内容有很多，因行业不同、机构及人员多寡、知识文化水平高低、素质培养训练有无等而各异。不论各行各业的职业道德如何千差万别，就职业道德的共性而言，应该包括以下几点：

第一，职业道德或自律之"律"产生于某一行业、职业的参与者或从业者的共同活动中。行业或者职业活动源于市场分工，分工后的行业或职业仍然保留着多数人参加的特征。只要是多数人参加的活动，众口难调，要让活动顺利进行，就必须制定大家共同认可的规则，所谓游戏规则、活动规则等均发源于此。带有基础性的重要规则，如果涉及全行业的安全存亡，涉及整个市场秩序的维护，涉及所有参与者的根本利益，需要以法律制度的形式确定下来。较为具体、细致的或者只涉及其中某一部分参与者利益的规则，虽然无需具备法律制度的强制力，但对保证共同活动有序、正常进行的确是不可或缺的，则需要以职业道德或者自律之"律"的形式加以确认，以便各参与者识别和自觉遵守，如行业规则、团体章程等。

第二，职业道德或者自律之"律"以行业参与者的共同认可和自觉遵守为贯彻实施的保证。与法律体现统治阶级意志，并由国家强制力保证实施不同，职业道德或自律之"律"仅体现本行业或本团体全体成员的共同意愿，只是用行业或团体成员共同认可和遵守的通行规则、习惯做法或制裁措施使其获得了为行业参与者遵守的效力。其制裁措施表现为口头告诫、公开谴责、纪律处分或内部制裁，直至为团体开除、取消资格等。

第三，职业道德或自律之"律"集中反映或体现了本行业或者本团体经年积累的习惯做法，因而被俗称为"行规"、"家法"。它是有关本行业或职业范围的法律法规和规章的补充，是从更为专业、细微、深入的层次或角度对行业参与者或从业者行为的规制和调整。从得到具体贯彻执行的意义上说，自律比法律法规和规章更贴近行业参与者或从业者的业务活动及其行为，亦会随着市场以及行业的发展与变化进行及时的更新和调整，自然也更容易得到广泛遵守。所以，自律之"律"是"私法"，是民商事活动中"私法自治"原则在证券业及其相关行业的延伸。

第四，职业道德或自律之"律"通常由行业或者团体成员推举产生的机构负责监督实施。正如法律法规的实施需要专门的国家机关负责监督并通过对违法违规行为追究责任来保证一样，职业道德或自律之"律"的实施和遵守，也需要由专门的机构进行监督。资本市场上的证券交易所、证券登记结算机构、期货交易所、金融期货交易所、证券业协会等，就是进行市场自律管理的专门机构。

## 二、自律与他律的关系

"他律"是指行业规则或团体章程以外的与本行业或团体活动相关的法律法规和规章对行业或团体行为做出的规制，即"他律"是行业参与者或从业者对相关法律法规的遵守。我国资本市场发展水平、制度安排水平、从业机构及其从业人员的自律水平等，都决定了"他律"，即法律法规和规章的约束仍然是第一位的，证券监管机构的依法监管必须放在首要位置，也就是监管为主，自律为辅。自律以依法监管的实施为前提和基础，监管以自律的配合来实现和完成。自律与监管的目标是完全一致的，都是为了维护资本市场的稳定健康发展，都是为了以保护投资者利益为主导的市场参与者以及从业人员的共同利益。监管是总的引导和方向，自律是市场参与者及其从业人员在大方向之下的自我调整和完善。

在一个由行业成员组成的团体内，全体成员对行业规则或团体章程的共同认可与遵守，是自律实现的保障。如果某些成员仅是希望"行规"或"家法"为他人遵守，而自己逍遥"法"外，不受约束，就无异于自毁规则，自绝于团体，最终还是伤害自己。行业规则或团体章程的生命力在于它是全体成员的共同愿望，每个成员都要对遵守规则或章程做出承诺，从而实现自律。如果加入行业团体、做出守规的承诺之后，又违反规则，就不仅是自食其言，更是对团体其他成员共同意志的对抗和挑战，必然遭到其他成员一致的反对和制裁。所以，自律的前提是首先律己，然后才能律他。如果自律组织的主要成员都能以身作则，带头自律，自律的目标就不难实现。

## 三、竞争与垄断的关系

实现自律，还要处理好保护自由竞争和垄断之间的关系。行业协会、商事团体、贸易组织等这类由从业机构或成员组成的团体，通常都是为了成员的共同利益而组建。譬如，为行业制定贸易规则，确定同一产业或行业的产品或者服务的数量与价格，基于协商一致划定贸易组织成员销售或生产产品的地区与范围等，垄断集团或组织中的价格同盟、销售卡特尔便由此产生。[①]

---

① 卡特尔（Cartel）是指由一系列生产、销售类似产品的独立企业所构成的同盟，通过在商品价格、产量和销售等方面订立协定，垄断市场，获取高额利润。参加这一同盟的成员在生产、商业和法律上仍然保持独立性。根据美国反托拉斯法，卡特尔属于非法行为。

自律如果倾向于维护成员之间共同的生产、服务或销售方面的利益，就会形成行业中局部或部分的垄断，妨碍自由竞争，进而损害消费者或者社会公众投资者的利益。在前些年股市低迷时期，曾经有部分证券公司呼吁证券业协会发起建立交易佣金价格同盟，以避免证券公司之间为了吸引客户展开竞相降低交易佣金的"战争"，建议各方约定执行一个最低交易佣金收入的价格底线，以保护共同的利益。但是，在股市低迷时期，市场竞争更加剧烈，所有证券公司的生存都受到威胁，自顾不暇，价格同盟难以贯彻执行，最后不了了之。

自律规则，既要考虑市场参与者或从业者的利益，也要适时把握市场或投资者的承受力，做出兼顾各方利益又不妨害竞争的安排。

# 第五章　证券品种

## 第一节　股票

### 一、股票及其法律特征

股票是股份有限公司发行的证明股东所持股份的凭证。股份有限公司的最大特点就是将其资本（股本）分成大小相等的许多份额，以持有份额的多寡来计算持有者对公司拥有的所有权份额或所有权比例，从而决定享有权益、承担义务的多寡。这种份额分割和按份计权的做法，恰如将一块蛋糕切分成若干小份额，而又由若干份额组成一个完整的整体。称其为股份，表明了合中有分、分中有合的股份公司资本组成的基本形态。英文中的Shares更为贴切地表达了股份的本意，即公司的利益要由股份持有人按份额分享，公司的债务或亏损，也要由股份持有人按份额分担。

股票可以按不同的标准，做出不同的分类，其在法律上的效力，也各有不同。以股东所享有权利内容的不同，可以将股票分为普通股票和优先股票，通常在实践中简称为普通股和优先股。普通股的股东同时享有收益权和投票权，优先股的股东则仅享有优先于普通股股东的收益权而无投票权。以是否被允许上市交易为标准，我国上市公司的股票又曾经被分为流通股和非流通股。前者是经核准允许在证券交易所挂牌进行集中竞价交易的股票，后者则是不允许在场内进行集中交易的股票。已经发行而尚未上市交易的股票也属于这一类。以股票票面是否记载股东姓名为标准，可以将股票分为记名股票和不记名股票。记名股票多发行在股份公司规模较小、尚未对社会公众募股之前，此时对股票转让流通的需求尚不迫切。现代资本市场中发行的股票绝大多数多为不记名股票，更便利于上市交易。

作为资本市场最主要的一种财产权利表现形式，股票拥有其他所有证券不具备的支配性权利，即含有主要的物权法律特征：

第一，不可偿还性，或者不可退股性。股票一旦发行，经投资者即股东认购之后，股东权益便因此设定，持有者不得要求退股，只能通过市场交易转让给第三人，或者通过协议转让给第三人。这种转让或交易，只意味着公司股东随着股票的易手而换人，公司资本总额或股份总数并不因之而改变。

第二，权益性。股票所体现的股东权益，不是简单的物权类的财产权利，如对普通物品的所有权，对财产孳息的收益权等，而是综合的一揽子权利。其中有股东对公司的参与决策权，对公司及其管理层的监督权（包括对公司及其管理层侵犯股东权利行为的起诉权），公司收益分配权，股票转让权等。在收益分配权里，又包括了股东的自益权，即股东就公司的整体决策认为对于全体股东或部分股东不利时，如公司的分红派息率定得过低或过高时，向公司主张进行修正或调整的权利。

第三，风险性。股票作为特殊商品上市交易，必然有其价格。

然而，股票价格既不同于普通商品的价格，也不同于债券的价格。普通商品的价格大致是由生产这种商品所要付出的平均总成本所决定。或者说，普通商品的价值（最低价格、保本价格）等于生产这种商品的平均总成本。尽管由于供需关系的变化和市场竞争环境的变迁，商品价格也会有所波动，但其波动的幅度极为有限，一般也会为消费者或购买者所认识和接受。债券的价格是由债券发行人偿还债务的能力或其资信程度所决定。譬如，政府债券的偿还是由国家信用作保证，价格相对稳定，因此被称为"金边债券"。公司债券的价格会随着公司资信状况的变化和市场的变动而有所变化，但从总体上看，变化波动的幅度不大。

股票价格是由发行股票的企业的价值所决定，企业盈利能力是企业价值的关键所在。然而，包括市场供求关系、企业信息披露与传播、投资者投资偏好、市场系统性风险等在内的一系列不确定因素，会导致股票价格极端不稳定，"上蹿下跳"是股票价格变化中的常见现象。正是由于股票价格具有不同于普通商品价格和债券价格的剧烈起伏波动性，使股票市场乃至整个资本市场充满了风险。所以，投资者进行股票交易的任何时候，都应当将"股票有风险，入市须谨慎"的警示铭记在心。

## 二、股票估值与风险

证券法对资本市场进行规制，证券监管机构对资本市场进行监管，在本质上是维护市场秩序，防范市场风险，保护投资者利益。资本市场发生投机、欺诈、操纵行为和风险，往往与股市涨跌以及某些股票的价格走势密切相关。股票价格的频繁变动，既是投资者，包括投机者，所期盼的市场机会，又是市场欺诈者、操纵者实施欺诈、操纵市场的原动力，还是市场风险的来源。因此，在认识资本市场的风险之前，有必要了解股票的价格形成机制。

从理论上讲，在充分竞争，公司企业能够自由进入和退出市场的有序环境下，股票价格是由发行该股票的企业的价值所决定。投资学中的企业价值并非企业账面的资产净值，而是企业未来可能创造的净现金流的现值加总估计。即从现在到未来，在可能预见的企业剩余存活期内，企业能够取得的现金的贴现价值。

企业在未来能够存续多长时间，能够获得多少净现金流，不仅取决于企业现在的资产状况，取决于企业所处行业的增长和衰落状况，更取决于企业管理层的经营和创新能力，还有市场兴盛和萧条的影响等。所有这些决定企业价值的因素，都是通过人的主观意识认识、了解、分析并加以评断，最终形成对股票的评估价值。因此，资本市场的股票分析师或投资咨询人员需要运用专业的数学模型和计算方法，并综合多种因素为企业估值，为股票估价。当然，也有用较为简单的"市盈率"（企业每股收益与股价的比率）和"市净率"（企业每股市价与每股净资产的比率）两项指标来衡量股票价格高低的定价方法。

由于股票价格形成机制中含有较多的人为因素，无论采用"价值投资"、"长期投资"、"集中投资"的股票买卖理念，还是撷取"分散投资"、"短线是金"、"波段操作"的股票投机手段，投资者或者专业投资分析师都无法像消费者把握普通商品的价格那样，较为准确地判断某一只股票的价格高低，而只能是在对发行股票的企业大致了解的基础上，凭对市场的个人"感觉"，将股价

"毛估估",决定对该只股票是"持有"、"买入"、"增持"或者是"卖出"、"减持"等。

美国投资大师沃伦·巴菲特可谓闻名遐迩,其所操控运营的上市公司——伯克希尔·哈萨维公司也因其长期稳健的骄人业绩而著称于世,巴菲特的价值投资和长期投资理念更是脍炙人口,深入人心。即使如此,巴菲特的伯克希尔公司股票价格和大多数股票的价格一样,也会随着市场变化或波动而剧烈地跌宕起伏,其高低价差之大,令投资者倍感股票的高收益与高风险同在。伯克希尔股票1965年初始发行上市时为12美元/股,1973年度涨至93美元/股,在1975年又跌至38美元/股,1989年曾涨至8900美元/股,1991年又跌至5000美元/股。在克林顿执政美国八年的经济高速增长时期,伯克希尔股票在1999年底最高涨至5.61万美元/股,创下了美国资本市场单只股票的股价在30多年中上涨数千倍的神话。2000年以后,尽管有"9·11"事件的影响,美国经济仍然在调整之中逐步增长,与发展中的美国整体经济形势相呼应,伯克希尔股票价格在涨跌互现中继续攀登历史高峰。2006年10月,伯克希尔的股价超过10万美元/股,成为美国资本市场历史上价格最为昂贵的股票。

股票市场的风险源于股票价格的不确定性,而这种不确定性又主要源于企业价值评估和买卖交易中人为因素诱发的投资者的趋利动机和各种各样的投机行为,这些投机行为会导致股票的市场交易价格极大地偏离其价值,甚至通过造假、欺诈等来操纵股票价格,从而引致市场无效、荒谬甚至疯狂,进而使参与投机的投资者,包括无辜的投资者陷入亏损,甚至血本无归的境地。因此,对股票风险的认识以及对股票市场风险的防范,是资本市场参与者、投资者的第一投资意识，也是资本市场组织者和证券监管机构的首要职责。

### 三、股票存托凭证

存托凭证（Depository Receipts，简称DR），是指在一国资本市场流通的代表外国已上市公司的股票或债券的可转让凭证。存托凭证代表股票的情形很多，债券一般有流通期限的限制，鲜有采用存托凭证的情形，故存托凭证通常就是指上市公司股票在他国又发行上市的代表形式，简称存股证。

存股证产生的法理依据是信托关系。普通的信托是委托人将财产权转移给受托人，受托人依据信托契约为受益人管理信托财产的法律行为。按照这一原理，已经在某国资本市场发行上市的公司为了在其他国家开拓业务和融资，并省却其股票重新申请发行上市的一系列程序麻烦以及谋求法律手续简便和节约成本，便设计经过委托人或存托人，在该国发行股票存托凭证，在获得融资的同时，使其像股票一样在该国流通。依据这种方式，一家上市公司就可以较为简单快捷地在数个国家或地区融资并开拓业务，完成国际化或全球化的产业布局。

存股证在本质上就是股票，其具有股票所有的一切特征，只不过其发行人是已经在外国或境外地区发行上市的公司，受所在国资本市场法律监管，对原先的股东负责，不便在另一国重新申请首次发行股票并上市，即再来一次IPO，只好借助存托凭证这种形式，绕过IPO的法律障碍，用中国成语"借尸还魂"来形容，也算贴切。由于存股证在他国发行上市，还需要确定与原先股票的价格折算或者换算的比率，实践中又将发行人原先已经发行上市的股票称为基础证券或基础股票。

存股证的运作模式是：外国或境外地区的上市公司，委托有资格的存托人，如证券公司或商业银行等，向欲发行存股证的国家的证券监管机构提出发行申请，确定存股证发行价格与原股票，即基础证券之间的价格换算比率，得到核准或许可后，即通过该国证券交易所发行并挂牌上市。

存股证的法律特征主要有：

第一，其所表现的投融资法律关系发生在投资者与存托人、发行人等主体之间。与IPO或者上市公司增加发行股票相比，存托人在这一关系中的地位和作用要远高于证券发行中作为保荐人的证券公司。证券公司在证券发行中的法律定位是证券中介机构，只对自己所了解的证券发行人的真实情况负责，只要证明自己没有过错，就不会对证券发行人的造假行为承担连带责任。存托人是受托为境外上市公司发行存股证，其和发行人之间具有对投资者明示的信托契约关系，必须对其受托发行的存股证的真实性向投资者连带负责。

第二，其法律关系的客体是存股证。存股证在表面上不直接称为股票，貌似为股票的衍生产品，因为存股证代表的基础股票已经在另一国发行上市，存股证就相当于发行人已经发行上市股票在另一国的影子兄弟，不叫股票，但计入发行人的总股份之内，投资者享有与原股东一样的权利和义务。

第三，导致其法律关系产生、变更和消灭的法律事实的规制、认定和监管等，涉及两个以上的国家或地区的证券法律规范。存股证的发行上市及其后续存在，是以作为境外上市公司的发行人存在并且其股票持续挂牌交易为前提，如果发行人在境外遇有经营挫折、法律纠纷或者其他重大变故，也必然会影响其在中国境内发行上市的存股证的价格以及关联存股证是否继续上市交易等一系列问题。反之，存股证发行人如果在中国境内遇有经营困难或其他挫折，不仅会影响存股证的上市交易价格，也会影响其股票在原上市国家的市场价格。因此，发行存股证所在国的证券监管机构需要与上市公司原上市国的证券监管机构协商两国或两地之间的法律适用衔接和证券监管协调等问题。

虽然存股证法律关系从本质上来说是一种信托关系，但其与一般的信托关系已经有了很大的差异：

其一，一般的财产信托关系不会发生跨国、跨境的财产委托，主要信托财产和委托人、受托人在均在本国、本地，法律适用、市场监管和私法管辖相对单一。存股证的信托关系直接面对跨国、跨境法律适用和监管的冲突问题，需要通过双边或者多边协议加以协调解决。

其二，一般的财产信托关系以转移信托财产的所有权为前提，即受托人接受委托后，是以自己的名义与第三者或其他人就经营管理信托财产发生关系，信托人则隐于幕后或者不直接参与信托财产的经营管理。存股证的信托关系只是借用了信托的名义，受托的存托人并非完全以自己的名义管理自己名下的信托财产或股票，而是与发行人一道，借助存股证形式为发行人融资，其既不需要将信托财产置于自己名下，也不需要对外以自己的名义管理信托财产或股票。其行动都是与发行人发行存股证的行为绑定在一起，没有自己单独的名义。

其三，在一般的财产信托关系中，存托人的法律地位是独立的，其在信托契约约定的范围内自主决定信托资产的经营管理，由此区别了其与民事代理行为的不同。在存股证的信托关系中，存托人的法律地位并不是完全独立，其对存股证发行上市的设计筹划，很大程度上要听命于发行人，即委托人的要求，也不可能对存股证发行上市后的结果负责，存股证最终还是由发行人自己负责。于是，存托人的法律地位又接近于证券公司、商业银行这样的中介机构，只是存托人在为发行人发行存股证提供发行上市的中介服务之外，还要对发行人在境外上市的真实情况和持续信息披露等，向投资者和证券监管机构承担更多的责任。这一点，又是存托人与普通证券中介机构的区别所在。

存股证所以在中国资本市场受到青睐，在于其能够带来一些好处：

对资本市场自身的建设和发展而言，由于人民币尚未成为全球自由流动的货币，中国资本市场吸引境外优秀公司发行上市颇受限制，存股证在境内以人民币发行上市，使境外公司能在短期内筹集到大量资金，并用于中国市场开拓和项目发展，有助于为中国吸引更多快速发展且具有创新精神的境外高新技术企业，为中国实体经济发展做出贡献。

对投资者而言，境外上市公司在境内发行存股证，多了投资品种的选择，增加了资本市场的宽度和厚度，比直接投资外国公司股票节省了交易成本，多了证券监管的安全保证。

2018年6月，中国证监会发布《存托凭证发行与交易管理办法（试行）》，并开始受理境外上市公司发行股票存托凭证的申请，这一制度安排及其实施，为中国资本市场引入被称为稀有珍贵的"独角兽"企业，敞开了大门。[1]

## 第二节　债券

### 一、债券概说

债券是债务凭证或债务证书，是用以表明债务人对债权人的借款承担偿还本息义务的凭证，债券持有人凭债券按期向债务人索偿本息。

在民商法债的理论中，债的产生可以源于多种行为。譬如，因契约或合同产生的借贷关系之债；因侵权行为产生的民事损害赔偿之债；因不当占有或者不当得利产生的占有物返还之债；因欠付工资、劳务费用、劳动报酬、加工承揽费用等而产生的给付之债，等等。在所有这些发生债的原因之中，只有因契约或合同产生的借贷关系之债才可以设立债权凭证，即债券。

契约或合同产生的借贷关系首先建立在双方协商一致或"合意"的基础之上。而且债权的设立以债券发行并为投资者认购为前提，即投资者完成了向债务人支付借款的行为，持有了债券，

---

[1] 许志峰:《资本市场铺路迎接创新企业防范过度炒作》，《人民日报》2018年6月8日。

独角兽为神话传说中的一种生物，它稀有而且高贵。美国著名的风险投资人艾琳·李（Aileen Lee）在2013年将私募和公开市场估值超过10亿美元且快速发展的创业公司称为"独角兽"，其后我国资本市场对境外上市和欲在境内发行存股证的类似企业沿用这一称谓。

就开始享有债权人的权利，可以依法转让债券或者到期向债务人索偿本息。有的给付之债，如欠付工资、劳务报酬或者欠付货款，债务人也可以设立凭证的方式，如以打"白条"的方式作为欠债的依据，但由于这种凭证有强烈的属人性质，即与特定的债权债务双方当事人的身份相关，将欠条当作债券进行流通和转让就受到很大的限制，在实践中不具有可操作性。

在英美法系国家，一些具有债权性质并用书面形式表达的权利，如美国证券法中所列举的信托凭证、存款凭证等，也可以作为证券中的债券来对待，因为这些国家的债券流通历史较为悠久，相关的制度安排已经成熟，即使不在证券交易所上市交易，也会有其他合法的流通与转让渠道，如柜台交易、现场交易等。我国信托投资公司发行的信托凭证，银行出具的储户大额存单，也有债券的性质，但由于发行规模有限，一般采用记名形式，转让手续复杂，不宜与《证券法》所规制的公司债券相提并论。[1]

## 二、债券品种

我国资本市场的债券一般是根据发行债券的主体划分主要的债券品种，证券法以及其他相关法律规定了政府债券、公司债券、银行间的金融债券等品种。

1. 政府债券

政府债券是由国务院主管部门，即财政部代表中央人民政府发行的债券，过去又称为"国债"、"公债"。政府作为发行主体的

---

[1] 王敦常：《票据法原理》，第2—3页，商务印书馆2016年。

身份决定了政府债券的发行、兑付等由政府以国家的信用作保证，其与普通公司或企业发行的债券有着本质的不同，也无需对政府发行政府债券进行审查。所以，《证券法》仅将政府债券的上市交易列为调整和规制的对象。

2. 企业债券

企业债券在我国曾经是一种常见的证券，其产生在公司债券发行制度尚不完备的情况下，由政府的经济管理部门进行审批，一般不允许上市交易或流通转让。就通常意义而言，企业与公司并无不同，都是生产或经营实体。就法律主体的性质和意义而言，企业的范畴比公司大，企业中包含了公司这一类企业，还包含了非公司的企业，如尚未完成公司制改制的国有企业、集体企业，非法人的经济组织、个体企业，公司下属的分支机构企业，等等。

企业债券是我国由计划经济向市场经济转型时期，在企业与公司共存的背景下，主要由非上市公司的企业所采用的融资工具。发行债券的企业，往往是国家重点扶持的大型或特大型国有企业或者国家计划安排的重大工程项目，如三峡工程项目所发行的三峡债券、电力系统发行的电力债券等。2005年我国《公司法》完成修订后，作为民商事活动主体的企业法人行为大都统一在《公司法》的范围之内，企业债券基本上为公司债券所取代。

3. 公司债券

公司债券是指公司按照我国《公司法》和《证券法》的有关规定，向社会公众投资者公开发行的债券，也是资本市场最为常见的债券形式。公司债券的发行主体可以是上市公司、非上市公司、国有公司以及私人公司。公司债券亦可选择上市交易或者不上市交易两种情形。上市公司发行的债券以及上市交易的公司债券都需要经过证券监管机构的审核，非上市公司发行的非上市交易的债券则由国务院授权的部门进行审核。债券非经相关政府部门的审核，不得公开发行。

公司债券和股票相互结合衍生了上市公司发行的可转换为股票的债券，简称可转换债券，由上市公司与投资者约定，在一定期限内可以将该债券以一定价格转换为股票。

4.政策性银行金融债券

政策性银行金融债券（又称政策性银行债），是我国政策性银行（国家开发银行、中国农业发展银行、中国进出口银行）为筹集信贷资金，经国务院批准由中国人民银行用计划派购的方式，向邮政储汇局、国有商业银行、区域性商业银行、城市商业银行（城市合作银行）、农村信用社等金融机构发行的金融债券。以这种金融债券和政府债券的调剂、交易为基础，形成了银行间的债券市场，是资本市场的补充。过去，金融债券也用于指称国有商业银行或其他金融机构向社会公开发行的债券，由于其兑付的信用最终由国家信用作保证，因而其在信用程度上要远高于一般的公司债券。随着国有商业银行逐步进行股份制改制和申请股票公开发行上市，国有商业银行也开始以上市公司的身份发行公司债券，以自己的资产和信用保证债券兑付，金融债券这一称谓就不再适用于商业银行所发行的债券。目前，政策性银行金融债券仅限于在全国银行间债券市场发行和交易。

## 三、债券的权能

债券作为到期索偿本息的债权凭证，其权能可以根据债券时间期限、利率确定和计算方式以及支付方式而分别不同设定，并因此产生了不同种类的债券。

从时间期限看，债券存续期可长可短，有 1 年、2 年的短期债券，3 年、5 年的中期债券，也有 8 年、10 年的长期债券。美国联邦政府发行的国债最长期限达到了 30 年。

从计息方式看，债券有单利、复利、贴现和累进利率等多种方式。

单利债券是指在计算利息时，不论债券设定的期限长短，一律按本金计息，本金所生利息不记入本金加总后再计算下期利息。

复利债券是指在计算利息时，按一定期限（一般是按年度计）将所生利息加入本金后再计算下一段期限中的利息。中国民间俗语将复利称为"驴打滚"、利滚利的利息，意指用复利方式计算利息收益像驴打滚一样，不断翻倍，比单利计息高出很多。以 1000 元的投资为例，如果利息率设定为每年 10%，按单利计算收益，45 年之后增加到 5500 元，每 10 年增加 1 倍；按复利计算收益，45 年之后增加到 72800 元，收益几乎是按几何倍数增长，平均每年增加约 1.6 倍。如果利息率设定为每年 20%，按复利计算收益，45 年之后将变为 3657262 元。不同收益率下的复利简直就是"金融魔方"，可以创造金融资本收益的奇迹。

贴现债券是指在债券票面上不约定利率，于发行时按照一定的折扣率，以低于债券票面金额的价格发行。到期后仍按债券票面金额偿还本金。贴现这一手段实际上是将通常债券延后或到期时支付的利息提前支付给债券认购者或持有人，债券到期后，持有人只能索还本金。

累进利率债券是指利率设定为每年以算术级数递增，如第一年利率为2%，第二年为2.5%，第三年为3%，以此类推至债券到期。累进利率的设定与累进税率的设置方法相似。我国目前很少有采取累进利率的债券，但是作为一个债券计息方法不同的品种，累进利率的债券似有保留和应用的可能。

从支付方式看，债券有到期后一次性还本付息；有分期付息、到期后一次性还本；有先付利息、到期后还本等方式。

## 四、债券的表现形式

债券的表现形式随着社会的进步而多样化。许多教科书在总体上仍将债券归类为实物券式、凭证式和记账式三种，而实践中应用的债券形式已远不止于此。上市公司所发行的可转换债券、银行间债券市场推出的利率互换债券等，已经在很多方面改变了传统的债券观念，实践中还在不断推出更多的债券表现形式。

1. 实物券式债券

实物券式债券仍然保留着古老的传统风格，即在票面记载发行人（债务人）、票面金额、利息率、债券期限、本息兑付时间和地点、债券持有人应注意的其他相关事项等。有的实物债券甚至将债券发行章程的主要内容也登载于债券票面，表述债券发行人、担保人、债券评级等对债券信用的说明和保证。由于现代的实物券式债券多以不记名方式发行，因而其在民间有时也被当作替代货币或支付手段用于转让和流通。

2. 凭证式债券

凭证式债券是投资者认购债券的缴款凭证，其以记名或者不记名的方式由发行人向投资者出具。凭证式债券没有标准格式，有的看上去就像是一张收款的收据。20世纪80到90年代，国库券代销机构为投资者认购国库券出具的收据一般仅记载某年某月某期国库券，多少金额等，其他相关利率、期限内容需要债券持有人自己查阅该期国库券的发行说明。在同一时期，有的企业债券发行也采用这种较为简单的形式。由于凭证式债券大多是记名的，而且收款凭证极不规范，基本上不具有流通性。

3. 记账式债券

记账式债券没有实物券形态，由发行债券的企业或公司在其电脑账户中作出认购者缴款记录和所购得的债券数额、本息偿还期限等相关记载，债券持有人据此进行债券交易和索偿本息。目前沪深两市上市交易的债券均是采用记账式。记账式债券的特点是：可以防止证券遗失、被窃与伪造，安全性好；可以上市交易转让，流通性好；期限有长有短，但更适合短期债券的发行；记账式债券通过证券交易所电脑网络发行，从而可降低债券的发行成本；上市后价格随行就市，有获取较大收益的可能，但同时也伴随有一定的风险。

4. 电子式国债

电子式国债是政府债券发行中采用的以电子记账方式记录债权的不可流通的人民币债券，又称为记账式国债。电子式国债具有以下几个特点：一是向个人投资者储蓄类资金发行，其认购对象仅限于境内中国公民，不向机构投资者发行，同时设立了单个账户每期购买的限额，充分考虑并保护了中小投资者的利益；二是不可流通性，其采用实名制，不可流通转让；三是采用电子方式记录债权，用专门的计算机系统记录数据管理投资者的债权，免去了投资者保管实物债券或者凭证式债券的麻烦，债权查询方便；四是手续简单，本金及利息到期直接转入投资者资金账户；

五是付息方式多样化，可以设计按年支付利息的品种，适合个人投资者存本取息的投资习惯。

## 五、债券的赎回、回售与回购

债券到期需要还本付息的特征将债券与股票从本质上区别开来，并因此决定了债券持有人有可能在债券到期前请求提前清偿或债券发行人在有清偿能力时提前清偿。

赎回是与过去时代的传统典当行业务紧密联系的法律概念，出典人经济拮据时以实物出典向典当行高息借款，约定在一定期限内付息还款并取回典物。有的典当协议约定，在协议规定的期限内，不排除出典人在有能力时提前赎回典物。赎回应用在现代债券的发行交易中，则演变为一种可以赎回的债券。其是指发行人发行债券时约定，在债券期限届满之前的一定期限内，按照约定的价格和方法向债券持有人买回债券。可赎回债券中赎回权的设定在发行人一方，其基于规避利率下调的风险、还本付息的压力、财务风险等多方面的考虑，将赎回的价格、期限、具体方法都在发行债券的章程或合同中约定。可赎回债券因持有人持有时间不一，赎回价格也会不同。通常可赎回债券的价格要比普通债券低一些，这是因为赎回行为满足了债权人提前兑付债券的愿望。

债券回售是在上市公司发行的可转换债券中，为保护投资者利益而安排的一种安全保障条款，具体是指当可转换债券转换股票的价格低于债券面值时，投资者依据一定的条件可以要求发行人以面值加计利息补偿金的价格收回可转换公司债券。债券回售条款赋予了可转换债券的持有人根据市场股票价格变化而选择是否转换股票的权利，如果投资者行使债券回售的权利，则相当于发行债券的公司提前兑付本息。债券回售与债券赎回都是债券发行人提前兑付本息，但赎回是发行人自己主动提前兑付，回售则是应债券持有人的要求，发行人被动的提前兑付。因此，债券回售作为投资者或债券持有人的权利，增加了可转换债券的期权价值。

债券回购是指债券持有人在债券清偿期届满之前的某一时点，将所购得的债券卖出，取回购买债券所用的资金另做他用，并登记承诺在一定时间内再将该债券购回的交易制度。债券回购可以是多次性的。在某一债券总的存续期限内，债券持有人可以分不同时点进行多次回购，只要每次回购接续前次，保证用债券融资的资金在每次回购时点上能够延续，即可以不断地"还旧借新"，直至债券到期，债权债务关系解除。债券的多次回购，只是增加了资金使用或周转成本，对债券存续并无影响。基于这一运行模式，债券回购可以用于开展融资业务，即经债券持有人同意，将其债券回购，借用其资金，待债券到期前的某一时点将资金归还，买回债券即可。我国公司债券的发行规模和债券存续期小而短，尚不适宜开展回购业务。债券回购融资运作模式主要应用于国债的交易中。

## 第三节  证券投资基金

### 一、证券投资基金的法律特征

证券投资基金是指经依法批准设立的基金管理公司或者基金

发起人向社会公众投资者发行，用于投资证券，获取收益，按照投资者持有份额进行分配的集合资金。证券投资基金的表现形式是每个认购者依其出资额持有证券投资基金份额，基金管理公司记载并证明其持有证券基金份额数量，持有人按照所持基金份额的数量享有相应的权利，承担相应的义务。

证券投资基金兼具股票和债券的特点，是伴随资本市场发展而产生的一种新型投资品种。

证券投资基金具有类似于股票的法律特征，表现为基金份额持有人按基金份额享有基金的收益分配权，基金经营监督权，对基金管理人——基金管理公司的选择权，基金终止或解散后的剩余财产分配权等。同时也承担支付基金管理费用的义务和基金亏损或破产后分担损失的义务。

证券投资基金具有类似于债券的法律特征，表现为基金发行人或者基金管理公司通常为基金份额持有人设定赎回的权利，即为了鼓励社会公众投资者多认购基金，基金发行人或者基金管理公司在发行基金时，承诺基金份额持有人在持有基金份额之后的任何一个时点，可以把所持有的基金份额按照约定的价格再卖回给基金发行人或者基金管理公司。

## 二、证券投资基金的运营特点

证券投资基金运营专注于证券投资，与实物投资、创业投资、项目风险投资均不相干，其资产表现形态是证券投资组合，即由多种股票和债券及少量现金集合而成。证券投资基金的产生和形成，在于社会公众投资者对越来越多的上市公司及其发行的股票和公司债券鲜有专业知识和专业分析，对如何投资股票与债券不甚了了，他们往往根据传播媒介引导和亲朋好友的推荐进行投资，而且无暇顾及市场变化和所持股票、债券的价格变化，盲目性较大，投资收益也大大低于同期资本市场指数的涨幅水平。

购买证券投资基金份额，相当于聘请了专业分析师、专业经纪人代为进行证券分析并进行证券投资，省却了投资者观察市场变化、研究投资动态的麻烦。有些投资者还将资金委托经纪人或者资产管理公司全权代为证券投资，双方以协议约定收益分成和亏损分担比例以及管理费用提成比例、赎回条件等，这便是私募基金的原始形态。当私募基金形成一定规模并对社会公众的证券投资和交易产生影响时，公募基金便顺势产生。

我国资本市场在1992年初步兴起，证券投资基金却是在1997年之后才逐渐形成规模。1997年11月，国务院证券委员会颁布施行了《证券投资基金管理暂行办法》，初步将证券投资基金引向正轨。2003年10月，《证券投资基金法》经全国人大常委会通过，又经2012年12月修订，证券投资基金开始成为资本市场专业投资机构的主要力量。截至2018年3月底，我国境内共有基金管理公司116家，其中中外合资公司45家，内资公司71家；取得公募基金管理资格的证券公司或其子公司共13家，保险资产管理公司2家；它们管理的公募基金资产合计12.37万亿元。[1]

证券投资基金的作用在于以专业分析和专业管理人员的专业操作技能来管理证券投资，从而分散了投资风险，提高了投资回

---

[1] 公募基金数据来自于《中国证券投资基金业协会网站》：基金市场数据。

报。证券投资基金在设计风险防范和提高投资回报方面，根据资本市场诸多股票、债券以及衍生产品可能的收益和风险状况，设计出很多不同的证券投资组合。由于各种组合产生的收益不同，基金的品种也会多样化，投资者根据自己的兴趣和需求，可以做出多种选择。

在证券投资基金中，股票基金的种类最多。有以增值为目的，不经常分红的成长基金；有以收益为目的，经常分红的收益基金；有以信誉好、业绩稳定的多家大公司的股票组成证券组合的蓝筹股或绩优股基金等。债券基金也可以由不同债券的投资组合形成不同的品种。我国目前常见的证券投资基金品种大都是由股票与债券混合组成，兼顾多种需求。

## 三、开放式基金——共同基金

共同基金是一种通过公开募集的方法募集小额投资人的资金，汇集成一笔较大的资金，交由专业基金经理人管理，收益归投资人即基金份额持有人所有的投资工具。在英语中，共同基金 Mutual Fund 一词里的 Mutual 意为 Joint（联合），而 Fund 有 Holding（控制）之意，即把许多人的钱集中起来进行专业化的证券投资运作。共同基金其实就是一种类型的证券投资管理公司，它集合了委托人的资金，代表他们的利益进行有预设目的的投资。共同基金的投资组合经常变动，主要是根据投资组合中的证券收益和市场价格变动情况进行调整。我国资本市场将共同基金称为开放式基金，其意为该基金份额向社会公众投资者公开出售。《证券投资基金法》将开放式基金定义为："基金份额总额不固定，基金份额可以在基金合同约定的时间和场所申购或者赎回的基金。"[1]

开放式基金的一个重要特点在于它的可赎回性,即基金份额持有人有权向基金管理公司或基金发行人请求将其所持有的基金份额转换为现金,返还投资人指定的账户。我国开放式基金的投资者或持有人可以自行或通过基金承销机构向基金公司要求部分或全部退出对该基金的投资,也可以向原承办基金份额发行的银行办理基金的赎回。基金赎回的价格一般依赎回当时的基金净值扣减相关管理费用后计算。[2]

## 四、封闭式基金

封闭式基金是指经核准的基金份额总额在基金合同期限内固定不变,基金份额可以在依法设立的证券交易场所交易,但基金份额持有人不得申请赎回的基金。封闭式基金与开放式基金的主要区别是:

1.基金规模的可变性不同。封闭式基金有明确的存续期限(我国规定不得少于5年),在此期限内已发行的基金份额不能被赎回。虽然在特殊情况下,此类基金可以进行扩募,但扩募应具备严格的法定条件,通常封闭式基金的规模是固定不变的。开放式基金所发行的基金份额不仅可以赎回,而且投资者在基金的存续期间内可以随意申购基金份额,导致基金的资金总额每日都不断地变化。换言之,它始终处于"开放"的状态,这是封闭式基

---

[1] 《证券投资基金法》第5条。
[2] 《证券投资基金法》第55条。

金与开放式基金的根本区别。

2.基金份额的买卖方式不同。封闭式基金发起设立时，投资者可以向基金管理公司或销售机构认购；当封闭式基金上市交易时，投资者又可以通过网上交易按市价买卖。而投资者投资于开放式基金则只能向基金管理公司或销售机构申购或赎回，而且开放式基金不上市交易。

3.基金份额的买卖价格形成机制不同。封闭式基金在交易所上市交易，其买卖价格受市场供求关系影响较大。当市场供小于求时，基金份额买卖价格可能高于每份基金资产净值，这时投资者拥有的基金资产就会增加；当市场供大于求时，基金份额价格则可能低于每份基金资产净值。开放式基金的买卖价格是以基金份额的资产净值为基础计算的，可直接反映基金份额资产净值的高低。在基金份额交易费用方面，投资者买卖封闭式基金与买卖上市股票一样，也要在价格之外付出一定比例的证券交易税和手续费；而开放式基金投资者须缴纳的认购费、赎回费等相关费用，包含在基金价格之中。一般而言，买卖封闭式基金的费用要高于开放式基金。

4.基金的投资策略不同。封闭式基金不能被随时赎回，所募集到的资金可全部用于投资，基金管理公司便可据以制定长期投资策略，取得长期经营绩效。开放式基金必须保留一部分现金，以备投资者不时赎回之需，不能将所募资金悉数用于长期投资，而是长期与短期投资相结合。封闭式基金在我国资本市场产生较早，有其上市交易的便利，但由于其运作模式相对封闭，发行规模有限，已越来越不为市场所欢迎。[1]

---

[1] 《证券投资基金法》第5、47条。

### 五、私募基金和对冲基金

私募基金是指以非公开的方式向特定投资者发行受益凭证或做出收益承诺，募集资金进行证券投资的投资基金。基金管理人或发起人通常通过电话、信函、面谈等方式，直接向某些特定的机构投资者或个人投资者募集资金。私募基金一般采取签订委托投资合同方式，由客户授权基金管理人代为管理和操作客户的证券账户，或者以做出保本并获得一定收益的承诺吸引投资者认购基金份额，统一管理和操作。私募基金的法律本质是基于委托信任关系即信托关系而形成的集合委托投资理财，与信托投资公司为特定目的发行的信托凭证、证券公司发行的集合资产管理计划如出一辙。

我国目前的证券法律法规还没有对私募基金做出明确规制，私募基金运作缺乏法律依据和保障，私募基金管理机构游离于证券监管机构的监管之外，其自身运作风险、法律风险、信用道德风险都比较大。

私募基金在境外，特别是在西方国家具有十分悠久的历史，得到广泛的法律认可，并加以有效规范，其典型是对冲基金，著名的有量子基金、老虎基金等。私募基金得以在境外长盛不衰，信用程度高是其中不可忽视的一个重要因素。基金管理人凭着多年经过印证的投资经验，建立了业内的品牌和信誉，以其投资组合和投资理念吸引了一批有雄厚资金实力的投资者，双方之间的合作完全基于彼此的信任关系。这种信任关系建立在健全的信用体系和托管人制度的基础上，故很少出现道德风险。

对冲基金（Hedge Fund）是对采用风险对冲操作技巧的私募基金的称谓。对冲基金诞生于20世纪50年代初的美国。其利用期货期权等金融、证券衍生产品以及对相关联的不同股票采取实买空卖、风险对冲的操作技巧，在保证证券投资获利的同时，最大限度地规避和化解证券投资风险。在基本的对冲操作中，基金管理人在购入一种股票后，同时购入这种股票一定价位和时效的看跌期权。看跌期权的效用在于当股票价位跌破期权限定的价格时，卖方期权的持有者可将手中持有的股票以期权限定的价格卖出，从而使股票跌价的风险得到对冲。在另一类对冲操作中，基金管理人首先选定某类行情看涨的行业，买进该行业中看好的几只优质股，同时以一定比率卖出该行业中较差的几只劣质股。如此组合的结果是，如该行业预期表现良好，优质股涨幅必然超过其他同行业的股票，买入优质股的收益将大于买空劣质股而产生的损失；如果预期错误，此行业股票不涨反跌，那么较差公司的股票跌幅必大于优质股，则卖空盘口所获利润必高于买入优质股下跌造成的损失。这实际上是一种采取避险保值投资策略的基金管理模式。

经过近几十年的演变与发展，对冲基金已成为国际资本市场上被广泛运用的新的证券投资基金模式的代名词，我国资本市场业已开始创制具有作空机制的股票指数期货，为采用风险对冲方式运作基金铺垫了基础。[①]

但是，对冲基金往往利用银行信用，以极高的杠杆借贷在其原始资金量的基础上几倍甚至几十倍地扩大投资资金，从而最大限度地获取回报。一个资本金只有1亿美元的对冲基金，可以通过反复抵押其证券资产，获得高达几十亿美元的借入资金。这种

---

① 《我国对冲基金资产规模达8731.5亿元》，《中国经济网》2015年5月17日。

杠杆效应，使一个投资项目完成后，扣除贷款利息所得的净利润，远远大于仅使用1亿美元的资本金运作可能带来的收益。同样，也恰恰因为杠杆效应，对冲基金在操作不当时也往往面临超额损失的巨大风险。

1998年5月到9月，俄罗斯爆发经济危机，受其影响，欧洲主要国家的资本市场出现较大的价格波动。以做空债券期货为主的美国长期资本管理公司（Long-Term Capital Management）所做空的德国债券价格上涨，其所做多的意大利债券等证券价格下跌。但该公司错误地不断放大债券期货运作规模，利用筹来的22亿美元作资本抵押，买入价值3250亿美元的债券期货，杠杆比率高达60倍。在短短的150天里，其资产净值下降90%，出现了43亿美元的巨额亏损，全部资产值仅余5亿美元，已经走到破产边缘。9月23日，美联储出面，组织安排以美林、摩根为首的15家国际金融机构注资37.25亿美元购买了该公司的90%股权，从而避免了其倒闭的厄运。[①]

## 第四节　证券衍生产品

### 一、证券衍生产品概说

衍生产品是英文Derivative Products的中文意译，其原意是指

---

① 迈克尔·斯克诺尔夫、安尼塔·拉齐哈冯、米歇尔·佩勒斯：《满盘皆输——美国长期资本管理公司（LTCM）是如何失败的》，《经济导刊》1999年第2期。

从原来或原生物质资料的自然生长、生产或加工过程中派生出来的物品，也称为派生物、衍生物，传统民法理论则将其称为孳息。

证券衍生产品通常是指从原生证券品种的存续和交易过程中派生的证券产品，如股票认购权证、股票期权、股票指数期货、国债期货等。其产生的依据是：在原生证券品种的存续及其交易活动中，除了原生证券品种本身产生的收益，如股息、债息以外，由于各种因素变化，还会产生原生证券产品的买卖价格差收益，一般的投资者往往通过股票、债券的直接买卖来赚取价差，其在负担较高手续费的同时，还直接承担了各种市场风险。证券衍生产品则是将原生证券品种的股息、债息、买卖价差及其组合或者股票、债券指数的涨跌差额设计为交易对象，为其确定交易规则，依据市场总的涨跌起伏来间接赚取原生证券品种的收益和买卖价差。因此，证券衍生产品通常都表现为合约形式，买卖由投资者自己预期市场变化而可能带来的收益，具有一定的投机性。较大规模的投资者往往将其与原生证券品种的交易结合在一起进行买卖操作，以此规避市场风险。

证券衍生产品又属于金融衍生产品的一个主要组成部分。金融衍生产品除了包括股票、债券等的衍生品种之外，还包括货币、外汇等金融品种在交易或流通中由于时间和空间等原因产生价差收益，如利率、汇率的变化等，而派生的金融产品。譬如，以美元、日元、法郎等国际通兑货币为交易对象的外汇期货、外汇期权；以银行间金融债券为交易对象的利率期货、期权等。绝大部分证券与金融衍生产品都是采取保证金交易方式，即只要支付一定比例的保证金就可进行全额交易，不需要实际上的本金转移，合约的了结一般也采用现金差价结算的方式进行，只有在到期日以实物交割方式履行的合约才需要买方交足钱款。因此，证券与金融衍生产品交易具有杠杆效应，保证金越低，杠杆效应越大，风险也就越大。

## 二、创设证券衍生产品的必要性

长期以来，我国资本市场证券品种单一，证券衍生产品几乎处于空白状态，制约了资本市场的发展，其具体表现是：

第一，证券衍生产品欠缺造成了我国资本市场结构性的矛盾。认股权证、股票期权、股票指数期货、国债期货等证券衍生产品，具有套期保值、价格发现、管理风险、活跃交易等功能，这些产品长期缺位，加剧了股票、债券等资本市场基础证券品种的风险。

第二，证券衍生产品欠缺严重影响了我国资本市场的竞争力。在我国加入WTO之后，资本市场已经逐渐迈入全球化、国际化的运行轨道。在国际和区域金融中心竞争中，开拓、创新证券衍生产品是资本市场吸引资金、保持竞争优势的重要内容。在亚太新兴金融中心的国家和地区，证券衍生产品的竞争趋势更加显著，新加坡、中国香港与台湾等地证券衍生产品得到了迅速发展，已经对我国内地资本市场构成威胁。如果衍生产品开发仍然束之高阁，必将会使我国资本市场竞争能力日趋下降。

第三，证券衍生产品欠缺必然影响我国资本市场的安全运行。国外资本市场，如新加坡市场，已经推出中国股指期货，交易对象包括中海油、中国电信等多家中国公司构成的指数期货合约，这就倒逼中国境内资本市场加快推出股指期货、股票期权等证券衍生品种和风险管理工具，使股票现货市场与股指期货市场相对统一，投资者可以借此管控投资风险。2006年9月8日，上海设立了中国内地的金融期货交易所，陆续推出了一些股票指数期货和金融期货，对资本市场的发展起到了积极的作用。

## 三、证券衍生产品的表现形式

依据证券衍生产品的权利主张依据，其可以分为契约型和证券型两类。

契约型证券衍生产品，是以股票、债券等证券的整体价值衡量标准，如以股票指数为基础所设计的远期交易合约，主要包括各类期货、期权等品种，比如股指期货、股指期权、国债期货、股票期权等。其特点有以下三个方面：（1）契约型衍生品种是以金融期货交易所设计的标准化、规格化的合约形式存在，而不是以证券的形式存在；（2）契约型衍生品种不具备融资功能，主要是作为一种风险管理工具；（3）契约型衍生品种没有发行人，交易方式为期货交易，实行保证金、持仓限制、逐日盯市等交易风险控制措施。

证券型证券衍生产品，是以股票、债券等为基础证券和一个权利合约相结合，并将其中的权利以证券的形式表现出来，形成一种新的证券品种。具有代表性的证券型证券衍生品种是认股权证和可转换公司债券。

试以认股权证为例，简要分析证券型证券衍生产品的内涵。

认股权证作为以股票为基础的衍生证券，是股票和选择权合约的结合，其中，合约的主体是权证的发行人和权证持有人，合约内容是权证持有人有权选择在约定时间、按约定价格向权证发行人买进或卖出股票。与一般的契约型衍生产品所不同的是，认股权证中的合约，并不是以标准化、规格化的合同形式存在，而是表现为证券的形式，合约的内容已证券化为权证的基本要素。从法律上看，认股权证作为证券型证券衍生产品，具备证券的基本特征，并由此区别于一般的契约型证券衍生产品。

认股权证与股票、债券的区别是：

第一，任何证券品种都是某种特定权利的证券化，如股票是股东权利的证券化，债券是债权的证券化，而认股权证则是"选择权"的证券化，应当属于证券范畴。所以称之为衍生证券，是因为其建立在买卖特定股票的基础上，以标的股票的存在为基础，具有衍生性。

第二，与股票和公司债券一样，认股权证有发行人，设定发行价格，经历发行和募集程序，具有直接或间接的筹资功能，而契约型证券衍生产品，既无发行人和发行程序，也无筹资功能。

第三，认股权证尽管是证券衍生品种，但其交易方式和股票、公司债券等保持一致，实行现货交易。

上述对认股权证特征的分析，同样适用于认股选择权合约和公司债券相结合而衍生的可转换公司债券，揭示了证券型证券衍生品种的共同特征。

## 四、证券衍生产品的高风险性

证券衍生产品设计的初衷是创造避险工具，排除金融、证券活动中的某些不确定性因素，实现风险对冲。但是，近些年来随着金融市场全球化、金融自由化、金融业务表外化、金融技术现代化等趋势的流行，国际上金融、证券衍生产品的交易却越来越从套期保值的避险功能向高投机、高风险转化。这与其自身快速多变、高风险性的特点密切相关。其具体表现是：

1.价格受制于基础产品的价格变动。证券、金融衍生产品既"衍生"于基础产品或原生产品，其价格自然受基础产品价格变动的影响。因为它的价格是基础产品价格变动的函数，故可以用来规避、转移风险。然而，也正因为如此，证券、金融衍生产品较传统的金融工具，如利率、汇率、股息等，对价格变动更为敏感，价格波动幅度也比传统市场大，所以风险系数加大了。

2.财务杠杆作用的负面影响。证券、金融衍生产品的交易采用保证金方式，参与者只需动用少量的资金即可进行数额巨大的交易，由于绝大多数交易仅是合约交易，没有现货作为基础，所以极易产生信用风险。在交易金额成几倍、几十倍放大的市场里，若有某一交易方违约，都可能会引发整个市场的履约风险。同时，保证金"四两拨千斤"的财务杠杆作用也把市场风险成倍地放大。

3.产品特性复杂。证券、金融衍生产品的开发像玩魔方一样，将基础产品、利率、汇率期限、合约规格等予以各种分解、组合，复合产出的衍生产品，日趋艰涩、复杂、精致，不但使业外人士如坠云里雾中，就是专业人士也经常看不懂。近年来一系列证券、金融衍生产品灾难不断产生的一个重要原因，就是因为对衍生产品的特性缺乏深层了解，企业内部的控制机制无法对交易过程进行有效管理和监督，运作风险在所难免。

4.产品设计具有超前性。证券、金融衍生产品种类繁多，可以根据市场需要，投资者的投资偏好，投资者所要求的时间、金额、杠杆比率、价格、风险级别等参数进行设计，以达到充分的保值避险的目的。但是，衍生产品开发的越多，便越具有超前性，法律的调整和规制以及监管机构的监管赶不上衍生产品发展的步伐。某些合约及其参与者的法律关系和法律地位一时难以认定，其合法性也难以得到保证，因此要承受很大的法律风险。

"水能载舟，亦能覆舟"。证券、金融衍生产品能够规避和对冲风险，增加资本市场的流通性，提高投资效率，优化资源配置。但是，由衍生产品交易失败而引发的灾难也是触目惊心、层出不穷。当然，灾难的发生并非衍生产品本身的过错，而是对衍生产品的滥用和监管不力所造成。所以市场发展和严格监管这"两只手"都要抓，都要硬。

# 第二编 市场主体

# 第六章　投资者

　　投资者是对在资本市场投资于各种证券及其衍生产品的资金所有者或资金持有者的称谓。在过去的年代里，无论投资于什么项目，稍微大一些的投资者都会被称为资本家，带有特定时代的政治定位和歧视色彩。改革开放给社会政治和经济生活带来了翻天覆地的变化，不仅公民之间在政治上不再有歧视待遇，公民所拥有的资金也作为生产要素或资源，成为经济活动和企业生命的源泉，各种各样的经济活动，须臾离不开资金的供给与融通。

　　在我国尚未建立资本市场时，个人资金都是以存款形式储蓄在银行，再由银行作为贷款提供给企业。这种资金蓄积和融通方式虽然为国民经济发展做出了很大贡献，但也越来越暴露出其将金融风险完全集中在银行的不利因素。我国国有商业银行在股份制改制以前呆、坏账比例畸高，其形成的不良资产几经剥离，依然居高不下，单一的银行业存贷款金融体制和货币信贷金融市场已无法适应现代经济多元化、高风险化、全球化的需要。

　　以证券及其衍生产品投资为代表的资本市场的兴起，通过各种各样的直接投融资手段和金融工具，吸引了众多机构和个人投资者参与投资，直接反映了投资者的投资观念和投资偏好，体现了投资者的市场主体意识，展示了巨大的发展空间，形成了与传统金融市场分庭抗礼的格局。

根据投资者的投资规模、资金来源、组成形式及其在资本市场所起的作用，可以将其划分为社会公众投资者，上市公司控股股东或实际控制人，证券公司、基金公司、资产管理公司等专业机构投资者三大类。其中社会公众投资者又可以划分为中小投资者和机构投资者，证券公司、基金公司等专业机构和机构投资者互有重叠或交叉，很难将他们完全区别开来。

## 第一节　中小投资者

资本市场的发展，主要依靠中小投资者的投资信心和其对市场的积极参与。2016年年底，我国居民个人储蓄存款余额高达65万亿元，以全国人口总数13.5亿计算，人均存款近5万元，而同期沪、深两市上市公司流通股票总市值不过37.3万亿元，大约是居民个人储蓄总额的一半。两相比较，足见中小投资者及其投资偏好对资本市场之重要。

### 一、中小投资者的法律含义

在资本市场里，除了专门从事股票、债券、期货、基金以及其他证券衍生产品交易的机构投资者之外，通常所说的中小投资者就是指主要从事股票买卖的普通市民，证券行业又将其俗称为中小股东、中小散户、公众投资者等。概括来讲，中小投资者具有以下几个特征：

第一，中小投资者很大一部分由普通居民构成，缺乏投资判断的专业分析能力和自我保护意识。

第二，中小投资者参与证券及其衍生产品交易带有较多的投机成分，即通过频繁买卖股票来获取价差，持有同一只股票或者某几只股票的时间相对较短，跟风、跟庄买卖股票的意识强烈，缺乏共同保护的组织或者相关体制机制。在普通商品或消费品市场，尚有消费者协会出面保护消费者利益，在资本市场，没有同样的机构专门为中小投资者代言主张合法权益。

第三，相对于大股东、上市公司管理层和其他市场主体或机构来说，中小资者处于信息不对称的弱势方，其作为股东在外部监督管理上市公司的权利往往难于具体行使，一般采取放弃的态度。

在上市公司的实际运作中，股东分成两类：一类是控股股东，也称为内部股东或大股东，这类股东因其持有较高比例和较为集中的股份，对公司经营管理拥有控制权；另一类是非控股股东，又称为外部股东或中小股东，这类股东因其持有较低比例而且较为分散的股份，对公司决策没有多少影响力，中小投资者就属于这一类情形。对此，法律制度通常会做出相对公平的安排：作为公司的投资者，中小股东除了享有一般意义上的公司收益分配权和剩余财产索取权之外，还作为外部股东，对公司经营和财务状况享有知情权、监督权和重大事件参与决策权。

上市公司内部存在特定的大股东或者实际控制人，是资本市场常有的现象，这或是因为大股东本身就是国有控股股东，或是因为其持股比例较高，实际控制了公司，因而不可避免地产生与公司中小股东之间的矛盾，甚至会侵害中小股东的利益。主要体现为：

其一，对中小股东没有完全做到"同股同权，同股同利"。国有企业改制上市时对大股东的资产评估及折股采用了明显不同于中小股东的做法，大股东认购股份的价格大大低于中小股东通过市场认购股份的价格；在配股或者增发股票时，大股东又往往采取放弃或者以实物认购的办法，中小股东承担了出资更多的义务。

其二，中小股东所持的流通股份通常占上市公司总股份的比例有限或者规模不够大，而且持股人很分散，难以集中统一对上市公司的决策和管理施加重大影响，中小股东也无法联合起来通过市场股票交易收购上市公司，因此，中小股东对上市公司的监督权形同虚设。

其三，控制上市公司的大股东、实际控制人或公司管理层利用其对公司的控制权，实施财务造假、占用或挪用上市公司资金、关联交易、滥用公司信用进行贷款担保等违法违规行为，其侵害的对象，就是上市公司的利益，而其中主要是公司中小股东的利益。

## 二、保护中小投资者利益的监管措施

为了维护资本市场的稳定健康发展，加强对上市公司涉及中小投资者利益事项或行为的监管，中国证监会于2004年12月颁布了《关于加强社会公众股股东权益保护的若干规定》，其中规定了保护中小投资者利益的若干措施。

1. 股东分类表决制度

建立不同股东对公司重大事项的分类表决制度，是对股份有限公司"同股同权，同股同利"原则从公平角度给予的补充，是对公司由大股东或"内部人"控制情况的适度限制和矫正。它要求上市公司对涉及中小股东利益的重大事项除经全体股东大会表决通过外,还需经参加表决的社会公众股股东所持表决权的半数以上通过。这一制度将拥有公司控制权的大股东与中小股东区别开来,对中小股东特别赋予大股东之外的专门表决权,较为充分地体现了中小股东参与公司管理的意志。

股东分类表决有些类同于西方国家政治治理结构上的参众两院或上下两院制度,某些事关国计民生的重大政治、经济决策,不仅需要参议院或上院的批准,还需要众议院或下院的表决,因为两院议员分别代表了不同利益集团的利益,众议院或下院的许多议员来自于基层,与普通选民联系更为密切,上市公司大股东或实际控制人实际上操纵或控制了公司,其利益在许多方面与中小股东相左,分类表决恰当地区分了两者代表的利益不同,体现了公平原则。

上市公司需要分类表决的重大事项有:(1)增发新股、配售股份、发行可转换公司债券;(2)重大资产重组,购买的资产总值达到或超过公司经审计的账面净值20%以上;(3)股东以其持有的公司股权偿还其所欠该公司的债务;(4)所属企业到境外上市;(5)为公司大股东或者实际控制人提供担保等。这些事项无一例外都和上市公司资产重大增减、股份数额和股份结构重大变化相关,自然也会影响中小股东的切身利益。

为了保证分类表决制度有效贯彻落实,上市公司召开股东大会要在现场会议之外,向中小股东提供互联网形式的会议平台,允许股东实施网络投票,允许股东委托他人代为投票;允许董事、独立董事和符合一定条件的股东向其他股东征集其在股东大会上的投票权;股东与股东大会拟审议事项有关联关系时,应当回避表决;股东大会审议影响中小投资者利益的重大事项时,对中小投资者的表决应当单独计票;公司持有自己的股份没有表决权。

这些规定以及其他保障中小股东分类表决制度的目的就是提供一个公平行使权利的平台，让中小投资者有话可说，有权利可以主张或者行使，至于其自愿放弃，也完全尊重其选择。法律的天平向中小投资者略有倾斜，换来的是市场的公平与繁荣。[①]

2. 独立董事制度

独立董事在股份有限公司治理结构中出现，是公司规模扩大、股东人数增多、公司愈益社会化的产物。零星、分散的中小股东难以集中统一参与公司治理，而治理公司所需要的专业知识也会将大多数中小股东阻却于公司治理的大门之外。1978年6月，美国纽约股票交易所率先规定，自该年7月1日起，凡在该所注册上市的股份公司，其治理结构中必须设有由独立董事组成的审计委员会。从此独立董事制度被作为上市公司法人治理结构的一个组成部分，得到多数国家资本市场制度的认可。[②] 2001年，中国证监会颁布《关于在上市公司建立独立董事制度的指导意见》，要求凡有条件的上市公司都要设立独立董事，且人数不得少于全部董事人数的1/3，标志着独立董事制度正式推行。2005年修订后的《公司法》肯定了上市公司独立董事制度。[③]

独立董事在理论上与公司大股东没有任何财产利益和人身关系，不受上市公司主要股东、实际控制人或者与他们存在利害关系的机构或个人的影响。独立董事大都是公司财务、法律事务等方面的专家、学者，从根本上与中小投资者有着天然联系，对保

---

① 《公司法》第103—106条。《上市公司股东大会规则》第31—33条。
② 彭真明、江华：《美国独立董事制度与德国监事会制度之比较——也谈中国公司治理结构模式的选择》，《法学评论》2003年第1期。
③ 《公司法》第123条。

护公司社会公众股股东合法权益负有诚信勤勉义务。独立董事通常重点关注上市公司投资和财务状况，公司有关重大关联交易、聘用或解聘会计师事务所的事项，应由 1/2 以上独立董事同意后，方可提交董事会讨论。经全体独立董事同意，独立董事可独立聘请外部审计机构和咨询机构，对公司的具体事项进行审计和咨询，相关费用由公司承担。

独立董事的风险来源于其是否在职责范围内对公司事务尽职尽责，被称为处罚独立董事第一案的"陆家豪诉中国证监会"案件，或能给予说明。[1]

1992 年，还没有上市的郑百文公司增资扩股，刚刚退休的陆家豪拿出自己的一点积蓄，买了 1 万股郑百文的股票。受到董事长李福乾的赏识，在郑百文上市前的 1995 年，陆家豪忽然接到郑百文的聘书，成为了郑百文的"社会董事"，也就是后来的独董。结果祸从天降。2001 年 9 月 27 日，中国证监会做出处罚决定，认定包括陆家豪在内的公司数名董事对郑百文虚假陈述等违规事实负有直接责任，分别对他们处以罚款，陆家豪被罚 10 万元。陆家豪也成为国内第一个受处罚的独董。陆家豪不服，不但向证监会提起行政复议，还一纸诉状将证监会告上法庭。陆家豪辩称，自己在郑百文担任了 5 年的董事，没拿过公司一分钱，而且作为独董，根本无权参与公司决策，被处罚实在冤枉。本案不仅被证监会行政复议维持了原处罚决定，而且受理本案的北京两审法院都认为陆家豪之诉超过了行政诉讼法规定的起诉期限未予实质性审

---

[1] 丁晓筠：《公司治理与会计信息——郑百文案例分析》，《内蒙古财经学院学报》2004 年第 1 期。

理，裁定驳回了陆家豪的起诉，维持了行政处罚的效力。本案诉讼虽然只是停留在程序审理阶段，但其维持处罚独立董事不作为的意义不言而喻，那就是当"花瓶独董"也有风险，为所有独立董事勤勉尽责敲响了警钟。[①]

3. 投资者关系管理

投资者关系是指上市公司与公司外部股东、债权人以及其他潜在的投资者之间的关系，也包括在和投资者沟通过程中，与资本市场各类中介机构、服务机构之间的关系。投资者关系管理，是上市公司运用财经传播和营销的原理，通过多种形式和渠道与社会公众投资者进行有关公司情况的信息沟通和交流，规范公司在资本市场的运作行为，建立外部股东和其他投资者对公司经营管理的监督约束机制，以实现股东利益价值最大化。投资者关系管理因为是从公司外部公开的场合、渠道与投资者沟通，也被视为企业公共关系管理（Public relation management）的重要内容。

投资者关系管理既属于上市公司自律范畴，是上市公司对其行为操守的自我约束，又属于资本市场监管机构的监管范围。按照中国证监会《关于加强社会公众股股东权益保护的若干规定》，上市公司搞好投资者关系需要做好的事项有：及时、准确、完整、充分地向所有股东公平地披露信息；公司董事会秘书具体负责投资者关系管理；公司设立专门的投资者咨询电话、公司网站开设投资者关系专栏、定期举行与公众投资者见面活动等，及时答复公众投资者关心的问题。

---

① 任明杰：《中国式独董》，《中国证券报》2018年4月11日。

通过投资者关系的良好管理，公司与投资者之间可以形成良性互动机制，坚定投资者长期持股的投资信心，增加公司价值。一方面，公司要主动向现有及潜在的投资者发布展现公司竞争力发展潜力的信息，帮助投资者了解公司现状及未来，以便投资者适时做出正确的投资决策；另一方面，公司应广泛听取投资者对公司发展的批评和建议，为管理层制定公司决策收集有价值的参考意见，协调公司与中小股东之间的利益冲突，降低公司管理成本。

### 三、中小投资者维护自己合法利益的手段

中小投资者保护其合法权益，除了需要有不断完善的法律法规的保障和证券监管机构经常不懈监管之外，还需要有自己积极主动依法维护权益的意识和行动。

在进入资本市场之前，中小投资者首先需要具备防范风险意识或者投资止损意识。通过学习与资本市场相关的法律法规和规章等，了解证券及其衍生产品的投资规则和制度，对买卖股票、债券等做好实际操作的练习和心理准备。同时，还要注意增加对证券投资知识，尤其是财务会计知识的了解，熟悉各种投资品种以及所关注的股票、债券、基金的特点。

中小投资者成为股东、债券持有人之后，根据所持有证券的具体情况，行使《公司法》等相关法律法规赋予股东、债权人的各项权利。投资者作为股东，可以通过参与公司重大决策、参与选择管理者、行使知情权、行使股利分配请求权等途径来维护自身的合法权益。作为债权人，依法在债券到期后向发行债券的公

司主张债权，请求兑付本息。

当投资者的权益受到不法侵害后，可以依法寻求司法救济。这些请求权包括：

1.股东大会、董事会的决议违反法律法规，侵犯了股东的合法权益，股东可以向法院提起请求停止该违法行为和侵害行为的诉讼。

2.证券发行人、上市公司依法应当公告的信息披露资料存在虚假记载、误导性陈述和重大遗漏致使投资者在证券交易中遭受损失的投资者可以请求发行人、上市公司承担赔偿责任，并可请求相关的控股股东、董事、管理层和其他责任人员以及保荐人、承销的证券公司承担连带赔偿责任。

3.为证券发行、上市交易活动出具审计报告、资产评估报告或者法律意见书等文件的证券服务机构就其所应负责的内容弄虚作假、重大遗漏造成投资者损失的，投资者可以请求其承担连带赔偿责任。

4.证券公司违背投资者的委托买卖证券、办理交易事项，以及其他违背投资者真实意思表示，办理交易以外的其他事项，给投资者造成损失的，投资者可依法要求其承担赔偿责任。

从司法方面保护中小投资者利益，除了依法支持个人中小股东起诉违法违规的公司、机构及其负有责任的相关人员之外，还需要建立和完善集体诉讼制度，由受损失的中小股东自愿联合，共同参与诉讼，以降低诉讼成本。

在实践中，单个中小股东起诉证券发行人、上市公司及其控股股东和相关人员的诉讼成本太高，即使胜诉，所得赔偿往往还不足以弥补诉讼成本，以致一些小股东对通过行使诉权维护权益望而生畏。在发达国家和地区，律师经法院允许，可以采取征集中小股东委托诉讼的办法进行诉讼，起到了降低诉讼成本、简化诉讼程序的作用。我国司法实践中已经有一些法律服务机构和律师，开始尝试征集受侵害中小股东的委托进行公益式的维权诉讼。[①]

为了维护包括中小投资者利益在内的上市公司整体利益，修订后的《公司法》确立了股东代表诉讼制度，以保证当公司利益受到控股股东、管理层的侵害或者公司经营权被滥用时，通过股东代表诉讼得到补救。《公司法》第152条规定，上市公司连续180日以上单独或者合计持有公司1%以上股份的股东，可以就公司管理层违法违规给公司造成损失的行为，书面请求公司监事会向人民法院提起诉讼。如果公司监事会拒绝起诉或者自收到请求之日起30日内未提起诉讼，或者情况紧急，不立即提起诉讼将会使公司利益受到难以弥补的损害的，前述股东有权为了公司的利益以自己的名义直接向人民法院提起诉讼。

## 四、中小投资者必须具备的投资风险意识

从事证券投资既有其高收益的一面，也有其高风险的一面。"收益自得，风险自担"，是每个投资者应有的认识。

证券投资风险可分为系统风险（也称市场风险）和非系统风险（也称非市场风险）两种。市场风险是指与整个市场波动相联系的风险，具体表现为政治、经济、通货膨胀、利率、不可抗力

---

[①] 周芬棉：《投服中心成立三年累计行权2238次》，《法制日报——法制网》2018年4月8日。

等诸多因素导致证券价格普遍急剧下跌。非市场风险是指与整个市场波动无关的某一上市公司或其所在的某一行业特有的风险,譬如,公司财务指标恶化的经营风险、行业周期变化的下行风险等。市场风险与整个市场的波动相联系,无论投资者如何分散投资都无法消除和避免这些风险。非市场风险与整个市场的波动无关,投资者可以通过分散投资,即"鸡蛋不要放在一个篮子里"来消除这些风险。

对中小投资者而言,股票投资的具体风险是指买入某只股票或者某几只股票后,由于这些股票价格波动,使实际获得的收益低于预期或者出现投资亏损。其原因是股息减少、绝收或者股票价格的非预期下跌。譬如,上市公司因经营管理不善或行业不景气出现亏损;公司对外投资没有取得预期的投资效果,无利润可以分红。与此同时,由于上市公司经营状况恶化,多数投资者对该公司未来前景持悲观态度,纷纷抛售所持有的该股票,造成该公司股票价格下跌,投资者将遭受较大损失。

价格波动是资本市场的本质特征,进入市场就必须做好承受证券价格下跌的投资风险心理准备。由于价格波动所导致的投资风险将由投资者自己承担。

## 第二节　上市公司控股股东和实际控制人

投资者天然的逐利本性,决定了资本必然具有迅速流动并且有时会聚散无定的特点。这一特点使投资者所拥有的财富及其地位经常发生戏剧性的变化:极个别投资者创业、投资或者并购重组上市公司发财,一夜暴富,蚕蛹化蝶,成为拥有雄厚财富的大资本家,在资本市场纵横捭阖,控制若干上市公司;中小投资者则随波逐流,热衷于"听消息"、"跟庄"。然而,资本市场风云诡谲、变幻莫测,实力雄厚的大股东也会由于时过境迁,经营条件变更、负债累累、从事造假欺诈等,发生财富与地位的迁移变化,有的巨额财富甚至在转瞬间化为乌有,接着开始新一轮的资本市场洗牌与资本聚集。

投资者财富与地位的经常性变化说明,投资者之间本无严格的大中小区分,只是因为市场竞争和各自的实力、能力、手段不同,以致其中极个别者发生换位或错位。单纯从市场竞争的眼光来看,投资者由小到大或由大到小,都是极为正常的竞争结果。换言之,除了上市公司自身之外,控股股东和实际控制人就是公司最大的投资者,由于其单独或者联合持有占公司股本总额最大比例的股份,对公司管理层人员安排和其他重大决策拥有最大的话语权,实际操纵了公司,是公司的内部股东。与之相比,其他股东无论大小,都在公司外部,都处于分散状态,在对公司的话语权上都处于相对的弱势,他们就属于社会公众投资者。

## 一、上市公司控股股东及其控制性利益

在正常的资本市场中,即上市公司发行在外的所有股票可以完全流通的情况下,大股东对其所持股份在公司股权中的比例要考虑两个因素:一是投资风险成本,即作为投资者进行投资时,由于收益不确定性所带来的损失;二是治理成本,即完成投资后,作为管理者对公司进行治理而发生的成本。这两个成本的高低与

股权集中或分散有密切关系。

《公司法》定义的上市公司控股股东是指持有股份占公司股本总额 50% 以上，或者持有股份的比例虽然不足 50%，但依其持有股份所享有的表决权已足以对股东大会决议产生重大影响的股东。[①] 前者可视为绝对控股，后者可视为相对控股。当公司的股权高度集中在一个或几个大股东手中，即所持股份比例达到绝对控股时，尽管公司的主要经营收益都归这些大股东所有，但其投资的风险成本也最大，即大股东是公司所有经营风险的主要买单者。

在趋利避害动机的驱使下，大股东为追求自身利益最大化，会尽最大努力治理公司来减少投资风险成本。当付出的治理成本小于由此减少的投资风险成本时，大股东就可以找到使投资风险成本与治理成本之和的最小值，此时公司价值最大，股东收益最高；反过来，如果治理成本不能用降低的投资风险成本来弥补时，投资者就会以降低持股比例的方式降低投资风险成本，持股比例下降则意味着对公司内部控制权的逐步丧失，股东由内部控制转化为外部监督时，所付出的治理成本就会上升。

因此，公司的最佳股权结构应是使投资风险成本和治理成本之和处于最低点，即以最小的持股比例控制上市公司。这一股权结构又会形成对控股股东的反掣：对公司的控股比例越小，公司越容易为其他投资者收购。资本市场的股票价格杠杆或投资成本杠杆调动了资本资源的合理配置。所以说，上市公司股东持有公司股份多少并不重要，重要的是持有股份在公司股份总额中

---

① 《公司法》第 217 条。

所占的比例以及公司股权是否分散。股权分散，控股股东持有股份比例则可低一些，以降低投资成本；股权集中或相对集中，控股股东持有股份比例则应高一些，以防公司被其他投资者轻易收购。

通常的资本市场法律规制对上市公司控股股东所持股份的比例并无刚性规定，辨别投资者是否为控股股东，主要看其能否控制公司，即能否驾驭董事会及其决策。投资者意欲通过收购控制一家上市公司时，都希望目标公司的股权结构较为分散，主要大股东所持股份在公司股份总额中所占比例较低，这样就可以在控制投资成本的同时，达到收购上市公司的目的。当然，这种通过市场进行的公开收购，必须以上市公司股份全部流通为前提。

吸引投资者控制上市公司的另一个更为重要的因素是控股股东能够凭借股权比例优势获得上市公司的控制性利益。上市公司的控制性利益通常表现为：进行巨额在职消费；为管理层制定高薪福利政策；操纵上市公司与自己进行交易；利用控制权侵占上市公司的资金或者让上市公司为自己及其关联企业提供贷款担保；不顾公司现金短缺支付股利或阻止向中小股东支付红利来迫使其低价出售股票；发行更多的股票稀释中小股东股票的市场价值；在公司财务会计报表中作假或者利用信息披露操纵公司股价等。

毫无疑问，控制性利益的获得，是以往往中小股东的损失作为代价，于是拥有控制权的股东更倾向于持有较高比例的股份，以保证其不可动摇的大股东地位。当中小股东觉察到控股股东的控制性利益使其投资风险成本上升而无法通过公司治理予以降低时，他们的最好决策或许就是"用脚投票"来减少持有股份。这样，投资风险成本和治理成本就会偏离使公司价值最大化的值，从而导致公司的股价，即市场价值下降。

## 二、上市公司实际控制人

上市公司除了由控股股东控制以外，还可能由实际控制人控制，《公司法》第217条第三款给出的含义是："指虽不是公司的股东，但通过投资关系协议或者其他安排，能够实际支配公司行为的人。"也就是说，实际控制人虽然名义上并非公司股东，却能够以各种安排实际支配公司，在暗中起着控股股东的作用。由于实际控制人利用各种各样的方法和手段来实现对上市公司的控制，常常隐藏于幕后以规避监管，而不像控股股东那样公开暴露在社会公众投资者的监督之下，其对公司的实际控制力甚至比控股股东还要大。

实际控制人所以不愿意光明正大地以控股股东身份出现在上市公司的大股东名单中，除了有规避监管的考虑之外，还有以下因素：

第一，复杂的产权关系使产权所有人与企业经营管理人或支配人发生严重脱节，特别是由地方国有企业改制的上市公司，其上市以后多由其他机构或者个人协议收购或者部分收购，而这个收购过程基本上是内部谈判操作，没有公开，收购一方鉴于各种考虑，将实际控制人隐于幕后。

第二，通过"协议转让"取得上市公司控制权的，许多都是民营企业家或私人老板，其在完成资本原始积累过程中，或多或少都有违法违规经营以及逃税、漏税的嫌疑，有一定的"原罪"

感,对上市公司的收购和控制更要采取迂回曲折、掩人耳目的手段。这样一来,既可以通过暗箱操作,里勾外联,降低投资成本;同时,又可以不显山露水,伺机进退。

第三,中国历史上是一个普通老百姓渴望"均贫富"的社会,因此不论以何种手段发财的人,大都不愿意"露富"或"曝富",以免"多藏厚亡",遭受意外之灾。实际控制人的安排,其实是那些在改革开放中暴发的"富豪"们利用控制上市公司再度掘金而又试图躲避监管和其他人为灾祸的办法之一。

## 第三节 机构投资者

机构投资者是指除中小投资者之外,以较大甚或巨大资金规模专门在资本市场从事证券投资而不以控制或经营上市公司为目的的投资机构。证券公司、基金公司、信托投资公司、保险公司、资产管理公司、私募基金管理机构等,凡是大量持有并买卖上市公司股票、公司债券的机构都可以称为机构投资者。

20 世纪 80 年代以来,发达国家股东结构出现了集中化的重大转变,投资基金、保险基金、养老金等管理机构作为投资者进入了资本市场,成为许多上市公司的大股东,原本非常分散的股份被集中到机构投资者手中,形成了公司股东机构化、法人化的现象。

机构投资者由于控制了公司越来越大比例的股份,对公司决策已经不像中小投资者那样简单被动地用脚投票,做一个安静的持股者,而是通过采取一系列积极举措,影响公司的治理活动。譬如，在上市公司收购中采用摊薄股权、稀释股份等加大收购者收购成本的反收购计划，推行股东分类投票表决制度，参与选举公司董事，监督公司管理层等。20世纪90年代初，美国IBM、通用汽车、康柏、AT&T和美国捷运等五大公司的董事会在机构投资者的压力下先后解雇了首席执行官，迫使公司改变了经营战略。

我国资本市场机构投资者最初呈散乱和不规范状态，除了证券公司和少量的封闭式基金管理公司之外，多是一些由私人投资公司、上市公司、私人炒股大户共同参与的具有私募基金性质的投资机构，所谓股市"庄家"即由此而来。

1999年，在业已成立部分证券投资基金公司的基础上，中国证监会允许商业保险资金通过购买证券投资基金间接进入资本市场。2001年，财政部、劳动和社会保障部颁布了《全国社会保障基金投资管理暂行办法》，允许社会保障基金投资证券基金、股票、公司债券、金融债券等。2002年，中国证监会、中国人民银行颁布了《合格境外机构投资者境内证券投资管理暂行办法》，对境外投资机构在中国境内进行证券投资做出了相关规定，为境内资本市场吸引境外资金投资打开了大门。2003年，全国人大常委会通过了《证券投资基金法》，全面规制了证券投资基金的运作和监督管理。从此，证券投资基金走上正规发展的轨道。

截至2017年年底，我国境内共有基金管理公司116家，其中中外合资公司45家，内资公司71家；取得公募基金管理资格的证券公司或其资产管理子公司共13家，保险公司所属资产管理子公司2家，它们管理的公募基金资金合计12.64万亿元。比2003年的资产管理规模增长20倍以上，私募基金公司及其资产管理规模没有准确统计数据，相信比公募基金的规模要多出很多。

机构投资者与中小投资者的区别表现在：其拥有较大甚或巨大的资金规模；拥有专门从事证券投资的研究人员和职业操作人员（俗称"操盘手"）；与证券发行人、上市公司有较为密切的联系，其中有一些还和上市公司相互参股；与政府有关部门以及证券监管机构保持着良好的沟通；持有上市公司股份比例较高，对上市公司拥有较大的话语权等。机构投资者的这些优势使其在和中小投资者的市场竞争中，始终处在有利的地位。譬如，利用信息优势，可以抢在市场中小投资者知晓之前买卖证券；利用所持有的占比例较高的股份单独或联合其他投资者，在上市公司股东大会提出有利于己方利益的经营投资建议或利润分配主张，从而影响上市公司控股股东的重大决策等。

和上市公司控股股东或者实际控制人相比，机构投资者也有不同的特点：

第一，机构投资者买卖股票，收购股份，一般不以取得上市公司的控制权为目的，而是以获得最大的投资收益为目的，因此，其追求资金的迅速流动和效益的最大化，不希望成为上市公司的大股东，更不希望直接参与上市公司的经营管理，如果由于某种原因不得不作大股东，也非其本意。市场上流传的"炒股炒成了股东"的比喻，就是形容机构投资者决策和操作不慎，不小心掉进了上市公司股权结构陷阱，变成了不情愿的大股东。也有专门从事中小企业股权投资、创业投资或"天使投资"的机构投资者，他们一般在公司创立发展阶段或者未上市之前就对目标公司进行投资，持有股权，在公司未来上市后再出售股票，逐步退出公司，这相当于投资机构自愿投资"潜伏"在未来可能发展并上市的企业里，等待企业上市、股票可以变现的那一天。

第二，机构投资者拥有大量或巨额资金，如果单独或者联合他人，集中资金炒作一只或几只股票，必然会在资本市场上兴风作浪、翻云覆雨，影响股票价格，严重的甚至会策划操纵市场，直接侵害中小投资者的利益。以私募基金为主的投资机构经常采取内幕交易、恶炒股票的手法，吸引其他中小投资者跟风，破坏了资本市场的交易秩序。

著名的"宁波涨停板敢死队"代表人物，上海泽熙投资管理有限公司负责人徐翔案就是被最高法院通报的典型。2001至2015年，徐翔单独或伙同他人先后与13家上市公司董事长或实际控制人串通，合谋利用信息优势实施多起股票交易操纵行为。徐翔在其妻的配合下，以亲友、公司员工、员工亲友等人名义开设近百人的证券账户，用于控制配合内幕交易，从中非法获得巨额利益。2017年1月，青岛中级法院依法做出一审判决，以操纵证券市场罪判处徐翔有期徒刑五年六个月，并处罚金110亿元，没收违法所得93亿元，判处其他被告人相应刑罚。[①]

第三，机构投资者有时也和上市公司联手结成证券经营同盟或利益共同体，采取双方共同出资或一方提供题材、信息，另一方提供资金或者混合的方式，由机构投资者操纵该上市公司的股票价格，赚取买卖价差。机构投资者的这些特点使其和上市公司控股股东、实际控制人既具有相互统一的一面，又具有相互矛盾的地方。相互统一是指他们为了各自的利益可以互相利用，结成临时同盟，里应外合，取长补短，充分挖掘上市公司的各种资源，

---

[①]《徐翔被罚110亿，王巍被罚10亿，徐翔是主犯并无自首情节》，《新浪网·新浪财经》2017年1月23日。

从资本市场套利。相互矛盾是指当他们的利益发生冲突的时候，他们会分道扬镳，机构投资者可能转而求助于中小投资者，与后者结成同盟，利用后者为数不多的投票权与对方抗衡，以影响上市公司的投融资决策和利润分配决定等。在这种情况下，机构投资者利益与中小投资者利益会趋于一致，他们共同构成与上市公司控股股东或实际控制人相抗衡的社会公众投资者。

机构投资者中还有一个特殊种类，即合格境外机构投资者。

合格境外机构投资者（Qualified Foreign Institutional Investors，简称QFII），是指符合《合格境外机构投资者境内证券投资管理办法》规定的条件，经中国证监会批准投资于我国资本市场，并取得国家外汇管理局外汇使用额度批准的境外投资机构或资产管理机构。

QFII是在实行外汇适度管制的新兴市场经济国家和地区，为了有限度地引进外资、逐渐开放资本市场而设置的一种过渡性制度。由于我国资本市场发展时间不长，容量有限，抗风险能力较为薄弱，难以抵御境外大规模资金冲击，因此对外汇的进出境实行必要的管制，境外投资机构只能有限进出。随着我国改革开放的不断深入和扩大，境外投资机构的准入条件将会越来越宽松，使用外汇额度也会越来越大。

## 第四节　证券投资基金管理公司

根据《证券投资基金法》第2条的规定，通过公开发售基金份额募集的证券投资基金由基金管理人管理、基金托管人托管、为基金份额持有人的利益以资产组合方式进行证券投资活动。基金管理人便是指依法设立的基金管理公司。

基金管理公司是带有"公"性质的机构投资者，在证券监管机构的直接监管下从事公开的、较为理性的、有规模的证券投资活动。通过基金管理公司公开、理性的参与证券交易并因此影响中小投资者的投资理念和投资行为，达到了政府对市场直接干预所不能达到的引导市场投资行为相对理性化的目的或效果。

基金管理公司的设立基本上是一个由政府主导，国有企业、上市公司以及其他企业参与，自上而下地完成集合个人投资者资金的过程。基金管理公司被视为资本市场中专门组织、吸纳居民个人零散资金入市的正规组织，其既可以取代一部分国有商业银行与个人储蓄者之间的简单储蓄关系，将部分居民储蓄转化为直接的证券投资，化解部分金融风险，还可以以专业投资机构的专门投资技巧和经验，减少个人投资的盲目性和投机性。

## 一、基金管理公司的法律性质

从法律本质上讲，证券投资基金管理公司是一个集合了众多基金份额持有人的资金，受基金份额持有人的委托，专门从事管理证券投资业务的金融机构法人。基金管理公司与基金份额持有人的关系是一种基于基金合同约定的信托资产管理关系，基金管理公司、基金托管人依照法律和基金合同的约定，履行受托职责，符合我国《信托法》第2条关于信托制度的规定："委托人基于对受托人的信任，将其财产权委托给受托人，由受托人按委托人的意愿以自己的名义，为受益人的利益或者特定目的，进行管理或处分的行为。"由此产生的关系即为信托关系，只是《信托法》所规制的信托投资关系没有证券投资基金管理涉及的受托人和受托财产这么广泛和社会化。证券投资基金管理所面对的基金持有人与社会公众投资者无异，基金品种是具有社会性质的证券衍生产品，所以需要将基金管理单独加以立法规制。

基金公司所管理的财产（简称"基金财产"）的法律特征与股份有限公司财产有些相似。股份有限公司的财产是由全体股东的出资构成，股东以其各自拥有的股份对公司债务负责，基金财产则是由基金份额持有人以各自持有的基金份额对基金公司管理的该项基金财产的亏损负责。只不过基金公司管理的基金项目可能是数项或多项，而股份公司的财产只能是一项，而且有的基金财产还设置了可以赎回的制度，基金份额持有人在不愿意持有该基金时，可以请求基金公司赎回。

基金管理公司的法定职能类同于信托公司，其对受托管理的财产负有善良管理人的义务，只能为基金份额持有人的利益而运作证券投资，使基金份额持有人的利益最大化，不得有为公司自己利益或者大股东利益的任何牟利企图。从理论上说，基金份额持有人大会是决定基金公司某项基金财产命运的最高权力机关，其有权决定更换基金管理人，正如房屋业主委员会有权更换物业管理人一样。然而，在实践中，由于开放式基金可以赎回的特点，基金份额持有人比股份公司的中小股东更少关心基金的实际运作情况，一旦基金收益不佳，他们就会采取赎回的办法来放弃基金，以抵御风险，绝少等到召开基金份额持有人大会的那一天。

## 二、基金管理公司的主要职责

基金管理公司的"公共"或"共同"基金管理人的特点，决定了其担负着不同于普通私募基金机构或者一般机构投资者的法定职责，其主要内容是：

1. 依法在基金合同中明确约定与基金托管人、基金份额持有人各自的权利、义务。基金合同是基金管理公司与上述两方依法自愿约定的基金资产管理协议，是约束各方行为的章程，是基金存续期间各方必须遵守的准则。

2. 依法募集基金，办理或者委托其他合格机构代为办理基金份额的发售、申购、赎回和登记事宜，并且办理相关基金的备案手续。

3. 对所管理的不同基金财产分类别或者项目管理、记账，进行证券投资。投资应当采用项目合同约定的资产组合的方式，即用基金合同明确约定基金公司及其投资经理进行证券投资的具体方式和投资比例。

4. 按照基金合同的约定确定基金收益分配方案，及时向基金份额持有人分配收益。

5. 履行相关信息披露的义务，核算并编制基金财务会计报告以及中期和年度基金报告，及时披露与基金财产管理业务活动有关事项的信息。

6. 按照基金合同的约定计算并公告基金资产净值，确定基金份额申购、赎回价格并予以及时披露。

7. 按照法定和基金合同约定的事项召集基金份额持有人大会。基金份额持有人大会的主要事项是决定基金的存续时间、确定基金运作模式、确定基金管理人及其薪酬标准、维护基金份额持有人的利益等。

当基金管理公司没有勤勉尽责，有重大违法违规行为，不再具备设立条件时，证券监管机构有权依法对其做出处罚或者取消其基金管理资格。

## 第五节　证券私募基金机构

### 一、证券私募基金机构的法律性质

证券私募基金机构是指各种向特定的机构或个人募集资金，进行集中证券投资管理的公司或组织机构。私募基金的投资范围或者投资方向很多，股权投资、风险投资、房地产投资、证券投资、期货投资、黄金投资、古董艺术品投资、外汇投资等，都是私募基金机构的投资对象。现代投资专业的细分，使单个投资机构趋向于从事专项领域的专门投资，本书所指的证券私募基金机构限于从事证券投资的专门机构，由于法律法规没有对它们招募资金及其投资运作和法律责任做出明确规制，有必要对其法律性质和投资行为的法律责任加以探讨。

私募基金一般都是以私人或企业出资设立的投资管理公司或者资产管理公司的面目出现，其资金来源、构成成分以及参与者的情况较为复杂，表现形式也十分多样化，一般是凭借与客户的信任关系、业务联系或者对客户做出保本收益承诺，吸收客户较大数额的资金进行投资管理。其客户既有国有控股企业、国有事业单位、混合所有的企业，也有民营企业和个人，不仅反映了"混合经济"的特点，还体现了各种投资力量在资本市场以隐蔽、半隐蔽的"灰色"方式的存在和要求。

2006年，轰动一时的"上海社保基金案"案发，一家神秘的私人投资公司——上海福禧投资，因受上海社保局委托，代为进行社保基金投资而浮出水面。经司法机关查明的事实是：上海社保基金的年金中心先后将34.5亿元的资金通过委托资金运营的方式拆借给福禧投资，用于收购高速公路等资产，社保基金则从中取得高速公路收费稳定且较高的收益回报。由于本案涉及法律法规尚未规制的社保基金的运作和管理方式，其中又有政府官员涉嫌腐败，一时间众说纷纭。最终上海社保基金拆借给福禧投资的资金连本带息全部收回，相关政府官员被以腐败和滥用职权治罪，其引发的对公共资金或国有资金的投资管理却留下巨大的争议。[①]

在法律法规没有规制模式的情况下，国有资金可否委托私人投资公司进行管理，其安全监管或保证如何设置，发生风险如何化解或者承担，在实践中或有不同的做法。迄今，社保基金管理已经纳入政府监管轨道，但是，其他形式的国有资金，如国有控股企业的资金，在资本市场的投资运营依然可能以不同渠道委托私募基金公司运营管理。私募基金以其收益显著而普遍受到市场青睐的同时，其运营安全也有一定隐患，存在着市场效率和依法监管之间的矛盾。

---

① 黄俊峰：《福禧投资是否上海社资金操盘手》，《中国证券报》2006年8月25日。

从严格的民商法合同自由而言，也就是从资本市场主体有权平等竞争的角度讲，私募基金公司依法设立，与客户自愿签约，受客户委托授权进行证券投资，无论其运营的资金来源于国有、集体所有、混合所有或者个人所有，都应该一视同仁地予以保护，资金来源姓"公"姓"私"，无碍私募基金公司依法进行投资运营管理。"上海社保基金案"的最大疑惑在于当时的法律法规并没有明确规制私募基金不得管理运营社保资金，而当时的政府部门责任人为了让社保资金取得较高收益，采用"灰色"渠道将其委托私人公司打理，为事后案发埋下伏笔。如今，"混合所有制"模式下的私募基金管理公司遍地开花，再去质疑私募基金公司及其资金来源到底姓"公"姓"私"已经没有法律意义。

## 二、证券私募基金的运营风险

从投资人的商业秘密或财产安全角度而言，无论国有企业、事业单位的资金，还是其他混合所有的股份公司的资金，其持有人都有权利选择市场投资管理的合作伙伴，收益和安全是他们自己基于资金运营的商业考虑，也是他们的职责所在，与资金最终的归属性质无关，也与选择谁来运营管理关系不大。"上海社保基金案"政府机构的责任人错在私下将社保资金"借给"福禧投资管理，属于不规范的暗箱操作，涉嫌腐败。如果通过招标、会议讨论决定后公示等公开的方法操作，在法律上就没有瑕疵。

私募基金所以缺少法律规制，在于私募基金完全属于私法自治邻域中当事人双方的自愿选择，而且证券投资风险较大，谨慎入市是投资者委托投资的基本前提和必须具备的素质，法律法规不宜对当事人之间自主、自愿的投资约定进行限制或干预，除非资金来源本身需要严格监管，如社保基金。

保护投资者自由进出和自由竞争，是资本市场生生不已的根本制度基础，私募基金是资本市场最为活跃的投资机构，需要为它们保留自主活动的空间。

但是，由于私募基金来自于"私下"的交易或者勾兑，其非公开监督的操作风险和法律风险等也不可小觑。

首先是市场操作风险。私募基金操作完全市场化，通常基金管理人并不向投资者收取管理费，而是通过双方约定一定的投资收益分成比例来激励管理人。在这种约定下，基金管理人受利益驱动，往往借助各种违法违规手段，集中投资品种，放大投资规模，将私募基金置于高风险状态。譬如，集中投资于一只或几只股票，乃至"坐庄"等。

其次是法律风险。中小规模的私募基金一般是基于信任关系而建立，有的是基于亲情、朋友、家族等关系建立，"私"的色彩十分浓厚，自律规则约束不明确，一旦发生投资失误、资金损失，亲友之间容易反目为仇。有的私募基金操作运营手法诡秘，不对委托的投资者公开，甚至有欺诈客户、弄虚作假、操纵市场等行为，很容易因违法违规操作引发法律风险。[①]

再次是信用道德风险。私募基金机构一般没有与客户约定的公开管理基金的动态监管约束规则，又游离于证券监管机构的直

---

① 张力、徐国杰：《私募基金游走边缘地带》，《中国证券报》2006年9月23日。

接监管之外，为了延揽客户，许诺保本和高额投资回报，一旦投资操作失败，机构关闭甚至主要负责人卷款走人的情形随时发生，其与货币市场的"高息揽储"、"高息理财"、金融产品传销等非法集资行为仅有一线之隔。[①]

---

[①] 《最高人民法院下发通知：依法妥善审理民间借贷案件》，《人民日报》2018年8月13日。

# 第七章　证券发行人和上市公司

　　与投资者相对应的另一方市场主体是证券发行人和上市公司。证券发行人和上市公司既是资本市场活动的主要发起者和参与者，通过发行证券及其衍生品种以及参与证券交易来构建和发展市场，又是投资者欲选择进行投资的投资对象，证券发行人和上市公司发行的股票、债券等，就是公司资产和经营能力的证券化，投资者出资购买公司股票、债券，就是购买公司作为企业目前和未来的价值。证券发行人和上市公司所具有的市场主体和投资对象的二重性决定了其在法律上的独立人格在不同时段会有不同。当它们作为市场主体时，是以公司身份发行股票、债券以及进行公司日常运营；当它们被作为投资对象时，它们又是投资者选择的投资目标，股票交易乃至公司并购重组都是奔着公司所控制的资产和运营能力而来。

## 第一节　证券发行人和上市公司的法律定位

### 一、上市公司的法律含义

　　证券发行人和上市公司是对在资本市场公开发行证券及其衍

生产品的发行主体在市场的不同阶段，扮演不同角色，实施不同行为，产生不同结果的称谓。

通常把已经完成首次发行股票（IPO）而且所发行的股票已经上市交易的股份有限公司称为上市公司。股份有限公司一旦完成股票上市，即意味着公司行为由不公开变为公开，其所有的经营、管理、投资等重大决策，都要置于公司的外部股东即社会公众股东的参与和监督之下，上市公司因此又被称为公众公司。

公司信息公开，是上市公司原始创办人或发起人为募集社会公众投资者的资金而支付的核心对价之一，即除了尽可能为对方谋求最大回报之外，要将原先隐蔽或者不公开的企业经营管理活动，特别是财务活动和投资活动公之于众，接受投资者的监督。也就是说，如果社会公众投资者决定认购一家股份有限公司发行的股票，除了希望获得较高的投资回报以外，他还希望有一些能够保证得到较高投资回报的监管制度，公司信息公开就是这种关键性制度安排，与此相关的强制信息披露、防止欺诈和操纵等等制度，都是围绕着保证社会公众投资者在公司行为公开的环境下对自己投资选择的法律保障。

上市公司的特点是：

（1）对社会公众投资者实行信息公开，凡是涉及公司经营管理活动的一切信息，只要可能对公众投资者的投资决策产生影响，都必须公开披露，不得隐瞒、作假或信息误导。

（2）要通过证券监管机构指定的传播媒介和方式，在规定的时间之内，披露公司应当公开的信息。

（3）重大经营和投融资决策除了由董事会提议，经过股东大会表决通过外，还要向其他社会公众投资者公开披露。

（4）实行不同于非上市的股份有限公司的监督管理办法，如股东大会的分类表决制度、独立董事制度等。

（5）公司的收购兼并、退市、解散或破产等，都必须公开进行。

总之，信息公开是上市公司的本质要求，并以此将上市公司与其他各种企业区别开来。上市公司一旦退市，便回归于普通的企业，信息公开的要求对其就不再有约束力。

上市公司信息公开与公司自身保护技术和知识产权所需要的技术保密是完全不同的概念，信息公开强调公司财务数据和经营信息公开，让投资者了解公司经营状态，技术保密是公司生产产品、提供服务的特有技术、工艺流程、服务诀窍或方案等，是公司的知识、技术财富，是公司在竞争中得以生存、发展的软实力，需要保密和保护。

## 二、证券发行人的法律含义

证券发行人是对所有在资本市场公开发行证券的公司或已经发行结束等待上市的公司的统称。正在准备首次发行股票（IPO）的股份有限公司，准备发行公司债券，包括发行可转换债券的上市公司、非上市的股份有限公司、有限责任公司、国有独资公司，已经上市又要再次发行股票，包括配售股票、定向增加发行股票、海外发行上市、在海外发行上市又回到中国谋求发行上市的上市公司等，都可以称为证券发行人。

在《证券法》、《公司法》等与资本市场相关法律法规的执法、司法实践中,证券发行人这一概念主要用于表述发行证券的企业对其所发行的证券承担法律后果或法律责任的含义,其与对上市公司监管又有不同。前者强调证券发行人对其所发行证券及其衍生产品的诚实信用责任,后者注重上市公司作为公众公司的信息公开;前者强调证券发行人每次发行证券合法合规,后者在乎上市公司持续经营管理合法合规;前者不限于上市的股份有限公司,可以是其他类型的企业或有限责任公司发行债券等,后者专指股票公开发行并上市交易的股份有限公司;前者强调证券发行的"产品质量",后者专注上市公司的运营监管。它们各自从不同的角度,展示了证券法律法规对市场主体的规制。

每一只股票、公司债券及其衍生产品,都代表着发行它的公司的商业信誉、生产经营能力和资本实力,正如一个国家发行的政府债券体现着这个国家的政府信用和国家经济实力一样。一只股票发行时能否以发行人所希望的价格为市场接受,发行后能否在长时期内保持较为公允且稳定上扬的市场价格,真正体现公司的价值,除了市场波动因素和发行人的真实实力之外,发行人全面、实际履行对社会公众投资者所作的承诺极为重要。

换言之,如果在一个较长的时期内用股票价格来衡量一个公司的价值,很大程度上取决于该公司对社会公众投资者负责的态度和回报。证券发行人认真负责,专注于行业、专业领域,努力为股东谋求最大投资回报的,其股票价格市场表现一定稳健上扬。证券发行人敷衍塞责,甚至利用信息披露造假、内幕交易等操纵市场、损害中小股东利益的,其股票价格的市场表现一定是经常上蹿下跳，最终沦为"垃圾股"，或者无人问津，或者被收购兼并，或者被摘牌退市。

从证券发行的角度看发行人，有两个特点：

其一，发行人的兴衰荣辱始终和所发行的证券捆绑在一起，股票价格的长期市场表现以及公司债券的市场表现基本上反映了公司的实际情况。人们说起某只证券，必然联想到发行它的公司，发行人对其发行的证券的价格虽然没有直接维护的责任，却承担着认真经营管理公司、对投资者负责的勤勉义务。勤勉尽责，相当于间接维护了股票价格。

其二，证券公开发行与上市在理论上可以同步，即发行结束就可以上市交易，如美国纽约股票交易所实行的股票登记注册制；也可以不同步，如在我国资本市场实践中，证券发行是由证券监管机构审核，证券上市是由证券交易所安排，两者虽然看上去是前后工序，但因为是不同的机构，其间的过程可长可短，结局也会不同。绝大部分股票在发行后很快安排上市；有的在迟滞一段时间后上市，如过去有一部分违规自办股票发行的企业被作为有历史遗留问题的股份公司，相隔数年后才逐渐规范上市；还有极个别的公司股票发行未完成或者已经完成却上不了市。

2003年9月，中国证监会核准杭州富通昭和光通信股份有限公司（简称"富通昭和"）发行A股，这意味着在上市公司较为稀缺的资本市场上，富通昭和正式取得了发行人资格，可以立即发行A股并上市交易。由于富通昭和名称中含有"昭和"这一与当年日本侵略中国有联系的敏感字样，其时正逢股市长期低迷，一些中小投资者对监管机构加速扩容不满，便以此为契机，展开了对股票发行核准制度的批评。最终导致富通昭和已经获准的股票公开发行人的资格被取消，股票停发，上市落空。[1]

## 三、证券发行人和上市公司的相互关系

证券发行人和上市公司是一种你中有我、我中有你的相互包容关系。从发行证券进入资本市场的原始地位和提供的证券品种来看，所有的上市公司都可以包含在证券发行人当中，在股份公司完成首次股票发行（IPO）之后，证券发行人就和上市公司合二为一。从证券发行行为和公司治理的模式或方法上来看，上市公司只是证券发行人的一种，也是最为重要的一种。

上市公司作为资本市场的基础构成单位，通过自身的发行上市，获得了更多的资金和因此不断扩大的生产经营规模，激励了更多的公司介入证券发行行为，吸引更多的公司上市、投资者入市，为市场吸收了新的资金，而且还通过自身的依法经营和治理，引领了资本市场的发展方向。

上市公司以外的证券发行人，特别是那些已经初步具备条件，准备首次发行股票（IPO）的发行人，需要将公司上市以后的监管要求、上市公司的公开运营模式和上市公司的实际表现作为标准和借鉴，从中汲取养分和经验教训，把握自己上市以后的发展。对这些公司来讲，发行股票，募集社会公众投资者的资金，完成上市，其实是一把双刃剑：资金用好、用活，发挥效益，对公司相关各方都有利，皆大欢喜；经营不善，投资亏损，债务缠身，

---

[1] 肖清平：《富通昭和事件发人深思》，《法制日报》2003年9月24日。

甚至制作假账，欺骗投资者，不仅会使社会公众股东利益受损，最终公司大股东或者实际控制人也会得不偿失，甚至连同公司管理层一道，需要承担法律责任，公司也不免遭受兼并、撤销、退市或者破产清算的命运。

## 第二节 证券发行人和上市公司的企业价值

证券发行人和上市公司同时具有市场主体和投资对象二重性的法律定位，决定了他们不同于其他任何市场主体，认真考察他们作为投资对象的企业价值，有助于认识和把握他们特殊市场主体的本质。

### 一、企业价值的认定

成熟资本市场里的投资者通常将股票、公司债券视同发行它的公司企业，企业的所作所为和有关企业的一切信息都会反映在其所发行的证券价格，尤其是股票价格上。市场正是根据股票价格的波动来引导资源的合理配置，投资者要做的事情就是全面彻底地认识和了解企业，根据企业的具体情况，做出自己的投资决定。由此出发，引出对企业价值的两个基本认识：

第一，市场是有效的。市场以其貌似消极、实则积极的价格调整手段，促使资源合理流动与配置，而现代媒体和通讯业的高度发达，又加速了市场信息的发散和传播，信息的充分沟通或者相对对称，使市场较为准确地表达了投资者面对公司股票价格所作的权衡取舍，反映了资本市场的价值规律。即在证券供需关系正常稳定的情况下，股票价格一般都体现了企业的价值。资本市场的法律和制度需要尊重市场这只"看不见的手"，减少对市场的人为干预。

第二，价值投资是资本市场的精髓。投资者进入资本市场都是为投资牟利，即赚钱而来。所谓"天下熙熙，皆为利来，天下攘攘，皆为利往"就是投资者以及所有其他市场主体入市动机的真实写照。①

然而，资本市场多种因素造成的股票价格风云变幻、起伏无常、捉摸不定的现象，又使所有的市场参与者和投资者对通过投机博弈，获取暴利充满幻想，于是投机行为便常常与投资活动相伴而行，甚至彼此不分。早期或不成熟的资本市场由于缺乏经验和相关的制度安排，法律监管和惩罚不力，往往是投机者的天堂。投机者根本不考虑股票或企业的真实价值，完全凭借市场信息渠道不畅造成的信息不对称，依靠内幕交易、财务造假、传播虚假信息等等违法违规手段，牟取暴利。极少数投机者及时收手，全身而退，撤离资本市场，则是最大的赢家，大多数投机者和中小投资者一样，眷恋于市场投机或暂时没有退出，则成为市场发展过程中或大或小的牺牲品。从2000年初到2005年末，《福布斯》为中国内地每年排列出的前50位私人富豪，约有80%涉足资本市场，其中又有90%都在资本市场变幻无常的大浪淘沙里被清洗出局。②

---

① 《史记·货殖列传》。
② 徐曼曼：《别出新财：中国首富的宝座为何总坐不热》，《环球网》2015年3月20日。

市场的无情演变教育了投资者，教会了投资者放弃或减少投机心态，学习价值分析和价值投资。价值投资的根本出发点就是将发行股票的企业作为投资对象进行分析研究，从企业的历史成长记录、经营业绩、所涉行业或产品的创新内涵、现在和未来的盈利能力、主要负责人或 CEO 的领导管理水平等多方面、全方位地评估一家上市公司，给出企业的真实价值，从而确定股票的价值。在股票价值与股票市场价格之间，寻找产生差额的原因，发现企业价值或股票价格被低估或高估的机会，选择最佳的买进或卖出的时机。

从财务会计角度评估企业价值，主要依靠对企业账面资产、利润、现金股息或现金流的数学模型分析。从法律制度的角度看作为投资对象的企业价值，则在于关注企业法人股权安排、治理结构和企业规范运作而给企业在财务估值以外增加的市场信用和无形价值。

## 二、企业价值的人文因素

人文是指人类社会围绕人的行为产生的各种文化与文明现象，其中调整人们之间相互关系和规范人类行为的法律、规则、习俗、传统、道德观念等，是人类文化的核心组成部分。

企业是人类为有效进行生产劳动，协调集体或团队的生产经营行为而组成的经济组织。早期的企业是以家庭成员共同参与、共同劳动的作坊、工场、商铺等形式出现，家庭成员相互之间的血缘亲戚关系与共同进行商品生产和流通的家庭需要交织在一起，构成了最初的企业组织结构。这时的企业还带有家庭成员或私人企业主的个人印痕,是一种无序和无规则的人的零星、散乱的组合,血缘亲情是维系家庭企业组织的唯一纽带。换言之,资本主义原始积累时期的企业还完全是私人财产所有权的客体,企业内部的组织管理活动为家长或企业主的个人尊严与权威所替代,企业作为经济实体的人格和企业主的私人人格紧密联系在一起,互不可分,企业更多地表现为一种人和物拼凑的组合体,人的自由结合或者人文因素的汇集几近于零。

企业采取股份有限公司的组织形式,改变了一切传统的、私人的财产经营方式和生产劳动组合方式。企业通过发行股票,募集资金,不但在较短时间内集中大量资金投资于较大规模的生产经营项目,而且在一定程度上将资本的所有者即股东排除在公司的管理事务之外,正如"一个乐队的指挥完全不必就是乐队的乐器的所有者"一样。[1]

相对独立于股东的企业管理层及其经营管理团队的形成,不仅创造了企业独特的管理模式、行为规则、商业信誉、经营风格和企业文化,而且以其人文因素为企业增添了更多的价值。马克思对此分析道:"与信用事业一起发展的股份企业,一般地说也有一种趋势,就是使这种管理劳动作为一种职能越来越同自有资本的所有权相分离,这完全像司法职能和行政职能随着资产阶级社会的发展,同土地所有权相分离一样,而在封建时代,这些职能却是土地所有权的属性。"[2]

马克思去世后的一百多年里,世界发生了天翻地覆的变化,

---

[1] 《马克思恩格斯全集》第25卷,第435页。人民出版社2005年。
[2] 同上书,第436页。

资本主义和社会主义通过相互竞争，相互作用，相互影响，乃至并行不悖，相互交往与合作，是经济活动中的股份制以及资本市场发挥了引导和桥梁作用，其中人的因素或者人文因素起了关键性的影响。现代企业制度中的法人治理结构，经营管理规则，商业信用等，无一不和人的素质与行为相关。越来越多的投资者在评估企业价值时，将企业的管理层及其所拥有的人力资源视为企业含金量不可或缺的重要组成部分。

在企业财产所有权和企业经营管理权可以完全分开的时代，一个优秀的首席执行官（CEO）已经成为企业的灵魂，其为人办事的风格、对企业营运的把握和所率领的优秀管理团队，是企业在激烈的市场竞争中克敌制胜、不断发展的根本法宝，如闻名遐迩的原美国福特汽车公司总经理艾柯卡、美国通用电气公司（GE）的CEO杰克·韦尔奇、中国海尔集团首席执行官张瑞敏等，他们以自己职业经理人的身份，凭借过人的智慧、胆识和不懈的努力，用管理现代企业的方法和手段，书写了企业发展的传奇，极大地提升了企业的市场价值，为股东创造了巨额财富。现在，发源于企业管理中的"以人为本"理念，不仅是企业赖以生存、做大做强之道，而且还由企业管理层面上升到治理国家、保障稳定、促进社会和谐的层面，成为政治活动的出发点和追求目标。

企业价值中的人文因素包含以下方面：

1.现代企业是一个具有人的结合和财产结合双重成分的社会经济实体，有人的结合就必须有行为规则。企业活动，尤其是企业参与资本市场的证券、金融活动，离不开法律制度所确立的"游戏"规则以及企业据此建立的自己的特色规则。

2.企业人文因素中最重要的不是一般意义上的企业文化，如企业办的刊物、网站、所参与的社会文化活动等，而是企业管理团队构成及其所秉承的经营管理理念和所采用的企业治理方法、规则等，这些将会成为企业发展以及公司收购和反收购中的重要筹码。

3.企业人文因素与企业管理团队不可分离。优秀的企业管理团队会给企业创造利润，增添价值；违法违规或有不良行为的企业团队也会通过财务造假、巨额职务消费、内幕交易等损害企业价值。以管理层"会计造假"闻名于世的美国能源巨擘安然公司，就是这方面的典型。

安然公司曾经位列世界企业500强和美国第七大公司，在美国上市公司中排行老二，是世界头号天然气交易商和美国头号电力交易商，在其全盛时期，账面年营业收入记录高达1000亿美元。该公司管理层2001年12月申请破产保护之前，在长达4年的时间里，通过制造虚假财务报告，虚增利润5.86亿美元，使其股票价格从20世纪80年代末不足1美元的"垃圾证券"，一直涨到2001年的最高价90美元，公司管理层借此从市场高企的股价中卖出股票，涉嫌欺诈套现获利10亿美元。2001年11月，"会计造假"事件发生后，安然公司一夜之间轰然倒塌，680亿美元的市值顷刻之间化为云烟，股价跌至26美分，创下了美国自20世纪20年代末"股灾"以来，一只股票价格在当年内跌幅最深的纪录。安然公司最终以宣告破产而结束命运。利用虚增利润进行欺诈是公司倒闭的直接原因，管理层就是操刀的"杀手"。2006年10月，安然公司前首席执行官杰弗瑞·斯基林因欺诈等19项罪名成立，被休斯敦地区法官判处24年4个月的监禁。[①]

---

[①] 李玉为：《美国安然公司破产案的启示》，《京华时报》2002年1月16日。

## 第三节　证券发行人和上市公司的市场主体特性

任何一个证券发行人和上市公司在法律上都是民商事关系的主体，都具有法人资格，都以归属于法人的资产即公司财产对其民商事行为的后果承担法律责任，直至解散或破产清算，法人资格终止。从表面看，证券发行人和上市公司与其他普通企业法人具有相同的法律地位，其在市场活动中的法律行为及其责任归属，与其他企业法人并无不同之处，都是行为主体和诉讼主体；都由公司对所属机构及其员工的职务行为和法人代表的行为负责；都是有限的财产责任；公司无论自动终止、撤销、解散或破产，都要进行清算等。但是，由于证券发行人和上市公司涉足资本市场，与社会公众投资者成为投资和被投资的关系，要接受传播媒介的舆论监督和证券监管机构的监管，其市场主体地位又与普通企业有很多不同之处。

### 一、证券发行人、上市公司与普通企业的区别

证券发行人、上市公司与普通非上市公司企业的主要不同之处是：

第一，证券发行人、上市公司是以公开企业财务和经营管理基本信息为其进入资本市场的前提条件。信息越是公开，公开的越是及时、准确、完整，企业的公信度就越高，其股票、公司债券就越容易得到社会公众投资者的认可；相反，信息越是封闭，越是失真，其证券越容易为社会公众投资者抛弃。普通企业的投

资者没有社会公众，自然没有信息公开的要求，在投资者各方达成一致或默契的前提下，企业运营可以在完全封闭的状态下进行，只要依法纳税，合法经营，他人无权过问，资产规模较小的企业、家族式企业以及自有资金充裕的企业，一般采用有限责任公司或者合伙制的企业组织形式。

第二，证券发行人、上市公司通常实行股东所有权与公司经营权适度分离的法人治理结构和经营管理体制。在上市公司股票全部流通的资本市场里，上市公司拥有相对独立于股东的法人主体地位；管理层对公司经营有较为充分的自主权；公司控股股东必须通过董事会和股东大会表达意志；独立董事制度在一定程度上限制了控股股东、实际控制人以及管理层控制公司的权力及其对控制权的滥用；股价变动、股份流动和上市公司并购重组制度，激励和鞭策控股股东、实际控制人以及管理层认真经营管理公司。

普通企业的产权关系及其法人治理结构尚不清晰、完善，有的还没有进行产权界定，现代企业制度似有或无，有的就是家庭或家族式的私人合伙财产结构，凭借家庭成员之间的血亲或姻亲关系维系企业的存在。不明晰的产权关系决定了普通企业财产所有权与企业经营管理权必然交织混合在一起，缺乏责权利分配及其监督制约机制，更容易导致企业内部产生一系列的管理沟通和纠纷问题。

第三，证券发行人和上市公司的企业管理层相对独立。现代企业日益扩大的资产规模，跨地区、跨国、跨行业的经营范围，所涉足行业领域的产业集群或集合性产品等，对企业管理层提出了更为专业和高端的要求。与之相适应，企业领导人或者管理层出现了与以往时代截然不同的两个极端变化：

一个极端是，专业领域的企业所有者通常就是该专业领域的专家或天才，他们不仅在专业方面具有他人不可替代的优势，而且善于理财投资，成为新时代具有专业知识与技能的资本富豪，美国有电脑软件专家比尔·盖茨，投资理财专家沃伦·巴菲特；中国有电商专家马云、马化腾、网络游戏专家陈天桥等。他们的出现，与早期的著名资本家一般也具有专业知识不谋而合。如美国钢铁大王卡耐基、石油大亨洛克菲勒、汽车制造家福特、金融专家JP摩根等，都曾经分别是各自所在领域的翘楚，引领了行业或专业的发展方向。由此看来，在某一时代具有科学技术领先性的行业或专业企业里，一般都由该行业或专业的领军人物将企业所有权与经营权合二为一，因为他们的专业技术无人可以替代，他们的领导地位无人可以动摇。

另一个极端是，在现代的绝大多数企业里，特别是在上市公司里，当第一代创业者或领军人物退出历史舞台后，公司治理就不得不向所有权和经营权适度分离的方向发展。一是因为科学技术的迅速发展和传播，使企业的继任者或第二、三代继承人已不再具有创业者所在时代的技术优势，企业经营管理不得不借助于社会技术专家和职业经理人；二是社会技术专家和职业经理人向企业的渗透，必然造成企业管理中的权力分散，分权势在必行；三是社会公众投资者对上市公司的监督，使公司经营管理越来越公开化，公开化的结果便是公司不断引入民主管理，公司的职业经理层在此基础上就会脱颖而出，相对独立于公司所有者。而在一般的非上市企业里，模糊的产权关系、成员之间的私人关系、较小的资产经营规模等，还常使所有者与经营者合为一体，客观上不存在对企业独立管理层的需求。

## 二、证券发行人和上市公司治理的三重关系

证券发行人和上市公司表面上具有独立的法人资格,拥有企业法人财产所有权,经营管理独立自由,实际上却存在着控股股东或实际控制人、管理层、社会公众股东这三重彼此联系而诉求又不完全相同的关系。

当企业产权归属明晰后,公司的经营管理,特别是有关投融资、财产处置、收购兼并、关联交易、薪酬政策、分红派息方案等重大决策,往往由控股股东或实际控制人说了算,因为他们对公司投资最多,图谋迅速得到最大、最多的投资回报,有的甚至铤而走险,采用违法违规手段谋取利益。公司管理层鉴于自己对企业成长发展贡献很多,功劳很大,希冀从企业得到更多的奖励或薪酬,也有的不惜以身试法,从企业竭力索取。社会公众股东渴望企业经营业绩优良,能够从市场股票上涨和公司分红中得到双重回报,其中也不乏投机者制造传播虚假信息或者以行贿手段从事内幕交易等。

在多数情况下,证券发行人、上市公司的控股股东或实际控制人、管理层、社会公众股东三方利益诉求趋于一致,譬如,在申请公司股票发行上市核准之时,在公司业绩稳定增长、股票价格持续上涨之时。在有些情况下,他们的利益诉求又有不同,甚至互相对抗,譬如,在控股股东或实际控制人凭借控股权损害公司利益甚至掏空公司之时,他们与管理层和社会公众股东存在利益对抗;在管理层试图自己收购公司或者进行巨额职务消费时,其利益与控股股东和社会公众股东的利益发生冲突;在社会公众股东呼吁上市公司更多派发现金红利时,其利益与控股股东和管

理层的考虑亦有矛盾。

凡此种种，说明证券发行人或上市公司既是各种股东利益和管理层利益的集合体，在公司大的方面荣辱与共；而从各自的角度出发，又有自己局部或者部分的利益存在。当公司各方的合作使各方利益最大化时，他们会一致行动；当有一方觉得自己单方行动获益更大时，他们可能独自行动，这主要发生在公司的控股股东方面。

2005年，西安达尔曼公司成为中国第一个因无法披露定期报告而遭遇退市的上市公司。达尔曼上市前是一家主要从事珠宝、玉器的加工和销售的集体企业，其名义上的大股东是西安翠宝首饰集团公司，实际上由许宗林个人一手控制，许宗林又兼任达尔曼公司的董事长。从上市到退市，在8年的时间里，许宗林等人通过一系列精心策划的系统性财务造假手段，从股市和银行骗取资金高达30多亿元。2004年5月，中国证监会对达尔曼涉嫌虚假陈述行为立案调查。此后，达尔曼股价一路狂跌，直至跌破一元面值，终止上市。中国证监会的行政处罚决定书指控达尔曼存在虚构销售收入、虚增利润；通过虚假签订建设施工合同和设备采购合同、虚假付款、虚增工程设备价款等方式虚增在建工程；重大信息未披露或未及时披露等违法违规行为。许宗林等人的造假行为同时也触犯了刑法，涉嫌犯罪，被司法机关追诉。[①]

许宗林操控达尔曼的行为本质上是控股股东与公司管理层合二为一，监守自盗，缺乏权利监督而造成，公司法人治理结构存

---

[①] 马军生、高垚、董君：《达尔曼公司造假圈钱骗局》，《财务与会计》2006年10月。

在巨大漏洞。

达尔曼公司以及其他证券发行人、上市公司的财务造假和欺诈行为，在反映其管理层和实际控制人为追逐利益而不择手段的疯狂欲望的同时，表明必须以明确的制度和强有力的监管，对证券发行人、上市公司及其背后各方的权利和利益进行必要的制衡和控制。

## 三、证券发行人和上市公司的法人治理结构

对证券发行人、上市公司与其控股股东或实际控制人、管理层以及社会公众股东关系的协调处理，需要通过公司法人治理结构的制度安排来完成。按照《公司法》的规定，公司法人治理结构是指由公司股东会、董事会、经理层（管理层）和监事会共同组成的公司内部管控体制，它们分别行使投资者、决策者、经营者、监督者的基本权利和义务，相互协调，相互配合，实现不同层级机构之间以及不同利益主体之间的权利制衡。[①]

公司法人治理结构是在企业所有权和企业经营权分开的情况下，为了防止企业控股股东、实际控制人和企业管理层滥用权利或职权，兼顾社会公众股东的利益，而在股份有限公司长期运营管理过程中孕育产生的权利规范和制衡制度。

公司法人治理结构的基本要求是：

1.股东会、董事会、经理层作为企业的最高权力机构、决策机构和管理执行机构，分别行使重大事项决定权、决策权和管理执行

---

[①] 《公司法》第四章"股份有限公司的设立和组织机构"第二、三、四节。

权,各项权利的行使范围和内容,应当在公司章程中明确规定。

2.在股东会之外,公司实行董事会集体领导负责制,每个董事只有一票表决权,全体董事对董事会的决议承担连带责任,董事只有在证明自己无过错的情况下,才可以免除责任。

3.董事长是公司的法人代表,代表董事会对外表达公司意志,在董事会做出决策决议时,董事长没有超出其他董事的特权。

4.股份有限公司设立监事会,专门负责检查公司财务,监督董事会、董事、经理以及其他高级管理人员是否依法合规进行决策和经营管理,是否有损害公司利益的行为发生,并提出相应的纠正或人员罢免建议等。

然而,在实践中,公司法人治理结构的贯彻执行往往被大打折扣,主要原因有:

其一,公司董事长和总经理由一人兼任。虽然这种兼任的习惯做法在提高公司办事效率、减少内耗方面颇有建树,但由于缺少有力的内外部监管,权力过度集中,使公司主要负责人有恃无恐,操纵、控制公司以谋私利,或者玩忽职守,侵占、挪用、巨额职务消费的情形时有发生。在我国资本市场中,凡是出现违法违规行为的上市公司,除了有控股股东或实际控制人操纵的因素外,绝大多数都和公司主要负责人职务兼任,权力过分膨胀,滥用权力有关。

其二,许多上市公司设立的监事会流于形式。通常监事较多产生于本公司,都是本公司的员工,靠本公司发放的薪水吃饭,他们不能也不可能独立于公司管理层的利益之外,为社会公众股东主张利益。在迄今为止的全部有关上市公司侵害中小股东利益的诉讼中,还未出现一例由公司监事提出起诉的案件。从《公司法》设立监事会制度的本意看，监事会应当对公司控股股东、实际控制人、董事、高级管理人员等控制、管理公司的行为进行监督，在其有损害公司利益的行为时，代表中小股东行使维护公司利益的权利。然而，实践证明，监事会的设置还没有起到这一作用。于是，在监事会之外，又推出了独立董事制度。

其三，董事应当对董事会的决议以及由董事会提供披露的财务报表或者其他重大信息共同负责的要求尚未得到全面落实。在中国证监会做出的监管处罚和少数司法案例中，仅对少数上市公司直接参与造假、操纵、欺诈等行为的董事、高级管理人员进行了查处，有相当多的违法违规上市公司知情董事的连带责任未予追究。证券交易所对相关违法违规公司董事的公开谴责，只是隔靴搔痒，没有起到震慑作用，《公司法》要求董事对公司尽忠实勤勉义务的法律规定尚缺具体制度约束。[1]

从一些国家和地区的上市公司治理正反两面的典型实例看，凡是法人治理结构权力相对分散且监管有力的上市公司，其经营管理稳健有序，经营业绩一般会稳步增长，即使遇到暂时的经营困难或市场调整，公司内部也会齐心协力，和衷共济，同渡难关。世界企业500强的80%以上，都有至少50年的生存发展史，有许多还长达百余年。列入沪、深两市300指数的300家国内上市公司，一般都是各个产业或服务业的领先企业，覆盖了沪深市场六成左右的市值，具有良好的市场代表性，虽然每年都会有所淘汰，但是大部分企业凭借严格管理、知名品牌和良好的法人治理结构，始终保持了在市场中的领先地位，如茅台酒业、同仁堂药业等。

---

[1] 《公司法》第148条。

与此相反，法人治理结构权力集中，尤其是将权力集中在董事长兼总经理一人而又缺乏有效监管的上市公司，通常会出现两种情况：

一是如果此人贤明练达，用心为公，公司可能在其任职期间得到发展壮大，但在其离任之后，公司又会陷入困境或一蹶不振，这是由于公司过分依赖个人作用，忽视法人治理结构的后果。

二是如果此人狡诈阴鸷，精于谋私，公司在表面上有所发展的同时，则会潜伏衰败的祸患，其凭借权力对公司财产的侵占、挪用、巨额职务消费等，和公司表面上的发展相伴而行，最终会给企业带来巨大的伤痛，甚至是灭顶之灾。

种种现象表明，要使公司法人治理结构有效运行，使公司长期稳定发展，必须建立经营管理权力适度分散的运行机制，必须依法在公司章程中对股东会、董事会、监事会、经理层各自的权力范围做出明确、细致的规定，使其相互之间因权力使用范围有限和权力的承接转换关系而产生抗衡作用，如董事会做出决策由总经理贯彻执行，股东会有权撤销董事会决议等，使董事、高级管理人员不能滥用权力或者在滥用权力时受到抗衡，有所顾忌，不能为所欲为。

## 四、上市公司的退市

上市公司退市是指按照证券交易所制定的相关规则和机制，上市公司由于达不到继续在证券交易所挂牌交易的标准，而暂停、终止上市。暂停上市是暂时停止股票或公司债券的交易，而非否定上市公司的上市资格，终止上市则是完全彻底地取消公司上市资格，公司回归于普通企业乃至破产清算。

公司发行上市有法定的相关标准要求，还需要证券监管机构的核准，上市后如果持续达不到上市标准，继续留在市场，不仅是对其他合格上市公司的不公平，也是对那些未上市而期待上市的公司的不公平，而且不利于市场挂牌交易股票的充分流动、优胜劣汰和吐故纳新。

正如普通的商品市场要求所买卖的商品要有基本的质量保证一样，资本市场交易的股票、债券等，是发行公司财务状况、资产和经营能力的外在表现，如果其中发生重大问题，相当于公司股票、债券有了重大质量缺陷，继续交易就是对所有社会公众投资者利益的漠视，只有对它们暂停、终止上市，即上市公司摘牌，停止交易，才能让市场保持相对的健康、稳定和有益的竞争，保持市场对投资者的吸引力。

公司股票被暂停或终止上市交易通常是在上市公司出现了不适合继续挂牌交易的情形，这些情形主要有：

（1）公司股本总额、股权分布等发生变化不再具备上市条件；

（2）公司违反信息披露义务，或者发生财务会计报告造假等重大违法违规行为；

（3）公司最近3年连续亏损，以及证券交易所上市规则规定的其他情形。

上市公司由于出现以上情况被暂停上市，表明公司已经不适合上市，但通过努力调整和改变，尚有恢复上市的可能，譬如在暂停退市的当年或者第二年又扭亏为盈，经过向证券交易所申请，可以恢复上市。如果上述情形持续恶化，没有恢复的可能，甚至进入申请破产保护程序或者公司另有安排，都有可能终止上市。

2012年，上海证券交易所首创的退市制度正式发布后，首家退市公司长航油运打破了"国家控股公司无退市"的惯例，使过去零星的小型上市公司退市开始走向正轨。[1]2014年，上海证券交易所退市规则又新增了公司"主动退市"和"重大违法公司强制退市"两项，进一步完善了上市公司退市制度安排。[2]2015年，中国二重公司成为在上海证券交易所上市的公司中首例主动退市案例。2016年，博元投资公司成为因重大违法而被强制退市的第一例。[3]截至2018年5月，上海证券交易所已有53家公司被摘牌，其中主动终止上市28家，强制终止上市25家。这些退市案例运行平稳有序，标准客观清晰，显示了我国资本市场退市制度已经逐步常态化、法治化、市场化。

---

[1]　参见陆敏、莫桥妹：《长航油运成央企退市第一股》，《经济日报》Finance.sina.com.cn 2014年4月4日。

[2]　赵一蕙：《上交所执行退市制度ST吉恩、ST昆机被终止上市》，《上海证券报》2018年5月23日。

[3]　《博元投资成"强制退市第一股"》，《和讯网·stock.hexun.com》2016年3月22日。

# 第八章　证券公司

证券公司是资本市场中除了中小投资者以外的最为活跃的投资机构，最重要的中介机构，最具创新动力和创新能力的市场组织者，也是市场风险最为集中的综合机构，其业务范围几乎囊括了资本市场所有的方方面面。了解了证券公司的法律主体性质，窥看了证券公司的风险来源及其控制机制，也就基本了解了资本市场。

证券公司最早在西方国家称为投资银行，在传统银行业所涉足的金融市场里，主要负责在商业银行信贷业务和票据业务之外与投资者直接投资相关的银行业务。在金融业发展史上，投资银行和商业银行曾几经离合。最初投资银行是商业银行的一部分，其后在资本市场过度膨胀、监管失控导致发生金融危机的时代背景下，投资银行逐渐脱离商业银行，独立为证券公司。第二次世界大战之后，西方国家资本主义经济蓬勃发展，又促使投资银行与商业银行以新的方式相结合，其相互之间业务渗透、互相参股、银行介入资本市场进行投资等，演绎出商业银行与投资银行混业经营的新模式。但是，投资银行主要从事资本市场证券投资活动，商业银行主要进行货币信贷活动的经营格局并没有显著变化，混业经营是在市场适度切分和分开监管基础之上的互通有无与互相合作。

目前我国对证券业和银行、保险业实行分业经营，分别监管，证券公司作为广义上的投资银行的主要业务就是资本市场业务，包括但不限于：证券承销、证券经纪、证券投资咨询、财务顾问、上市公司并购重组、创业投资与风险投资、资产管理、项目融资、信贷资产证券化等。在证券公司内部，根据业务分开管理的要求，投资银行又被当作一个专门负责从事与企业进行股份制改制、项目投融资、证券发行上市、公司资产重组、收购兼并等财务顾问业务和证券发行上市保荐与承销业务的分支机构。

## 第一节　证券公司的多重法律主体地位

### 一、证券经纪人

投资者双方在资本市场买卖证券，必须通过证券交易所证券交易系统的电脑集中撮合，才能高效、公平地完成，证券公司则是在证券交易所之外直接联系众多投资者的中介或桥梁。证券公司接受投资者委托，为投资者提供交易设施、交易条件、交易信息、交易结算等服务，收取交易佣金，类似于传统的交易中介服务机构，法律专业术语称为证券经纪人。

证券公司作为法定的证券经纪人或证券经纪机构，可以设立和发展若干个分支经纪机构和个人经纪人。分支经纪机构是分散的证券营业部或营业网点，个人经纪人则是以赚取佣金为目的，专门为证券公司从事开发和联系客户、协助客户进行证券交易的职业居间人，中国历史上也称为证券捐客。[①]

---

[①] 捐客原指为别人扛东西上山的人，赚点辛苦费。后在民国初引申为通过介绍买卖双方达成交易然后收取手续费或佣金的人。在资本市场，因为证券买卖相对需要专业知识，故证券捐客较多，现代一般改称为经纪人。

## 二、实力雄厚的机构投资者

证券公司不仅可以依法直接在资本市场从事证券交易的自营业务，通过调研、考察证券发行人和上市公司，自筹资金买卖证券进行投资，而且还可以采用设立基金、资产管理公司或投资公司的形式，向未上市的公司企业、创新型企业以及其他企业进行股权投资、项目投资、创业投资、风险投资等。证券公司可以通过其从事投资业务的子公司对未上市的企业进行直接的股权投资、创业投资、风险投资，通过对未上市企业的间接融资和财务顾问辅导等手段，培育或孵化企业，使之成长壮大后发行上市，再通过变现股票或者转让股权的方式收回投资。证券公司的这种投资资格或能力，一方面来自于证券法律法规的许可，另一方面来自于资本市场的需求。资本市场繁荣与发展，需要有专门的投资机构吸取社会闲散资金，专注地投资于具有成长性的潜力股或者创业型公司企业，为资本市场提供源源不断的、待发行上市的优质目标公司。

证券公司在资本市场进行证券投资买卖，除了直接投资于已经上市的股票、债券以及其他衍生产品之外，在新三板市场，证券公司还可以以做市商的身份，以自有资金和证券与其他投资者进行直接交易，解决交投量不足的问题以繁荣市场。[1]

---

[1] 做市商是指在资本市场上，一般由证券公司作为特许交易商，不断向公众投资者报出某些特定证券的买卖价格，如新三板股票，并在该价位上接受公众投资者的买卖要求，以其自有资金和证券与投资者进行证券交易。买卖双方不需等待交易对手出现，只要有做市商出面承担交易对手方即可达成交易。做市商通过做市制度来维持市场的流动性，满足公众投资者的投资需求。做市商通过买卖报价的适当差额来补偿所提供服务的成本费用，并实现一定的利润。

### 三、证券保荐与承销人

所有在资本市场上市交易的股票和公司债券，一般都需要经过证券公司的保荐和发行承销。

证券公司作为法定经营证券业务的投资银行机构，在证券上市交易之前，要作为证券发行人、上市公司发行证券的总协调人，负责组织、协调会计师事务所、资产评估机构、律师事务所等证券服务机构及其派出人员，对证券发行人、上市公司的产权归属、资产状况、财务状况、投资项目、盈利能力、发展前景等进行综合评估和审核，以确信证券发行人、上市公司具备发行证券或再次发行证券的资质，保证发行人为发行证券所提供的全部材料真实可靠，承担组织销售证券的责任，获得相应的承销费用。

在证券发行实施阶段，要协调财经公关机构、证券投资咨询机构、市场主要投资机构等进行证券推介和路演等，宣传发行人或上市公司形象，征询并确定合理的证券发行价格，确保证券顺利发行。

在证券上市交易之后，要持续跟踪监督上市公司或者债券上市的公司的经营管理状况，督促其守法合规经营，履行持续信息披露义务，维护社会公众投资者的合法权益。

### 四、投资咨询机构

作为资本市场的综合机构，证券公司在为普通社会公众投资者提供证券经纪服务的同时，也对资本市场的所有证券及其衍生产品进行调查研究，包括对所有的证券发行人、上市公司进行调研，以期为投资者进行证券投资交易提供优质的咨询指导。

证券公司的投资银行性质和服务使其天然地与证券发行人、上市公司走的更为贴近，比普通投资者更了解它们作为投资对象的基本情况和经营发展动态，通过调研分析，既可以为本公司的投资和资产管理业务提供投资参考数据和资料，也可以根据经纪业务的需要和社会公众投资者的要求，为投资者提供"量身定制"的证券投资咨询服务，以便在和其他证券公司、投资咨询机构争夺中小投资者客户的商业竞争中，展示专业的证券产品研究实力，在留住和发展客户的同时，促进证券交易量不断提高。

大多数中小投资者不具备专业投资知识，对上市公司和公司债券上市的公司及其投资项目缺乏了解，对市场波动或市场的诡谲多变没有经验和承受能力，投资选择往往带有盲目性和随意性，防范或规避风险的意识较差。证券公司的投资咨询服务在一定程度上帮助中小投资者弥补了这些短板，使中小投资者在做出投资决定时，更为谨慎和理性。

### 五、专业财务顾问

证券公司从事企业股份制改制、发行股票或公司债券、企业收购兼并、项目融资、风险投资、信贷资产证券化等投资银行传统业务，很大程度上是对企业进行资产重组和财务上的整合梳理，使企业资产经过资产重组或者资源重新配置，发挥新的优势或效益，使企业的财务状况和财务管理经过资产和账目调整以及规范运作，符合现代企业制度的要求，逐渐达到上市公司依法合规公开披露信息的要求。因此，财务顾问是证券公司内涵极为丰富的主要业务之一。

在我国资本市场发展早期，财务顾问业务曾被戏称为对发行股票的国有企业的华丽"包装"。即通过调整、修改企业账务数据，甚至通过虚假评估资产、编造投资项目和虚增利润等手段，使企业看上去具有投资价值，以此蒙蔽证券监管机构的发行审核，蒙蔽社会公众投资者。因此，一些从事协助造假的证券公司和从事欺诈发行证券的上市公司一样，遭遇信任危机。

随着近些年证券公司的有效治理和资本市场规模的日益扩大，财务顾问正在成为证券公司越来越重要的业务之一，尤其是在上市公司并购和重大资产重组中，证券公司作为财务顾问已经成为法定的并购重组组织者，需要向证券监管机构提供专门的财务顾问报告。与之相应，证券公司及其从业人员从事财务顾问业务的职业操守，也愈益受到社会公众投资者的关注。

### 六、投资理财专家

现代科学技术高速发展所带来的各行各业的公司企业及其产品和服务的变化，令人目不暇接，一般的中小投资者没有能力，也无暇顾及所投资股票的上市公司及其相关投资项目的具体情况，对资本市场瞬息万变的机会缺乏观察和捕捉能力，尤其是缺少对股票交易中买入和卖出机会的把握能力。这些情况的客观存在，表明许多中小投资者需要寻找投资理财代理人为其提供专门的代理投资理财服务。于是，各种各样的资产管理公司、投资管理公司以及私募基金等应运而生。

证券公司作为投资理财专家，其特殊优势仍然在于对上市公司全方位的了解和对相关产业、行业发展变化情况的把握。证券公司可以根据社会公众投资者的投资偏好,为其量身定制投资理财计划或投资理财组合,进行专门的投资管理。证券公司的资产管理业务主要就是接受客户委托,从证券投资的专业角度为客户进行投资理财。

目前,大量出现的基金理财、银行理财、保险理财、信托理财以及私募基金等理财业务和理财产品,已经占据了中小客户委托理财的大部分市场份额,留给证券公司开拓证券投资理财业务的空间相对有限。

## 第二节　证券公司与其他市场主体的关系

### 一、与中小投资者的关系

相对于社会公众投资者,特别是中小投资者而言,证券公司是他们了解资本市场的窗口,进入资本市场的门户,证券公司掌握着中小投资者进行证券交易的渠道、资金和大量的信息,可以分析、把握各类投资者的投资动向;可以让专业投资咨询人员利用公司所掌握的投资信息,为中小投资者做出符合其利益并且有利于本公司经营的咨询服务;可以依法利用融资融券手段吸引投资者放大投资规模,增加证券交易量,从而增加佣金收入;还可以通过降低佣金收取比例鼓励投资者频繁交易,增加证券交易量等。

对证券公司的证券经纪业务而言,中小投资者就是他们的衣食父母，就像消费者在商场买东西，由商场赚取买卖差价一样，中小投资者进行证券交易产生的佣金收入，就是证券公司日常收入的重要组成部分。鼓励中小投资者频繁交易产生佣金，是证券公司经纪业务自身的性质所决定。但是，既能够鼓励中小投资者频繁交易，创造交易量，又能够让他们通过频繁的证券交易赚取买卖价差，实在是一项殊难完成的任务。

## 二、与证券发行人和上市公司的关系

相对证券发行人和上市公司而言，证券公司从事的证券保荐和承销业务以及财务顾问、证券投资咨询、资产管理等业务，为企业进入资本市场提供全程和全方位的服务，是证券发行人和上市公司最重要的中介服务机构。由于证券公司通常在企业申请证券发行上市的过程中，扮演总协调人、保荐人和承销人的角色，因此，其对企业能否发行上市拥有第一话语权，对企业收购兼并等重大资产重组具有其他证券服务机构所不具备的法定财务顾问的综合资质和统筹、鉴别能力。

在制度相对健全的资本市场，证券公司的专业综合服务水准越高，越容易形成买方市场，即企业会主动寻找有实力的证券公司为其筹划证券发行上市或其他直接的投融资活动。投资银行业为企业筹划直接投融资，在承担风险的同时也获取了巨额利润，因此成为整个金融业的顶级行业。譬如，闻名全球的美国纽约华尔街投资银行摩根斯士丹利公司[1]、高盛公司、美林

---

[1] Morgan Staley，也译作摩根斯坦利。

集团等，都是在国际资本市场叱咤风云的金融巨头，其证券承销与财务顾问业务长年不断，每年盈利从数亿美元到数十亿美元不等。

### 三、与证券服务机构的关系

相对会计师事务所、资产评估机构、律师事务所等而言，证券公司为客户提供的是统筹各证券服务机构专业服务的综合服务，是企业发行上市、收购兼并、重大资产重组、资产管理等资本运作活动的总设计师和总协调人，证券服务机构通常是在某一专业方面为证券发行人、上市公司或投资者提供服务，如提供财务报告的会计审计、资产评估、发表律师意见、证券投资咨询、资产管理等服务，比证券公司所做的综合服务更加单一和专业化，技术要求更为细致、深入和精确可靠。

证券服务机构和证券公司在为证券发行人、上市公司提供服务的过程中，经常组合在一起，依照有关法律法规和规章，从不同角度或不同侧面，对企业在资本市场的行为进行辅导、协调、评估、鉴别、证明、资源整合等，是分工协作、相互配合的关系。证券公司最终要对企业发行上市承担保荐责任和承销业务，所以在证券发行人和上市公司发行证券时，都是由证券公司牵头组织证券服务机构共同为发行人和上市公司服务，对证券服务机构的服务工作起统一指导、协调、整合的作用。证券公司从事投资银行业务的声誉始终与所保荐上市公司的诚实信用联系在一起。

当然，证券服务机构是根据其所在行业的专业要求、行业规则和职业道德准则，受托从事证券专业服务，对其行为独立负责，并不听命于证券发行人和上市公司，也无需看证券公司的脸色行事。

## 四、与机构投资者的关系

相对机构投资者而言，证券公司既可以其较大的资产规模和通过广泛的投资银行业务关系建立的信息渠道，在证券自营业务中选择优秀企业的股票，进行重点投资和长期投资；又可以作为证券经纪人服务于机构投资者，为机构投资者提供交易通道，进行投资咨询和资产管理，代理销售基金份额等，赚取佣金收入；还可以利用其在资本市场最前沿从事多种证券业务的综合资源和地位，探索开拓证券创新业务。

证券公司因为拥有投资银行业务支撑的有关证券发行人和上市公司较多的信息来源，拥有对证券交易通道、交易资料、辅助交易手段等的掌握控制，使其在与其他机构投资者的竞争中处于比较优势。其他机构投资者通过融资融券扩大投资规模，了解市场投资动态，获得证券发行人和上市公司的真实信息等，也需要证券公司的服务或协助。因此，证券公司是机构投资者中的主力机构。

在我国资本市场发展初期，基础制度相对缺乏，证券公司作为主要机构投资者，盲目追求利润，盲目扩大证券自营规模，违规开展委托投资理财业务，放松风险防范，大比例买入、持有上市公司股票，"坐庄"炒股，操纵市场，牟取暴利，成为仅次于操纵上市公司的控股股东的第二类"庄家"，对资本市场秩序带来较大的危害。

从 2002 年开始，中国证监会陆续对证券公司进行规范、治理、整顿。全国 120 多家证券公司中约有 1/3 通过托管、撤销、责令关闭、收购兼并、破产等方式被终结。被宣告破产的原南方证券公司就是这些公司的典型代表。南方证券公司曾经是纵横驰骋资本市场最早的大牌券商之一，创下过许多骄人的投资银行业绩，一度被评为最佳券商。但是，其业绩取得和资本市场早期的监管不严紧密相连，其因乱而胜，亦因乱而亡。[①]

近些年来，政府部门为维护资本市场稳定发展，大力推广证券投资基金管理公司作为市场的专业投资机构，从一定程度上取代了过去证券公司投资"坐庄"的一统天下，为市场注入新的投资力量的同时，也改变了以往上市公司完全被大股东操纵的局面。基金管理公司采用价值投资、长期投资和适度集中投资的做法，持有上市公司一定比例的股份，形成对上市公司的话语权，对证券公司过去独霸市场的地位，起到了一定的遏制作用。

## 第三节　证券公司内部风险控制

证券公司是资本市场功能最全的综合机构，又是可能调动各种资源的最有实力的机构投资者，还是潜在的最大风险来源，因此，必须加强对证券公司的监管，督促其建立内部风险控制机制。

---

[①]《来自南方证券破产案的创新之举》，《中国长安网》，http://www.chinapeace.org.cn 2013 年 3 月 31 日。

## 一、证券公司内部风险控制之殇

资本市场是一个高风险的市场，证券公司从事的投资银行业是一个高风险的，甚至可以说是整个金融业风险最大的行业。这些风险除了来自于外部经济周期变化或者总体经济环境变迁，即系统性风险之外，证券公司自身投资行为造成的风险，即非系统性风险，占有很大的比例，其中又以证券公司内部人违法违规操作，甚至是证券犯罪行为造成的道德与法律风险为最。

2007年，美国次贷危机爆发，受投资次级房贷的牵连，有着158年悠久历史、在抵押贷款债券业连续40年独占鳌头的美国第四大投资银行雷曼兄弟公司正式宣布申请破产保护。紧接着，美国银行发表声明，宣布以近500亿美元的总价收购美国第三大投资银行美林公司。旋即，高盛和摩根士丹利这些全球投资银行业的翘楚都纷纷申请转型银行控股公司，以期与其他商业银行一起，享受从美联储获得紧急贷款的权利，借此渡过金融危机。这些全球顶级的证券公司——投资银行在涉足投资次级房贷产品方面，比商业银行的房贷投资做法更为激进，风险防范意识较差，以致投资失败、破产倒闭或者把自己变成了传统商业银行的附庸。[①]

由单个或几个内部人的行为给整个证券公司或者投资银行带来重大风险乃灭顶之灾的案例不胜枚举。

被称为中国资本市场证券营业部头号大案的"余卉案件"，堪

---

[①] 何泽荣：《美国次贷危机研究》第一章第一、二节，西南财经大学出版社2012年。

为国内此类风险案件的典型。余卉在 1995 年至 1998 年担任国泰证券有限公司昆明营业部总经理期间，以透支、无抵押贷款和虚构国债回购等方式，先后将营业部控制的 21.92 亿元资金借给与其有同居关系的刘朝坤，用于申购新股。在当时的市场背景下，用资金申购新股，包赚不赔，而且资金还在营业部的掌控之中。余卉、刘朝坤二人可以借申购新股赚钱，营业部可以收取约定的借款利息。这种表面上看来公私两利的现象，实际掩藏着潜在的风险：一是证券公司使用这些资金进行盈利的机会丧失，因为申购新股所获利润远高于所得利息；二是证券公司承担了巨额资金被转移或损失的风险。2003 年 8 月，昆明市中级人民法院做出判决，余卉被认定犯有玩忽职守和为亲友非法牟利罪，给国家财产造成损失 610 万元，判处有期徒刑 9 年，并处罚金 30 万元。[1]

英国投资银行巴林银行的破产则是由其交易员里森的个人行为和银行内部监管松弛共同造成。为客户进行证券和金融期货产品投资交易是巴林银行的传统业务，但是交投不慎，就会造成损失，而损失发生又没有及时止损，监管不力，交易和清算之间没有防火墙，任由里森一人掩盖隐瞒，最终造成损失风险敞口太大，以致无法弥补，拖垮公司。"从制度上看，巴林银行最根本的问题在于交易与清算角色的混淆。里森任职巴林新加坡期货交易部兼清算部经理，里森本来应有工作是代巴林客户买卖证券衍生产品，并替巴林银行从事套利这两种工作，基本上没有太大的风险。因为代客户操作，风险由客户自己承担，交易员只是赚取佣金，而

---

[1] 梅君:《中国证券市场典型案例》,《余卉挪用公款 21.9 亿元狂买新股案》,中国人民大学出版社 2002 年。

套利行为亦只赚取市场间的差价，一般银行对其交易员持有一定额度风险部位的许可，但为防止交易员使其所在银行暴露于过多的风险中，这种许可额度通常定得相当有限。而通过清算部门每天的结算工作，银行对其交易员和风险部位的情况也可以有效了解并掌握。但不幸的是，里森却一人身兼交易与清算二职"[1]，以致无人监管。

## 二、证券公司内部风险控制体制机制建设

证券公司或投资银行的各种风险案例表明，从小到营业部的计算机管理人员、财务人员或客户经理，大到公司控股股东、董事长、总裁等，在公司内部风险控制体制机制不完善的情况下，都有可能做出危害整个公司的行为，尽管有些行为可能是出于挽回经济损失或者为公司创利的动机。因此，加强证券公司的监管，重在建设证券公司内部风险控制的体制机制。

1. 内部风险控制体制

证券公司内部风险控制体制是指按照证券法律法规和规章的要求，建立业务分开、机构分设、统一监管的控制体系。即分别建立与投资银行业务、经纪业务、自营业务、资产管理业务、证券投资咨询业务等相适应的机构和管理体系，并对这些机构在人员、信息、账户上实行严格分开、隔离运行的制度，以防止利益冲突。

---

[1] 陈心珠：《巴林银行为什么倒闭？》，《财经天空·典型案例》2006年10月29日。

为了从总体上掌握各个机构或部门的合规运行和管理情况，证券公司还应设立独立于各个业务部门的合规经营审查机构或风险控制机构，专门负责对各部门单位经营活动的合法合规性进行检查、监督，以防止和控制经营风险。合规审查机构与公司内部稽核部门在工作业务上并行不悖：前者是对公司各部门单位及其人员的业务在进行过程中的合法合规性审查，对所发现的违法违规问题做出及时纠正或处理，防范公司内部出现经营风险；后者是对公司各机构或部门进行月度、季度或年度的例行财务审计或者专项财务审计，发现和防止财务漏洞；前者侧重于从动态上审查经营行为过程的合法合规；后者关注从行为结果或财务会计报表反映的数据中寻找可能存在的隐患。它们是分工协作、相互制约的关系。

2. 内部风险控制机制

证券公司内部风险控制机制是指整个控制体系及其分支机构有效运行的规则和流程。为了防范经营风险，保护资产安全，促进合法合规经营，针对各主要业务分支机构所从事证券业务的性质和特点，证券公司需要依据《证券法》及其有关法规和中国证监会颁布的《证券公司内部控制指引》，制定各种业务操作程序、管理方法与控制措施。

每个证券公司经营重点、资产规模、分支机构设置、人员结构等，都有很大不同，其业务管理流程和由此形成的控制机制也会有所差异。但是，通过建立内部控制制度防范风险的出发点是一致的。只有建立了完整、清晰、便于操作、控制力强的制度及其流程，公司经营管理中的道德风险和法律风险才可能降低到最小程度。

建立证券公司内部控制机制的出发点是以人为本，在尊重员工、体恤员工之外，要依据人的正常行为意识和健康道德观念，通过人性化的制度安排，阻绝员工在职业活动中因为握有权力或者拥有工作便利而诱发的私欲，遏制个人道德风险。如重要岗位的双人双岗制，主要部门负责人的轮岗制和定期强制休假制等公司内部控制制度。

## 三、证券公司财务风险与控制

和所有的企业一样，财务状况是证券公司安全稳健运行的命脉，而且资本市场行情变化无常，证券公司财务状况比其他银行类金融企业变化更为迅疾，账面盈利往往转瞬形成又倏尔而逝。一旦财务状况出现恶化迹象，公司又没有或者无法采取及时果断的因应措施，亏损、经营困境甚至灭顶之灾顷刻到来。在前些年被迫托管或关闭的证券公司中，因为从事巨额委托理财、重仓投资单一股票、财务管理混乱而致终结的不在少数。

《证券公司风险控制指标管理办法》为证券公司确立了若干刚性财务风险监管指标，要求证券公司在开展各项业务及分配利润前应当对经营风险进行敏感性分析，合理确定有关业务及分配利润、提取风险准备金的规模，实现对各项业务规模的总量把握，有助于加强内部财务风险控制。

证券公司必须遵守的财务风险监管指标主要有：

1. 风险覆盖率不得低于100%。这是指证券公司的各项风险资本准备之和，足以覆盖公司经营中出现的任何风险，保证公司运营过程中不会因为出现意外风险而致公司兑付困难、倒闭破产。

2. 资本杠杆率不得低于8%。这一指标在原则上参照了主要西方国家就银行业资本比率等问题达成的巴塞尔协议（全称是《关于统一国际银行的资本计算和资本标准的建议》)。该协议在综合评估银行业经营风险的基础上,要求银行等金融机构应当具有最少不低于8%的资本净资产的比率,作为银行业贷款规模的杠杆最低保证。这一银行业应当具备的最低资本充足率,已经成为国际银行业财务监管的通行标准。作为投资银行的证券公司为了控制最基本的财务风险,也必须保证最低限度为8%的资本充足率以及其他相关财务指标。

3.流动性覆盖率不得低于100%。流动性覆盖率是指确保证券公司在设定的严重流动性压力之下,能够保持充足、可变现的优质流动性资产,以满足未来30日的流动性需求。也即是证券公司应该保持有充分变现能力的优质资产,以备短期内的刚性兑付或者债务到期后还债的需求。

4.净稳定资金率不得低于100%。净稳定资金率是指证券公司可使用的长期稳定资金来源对其证券投资和资产管理业务发展的支持能力,100%的比率要求表明证券公司稳定的资金来源足以覆盖其证券投资和资产管理业务所需资金。

为了切实防范和控制风险,证券公司需要将上述风险控制指标要求对应不同证券业务的性质和特点,逐项予以分解量化,落实分配到相关业务部门或者分公司、子公司,由公司进行系统监控、考核和必要的协调。

## 四、证券公司各项主要业务的风险与控制

1.投资银行业务的风险和控制措施

投资银行业务是证券公司的主要业务之一,其风险表现在:

（1）业务项目与项目经理个人紧密联系在一起，不仅项目经理的业务素质和能力对完成项目有重要作用，而且项目经理的职业道德也对项目的顺利完成具有重要影响。有的项目经理利用种种手段，将项目变为其个人资源，在转换工作或者"跳槽"时一并带走；有的项目经理利用所掌握的项目信息与他人进行内幕交易；有的甚至出卖所负责或经办的项目线索或资料等，由个人道德风险引发公司经营风险。

（2）项目经理对所经办的项目判断把握不准确，公司有关部门或者管理层审核把关不严，以致公司在对项目付出高额成本后，可能承担项目落空的风险。投资银行在培育未来发行上市的公司项目时，会根据项目的具体情况，利用风险投资、委托贷款以及其他方式向目标公司投资，以期获得项目，保荐项目最终发行上市并在变现后收回投资。但是，如果对项目的风险评估不能及时跟进或者存在缺陷，投资损失风险就会接踵而至。

（3）证券公司投资银行部门及其人员与上市公司管理层、控股股东以及其他客户因为业务关系，发生关联交易或内幕交易的概率较大，容易引致法律风险。譬如，证券公司的项目经理因证券保荐、承销业务或者公司并购重组项目而知悉某上市公司的内幕信息，安排亲友买卖该上市公司的股票。

（4）证券公司大量主动或者被动持有所承销的证券，而又未及时出售，以致在证券价格下跌或市场波动时，不得不承担投资损失风险。

1998年1月，在亚洲金融危机的汹涌波涛中，一代华资大亨、著名投资银行、香港上市公司百富勤投资集团（简称百富勤）被强制破产清盘。导致百富勤倒闭的直接原因是其于1997年为印度尼西亚安稳的士公司发行的巨额定息债券。由于百富勤大量投资于东南亚债券市场，东南亚国家货币的持续大幅度贬值，使百富勤走上了不归路。百富勤宣告破产当天，香港恒生指数一度跌破800点大关，市场极度恐慌，香港特区政府不得不出面表态，以稳定市场。其后香港特区政府公布的独立调查报告指出，百富勤公司在会计程序、持有证券的风险管理和内部审计等方面均有不足，显示了百富勤公司破产的主要原因——公司内部控制结构存在重大缺陷，家族式经营、家长制管理断送了百富勤。[①]

针对投资银行业务的特点和潜在的风险，证券公司一般都实行项目管理制度，即按照业务类别遴选和建立项目，确立项目责任制。针对具体的项目，制定相应的内部风险控制措施，其中常见的措施有：

第一，目标公司评估制度。不论是申请发行证券的发行人，还是并购上市公司的收购人，或者是其他聘请财务顾问的委托人，都是证券公司投资银行业务的客户。它们既是服务对象，也是目标公司，需要有科学、规范、统一的目标公司评估体系，对其做出综合评估和价值判断。

第二，保荐人尽职调查工作流程。证券公司作为保荐人对证券发行人进行尽职调查的工作准则和相关流程，既是对发行证券发行人的企业质量进行全面考察和评价的标准，又是投资银行业务人员从事证券保荐和承销业务的作业指引。它要求证券公司通过尽职调查管理，贯彻勤勉尽责、诚实信用的原则，明确

---

[①] 学经济家:《回看人民币汇率与98年亚洲金融危机》，《凤凰网·凤凰财知道》2016年1月22日。

项目经理对尽职调查报告所承担的责任,并按照有关业务标准、职业道德规范,对业务人员尽职调查情况进行检查,预防道德风险。

第三,内部稽核与风险控制制度。由内部审计稽核部门对投资银行项目进行审计稽核,主要是审核投资及其费用支出情况,达到控制成本和风险的目的。审计稽核工作可以在投资银行项目的事前、事中和事后分段进行。证券公司投资银行业务风险控制与投资银行业务运作要适当分离,需要设立专门的风险控制部门或岗位人员,明确其职责。

第四,证券发行承销关键环节的决策管理制度。证券发行承销中的定价、配售、包销底线等关键环节的重大决策,必须由证券公司投资银行决策委员会集体做出。公司需要建立完善的证券承销风险评估与处理机制,通过事先评估、制定风险处置预案、建立奖惩机制等措施,有效控制包销风险。

2.证券营业部经营风险与控制措施

证券营业部经营证券经纪业务常见的风险有:

(1)证券营业部各自为商,将相对独立经营变为完全独立经营,酿成对整个公司的风险。证券营业部作为证券公司经营证券经纪业务的分支机构,担负着开发和联系中小投资者客户,创新经纪业务,为公司创造利润的使命。但是,证券营业部往往为追求利润,在经营中采取各种违法违规手段或者不正当经营措施,忽略风险。譬如,变相从事证券自营业务、违规向客户融资融券、变相开展委托理财或者证券资产管理业务等。2002年6月,在著名的中科创业股价操纵一案审理中,公诉人在法庭上出示了涉案证券营业部的名单,指出全国各地共有125家证券营业部违规向操纵中科创业股价的"庄家"提供融资。[①]

（2）证券营业部财务人员、计算机人员、主要经理人员在单一岗位上长期驻守，容易产生道德风险。证券营业部从业人员在市场第一线从事证券经纪服务，每天面对股价涨跌起伏，面对市场投资轻易获利的诱惑，如果其长期掌握相关支配权力或工作便利，而又缺乏制度约束或监管措施，经不住诱惑，必然会因各种目的或动机，做出违规、违法行为。

（3）在日常经纪业务中，因服务流程不明，从业人员素质不高，客户资料保管不全，客户账户管理不严，可能引发服务差错事故风险。证券经纪业务的主要内容，就是接受客户委托，代理客户买卖证券。客户除了可以使用自助交易系统、电话委托系统、网络交易系统等，自己进行交易之外，还可以书面或者口头委托授权证券营业部业务人员或客户经理代为交易。在这些服务过程中，客户授权不明或者业务人员操作稍有不慎，就会酿成大错，如正向操作误为反向操作，买入误为卖出等，从而引发包括法律纠纷在内的一系列风险。导致英国巴林银行倒闭的根本原因，就是里森为掩盖其手下交易员交易失误造成的损失和为争取客户，使用不受监管的"错误账户"进行错误的证券指数期货交易。一连串的错误和多次成功逃避监管，使里森无可挽回地滑向深渊。

证券营业部的控制措施主要有：

第一，集中统一的内部控制模式。权力相对集中，是监管公司分支机构有序运行并减少风险的法宝。证券公司需要削减营业部的经营独立性，建设"大公司——小分支机构、强总部——弱

---

[①] 崔荣慧：《中科系：股市的泰坦尼克》，《中国经济时报》2002年6月14日。

营业部"的管理体制及其内部控制模式。对各证券营业部在人员、资金、产品营销、客户关系等方面实行统一经营、统一服务、统一核算的一体化业务流程。

第二，授权经营制度。作为资本市场里的金融分支机构，证券营业部处在经营的第一线，是证券公司的基本创利单位，有其相对独立的经济利益，其相互之间发展不平衡，这是由各地区经济发展不平衡以及各营业部客户资源的不同所决定的。如果因噎废食，矫枉过正，用集中统一管理控制模式"一刀切"，限制太死，营业部便失去了其本身存在的意义，证券公司的盈利目标也难以实现。在遵守证券法律法规、加强营业部内部控制的前提下，采取分别授权经营的制度安排，不失为促进营业部适度灵活经营、创新业务的良策。

证券公司对证券营业部的经营授权事项包括但不限于：配合公司有关业务部门开展特定业务；根据证券营业部所在地的实际情况开展普通经纪业务以外的其他业务，如代理销售基金、开展融资融券等业务；对外签订合同和协议；变更用工计划或劳动关系等。

第三，证券经纪人和客户关系管理制度

证券营业部向以客户关系管理为基础的证券经纪人体制转变，是资本市场发展成熟的标志。建设一支由证券公司直接管理的高素质、高职业道德的职业经纪人队伍，强化经纪人的归属感和职业荣誉感，需要建立、健全证券经纪人管理制度，包括经纪人注册登记、业务流程、代客理财、绩效考核与奖励等制度。

证券营业部所面对的中小投资者是颇具依赖性的客户群体，通过经纪人与客户建立和保持长久联系，提高客户忠诚度，发掘潜在客户资源，以获得更多的业务机会和更大的盈利空间，是证券公司经纪业务最基础的客户关系管理。在鼓励经纪人开发和联系客户的同时，需要依据证券法律法规对客户关系管理加以规制。①

3.证券自营业务风险与控制措施

证券公司证券自营业务风险，主要来自于以下几个方面：

（1）由于证券自营业务获利可能较高，诱惑较大，证券公司管理层直接关注自营业务，甚至动用公司所有资源为证券自营业务服务，其在为公司创造最多利润的同时，也可能给公司带来最大的风险。

（2）公司的主要资金投入证券自营业务。许多证券公司不仅将资本金投资于自营业务，也将大量借入资金用于自营业务，以致公司的资产负债比例大大失衡。被宣告破产的南方证券公司曾以其证券自营业务规模庞大而著称于资本市场。2004年6月，南方证券公司破产之前，其重仓持有的哈飞公司流通股和哈药集团流通股均占两只股票流通股比例90%以上。与此同时，其挪用的客户交易结算资金余额达到了80亿元，在中国证券登记结算公司透支和国债欠库超过100亿元，其"坐庄"炒股，连带委托理财亏损超过30亿元。②

（3）将证券自营业务与证券资产管理业务混合在一起操作。证券资产管理业务的主要表现形式之一是委托理财，其最为简单的操作方式就是证券公司将委托人的资金用于购买本公司证券自

---

① 《证券法》第78、79条、第142—146条。
② 《来自南方证券破产案的创新之举》，《中国长安网》，http://www.chinapeace.org.cn 2013年3月31日。

营业务所投资的证券。在一些证券公司看来，这些资金与其分散投资，不如集中起来购买某一只或某几只股票，而买股票不如买本公司已经介入的股票，于是，联合资金"坐庄"便是证券公司证券自营业务过去常见的操作手法，直至股价崩盘，祸及公司安全，南方证券就是典型代表。

证券自营业务的风险控制措施主要有：

第一，用财务指标强制约束证券公司自营业务投资规模。中国证券业协会制定的《证券公司证券自营业务指引》，对证券公司经营证券自营业务规定了若干约束指标：自营股票规模不得超过净资本的100%；自营证券总规模不得超过净资本的200%；持有一种股票的成本不得超过净资本的30%；持有一种证券的市值与该类证券总市值的比例不得超过5%等。[①]

第二，建立证券自营业务独立的风险监控机制。证券自营业务涉及证券公司商业秘密，又有极高风险，应当由公司风险监控部门直接独立监管自营业务账户，从前、中、后台获取自营业务运作信息与数据，按照风险监控量化指标体系，定期对自营业务投资组合的市值变化及其对公司以净资本为核心的风险监控指标的潜在影响进行分析，定期向董事会和投资决策机构提出风险监控报告。

4.证券资产管理业务风险与控制措施

证券资产管理业务简称资管业务，也称券商的委托理财，是证券公司提供的传统服务项目之一。其既包括为单一客户办理定

---

[①] 证券自营业务投资规模是指证券公司持有的股票、债券投资和证券投资基金投资按成本价计算的总金额。

向资产管理业务，也包括为多个客户办理集合资产管理业务，有些类似于基金公司办理的证券投资基金业务，所不同的只是集合资产管理规模较小，一般不公开招募。证券公司还可以为客户办理特定目的的专项证券资产管理业务，这是指根据客户的特殊要求和证券资产的具体情况，设定特定投资目标，通过专门账户为客户提供证券资产管理服务，在法律性质上属于信托证券投资。

证券资管业务发生风险仅次于证券自营业务，而且在大多数违规操作的情况下，两者造成的风险损失经常捆绑在一起，这是因为彼此之间没有建立有效隔离的防火墙。即使资管业务完全独立，市场趋势变化、与委托人约定的盈利目标太高、操作人的水平、投资偏好等情况，也会使资管业务处于风险之下。[①]

运用合同对证券资管业务进行管理，是具有市场基础的风险控制主要措施。证券资管业务来源于证券公司与客户签署的委托资产管理合同。通过合同条款来约束双方的行为，既是契约精神的体现，也是最好的产生约束双方行为规则的途径。证券公司需要与客户协商一致，对委托资产管理合同的基本事项或必备条款加以规范，最终形成格式化条款，用于规模化推广资管业务。

委托资产管理合同应当包括下列基本事项：

（1）客户资产的种类和数额；

（2）投资范围、投资限制和投资比例；

（3）投资目标和管理期限；

（4）客户资产的管理方式和管理权限；

---

[①] 谷夫子：《大盘跌委托理财风险集中凸现》，《证券日报》2003年10月30日。

（5）各类风险揭示；

（6）由客户自行承担投资风险的提示；

（7）客户资产管理信息的提供及查询方式；

（8）当事人的权利与义务；

（9）管理报酬的计算方法和支付方式；

（10）与客户资产管理有关的其他费用的提取、支付方式；

（11）合同解除、终止的条件、程序及客户资产的清算返还事宜；

（12）违约责任和纠纷的解决方式；

（13）中国证监会规定的其他事项。

委托资产管理合同需要区分不同证券资产管理业务的性质、特点、条件和要求，形成不同的格式化条款，其中包括：定向资产管理合同，集合资产管理合同，专项资产管理合同等。

所有的资管合同客户都应当对其资产来源及用途的合法性做出承诺，客户未做承诺或者明知客户资产来源或者用途不合法的，证券公司不应与之签订合同，以免引发法律风险。

# 第九章 证券服务机构

证券服务机构是指在证券公司、期货经纪公司以及其他金融机构之外，拥有合法资格，依法从事与证券、期货以及其他衍生产品相关的专门服务业务的组织机构，是资本市场从事专业证券服务业的主体。《证券法》及其相关法规所规制的证券服务机构主要包括：投资咨询机构、财务顾问机构、资信评级机构、资产评估机构、从事证券服务业务的会计师事务所和律师事务所等。

## 第一节　从事证券业务的会计师事务所

会计师事务所或者会计公司，是现代经济活动、特别是资本市场活动至为重要的专业服务机构。所有的企业经营都离不开资金运转，所有的资金运转都需要会计记账、核算和审计；资本运作与证券发行上市更需要会计师作为"中间人"对证券发行人、上市公司的财务状况进行审查、验证；公司上市后的公开运营全靠会计师的审计来确认公司行为规范，不做假账。会计师事务所的作用就是保证资本市场活动的公开、公平，防止欺诈、造假行为。从这个意义上说，会计师就是"经济警察"，专门站在社会公正的第三者角度，用经过审计的真实可靠的财务数据维护市场交易秩序。

会计师事务所从事证券业务须取得中国证监会和会计业主管部门授予的依法从事证券业财务报告审计、资本验证等相关会计业务的资格。会计师事务所的组成方式、设立条件和批准程序由《会计法》和《注册会计师法》规制。

## 一、会计师事务所从事证券业务的特点

会计师事务所从事证券业务具有以下三个特点：

1. 会计审计业务完全独立

独立审计是会计师事务所及其会计师履行职责、保持职业道德的根本所在。虽然会计师事务所是和委托人订立合同，接受委托人的委托开展业务，但其又是以完全独立的专业机构的身份履行职责。会计师从事对证券发行人和上市公司财务报告的审计，直接关系到投资者对该证券发行人和上市公司的投资价值的分析判断，其认定的企业资产负债比率、权益负债比率、流动比率、速动比率，资产回报率、变现能力率、权益收益率（每股收益率）等指标，无一不牵动着投资者的神经。如果会计审计不能保持完全的独立性，其审计结论就难以做到客观、公允。

2. 会计师事务所办理证券业务，不受行政区域、行业的限制

会计师事务所及其会计师是按照《注册会计师法》、独立审计准则、行业会计审计准则以及国际通行的会计准则办理业务。无论各国、各地区或各地域之间在政治、经济、文化传统和习惯风俗等方面有多大差别，其资本市场行为和公司财务管理规则，却是大同小异。我国不断有各种企业到境外上市，境外的会计师机构以及境

外的机构投资者也不断进入我国资本市场，我国会计师规则已经在总体上与国际会计准则接轨，证券会计师出具的财务会计报告及其财会数据，应当是"国际语言"，投资者能够无障碍阅读。

3. 会计审计结论具有证明效力

按照《注册会计师法》的规定，注册会计师依法执行审计业务出具的财务报告，具有证明效力。[①] 这就是说，由注册会计师出具的审计报告、验资报告等，具有法定的证明力，投资者和其他市场主体都可以据之对证券发行人和上市公司做出价值判断，进行相关市场行为，包括证券投资、上市公司并购重组、向证券发行人和上市公司主张权利等。反过来讲，因为这种法定证明力，证券发行人、上市公司以及上市公司的收购人，又可凭借会计师事务所对其财务报表进行审计后得出的结论，向相关各方当事人宣称自己经过法定程序证明的财务状况或经济实力。这种具有"双刃剑"的证明效力，如果运用得当，有利于投资者利益，结果是各方共赢的正剧；如果被滥用，就会是证券发行人和上市公司与会计师沆瀣一气，串通作弊，制造虚假财务数据，坑害投资者的悲剧。

2002年6月，美国联邦法院的一个大陪审团经过10天的辩论后裁定，安达信会计师事务所因销毁安然公司的审计文件，试图逃避美国证券交易委员会调查，其妨碍司法罪罪名成立，被法庭宣布关闭。这家创立于1913年的全球五大会计师事务所之一的庞大机构，终于因与安然公司合谋审计造假而毁于一旦。[②]

---

[①] 《中国注册会计师法》第14条第二款。
[②] 余丰慧:《查处违规违法券商安达信事件可借鉴》，《和讯网·和讯新闻》2015年12月1日。

20世纪末到21世纪初,在我国资本市场兴起阶段,一批上市公司涉嫌财务造假丑闻陆续被曝光,而幕后总有一个"合谋者"的影子:大大小小的会计师事务所。媒体舆论将之归结为监管不严、有法不依、惩戒不力、诚信缺失。说到底,是我国资本市场的法律制度环境没有营造到位,留下许多当事人"合谋"获利的空间,惩戒不力,又助长了会计师的诚信缺位。[1]

## 二、会计师事务所从事证券业务的基本要求

会计师事务所及其注册会计师从事证券业务的基本要求是:

1.在办理证券业相关会计审计业务的全过程中,始终保持独立审计的高度警惕,在审计项目的事前、事中、事后每个阶段,都坚持审计工作的唯一目的:对委托人财务报告的合法性、公允性及会计处理方法的一贯性发表审计意见。

2.遵守职业道德规范,恪守独立、客观、公允的原则,以应有的职业谨慎态度办理审计业务。按照相关法律法规和规章,以及执业准则的要求出具审计报告,保证审计报告的真实性、合法性,并对审计过程中知悉的内幕信息和商业机密保守秘密,不得利用其为自己或他人谋取利益。

3.公允收费。会计师要遵守行业收费标准,不得滥行压价招徕客户,实行无序竞争,更不得与客户约定审计报告获得证券发行审核通过或者审计项目完成之后的奖励收费。奖励收费的实质,

---

[1] 徐寿松、姚玉洁、张炜:《会计师事务所为何屡屡成为造假同谋》,《新华网·新华视点》2006年8月25日。

说到底就是委托人串通或鼓励会计师事务所及其注册会计师，为完成委托人预定的财务会计数据或指标而设法造假的陷阱，如果为了获得高收费而自甘陷入其中，会计师事务所及其注册会计师就是造假者的帮凶。

在会计师参与造假或协助造假最为严重的2001年，全国有110多家会计师事务所和120多名注册会计师受到处分，40多名注册会计师由于做假账、虚假核资等事件被追究刑事责任，会计师的诚信和形象受到空前的质疑。随着会计行业自律监管和行政监管的加强，会计行业的诚信在近几年中逐渐得到树立，注册会计师正在成为维护资本市场秩序的一支重要力量。[1]

## 三、会计师事务所从事证券业务的风险控制制度

过往证券业从业会计师事务所及其注册会计师违法违规案例的风险警示是：必须从制度安排入手，加强管理，辅之以监管的"严刑峻罚"，才能有效治理证券业会计审计中普遍存在的协助造假现象，单纯依靠会计师事务所及其注册会计师的职业操守和一般的行业准则来要求其规范审计，犹如扬汤止沸，治标而不能治本。

会计师事务所及其会计师从事证券业务的风险控制制度主要有：

1.会计师事务所及其注册会计师从事证券业务的资格授予和年度审核检查制度

---

[1] 蒋飞：《中国证监会将联合财政部对会计师事务所财务造假加大打击和处罚力度》，《第一财经网站》2013年8月16日。

这是指监管机构或者行业协会对作为审计者的会计师事务所的审核检查，包括从业资格审核，对业务开展和所出具的审计报告的公允性的审核，法人治理结构审核等。从法律性质讲，会计师事务所也是经营机构，属于特定服务行业的企业法人，不仅应当对自己的行为承担民事责任，也要依法接受监管机构的监管和行业协会的自律检查。全球知名的会计师事务所大都登记为营利性的公司法人，依法享有民事权利，承担民事义务以及资本市场的监管法律责任。

2. 会计师事务所及其注册会计师从事证券业务的标准委托合同制度

会计审计合同所涉及的审计业务的内容大同小异，可以将其主要内容采取标准合同条款的形式予以规定，相当于用格式合同条款来确立审计准则对委托和受托双方的约束。会计师事务所接受委托人的委托后，还应当与经办业务的注册会计师签订审计业务责任约定书，具体明确经办注册会计师的审计范围、内容、作业规程与审计责任。

3. 审计报告复核审查制度

审计报告既是审计业务的最终成果，也是会计师事务所及其经办注册会计师承担审计法律责任的证据。审计报告除了应当说明被审计人的财务报告是否符合国家有关财务会计法规、准则的规定，在所有重大方面是否公允地反映了其财务状况、经营成果和资金变动情况，以及所采用的会计处理方法是否遵循了一贯性原则之外，还应当就注册会计师的审计责任加以特别说明。会计师事务所应当建立本所内复核审查会计师出具审计报告的流程或程序，即自查自纠制度，对项目会计师所采用的审计依据、审计程序，以及所表达的各种审计意见进行专门的复核审查，并将复核审查结论存档备案。

4.会计师事务所合伙人连带负责制度

会计师事务所实行合伙人制度是国际会计业的惯例，尤其是从事证券会计审计业务的会计师事务所及其会计师，因为责任重大，更需要捆绑经营，连带负责。合伙制的最大特点，就是每个参与合伙的注册会计师都对其他会计师在会计审计业务中造成的风险或损失承担财产上的连带责任，而且是无过错责任，这是从根本的经济利益上对注册会计师的职业行为进行约束。[1]

## 第二节　从事证券业务的律师事务所

律师事务所在境内外的称谓有很多，有律师楼、律师行、律师处、律师公司、律师集团等。境外的律师事务所一般登记为有限责任公司，由合伙人对其债务在出资范围内承担责任。中国境内的律师事务所一般不按照企业法人模式登记操作，而是按照合伙模式出资和经营管理，属于收费服务的事业单位，归口国家行政机关司法部、厅、局等政府部门管理，法律主体属性一时难以界定。

律师事务所从事的法律事务属于专业服务，其随着社会政治、经济、文化范围的拓展、社会分工细化、人民生活水平提高、社

---

[1]　通常国外较大的会计师事务所会登记为有限责任公司，各合伙人在公司出资的范围内对会计师事务所的债务或侵权赔偿，承担连带责任。

会活动日益复杂等，而愈显多样化，可以说五花八门，应有尽有。多样化的社会专业分工，要求律师业务逐渐向专业化服务的方向转变。近些年来陆续出现的专业律师有：刑事辩护律师、知识产权律师、房地产律师、婚姻家庭律师、政府公共关系律师等。

从事证券法律事务的律师是专业律师中更为专业的一种。律师事务所从事证券业务需要按照中国证监会和律师业主管部门制定的证券业从业管理规范和标准，依法为当事人提供相关证券法律服务。

## 一、律师事务所从事证券业务的要求

在中国资本市场发展初期，律师事务所及其执业律师从事证券法律业务需要取得证券监管机构和律师业主管部门的资格审批，严格的行政管制和有限的证券业从业律师，不仅扭曲了证券律师服务业的市场竞争机制，抑制了行业自律功能的培育，客观上也促成了律师在从事证券业务时作假现象屡屡发生。2002年，中国证监会、司法部决定取消律师事务所及其律师从事证券法律业务资格审批，从而使证券法律服务走上了体现市场调整功能的自律自治与他律监管相结合之路。

从根本上说，律师从事证券业务的要求就是对客户勤勉尽责。它主要包括两个方面，一是诚实信用，二是业务能力。

诚实信用要求律师在提供法律服务时必须尽到最大注意，向客户提供所有与其利益相关的法律事务信息，使客户清楚自己可能遭遇的法律风险，以便其自主地做出决定。在为特定客户处理具体的法律事务时，律师必须视客户利益为自己利益，对所有涉及客户的信息保密并且忠实代表和维护客户的利益。同时，律师还必须恰当地处理利益冲突问题，既不能将自己个人的利益置于客户利益之上，也不能同时为两个有利益冲突的客户服务。

对律师业务能力的要求，通常是通过设定具有合格证券业务能力的律师执业标准，如规范律师出具证券法律意见书标准内容和格式，要求执业律师能够轻松驾驭，根据个案的不同情况，娴熟地贯彻运用。

有关法律法规和规章对证券业律师勤勉尽责的具体行为规制是：

首先，律师在为委托人出具法律意见书或律师工作报告时，要对证券发行人和上市公司所涉及的事项逐项进行法律风险方面的审查。

其次，律师要遵守与证券业务相关的禁止性规定，譬如，不得在法律规定的限期内买卖其接受委托出具法律意见书的上市公司的股票，不得利用工作之便进行内幕交易等。

再次，通过对执业律师及其所在律师事务所的规范管理和自律，督促律师勤勉尽责，如有执业律师违反职业操守或者违法违规，将被追究相关法律责任。

## 二、律师事务所从事证券业务的特点

管理松散、责任较大、专业性强，是律师事务所及其执业律师从事证券业务的主要特点。

管理松散是指律师事务所对所属执业律师在管理上相对放任自流的状态，律师事务所一般也不会为某个在所律师的执业行为承担法律责任。

律师提供法律服务主要依靠律师个人的专业法律知识、对法律事务的理解认识水平和处理问题、化解矛盾或者纠纷的能力，因此，律师大都是独行侠，独往独来，不羁于某一人、某一事，独立地根据事实和法律为委托人提供法律服务。从证券服务业的角度来说，律师为委托人出具法律意见书或者律师工作报告，只是表达了律师站在"第三只眼观察"的立场，对相关证券事项的看法或观点，并不具有权威性，更不像会计师事务所出具的审计报告那样具有法定的证明效力。因此，证券监管机构和律师业主管部门对律师事务所的监管无需特别严格，而律师事务所对其执业律师的管理更是相对松散。

许多律师形容自己和律师事务所的关系就像是个体户与农贸市场的关系。律师在律师楼上租一个摊位或者房间，与当事人或委托人个别沟通收费和委托事项，按收入比例或者所占摊位面积向律师事务所缴纳管理费和租金。这种松散管理模式是由律师所提供的法律服务的个人责任和个人风险所决定的。

责任较大是指律师个人提供法律服务所出具的法律意见书或律师报告，也具有一定的证明力，尽管其法律意见书不像注册会计师审计报告那样的法定证明力，但却是证券发行人申请发行证券必经的法定程序之一，即证券发行人申请发行上市交易的股票、公司债券等，必须有专业律师出具的有关公司产权清晰、权责明确、经营合法守规、无涉重大诉讼的法律意见书。

法律意见书与审计报告是从不同的角度，站在社会公众投资者的立场，审视证券发行人和上市公司内部产权、财务、经营管理等与投资者评估企业投资价值相关的情况。审计报告侧重公司财务数据的可靠、真实，法律意见书重在公司产权归属清晰、明确；审计报告关注公司资产负债比例及其流动性给公司运营带来的影响，法律意见书重在公司经营管理是否守法合规，是否涉讼，进而影响公司存在与发展；审计报告从动态财务指标关注公司，法律意见书从静态现状考察公司；审计报告是会计师对公司经营财务数据审核后的结论，具有法定证明力，法律意见书是律师对所观察到的公司财产归属和经营状况等的看法和意见，具有参考证明力。会计师和律师的共同目的，就是通过他们的报告结论，给社会公众投资者一个真实、完整、灵动的企业原貌，让投资者自己判断和选择投资。

《证券法》、《律师法》、《律师事务所从事证券法律业务管理办法》对从事证券业务的律师事务所及其执业律师，在法律服务方面的工作准则和发生风险的法律责任做了明确规定。[1]值得注意的是，基于审计报告和律师报告证明效力的差异，律师事务所在发生风险后的法律责任与会计师事务所的审计责任亦有区别：会计师事务所对虚假陈述除了承担监管处罚的行政责任、造假的刑事责任之外，对由此引起的投资者的损失还可能承担较为严重的民事赔偿责任，而律师协助造假一般都是在产权归属、企业资质、法律文书或证明等方面，不会通过协助公司财务数据造假给投资者做出投资判断带来直接影响，故较少承担民事赔偿责任。[2]

境内外律师事务所一般都采用合伙制组织形式，由参与律师事务所的主要执业律师作为合伙人，共同出资，并对全体律师提

---

[1] 《证券法》第173条。《律师法》第29、40条。《律师事务所从事证券法律业务管理办法》第6条、第12—19条。

[2] 王海锋、张国宝、易磊磊：《南阳一律师造假文书骗款24万涉嫌诈骗被批铺》，《河南法制报》2012年9月10日。

供法律事务服务产生的法律后果或风险承担财产上的无限连带责任。律师个人也可以申办律师事务所，并由其个人对其债务承担无限责任。律师事务所可以办理当事人委托的所有法律事务。但是，律师事务所及其执业律师从事证券业务，受其经营规模、从业律师人数以及律师从业资历的门槛限制，一般来说，只有规模较大、从业律师较多、专业性较强的律师事务所才能承揽证券服务业务。

专业性强是指律师事务所及其执业律师从事证券业务必须既有"慧眼"，又有"法眼"。所谓"慧眼"，是要具备相应的证券发行承销知识、财务会计知识、资产评估知识、财务顾问知识，了解企业经营管理，懂得资本市场及其资本运作的一般原理等，具有较多的社会实践经验，对证券发行人和上市公司的基本情况了然于胸。所谓"法眼"，是能够运用相关法律法规和规章，分析、判断证券发行人和上市公司存在的问题，指出其可能发生的法律风险和相应的补救措施。这种极强的专业性决定了证券业律师必然是律师行业中的佼佼者。

## 三、从事证券业律师的常见违法违规行为

从近些年来中国证监会对证券信息披露中弄虚作假以及其他违法违规律师的处罚案例看，从事证券业律师的违法违规行为主要表现为以下三种类型：

1. 参与证券发行人和上市公司弄虚作假

执业律师在法律意见书、律师工作报告等涉及信息披露的法定文件中协助证券发行人和上市公司做出虚假陈述，欺骗、误导

社会公众投资者和证券监管机构，从而给投资者造成经济损失。在我国资本市场早期的琼民源、红光电子、大庆联谊、郑百文、猴王股份、亿安科技、银广夏等一系列证券发行人和上市公司的财务造假案件中，都可以看到执业律师协助造假的情形，其中最典型的莫过于为东方锅炉上市担任法律顾问的四川中维律师事务所律师刘某，其因出具了内容严重失实的法律意见书和律师工作报告，受到了吊销律师执业执照的处罚。①

2. 未能勤勉尽责，违反高度注意义务

执业律师在尽责调查中，没有全面审查证券发行人和上市公司的材料，使其信息披露不真实或者不完整。譬如，1999 年 4 月，中国证监会对北京大成律师事务所在杭州娃哈哈股份有限公司申报上市过程中违反证券法律法规行为调查后查实，该所在未对娃哈哈公司募集资金投向，房屋设备产权关系核实的情况下就出具了法律意见书，构成法律意见书"有虚假、严重误导性内容或者有重大遗漏"，对该所及其经办律师处以警告，没收违法所得 10 万元，并处罚款 10 万元。②

3. 专业水平有限，提供的证券法律服务有缺陷或不合格

执业律师不具有从事证券法律服务的专业水平和能力，所提供的法律服务存在明显缺陷或不合格。这些情形主要有：一是对需要查证核实的相关文件、产权证明、合同文本等，不具备专业审视能力，对其中含有的瑕疵或者虚假情况不能辨别；二是缺乏

---

① 侯海文：《证监会警告"东方锅炉"又一批机构受罚》，《成都商报》1999 年 12 月 7 日。

② 中国证监会：《关于北京大成律师事务所违反证券法规行为的处罚决定》，1999 年 4 月 5 日。

相关的财务会计、资产评估、企业经营管理、企业内部风险控制制度等方面的专业知识，对证券发行人和上市公司存在的法律隐患不能准确指出；三是出具的法律意见书、律师工作报告等文件不符合规定的格式。

## 四、从事证券业律师的道德风险控制

律师事务所及其执业律师从事证券业务的最大风险源于不守诚信，未予勤勉尽责。换言之，诚信是律师工作的基础，是律师提升服务水平的根本，一方面，律师提供证券法律服务本身就是从法律职业的角度维护诚信，其出具的法律意见书在本质上是对证券发行人和上市公司诚信情况的评价。另一方面，律师的天职就是实践诚信。绝大多数律师仗义执言、不畏权势、洁身自好、忠于事实和法律，在维护诚信方面起了表率作用。强调对从事证券业律师的道德风险控制，也就是对律师职业诚信的弘扬。

1. 建立证券从业律师信用管理制度

律师招揽业务全靠信用，一旦失信则会失去饭碗。建立律师失信惩罚制度，加大严重失信的律师事务所及其从业律师的失信成本，是防范律师失信的重要措施之一，除了律师协会等律师业主管机构的考核审查外，可以利用互联网络，逐步建立"失信律师公示制度"，从根本上断绝从业律师为了眼前利益铤而走险的念想。还可以考虑建立"律师事务所信用警示制度"，对服务不到位、投诉不查处、管理不规范的律师事务所，及时发出警示通知；对严重失信、违法违规的律师事务所，责令限期整改。整改不到位的，暂停执业或暂缓年检，并及时向社会公示。

2.完善从事证券业律师过错赔偿责任制度

《证券法》第173条规定，律师事务所出具法律意见书"有虚假记载、误导性陈述或者重大遗漏，给他人造成损失的，应当与证券发行人、上市公司承担连带赔偿责任，但是能证明自己没有过错的除外。"当律师出具法律意见书有过错时，其可能要承担对委托的客户和投资者的双重赔偿责任。

以招股说明书为例，其中因律师过错而存在虚假陈述或重大遗漏，可能出现以下几种情形：

（1）证券发行人向其律师索赔。因为律师的疏忽，证券发行人失去了事先纠正错误的机会，因此，导致发行失败、导致投资者向发行人索赔、承销商向发行人索赔等，反过来发行人也可以向律师索赔。

（2）承销商向证券发行人及其律师索赔。如果证券发行人律师的法律意见已经对招股说明书的合法性进行了确认，而其又存在虚假陈述或遗漏重大事实，导致投资者对承销商的诉讼，那么，发行人的律师将对承销商由此造成的损失承担法律责任。

（3）投资者向证券发行人、承销商及其董事、管理层和相关专业人士索赔。一旦投资者提起诉讼，证券发行人、承销商和其他证券服务机构都要竭力证明自己清白，都要避免牵涉连带责任，如果证券发行人律师在以上诉讼中败诉，其将被判连带赔偿证券发行人、承销商和投资者的损失，这将足以使大多数律师事务所及其律师破产。

3.规范从事证券业律师收费标准

没有价格标准的服务，是一种没有规则的服务；没有规则的服务，是一种不透明的服务；不透明的服务，是一种不讲信用的服务。在证券法律服务中，律师事务所漫天要价和竞相压价并存。有的狮子大开口，以所谓和国际标准接轨为由，索要高额收费；有的和当事人约定服务费用的同时，还提出"公关费"、"差旅费"等名目的费用要求；有的为了招揽客户，不顾行业规则，肆意削减收费。这些行为严重地损害了从事证券业律师的信誉。由于证券法律服务相对繁杂，客户公司大小不一，服务内容千差万别，又属于非诉讼业务，收费标准尚难统一。通常律师事务所参照证券公司承销证券的收费办法，确定证券法律服务各项业务的收费基数，以所涉项目总标的额的一定比率，按照累进递减的方法，确定收费标准。

## 第三节 证券投资咨询机构

### 一、证券投资咨询机构概说

证券投资咨询机构是为投资者提供在资本市场进行证券及其衍生产品投资的市场分析、品种研究、信息判断、前景预测、投资品种选择等专业服务，并取得咨询服务报酬的专业咨询机构，有的证券投资咨询机构也称为投资顾问公司。

投资咨询或投资顾问机构的法律主体性质属于纯粹的投资建议提出者，其与证券经纪人的区别在于：前者是根据自己对资本市场投资风险和投资品种拿出自己的意见，供投资者选择，不介入投资者的投资行为，后者受投资者作为客户的委托，按照客户指令或授权买入或卖出证券，与客户关系更为直接紧密。在多数情况下，证券经纪人为了招徕客户并鼓励客户频繁交易，需要和投资咨询机构捆绑在一起开展业务，而证券投资咨询机构拓展业务又需要借助证券经纪人的帮助向投资者推介自己的咨询服务产品或内容。所以每一家证券公司的营业部以及公司的网站、网页，都有各种证券投资咨询机构活动的影子，有些咨询机构也和证券私募基金等投资机构合作开展业务。

证券投资咨询机构既可以由证券公司申请开设办理，也可以由其他个人、企业或社会机构申请开设办理，在机构自身的设置上并没有特别限制。但是，出于对证券咨询可能对客户带来的投资风险的管控，相关证券法规规定，"向客户提供证券投资顾问服务的人员，应当具有证券投资咨询执业资格，并在中国证券业协会注册登记为证券投资顾问。"[①]

证券投资咨询机构的主要业务是：通过各种讲座、报告会、分析会等现场讲评方式，通过报刊、电台、电视台等传播媒介，通过互联网、电话、传真等电信设备系统，通过软件工具、终端设备载体，向客户提供投资建议或者为投资者提供各种对证券投资有价值的信息和看法，进行信息分析和投资决策论证等，充当投资者的投资顾问，帮助投资者做出投资选择和决策。

投资咨询机构提供咨询服务的具体内容有：获得并分析有关宏观经济运行的各种指标；了解和掌握有关产业、行业发展特点和结构变化的情况和资料，分析判断证券发行人、上市公司的财务会计报告及其相关财务数据；洞察辨别各种证券的收益性、成长性、财务稳定性等情况；观测预报市场交易变化和相关证券的

---

① 中国证监会《证券投资顾问业务暂行规定》第7条。

价格走势；汇总传递境内外资本市场的各种信息；根据投资者的投资偏好，为投资者量身设计证券投资组合。总之，投资咨询机构通过其咨询服务，使投资者了解市场和投资品种，认识证券投资价值，知晓资本市场风险，选择适合自己的投资方向和投资品种。

早在1997年12月，为了治理我国资本市场初期出现的较多证券"黑嘴"误导、哄骗投资者买卖股票的乱象，国务院证券委员会颁布了《证券、期货投资咨询管理暂行办法》，中国证监会联合其他有关部委制定了《关于加强证券期货信息传播管理的若干规定》，针对证券咨询容易出现的传播虚假信息情况，强调了对从事证券、期货投资咨询业务机构和人员的从业资格审查，强调了对资本市场信息传播管理的监管。2010年10月，中国证监会又颁布了《证券投资顾问业务暂行规定》，这些法规的规定构成了资本市场投资咨询机构行为规制和监管的基本内容。

## 二、证券咨询人员违法违规行为与风险控制

从实践的角度讲，证券投资咨询人员从事咨询业务的相当一部分内容，是以各种手段和方法获取、创制证券投资方面的信息，向社会公众投资者传播，使投资者相信并据此买卖相关证券，从而获得咨询报酬。其行为是否合法合规，其信息内容是否真实可靠，不仅决定了投资者投资选择的正确与否以及投资收益如何，还在一定程度上影响着资本市场秩序的稳定。

鉴于资本市场信息传播和证券投资咨询对投资者投资选择带来的重大影响，而且其中容易滋生借助信息传播误导社会公众投

资者、损害其利益、操纵市场等情形，证券法律法规和规章禁止投资咨询机构及其从业人员从事以下行为：

（1）代理委托人从事证券投资；

（2）与委托人约定分享证券投资收益或者分担证券投资损失；

（3）买卖本咨询机构提供服务的上市公司股票；

（4）利用传播媒介或者通过其他方式提供、传播虚假或者误导投资者的信息；

（5）向委托人承诺证券投资收益；

（6）为自己买卖股票；

（7）利用咨询服务与他人合谋操纵市场或者进行内幕交易。

禁止证券投资咨询机构及其从业人员从事上述行为，就是要把证券投资咨询服务与代客理财、委托投资、资产管理等业务区别开来，防止机构或个人利用从事证券投资咨询业务的便利或利用投资者的信任，跨界经营，哄骗投资者，危害市场秩序。其给投资者造成损失的，要依法承担民事赔偿责任。[1]

资本市场常见的与投资咨询相关的违法违规行为，除了既无从业资格，又无善良道德的投资咨询"黑嘴"、证券"黑市"和情节严重的证券欺诈行为之外，主要是证券投资咨询机构及其从业人员为了招揽客户编造或传播所谓的"内幕消息"以及为了牟取佣金收入代理投资者买卖证券。前者有主观臆断、夸大虚构的成分，也有诱使投资者买卖证券的故意，其目的或是通过加大投资者的证券交易量以获取证券公司分成的佣金收入，或是让投资者为自己买卖某些证券"抬轿子"，从中高抛低吸获利；后者则是投

---

[1] 《证券法》第171条，《证券、期货投资咨询管理暂行办法》第24条。

资咨询机构及其从业人员直接替客户进行证券交易操作，既可获得交易佣金收入分成，又可向客户索要代理费或者投资收益分成。上述两者在大多数情况下结合在一起，常见的以投资咨询机构或其从业人员命名的证券投资"理财工作室"就是典型代表。

通常"理财工作室"会聚集一些较小的投资者，在投资咨询机构从业人员的指导下买卖证券，"理财工作室"则会就其证券交易佣金分成与证券公司达成某种协议。由于这种做法没有在投资咨询服务与代客理财（委托理财或资产管理）之间划分严格的界限，一旦投资失误或者市场行情发生恶化，极易引发争端或法律纠纷，其结果往往是两败俱伤。[①]

为了控制证券投资咨询业务可能为投资者客户以及投资咨询机构自身带来风险，证券咨询机构应当按照有关从事证券投资咨询业务的规定，专门从事证券投资咨询，不得将该业务与其他证券业务相混淆。兼有从事投资咨询业务资格的证券公司或者其他证券经营机构，应当将投资咨询业务与财务顾问、资产管理等证券业务分开管理，分别建立相应的业务、财务、人员管理和业绩考核制度。同时，证券咨询机构从业人员在其咨询业务与本机构或本人有利益关联的情况下，应当进行回避。

近年来，随着资本市场发展，还出现了具有特定化、个性化特点的会员制证券投资咨询业务，咨询机构通过电视、网络传播媒介以及微信、终端设备等工具及营销手段，面向社会公众投资者招募会员，用绑定式的证券投资顾问服务，招徕、发展群体客

---

① 陈劲：《管理层重手整顿证券咨询业 黑嘴能否变白嘴》，《中国证券报》2005年12月5日。

户，有些机构还采用类似传销的方式，口头承诺高额投资回报吸引会员，实际不仅没有兑现，还给社会公众投资者利益造成损害。2005年12月，中国证监会颁布了《会员制证券投资咨询业务管理暂行规定》，要求会员制机构以强化法人责任为主要控制手段，严防分支机构擅自滥行发展业务，招募会员。会员制机构必须以公司法人名义统一对外签订合作协议、签署会员服务合同、收取服务费用等。

## 第四节　财务顾问机构

### 一、财务顾问机构概说

财务顾问机构，是指在资本市场从事与证券发行、上市交易、上市公司并购重组以及其他衍生产品投资等行为相关的财务顾问服务的专业机构。其业务活动的法律关系通常表现为：财务顾问机构依据有关法律法规和规章的规定，与客户签署财务顾问协议，约定财务顾问的服务内容、服务方式和服务期限等，受托担任客户的财务顾问，为客户提出财务顾问意见，依法出具独立的财务顾问报告，并根据规定的标准收取服务费用。

财务顾问机构和证券投资咨询机构既有业务相似或交叉重叠之处，又有互不相同的地方：后者的业务范围可以包容前者，即证券投资咨询机构的业务可以将财务顾问业务吸纳，财务顾问是投资咨询业务的一个组成部分；财务顾问机构在扩大规模、具备一定条件时，也可申请办理证券投资咨询的相关业务。总的来看，证券投资咨询机构的业务范围比财务顾问的业务范围更广泛，服务内容更丰富，而投资顾问服务专注于企业、个人在投资理财、财务管理、资本运营、资产重组等方面的专项顾问需求。

通常证券公司自身的组织结构范围内也会设立独立或非独立的财务顾问机构。证券公司投资银行的主要业务之一，就是担任与股票发行上市相关的公司企业的财务顾问，为这类企业提供符合监管机构要求和社会公众投资者需要了解的证券发行人、上市公司的财务状况，即财务顾问报告。财务顾问报告内容与会计师审计报告所不同的是：财务顾问报告是从公司资产变动方面分析公司资产现状，提出公司的资产或债务重组方案；审计报告则是从公司现有财务数据方面报告公司目前的经营状况。财务报告侧重于公司资产和财务可能发生的变化，审计报告侧重于公司财务会计当前各项数据、指标的真实记载与完备，而这些数据、指标是财务顾问评估公司资产现状并提出资产重组方案的基本依据。按照《证券法》等相关法规规定，财务顾问机构的普通业务不需要监管机构的审核批准，只有涉及上市公司并购和上市公司重大资产重组事项，财务顾问机构才需要依法申请取得相应的资格。[①]

财务顾问机构日常咨询服务主要内容有：

1. 政策法规咨询

及时了解和掌握与资本市场以及企业资本运营相关的法律法规和规章、行业规则、政府的金融与产业政策等，为企业资本运营提供相关的政策法规咨询服务，帮助企业正确理解和运用。财

---

① 《上市公司并购重组财务顾问业务管理办法》第2、5条。

务顾问在这方面的工作往往与公司法律顾问有所交叉，公司法律顾问一般侧重于公司产权、合同法律事务以及其他日常法务的咨询处理，与财务顾问对资本运营的视野和专业有所不同，通常证券业律师都是财务顾问专家，在更高端的资产整合层面为公司提供专项服务。

2.财务咨询

为客户提升财务管理能力、降低财务成本、税务策划、融资安排等提供财务咨询，推介金融机构与企业合作的创新业务品种，为客户资金风险管理和债务管理提供财务咨询，应客户要求，提出各种资产或债务重组方案。

3.投融资咨询服务

在客户进行项目投资与重大资金运用时，或者企业直接融资时机成熟以及产生间接融资需求时，为客户提供基本的通过资本市场进行投融资的咨询服务，为企业项目投资提供方案策划、项目评价、可行性分析等相关中介服务，帮助企业进行资本运作和投资理财等。

4.产业、行业信息咨询

搜集、整合、撰写宏观经济、行业或产业发展的最新动态、行业信息和有关研究报告，为客户发展相关业务提供信息咨询服务。

## 二、财务顾问机构在上市公司并购重组中的法律地位

2006年7月，中国证监会颁布了《上市公司收购管理办法》，这是首次用部门规章的形式对上市公司收购兼并进行规制，将资本市场仅次于股票发行上市的地位，又一重大行为置于有法可依

的监管之下。上市公司收购也是通过市场配置资源的常见现象之一，其激烈竞争程度和潜在的内幕交易、虚假陈述等风险，不亚于公司股票发行和交易的风险，所以，需要有资格的财务顾问机构予以专业指导和把关。该办法规定，上市公司收购中的收购人和上市公司都应当聘请具有从事财务顾问业务资格的专业机构担任财务顾问，并且要由财务顾问机构就上市公司收购事项出具独立财务报告或专业收购意见，收购人或上市公司如果没有聘请独立财务顾问，不得进行上市公司收购。[1]

2014年10月，中国证监会又颁布了《上市公司重大资产重组管理办法》，并于2016年9月修改，规定上市公司进行重大资产重组应当聘请独立财务顾问就重大资产重组出具意见，其中专门要求财务顾问就上市公司重大资产重组是否构成关联交易进行核查，并依据核查确认的相关事实发表明确意见。[2]

这些规定在《证券法》有关条款的基础上，进一步明确了财务顾问机构作为在资本市场提供证券业财务顾问服务的独立主体的法律地位，为其全面开展上市公司并购和资产重组业务，发挥专业财务顾问的作用拓展了广阔的空间。

按照上述规章对财务顾问机构在上市公司并购重组过程中提供服务的规定，上市公司并购重组就不再是收购与被收购双方或者资产重组相关各方简单的商业谈判、双方私下的协议转让，而是由财务顾问主导的、以上市公司内在价值评估为基础的、综合运用各种金融工具的系统工程。财务顾问通过对上市公司并购重

---

[1] 《上市公司收购管理办法》第9、32条。
[2] 《上市公司重大资产重组管理办法》第17条。

组活动进行专业指导，包括全面评估被收购公司、重组项目的财务和经营状况、就收购、重组方案所涉及的价格、方式、支付安排等事项提出对策建议等，引导上市公司并购重组活动合法合规进行，从而提高上市公司并购重组成功概率。

财务顾问机构为上市公司并购重组进行专项服务的内容有：

1.提出企业重组预案

为企业进行股权结构调整、资产和债务重组、定向增发股票募集资金或者收购兼并其他企业等设计方案，编写重组文件，在方案实施过程中协调会计师事务所、律师事务所以及其他证券服务机构开展工作，协助报批和实施并购重组方案。

2.收购兼并指导

为企业收购兼并境内外上市公司或非上市公司物色筛选目标公司；实施尽职调查；对目标公司进行合理评估，协助分析和规避财务风险、法律风险；协助制定和实施并购方案；设计和安排收购兼并期间的过渡性贷款；就收购兼并、资产或债务重组等涉及公司控制权变化的重大事项出具独立财务顾问报告。

3.提出融资计划建议或方案

在对客户企业财务状况进行比较分析、财务指标预测和敏感性分析、资本运营和经营管理情况分析的基础上，为企业出具财务分析报告，提出包括募集资金、定向增发股份、配股、管理层收购、员工持股计划、可转换债券、公司债券等股权或债权融资建议。

4.管理咨询顾问

企业收购兼并和重大资产重组涉及企业未来发展规划，针对企业的行业背景和发展现状，可以为企业可持续发展提供长期战略规划和管理咨询，协助企业建立健全法人治理结构，完善内部管理，为企业管理层设计持股期权激励计划以及其他责、权、利相结合的激励机制。

## 三、财务顾问业务违法违规行为及其风险控制

由于财务顾问机构的专项顾问业务深入企业内部，对企业的基本情况全面了解，与企业管理层建立了基于商业合作关系的经常而持久的联系，可以随时掌握企业在经营管理、财务状况、控股股东以及主要管理人员变动等方面可能对企业证券交易价格发生重大影响的信息，故而更容易发生内幕交易和操纵市场的行为，给客户和自身都带来风险。其具体表现是：

1.财务顾问机构及其从业人员未勤勉尽责，对作为其客户的证券发行人、上市公司收购人和上市公司的基本情况了解不清楚，制作财务分析报告或财务顾问报告把关不严，含有虚假陈述的成分，误导投资者。

2.违反诚信义务，与证券发行人、上市公司收购人和上市公司的控股股东或者实际控制人恶意串通，编造虚假财务数据、虚假信息或做出虚假陈述，侵害社会公众投资者的合法权益。

3.证券公司所属的财务顾问机构在本公司为客户办理证券发行承销的过程中，将财务顾问业务与资产管理等业务混合经营，利用本公司所承销的证券在发行与上市交易之间存在价格差的机会或者利用有关相关上市公司的内幕信息，买卖该证券或者牟取其他不正当利益。

上述行为以及其他违法违规行为，不仅会引致证券监管机构

的处罚和陷入法律诉讼的风险，而且还会使财务顾问机构及其所在证券公司或股东的利益受到伤害。

为了应对财务顾问业务可能发生的风险，需要建立相应的控制制度：

其一，建立内部"防火墙"制度。财务顾问机构应当在制度安排上做到两个分开：一是本机构内部不同业务及其部门、人员、财务费用管理上分开，业务部门之间及部门内部业务信息实施隔离，对于必要的信息共享进行严格的监管；二是财务顾问机构与其所在证券公司或投资咨询公司的其他业务实施隔离，如与投资咨询业务、资产管理业务实行分开经营管理。同时，财务顾问机构还应当完善内部稽核审查与风险控制制度，使之充分发挥内部监管作用。

其二，保持财务顾问业务的独立性。财务顾问机构在办理上市公司并购重组业务时，只有保持必要的独立性，才能保证所出具的独立财务顾问报告的客观、公允，从而有助于上市公司收购或重大资产重组方案能够顺利通过审核并实施。因此，财务顾问机构及其从业人员要建立与有利害关系客户的业务回避制度，为开展财务顾问服务提供公开、公平的制度环境保障。

## 第五节　资信评级机构

### 一、资信评级机构概说

资信评级机构是指按照一定的证券资信评级专业标准，专门对资本市场政府债券以外的所有其他证券和证券从业机构的资产质量、可信任程度或者偿债能力，进行客观、公正评判的机构。

资信评级也称为信用评估，是市场经济条件下信用关系不断发达的产物，在国际上已有一百多年的发展历史。资信评级的对象最初是个人，通过对个人清偿债务的能力及其资信历史考察，得出该个人的偿债可信任度或信用等级，作为与之进行商业往来或者发生债权债务关系的参考，至今西方国家许多银行还保留着对主要个人客户进行信用评级或信用得分记录的传统，以控制发放贷款的安全性。随着有限公司、股份有限公司等企业组织的大规模出现，资信评级由个人扩展到企业，再进一步扩展到对企业所发行证券的信用评估。

资信评级的目的在于通过公布证券发行人的资信状况或偿债能力，向投资者买卖证券提供独立、公正、及时和具有前瞻性的建议，以保护投资者利益。其核心是结合受评对象的具体情况，对影响其未来偿付能力的各种因素进行分析，充分揭示和预警风险。世界上有一些著名的资信评级机构，如美国的穆迪投资服务公司和标准普尔公司、加拿大的债务评级服务公司、英国的爱克斯坦尔统计服务公司等。这些资信评级机构以其长期的评级服务业绩，评级的公正性、客观性和权威性而亨誉全球，由这些机构对有关证券所做出的信用等级评定，对证券发行人和投资者都会产生至关重要的影响。

资本市场的资信评级，理论上涵盖了对所有公开发行的证券品种及其衍生产品和证券从业机构两方面的评级，前者包括股票、公司债券、金融债券、可转换债券、股票认购权证、证券投资基金等；后者包括证券公司、证券投资基金管理公司、证券投资咨询机构、财务顾问机构等证券从业机构。从事证券服务业务的会计师事务所和律师事务所另有行业业务评定标准。资本市场的波动性和证券从业机构行为的不确定性，决定了证券从业机构的评级在实践中较难操作，评级结果不具有实用价值，所以这种评级目前没有推广，而代之以证券从业机构在行业中的业绩排位，如证券公司盈利情况排名、证券投资基金规模和基金净值排名等等。

在证券品种的评级中，股票价格受市场因素影响较多，波动较大，与上市公司的基本情况或者企业价值并不完全一致，大多数国家和地区不对股票进行评级；证券投资基金在我国运营时间不长，尚未形成公认的评价标准，也没有开展资信评级；有些证券衍生产品，如可转换债券、股票认购权证等，市场波动性也比较大，没有进行资信评级。只有公司债券和金融债券因为其相对的稳定性和发行人的财务状况并未完全公开而在客观上存在资信评级的需要。现有的金融债券主要是政策性金融债券，在银行间的债券市场进行交易，买卖主体有限，资信评级效果不大。上市交易和非上市交易的公司债券面对社会公众投资者，市场需求潜力很大，实践中的资信评级目前主要适用于公司债券评级。

2003年8月，中国证监会颁布了《资信评级机构出具证券公司债券信用评级报告准则》，从证券监管的角度，率先规范了资信评级机构为证券公司债券进行资信评级的实施准则，为资信评级机构拓展更多公司债券的资信评级业务提供了操作范例。

公司债券对发行的企业来说，是仅次于股票的直接融资工具；对银行、证券公司等金融机构来说，则是不断推出的金融产品。

过去，公司债券主要是由商业银行直接办理发行承销，故资信评级又和银行要求对发行债券企业的资信评级联系在一起。同时，商业银行自身的信贷业务也要求对授信企业进行资信评级。现在全国已经有不少于50家的资信评级机构从事各种资信评级活动，它们分别属于不同的金融领域和不同的行业监管范围，故全国尚无统一的资信评级准则出台。

## 二、资信评级与债务风险的关联

总体来说，对公司债券的资信评级与对借款企业的资信评级是相似的，都是依据国家有关法律法规和规章以及产业政策等，对发行公司债券的企业经营能力、获利能力、偿债能力、履约情况、发展前景等进行分析论证，以简单、直观的符号表示企业或者企业所发行的公司债券的资信等级。从对企业的了解程度看，证券公司投资银行业务所涉及的对企业全面周详的调查，远比一般的资信评级机构来得更为深入、彻底，而从客观、公允的角度看，出于保护社会公众投资者的目的，需要有具备专业水准的资信评级机构作为有公信力的"第三者"，给出对企业资信情况的评断，为企业未来的偿债能力"打分"。

实践中通常采用的发行公司债券的企业资信等级标准或者公司债券的资信等级，都是借鉴美国穆迪公司和标准普尔公司的评级标准，即分3等9级：AAA、AA、A、BBB、BB、B、CCC、CC、C。等级越高，偿债能力越强；等级越低，偿债能力越差。

资信等级所代表的偿债能力及其与债务风险关联度的解释是：

AAA级：资信最高。短期债务的支付能力和长期债务的偿还能力具有最大保障；经营处于良性循环状态，不确定因素对企业经营与发展的影响很小，公司发展状况很好。

AA 级：短期债务的支付能力和长期债务的偿还能力强；经营处于良性循环状态，不确定因素对经营与发展的影响小，公司发展状况好。

A 级：短期债务的支付能力和长期债务的偿还能力较强；经营处于良性循环状态，但未来经营与发展易受企业内外部不确定因素的影响，从而使盈利能力和偿债能力可能产生波动，公司经营状况较好。

BBB 级：短期债务的支付能力和长期债务偿还能力一般；经营处于良性循环状态，但未来经营与发展易受企业内外部不确定因素的影响，从而使盈利能力和偿债能力产生较大波动，既有约定的融资条件可能不足以保障企业所发行债券的本息安全。

BB 级：短期债务的支付能力较弱，长期债务偿还能力存在不确定因素；经营处于一般状态，公司发展面临较大的不确定性。

B 级：短期债务的支付能力弱，长期债务偿还能力存在明显不足；经营遇到一些问题，发生债务违约的可能性大，偿债风险程度较高。

CCC 级：对债务的保障能力较差，开始发生违约；经营遇到的问题较为严重，风险程度很高，公司总体情况较差。

CC 级：短期债务支付能力和长期债务偿还能力严重不足，经常违约；经营状况差，促使企业经营与发展走向良性循环的内外部因素很少，企业处于等待重组或者其他重大外部整合的过渡阶段。

C 级：短期债务支付困难，长期债务偿还能力极差；企业经营状况基本处于恶性循环状态，促使企业经营与发展走向良性循环状态的内外部因素极少，企业濒临破产。

## 三、资信评级机构的业务风险和控制

在资本市场，资信评级机构的主体地位与从事证券业务的会计师事务所、律师事务所的地位相当，都是提供专业服务，都起着公正"第三者"评断或监督的作用。但是，由于我国资信评级业务开展历史较短，资信评级准则不统一，从业人员素质参差不齐等原因，资信评级机构的整体业务水准不高，有的资信评级机构及其从业人员甚至和申请评级的企业串通，制造虚假数据，有意抬高评级，损害社会公众投资者利益，多头的资信评级监管体系与机制也亟待整合、统一和完善。

资信评级机构及其从业人员常见的违法违规行为有：

（1）将资信评级业务与投资咨询业务、财务顾问业务等混合经营；

（2）为谋取高额服务收入，违背职业道德，为委托人发行的债券提高评级等级；

（3）以承诺分享投资收益或者分担投资损失、降低收费标准、提高评级等级等方法，进行同业恶性竞争；

（4）未经受评对象或者证券监管机构同意，将有关评级资料和信息向社会公布或泄露给他人；

（5）为与本机构及其从业人员有利害关系或者关联关系的企业进行债券评级。譬如，为本机构的股东或者为本机构提供其他业务服务的客户进行债券评级。

上述行为给资信评级机构带来的风险是：投资者对资信评级机构及其从业人员的信任度降低，进而影响投资者对公司债券的投资信心，甚至引发法律诉讼，造成公司债券发行困难或者兑付风险，反过来也会影响资信评级机构业务的健康发展。[①]

资信评级机构从事证券资信评级业务事关资本市场公开、公正原则，事关社会公众投资者的利益，为了防范业务中的违法违规风险，需要建立以下风险控制制度：

1. 内部统一健全的资信评级标准和程序

在政府有关部门尚未出台全行业统一的资信评级准则之前，资信评级机构应当先行在本机构内部制定相关业务资信评级的统一标准和程序，以之作为出具资信评级报告的依据，并在出具资信评级报告时保持所依据的标准和程序的一致性。

2. 尽职调查制度

资信评级机构在接受委托人委托证券评级的委托后，必须履行尽职调查义务，就发行公司债券的企业及其投资项目进行全面详细的调查，使所出具的资信评级报告建立在获得第一手充分、翔实的数据、资料的基础之上。

3. 关联关系人员回避制度

为了保证有充分理由确认出具资信评级报告所依据的数据、资料以及评级结果的客观、准确、公正，资信评级机构及其从业人员与证券发行人不得存在任何影响资信评级行为独立、客观、公正的关联关系。存在其他关联关系的，应当予以说明。

---

[①] 韦伟：《超日债评级藏猫腻 保荐人中信建投被疑欺诈》，《中国经济网》2013年8月14日。

4.内部控制制度

资信评级机构应当建立有效的内部审核和资信评级质量控制体制机制，在财务、人员、业务活动等方面与本机构的其他业务严格分开。同时，加强业务信息保密，预防从业人员的道德风险。

5.跟踪评级及复评制度

资信评级机构必须在首次资信评级报告中明确有关跟踪评级的事项和跟踪评级的安排。跟踪资信评级报告应当针对证券发行人外部经营环境、内部运营及财务状况的变化，以及前次评级报告提及的风险因素进行分析，说明其变化对受评公司债券的影响，并对原有信用级别是否进行调整做出说明。

## 第六节　资产评估机构

### 一、资产评估机构概说

资产评估机构是指具有资产评估资格，依法从事资产评估的资产评估公司、会计师事务所、财务咨询公司、审计事务所等机构。大多数资产评估机构都和会计师事务所融为一体，会计师同时兼有资产评估师资格，会计师事务所同时也开展资产评估业务。还有一些从事专项资产评估的专业机构，如土地评估机构、知识产权评估机构、保险公司的保险评估机构等。

由于国有资产在整个国民经济的资产构成中占有较大比重，我国的资产评估机构及其从业人员任职资格一直是由政府财政部门进行管理和监督，并由其根据一定的条件颁发资产评估资格证书。在近些年政府部门职能改革中,过去资产评估师由财政部门审核从业资格的传统已经为行业协会组织的任职资格考试所取代,资产评估机构从事证券资产评估业务依然由财政部门监管,这是资本市场从业机构业务监管中的一个独特现象。[①]

证券资产评估是对证券发行人、上市公司以及其他与资本市场有关的企业账面资产的评估,其具体范围是:固定资产、流动资产、无形资产和其他资产。这种评估主要从企业的静态,即企业的存量资产方面,对企业进行价值评估,证券承销人将此作为推算、确定发行人所发行证券价格的参照指标之一,社会公众投资者、上市公司收购人等也将据此判断上市公司的实际价值。证券资产评估与一般的资产评估没有根本区别,评估运用的方法、手段也大同小异,只是证券资产评估因为涉及社会公众投资者的利益,要比一般的资产评估在评估程序、标准和评估方法等方面有更为严格的要求。

证券资产评估与证券资信评级既有联系又有区别。两者一般都是接受委托人的委托,与委托人订立委托合同,站在职业的角度,用专业的方法,依法独立完成委托的工作,证券资产评估的特点是,按照法定程序和客观、公允的标准,以货币作为计算权益的统一尺度,对在一定时点上的资产进行评定估算,得出企业存量资产的现值数额。证券资信评级则是对发行证券的企业的偿债能力进行综合评断,不仅要看企业的资产状况,更要看企业的信用记录,经营管理水平和盈利能力,所以,证券资信评级是从

---

① 《中华人民共和国资产评估法》第2条,《资产评估行业财政监督管理办法》第5条第二款。

动态的角度为企业"打分"。

凡是企业进入资本市场发生和证券相关的所有资产处置行为，原则上都应该由具有资产评估资格的评估机构进行评估，并将评估结果以法定方式公开，以使社会公众投资者全面、客观、充分地了解相关企业的资产状况，做出理性的投资选择。

与资本市场相关、应当进行证券资产评估的情形有：

（1）国有企业、集体企业或其他民营企业进行股份制改制，拟申请股票首次发行上市或者发行公司债；

（2）上市公司发生重大资产转让或者资产关联交易；

（3）上市公司发生企业收购兼并；

（4）上市公司发生因自行终止、依法被撤销、宣告破产等公司解散的情形而进行清算；

（5）上市公司在企业经营管理中发生重大资产质押、抵押、租赁等情形。

## 二、证券资产评估业务违法违规行为及其风险控制

证券资产评估业务的常见违法违规行为有：

（1）企业对应当进行评估的资产未进行评估而做出处置。这会涉及贱卖国有资产或其他资产的暗箱操作交易，往往滋生腐败行为。

（2）委托人提供虚假情况和财务数据资料，致使资产评估结果失实。做出委托的企业因为评估程序的法定要求而不得不委托评估师评估资产时，有可能采取各种违法违规行为应对评估，包括提供虚假资料，使评估结果达到自己的预期。

（3）委托人与资产评估机构串通作弊，制造虚假数据资料，致使资产评估结果失实。双方串通造假评估，恶意欺骗社会公众投资者的资产评估违法案例，是资本市场常见形象。这种行为和证券发行人、上市公司与会计师事务所联手财务数据造假相似，都是通过造假包装，让委托方委托评估的资产获得一个好的"卖相"，让公众投资者上当受骗，这在我国资本市场发展初期屡见不鲜，国际资本市场发展早期也是如此。目前也时有发生。[①]

（4）资产评估机构玩忽职守，致使资产评估结果失实，造成相关利益方的损失。涉及证券发行人或上市公司的重大资产评估，评估标的资产数额动辄以几亿、几十亿元计，稍有不慎，估值过高或过低，要么损害社会公众投资者利益，要么损害国有资产或其他资产所有者的利益。

（5）资产评估机构及其从业人员利用工作之便或者利用内幕信息买卖委托人发行的证券。和会计师、律师可能利用为证券发行人或上市公司提供服务工作之便、利用内幕信息买卖委托人的股票一样，这种行为的本质违反了市场公平、公开交易的原则，涉嫌从事内幕交易，利用职务之便，为自己谋取私利，损害公众投资者利益。

上述违法违规行为给资本市场秩序带来的危害是：

第一，在企业股份制改制或资产重组中，相当一部分国有资产、集体资产没有进行资产评估，或者被有意低评压价，直接造成国有资产和其他所有人合法财产的大幅度贬值或流失，实践中

---

[①] 韦伟：《超日债评级藏猫腻　保荐人中信建投被疑欺诈》，《中国经济网》2013年8月14日。

经常发生的国有企业资产、集体资产被低估、贱卖的情形往往与资产评估有关。

第二，有些企业的管理层为达到本企业上市或者收购、参股上市公司的目的以及其他目的，有意高价评估或者注水企业资产，人为抬高自身企业估值或者压低目标企业估值，欺诈社会公众投资者。

第三，个别资产评估机构及其从业人员与委托人相互串通作弊，评估师在资产评估作业中造假、注水，里勾外连，明修栈道，暗度陈仓，损害了资本市场的诚信基础，违背了公开、公平、公正原则，使资产评估机构和资产评估行业陷入道德危机。

较为典型的评估师与委托人合谋评估造假是四川"长江包装"公司案例。

2000年4月，四川上市公司"长江包装"因亏损被上海证券交易所作"ST"特殊处理。四川泰港集团董事长刘邦成抓住"长江包装"需要资产重组的机遇，图谋泰港集团借此发展。可是泰港集团徒有其名，并没有优质资产，旗下泰港实业和西藏天科两个主要企业也没有盈利，于是进一步包装和虚增资产成为刘邦成的重组手段。刘邦成先是以种种哄骗，动员四川省国投公司分别与泰港实业、西藏天科签订了《国有股股权转让协议》，将"长江包装"27%和25.11%的国有股股权分别转让给泰港实业与西藏天科，然后重组"神话"开始。2000年9月，刘邦成在青神县征地2080亩，支付408万元出让金，委托四川经卫会计师事务所评估增值为4300万元，以此注册了中岩公司。2001年初，刘邦成又以泰港实业名义，在四川省甘孜州理塘县和乡城县分别征地1万亩、2.2万亩，仅支付土地出让金32万元。刘邦成又委托四川东方资产评估事务所将该土地评估增值为2.94亿元，以此注册了大香格里拉公司。

有了中岩公司和大香格里拉公司，刘邦成又一次委托东方资产评估事务所对两公司的资产进行评估，中岩公司的资产被虚高评估为1.96亿元，大香格里拉公司的资产被虚高评估为2.97亿元。至此，泰港实业合计4.93亿元资产神话诞生。紧接着，泰港实业与"长江包装"签订《资产赠与协议》，将中岩公司95%的股权作价1.89亿元赠与"长江包装"；又与"长江包装"签订《资产置换协议》，将大香格里拉公司的54.67%股份作价1.626亿元，与"长江包装"的1.626亿元不良资产和债权进行置换。通过一系列虚假重组，"长江包装"在2000年年底实现了账面盈利。2001年3月，上海证券交易所为"长江包装"摘掉了"ST"帽子。而在这一虚假的扭亏为盈的"利好"内幕消息尚未公开前，刘邦成授意员工舒某用泰港实业的资金大肆买进"长江包装"股票，从中非法牟利960.94万元。

与此同时，刘邦成利用对"长江包装"的实际控制权，让"长江包装"为自己控制的泰港实业、西藏天科、泰港生物等公司作贷款担保人，在多家银行累计骗贷2.06亿元。骗贷后，实际仅有400万元用于"长江包装"的生产经营，剩余1.66亿元被这些公司非法占有，无力归还。

2004年2月，经成都中级人民法院和四川省高级人民法院对本案两审审理后宣判：刘邦成因犯合同诈骗罪被判处有期徒刑13年，罚金10万元；犯内幕交易罪被判处有期徒刑3年，数罪并罚决定执行有期徒刑15年，罚金10万元。泰港公司因犯合同诈骗罪被判处罚金1000万元；犯内幕交易罪被判处罚金970万元，数罪并罚决定执行罚金 1970 万元。2004 年 6 月，东方资产评估事务所及其 3 名资产评估师被成都武侯区法院审判，认定犯有"出具证明文件重大失实罪"，东方评估所被判罚金 100 万元，3 名评估师被分别追究相应的刑事责任。[1]

近年来，许多资产评估机构针对证券业资产评估业务屡屡发生的风险，陆续制定了一些控制制度，其中常见的有：

1. 资产评估机构内部控制制度

在资产评估机构内部的部门设置、项目立项、制定评估方案、实施评估和出具评估报告等资产评估的各个环节，建立业务分开、双人作业、双岗把关、分层级审核制度、质量控制制度和最终稽查、复查制度。

2. 资产评估计价风险控制制度

计价或者确定被评估资产的现值，是资产评估的核心所在，也是委托人和资产评估机构双方关注的焦点，而资产评估的风险，也大多在于计价不当或计价不公。对此需要做出的制度安排是：严格确定评估基准日，评估价值均以基准日的有效价格为标准，不得随意改变；外聘物价联络员，通过他们了解本地和外地真实的市场价或成交价以及市场价格变动情况；利用电话、传真、网络、微信等现代化通信工具进行异地询价；与委托单位保持经常性的工作联系。

最了解评估资产价值的莫过于委托人及其负责资产和设备管理的人员，倾听他们对价格的意见，加以验证后再做取舍，可以

---

[1] 刘德华、何成、曾艳：《四川评估师"吹黑哨"案中案》，《民主与法制时报》2004 年 7 月 27 日。

从一定程度上防止因计价不当而造成的风险。

3. 权属风险控制制度

权属风险是指资产评估机构将委托人没有权属证明的资产进行评估并出具报告,以致掩藏风险。资产评估机构要对评估资产的各项产权证明进行原件审核。尚未办理产权证明或正在办理变更手续的,需要验证相关合同、付款凭证、建筑施工证明等。这项工作应该与企业的律师或法律顾问充分沟通,必要时,邀请律师共同参与。

# 第三编　市场行为

# 第十章 证券发行

## 第一节 证券发行概说

从狭义上讲，证券发行是指证券发行人、上市公司以募集资金为目的，向投资者出售代表一定财产权利的有价证券的活动。从广义上看，资本市场证券发行包括了股票、公司债券、可转换债券、政府债券（国债）、金融债券、证券投资基金份额、股票认购权证、金融期货、股票指数期货等全部证券及其衍生产品的发行活动。从《证券法》、《公司法》所规范的证券发行范围来看，证券发行主要是指股票、公司债券的发行。

股票、公司债券发行的特点是：

其一，股票、公司债券发行以发行人直接向社会公众投资者募集资金为目的，所募资金一般都是投向资本市场交易品种之外的实体产业或服务业项目，是直接为国民经济的实业发展做贡献。基金管理公司发行证券投资基金份额，中央银行、商业银行等发行金融债券所募集的资金，或者是以资本市场的交易品种为投资对象，或者是以补充金融机构的运营资本为目的，都是在资本市场或金融市场里运作资金，参与"以钱生钱"的资金融通活动，是间接为国民经济实业发展服务。

其二，股票、公司债券的发行人是按照《公司法》建立的股份有限公司、有限责任公司或者国有独资公司，其所发行的股票、公司债券代表着企业价值或企业信用，具有鲜明的发行证券的企业特征或属性，基金份额代表其持有人委托基金公司管理的基金资产，政府债券（国债）则代表着政府信用，有的证券衍生产品，如股票指数期货，仅代表期货合约持有人在未来约定的时间按照一定的价格买卖某种股票指数的权利或义务。

其三，股票、公司债券的公开发行必须严格按照《证券法》规定的程序以及证券监管机构制定的有关规章办理，尤其是要严格按照有关信息披露的要求，对证券发行人的基本情况、财务状况和募集资金的投向进行清晰、准确、完整的说明。股票、公司债券在发行过程中的风险是由发行人及承销人负责，发行后，发行人仅对企业经营与收益的变化负责，证券的市场风险或投资风险是由认购的投资者自行负责。股票、公司债券发行后，发行人的原有财产与投资者认购证券所募集的资金合二为一，成为企业法人财产。虽然公司债券的持有者在理论上是公司的债权人，可以向发行人主张债权，但其债权最终落实兑现，还要看发行人的偿付能力。其他证券品种的持有人则无此之虞。基金份额持有人只需关心基金公司的管理和投资操作水平，在自己认为有必要时，可以赎回基金或者更换基金管理人；股票指数期货以及相关衍生产品是以少量保证金为基础进行放大投资，操作完全看投资者对市场行情发展方向的预测，命运基本掌握在自己手中。政策性金融债券仅限在银行间的资金拆借市场里流通，如果没有系统性风险，偿付一般不是问题。政府债券的信用更无需担忧。

## 第二节　发行证券的法定条件

### 一、证券公开发行与非公开发行的法律界限

公开发行是指证券发行人通过证券承销机构向不特定的社会公众发售证券，所有投资者都可以依法参与认购。为了保障广大投资者的利益，《证券法》对证券公开发行有严格的要求，如发行人要具有一定的资产规模，有较高的信用，并符合证券监管机构规定的各项发行条件，经批准后方可发行。

采用公开方式发行证券的有利之处在于：

1. 证券公开发行以社会公众投资者为发行对象，筹集资金范围和潜力大，适合于证券发行数量较多、筹资额较大的发行人。

2. 证券公开发行面向社会公众投资者，要求发行材料公开的程序和条件较多，投资者可以根据发行人公开的信息，自愿选择，可以避免证券发行被少数人操纵。

3. 只有公开发行的证券方可申请在证券交易所上市交易，因为公开发行增强了证券的流动性，不仅有利于资金的合理流动和资源的有效配置，还有利于提高证券发行人的社会信誉。

当然，证券公开发行也存在一些缺点，譬如，发行过程比较复杂，核准所需等待的时间较长，发行成本或费用居高不下。

非公开发行又称内部发行、定向增发或私募，是指面向少数特定的投资者发行证券的方式。其对象大致有两类：一类是与证券发行人有各种密切关系的个人投资者，例如公司的老股东、内部员工、关联机构的内部人员等；另一类是机构投资者，如金融

资产管理机构、创业投资机构、与发行人有业务往来关系的企业等。由于非公开发行有确定的投资人,发行手续简单,可以节省发行时间和发行费用,比较适合于筹资规模不大的股份公司。

非公开发行的不足之处是,投资者数量有限,流通性较差,较容易为少数人操纵,而且也不利于提高证券发行人的社会信誉。

《证券法》规定证券公开发行的情形主要有两种:一是向不特定对象发行证券;二是向特定对象发行证券累计超过 200 人。[①] 这一规定与《公司法》第 79 条关于股份有限公司发起人人数不得超过 200 人的规定一致,其意义在于用制度将证券公开发行的概念加以明确,以便在实践中界定公开与非公开发行之间的界限,分别监管。凡是公开发行的证券,都要符合法定条件,并经过中国证监会的核准,由中国证监会直接监管。凡是非公开发行的证券,无论股票或公司债券,都不得采用广告、公开劝诱和变相公开方式,而且发行对象不得超过 200 人,通常要在中国证券业协会备案,主要实行自律管理。

## 二、公开发行股票的法定条件

在中国资本市场公开发行股票,仍然属于政府控制的市场准入制度之一,这是中国处于社会主义初级阶段的国情所决定,太多的国有企业和其他企业都希望通过公开发行股票募集资金,而其中又良莠难辨,需要严格的发行程序和条件把关,方能将资本市场造假发行股票的风险压缩至最低限度。

---

① 《证券法》第 10 条。

公开发行股票必须符合《证券法》、《公司法》的规定，以及中国证监会制定的《首次公开发行股票并上市管理办法》和《上市公司证券发行管理办法》。其规定主要是从市场准入资格和发行人的资质审查等方面对发行人所要发行的股票进行质量把关。

（一）首次公开发行股票的主要条件

首次公开发行股票简称为 IPO（Initial Public Offerings），是指依法设立且合法存续的股份有限公司或者有限责任公司依法以募集设立方式变更为股份有限公司时首次公开发行股票。

1. 发行人主体资格完整

这是要求股份公司具备一段时间的主体持续性和稳定性，即公司不是为了发行股票而临时搭建的"草台班子"，股权结构和资产权属来源清晰完整。具体条件是：成立股份公司后持续经营 3 年以上；注册资本已足额缴纳；最近 3 年内主营业务和董事、高级管理人员没有发生重大变化，实际控制人没有发生变更；发行人及其控股股东或实际控制人的股权设置清晰，所持股份和主要资产不存在重大权属纠纷。

2. 发行人具有完全的独立性

独立性是发行人作为资本市场主体独立进行经营管理活动并对全体股东利益负责的根本保证，发行人应当在经营业务体系、相关资产及知识产权、法人治理结构、内部经营管理机构、财务管理，业务活动等诸方面，制定保持各自独立性的制度。避免管理层人员交叉、关联任职；避免机构功能混同、重叠，互相扯皮；避免与控股股东、实际控制人及其控制的其他企业之间的同业竞争或者显失公平的关联交易。换言之，审核发行人的独立性，就是让发行人在成为上市公司之前，全面进行公司的现代企业制度再造，成为一个合格的公众公司。

3. 发行人规范运行

这是要求股份公司在上市前依法合规运营，没有潜在的重大经营风险或者其他法律风险。具体包括：发行人的法人治理机构和日常经营管理机构设立完整，董事、监事和高级管理人员了解与股票发行上市有关的法律法规，具备相应的任职资格，知悉其法定义务和责任，没有法定禁止入市或任职的情形，发行人没有重大的涉讼事项缠身。

4. 发行人具有良好的财务状况和健全的会计管理制度

财务与会计的安全及其风险控制制度，是企业的生命线，也是公司股票的价值基础。发行人不仅要资产质量良好，资产负债结构合理，盈利能力较强，现金流量正常，而且还应有严格的内部会计审核、资金使用限制等风险控制制度，不存在为控股股东、实际控制人及其控制的其他企业进行违规担保或者为其借款，代偿债务、代垫款项等占用资金的情形。

5. 发行人达到合格的财务指标要求

我国资本市场的多层次结构对不同的发行人规定了不同的股票发行财务指标要求，主板、中小板、创业板和新三板各自都对发行人确立了不同的财务指标，而且这些财务指标会根据市场情况有所变化，发行人需要根据自己的经营规模、筹资规模以及所在行业的特点等，确定未来发行上市的不同市场层次，达到相应的股票发行上市的财务指标要求。

**（二）上市公司公开发行新股的主要条件**

上市公司公开发行新股的条件与首次公开发行股票的条件大致相似，在发行人主体资格、规范运营、财务和会计制度等方面尤为接近，两者明显的不同之处在于，公开发行新股的条件侧重于上市公司持续盈利能力、持续信息披露和公司恪守诚信等方面的要求。

1. 上市公司的盈利能力具有可持续性

这种盈利的可持续性体现在：上市公司主要管理人员与技术人员、重要资产与核心技术、现有主营业务和经营环境、市场需求等方面没有重大不利变化或不利影响，不存在可能严重影响公司持续经营的担保、诉讼、仲裁或其他重大事项，最近3个会计年度连续盈利。

2. 上市公司的财务状况良好，财务指标达到发行新股的要求

上市公司经审计的财务报表无注册会计师的保留意见，资产质量良好，经营成果真实，现金流量正常，最近3年保持现金或股票形式的利润分配或分红。上市公司每年正常分红，是公司持续盈利能力的具体表现。但是，有些上市公司虽然账面有盈利，却在持续的扩张、投资，现金流量不正常，甚至依靠财务报表的"数据重组"实现盈利，难免有假。

3. 上市公司恪守诚信

诚信是上市公司生存、发展的根本。公开发行新股，除了要求上市公司没有重大违法违规行为之外，还要求其没有做过欺骗或者误导投资者的虚假陈述，没有擅自改变前次公开发行证券募集资金的用途而未作纠正，已经履行向投资者做出公开承诺的行为等。

## 三、公开发行公司债券的法定条件

公开发行公司债券的条件比公开发行股票的条件相对宽松，

不仅上市公司可以发行,非上市的股份公司、有限责任公司、国有独资公司等都可以发行。因为债券的风险远远小于股票的风险,债券持有人是发行人的债权人,凭借债券向发行人主张债权,受偿顺序优先;而股票持有人作为发行人的股东要和公司一起承担公司倒闭或破产的风险,其分配公司剩余财产的权利,只能排在清偿所有债务之后。

对发行公司债券的发行人主体资格而言,股份公司和有限公司又有不同。股份公司一般是公众公司,其尽管有上市与非上市的区别,但财务状况相对公开;有限公司的股东人数较少,运营较为封闭,财务状况变化较难把握。此外,发行公司债券又和发行公司的经营规模和资产规模紧密相关。通常,发行人是以其净资产规模来对其所发行的债券提供保证,即在其净资产额和欲发行的公司债券额之间确定合理的比率,以保证公司债券未来兑付的安全。而公司发行股票,本身就是充实公司的资本金,没有对发行人原有净资产规模的限制。公司上市后再发行公司债券,也会有相应的净资产比率限制,这是股票和公司债券的不同性质所决定的。

公开发行公司债券的条件是:

1. 符合发行公司债券的法定实质要求

无论哪一种公司发行债券,其净资产规模、盈利能力、现有债券以及其他负债总额与公司净资产的比率,都应当符合证券法律法规所要求的指标,有些法规对不同行业的公司债券发行人还有产业政策和利率等方面的指标要求。

(1)净资产指标:股份有限公司的净资产不低于人民币3000万元,有限责任公司的净资产不低于人民币6000万元;

（2）债券余额与净资产的比率指标：累计债券余额不超过公司净资产的 40%；

（3）债券信用评级指标：AAA；

（4）发行债券的公司在最近 3 年没有财务造假、债务违约、严重损害投资者合法权益或者社会公益等违法违规行为。[①]

发行债券的公司需要根据上述要求，结合自身的资产规模、生产需要、信用评级或偿债能力等来决定是否发行债券、发行多少以及采用哪一种方式发行。其中有关公司发行债券需要评级达到 AAA 的要求，似乎过度严苛，已经开始在实践中有所变通修改。

通常资产和生产规模较大的公司因为申请发行债券规模也大，较多采用公开发行方式，以便于发行后上市交易，以此吸引社会公众投资者。资产规模不大的公司发行债券的数额较小，较多采用非公开发行债券的模式。

2. 符合法定的程序

《证券法》、《公司法》、《公司债券发行与交易管理办法》对公开发行并交易公司债券规定的主要流程是[②]：

（1）发行债券要由公司股东会或者董事会做出决议或者决定。

（2）公司向证券监管机构提交申请核准发行债券的相关文件，包括公司债券募集说明书、审计报告、资产评估报告、验资报告、债券信用评级报告和法律意见书等，所有必需提供的法定文件都要有证券服务机构出具。

---

[①] 《证券法》第 16 条，《公司债券发行与交易管理办法》第 16—18 条。
[②] 《证券法》第 16—20 条，《公司法》第 154 条，《公司债券发行与交易管理办法》第二章发行和交易转让。

（3）由证券监管机构核准。

（4）公开发行公司债券由证券公司承销，发行人和证券公司应当签订承销协议，在承销协议中确定采用包销或者代销方式，界定双方的权利义务。双方还应当聘请律师对发行过程、配售行为、资金划拨等事项进行见证，并出具专项法律意见书。

（5）公司债券上市交易与委托管理。公司债券公开发行后依法在证券交易所上市交易，或者在全国中小企业股份转让系统转让。与此同时，发行人要按照债券募集说明书的约定，为投资者遴选债券受托管理人，订立债券受托管理协议，由债券受托管理人在债券存续期限内按照协议约定维护债券持有人的利益。

（6）公司债券的信息披露。公司债券在发行期间和上市后的债券存续期内，发行人应当依法披露与公司债券相关的重大信息，包括债券募集说明书、中期报告、年度报告以及影响公司经营、财务、偿债能力或债券价格的重大事项。

非公开发行的公司债券流程由发行人和承销商自己决定，但只能向证券法律法规确认的合格投资者发行，并可以申请在证券交易所、全国中小企业股份转让系统、证券公司柜台等向其他合格投资者转让。[1]

应当看到，随着电子化、信息化、大数据时代的到来，公司债券发行采取电子化的数据形式已经很普遍了，网上认购、网上记载、网上交易、网上还本付息的操作流程也是家喻户晓。传统的实物券方式或者记账方式的公司债券，已经淡出资本市场。[2]

---

[1] 《公司债券发行与交易管理办法》第26—31条。
[2] 《公司法》第157—158条。

在普通的公司债券之外，上市公司还可以申请发行可转换债券。这是公司债券中的一个特例。对上市公司而言，发行股票或者发行债券都是募集资金的手段。所不同的是，发行股票募集的资金作为资本金记入公司的股本或资本名下，成为公司的自有资本或自有资金；发行债券募集的资金作为借入资金或借入资本记入公司的债务名下，成为公司的负债，到期后按照约定向债券持有人支付本息。可转换债券或者称可换股债券本质上仍然是债券，发行债券的公司为这种债券设定了在一定情况下可以转换为股票的条件，在条件成就时，债券持有人可以选择将债券兑付或者转换为股票。[1]

上市公司发行可转换债券除了要具备发行公司债券的条件外，还要符合发行股票的条件。也就是说，发行可转换债券的条件，要比发行普通公司债券的条件更为严格。

可转换债券首先对公司的盈利能力亦即偿付能力和信用水平提出了更高的要求，比如公司最近3年连续盈利，财务状况良好，并向股东支付过现金股利。

其次对公司规范经营提出了更高的要求，要求公司在近年内没有因违规经营遭受处罚或者发生司法诉讼等。

再次要求公司的发展前景良好，预期利润率可以达到或超过同期银行存款利率。

公司债券的转股价格可以在发行债券时预先约定，也可以设定为转股时间到来之前股票在某一时段的平均价，譬如，以债转股时间届满之前的股票20个交易日的平均价来实施债转股。债转

---

[1] 《公司法》第162—163条。

股的价格确定是公司与投资者之间的协商约定,是双方的自由意志表达,可以采取彼此认同的多种形式。

## 四、保荐人制度对公开发行证券的法律意义

保荐人制度是指由综合类证券公司或其他有证券承销资格的金融机构,指派专业人员,具体负责发行人的上市推荐和辅导,对申请公开发行文件中所载资料的真实、准确和完整负责,协助发行人履行信息披露、风险提示等与证券发行上市相关的义务,并就其中未予勤勉尽责而给投资者造成的损失承担连带责任。简而言之,保荐人就是为发行人发行证券承担推荐职责并为证券上市后发行人一段时间的信息披露行为向投资者承担担保责任的证券公司。

保荐人制度发源于民间重要交易行为需要有中间人或经纪人作保或者作证的传统习惯。为了保证房产或土地买卖、抵押、典当公开有效,交易行为需要请中间人或经纪人参与,并由他们一并在房契或地契上画押签章,以证明和保证交易行为的真实、可靠,有据可查。商品经济发展使得契约成为商品交易的常见手段,保证合同债权落实的担保制度应运而生,其中的保证人作为一种普遍的信用担保方式,运用在债务偿付的担保中。保荐人与保证人虽有一字之差,法律意义大致相同。[①]

在资本市场,发行人一方是需要募集资金的公司企业,其募集资金的投向和企业资产负债情况、经营情况,外界难以清晰知

---

① 《担保法》第6、7、18条。

晓，更需要中间人或经纪人介绍企业募资背景，同时也需要他们对所推荐、承销的证券承担连带法律责任，以减少市场上的合谋造假行为。

保荐人制度最初是境外创业板证券市场，即中小企业股票发行和上市交易市场实行的制度，它要求由中介机构作为证券发行人的保荐人，对发行人发行证券行为的合法合规以及财务数据真实可靠，担负一定的保荐责任，以减少证券发行环节中的虚假陈述、恶意通谋、误导投资者等欺诈行为。我国资本市场建设初期对证券发行实行"上市推荐"制度，其只"推"无"保"，实际上豁免了证券公司对证券发行承销过程中出现欺诈行为的连带法律责任。股票发行上市后的公司频频发生业绩"变脸"，和财务造假有莫大关系。

引进并创制符合我国境内资本市场需求的保荐人制度，具有以下法律意义：

第一，强化证券承销机构及其保荐代表人的职责。销售商品者必须对所售商品的质量与商品制造者连带负责，这是商界亘古不变的定律。如果商品销售者和制造者联手造假或者单独贩假，必然招致加倍处罚。资本市场更需要讲求诚信，负责销售证券的机构当然地对其所销售的证券承担无虚假内容的质量连带保证责任。保荐人制度通过加重证券承销机构及其保荐代表人在证券发行承销过程的事前、事中和事后的责任，加大对违法违规行为的处罚力度，促使其勤勉尽责。

第二，有效保护投资者的利益。保荐人制度通过持续督导、发行回访等措施，固化保荐人与证券发行人的长期联系，使社会公众投资者在公司上市以后的一段时期内，仍可获得经过保荐人审查后披露的信息，客观上减少了由证券发行人单方面披露信息带来的风险。同时，保荐人有责任协助证券发行人健全公司法人治理结构，尽快成为一个规范运作的上市公司，从一定程度上起到稳定市场、降低投资者投资风险的作用。此外，保荐人制度明确落实了保荐人责任，投资者如果遭遇证券发行人的欺诈行为而受到利益损害时，由于增加了连带责任人，投资者的利益通过保荐人的持续保荐责任得到进一步保护。

保荐机构的法定职责是：

1. 股票公开发行前的辅导责任

保荐机构要在发行人首次公开发行股票前对发行人进行辅导，通过辅导，使发行人符合股票公开发行的基本条件：公司在生产经营方面具备持续发展能力；与发起人、大股东、实际控制人之间在业务、资产、人员、机构、财务等方面相互独立，不存在同业竞争、显失公允的关联交易以及影响发行人独立运作的其他行为；公司治理、财务和会计制度等不存在可能妨碍持续规范运作的重大缺陷；发行人的管理层已经掌握进入资本市场所必备的法律法规知识，知悉上市公司及其管理层的法定义务和责任，具备足够的诚信水准和管理上市公司的能力及经验。

2. 推荐前的尽职调查、审慎核查责任

保荐机构应在推荐前对证券发行人及其发起人、大股东或实际控制人进行尽职调查、审慎核查，根据发行人的委托，组织编制发行申请文件并出具推荐文件。在推荐文件中，保荐机构要保证发行人的申请文件、公开发行说明文件、证券服务机构出具的法定文件，以及推荐文件和履行保荐职责有关的其他文件等，均不存在虚假记载、误导性陈述或者重大遗漏；并且有充分理由确信债券发行人、证券服务机构,以及本保荐机构的保荐代表人已经合法合规、勤勉尽责地履行了相关义务。

3.证券上市后的持续督导责任

当发行人的证券发行上市后,保荐机构应当在法定督导期内,持续督导发行人履行公司规范运作的义务,包括信息公开和完善公司法人治理结构等义务。这种督导相当于民间俗语所说,对证券发行人"扶上马,送一程",保证发行人不中途坠马,损害社会公众投资者利益。

4.督促证券发行人履行信息披露、风险提示等义务

保荐机构督促发行人履行信息披露的主要事项包括但不限于:定期报告、业绩重大变化或者亏损、重要资产购买或者出售的关联交易、政府补贴、诉讼事项、股权质押、实际控制人变化、对外担保、重大合同、募集资金变更等。凡是有可能对公司股票价格造成重大影响的信息,都需要置于应当披露的范围。

## 第三节 证券发行审核制度

### 一、证券发行审核制度概说

证券发行审核制度,又称为证券发行核准制,是指证券监管机构预先根据证券法律法规有关证券发行的规定,确定证券发行人应该具备的资格或条件,以及相关的信息披露规则与标准,将证券发行人据此制作的证券发行申请资料交由专家组成的发行审核委员会审查并做出表决,表决通过的,即由证券监管机构认定为核准

发行，交由证券发行人和证券承销机构进行证券发行市场操作。

目前各主要国家和地区依据其资本市场成熟程度、法律规制背景、历史文化传统的不同，对证券发行监管采取注册制和核准制两种模式。

注册制强调发行人申请发行证券时，依法将必须公开的各种资料完全、准确地向证券监管机构申报。证券监管机构的职责是对申报文件的全面性、准确性、真实性和及时性作形式审查，不对证券发行人的资质进行实质性审核和价值判断，而是将发行人所发行证券的良莠辨别留给市场，由社会公众投资者自行判断，自行做出投资选择。注册制的基础是强制信息公开披露原则，遵循"投资者自行小心"理念，同时辅之以发行后的跟踪监管，一旦发现证券发行有诈，发行人将被重罚，甚至承担刑事责任，美国是实行证券发行注册制国家的典型代表。

核准制吸取了注册制强制信息披露原则，同时要求申请发行证券的公司必须符合有关法律法规和证券监管机构规定的实质性条件，证券监管机构除了进行注册制所要求的形式审查外，还关注发行人的法人治理结构、营业性质、资本结构、财务指标、发展前景、管理层素质、公司竞争力等，并据此做出发行人是否符合发行条件的判断。核准制遵循的是强制信息公开和合规性管理相结合的原则，其理念是"投资者自行小心"和"发行者自行小心"并行不悖。

证券发行核准制的主要特点有：

1.建立证券发行保荐人制度，固化证券发行人及其承销商的连带责任

确立由证券公司作为主承销商培育、选择、辅导和保荐目标

公司发行证券,加重了证券公司的保荐人责任,要求保荐人必须尽职尽责履行职务,如果证券发行申请被退回或者不符合法定条件未通过核准,发行人和保荐人自行承担后果;如果发行申请被证券监管机构撤销或者发行上市后因违法违规被加以处罚,有过错的证券公司将与发行人一道,对因此给投资者造成的损失承担连带赔偿责任。

2. 证券发行规模由发行人依法自主决定

发行证券的规模,由发行人根据企业资本运营或投资项目的需要、企业资产与财务状况、未来收益预测和市场的实际需求情况等选择决定,取消了过去的计划配额。将证券发行规模的决定权按照市场定价的原则完全交给发行人,体现了用市场价格机制对发行人发行证券冲动的软约束,将促使企业在"责任自负"的法律理念下,按市场规律的要求,培育自身持续成长的能力。

3. 由非行政官员的专家组成发行审核委员会

在发行审核方法上,将过去的实质性审核逐步转向强制信息披露和合规性审核,发挥证券发行审核委员会的独立审核功能。发行审核委员会委员绝大部分都是证券监管机构以外的专家、学者以及市场专业人员,对申请发行证券的企业及其所在行业具有专业鉴别能力,采取投票方式对证券发行申请进行表决,提出审核意见。发行审核委员会表决通过的,即由中国证监会发文确认。

4. 创新和发展市场询价机制

在证券发行定价上,由发行人与负责承销的证券公司协商,通过发行前的市场询价机制,使发行定价真正反映公司股票或债券的内在价值和投资风险。市场询价机制,以市场认可的市盈率和市场供求状况为发行定价的基本标准,依靠公开广泛征询证券投资机构对欲发行证券的价格意见，做出均衡比较后，确定适当的发行价格，体现了价格由市场决定的原则，减少了发行定价的人为因素，促使市场供求关系走向均衡。

5. 鼓励证券发行方式创新

提倡和鼓励证券发行人和负责承销的证券公司对证券发行方式进行自主选择和创新，建立最大限度地利用各种优势、由发行人和承销商各担风险的销售机制。从通俗的意义上讲，证券发行就是商品推销，需要根据市场供需状况变化安排营销模式。采用核准制后，证券发行逐渐由卖方市场转变为买方市场，发行人和承销商除了保证所发行的证券的基本质量，即无虚假成分之外，还要创造和利用更多的营销手段，使投资者积极认购。

应当看到，证券发行核准制仍然是我国境内不完全成熟的资本市场发行证券的一种过渡形式，随着市场制度和市场机制的不断完善，证券发行上市，必然要逐渐过渡到注册制。只有将发行人发行证券的良莠辨别完全交给市场决定，由投资者根据其质量与价格自行选择，资本市场的作用才能得到充分发挥，证券监管机构对资本市场的监管也才会实至名归。

## 二、证券发行核准制的法律意义

我国资本市场在 2001 年正式启动证券发行核准制之前，一直对股票发行申请采用行政审批制。其不同于核准制的特点主要是：股票发行实行下达额度指标的办法，同时对各地区、部门上报申请发行股票企业的数目也作了限制；掌握发行股票额度分配权的政府部门对申请发行股票的企业进行层层筛选，然后做出行政推荐；证券监管机构对发行企业及其发行股票的规模、价格、发行方式进行全面审查。在当时市场发育尚不成熟、法律法规不够健全、各地区经济发展不平衡、要求发行上市的企业过多且质量参差不齐的情况下，行政审批制是为协调资本市场供求关系而采取的权宜之计，对当时的国有企业改制上市、筹集资金和调整国民经济结构，起到了积极的作用。

随着我国市场经济不断深入发展，证券发行行政审批制的缺陷也逐步暴露出来：行政手段无法替代市场实现社会资源的优化配置，市场功能被弱化；政府部门和证券监管机构对股票发行事项高度集中管理，减少了发行人和承销机构的自主权和所应承担的责任，制约了证券服务机构的成长、发育；一些证券公司和证券服务机构违反有关法律法规和规章，帮助企业虚假"包装"，骗取发行上市资格，严重影响了市场公开、公平；发行额度计划管理方式，使股票发行审批中出现与权力寻租相关的腐败现象。

确立证券发行核准制的法律意义在于：

第一，转变证券监管机构的职能。证券监管机构是整个资本市场依法运行的具体制度设计者和市场秩序监管者，没有必要介入应由证券公司、证券服务机构、证券发行人、上市公司、投资者等市场主体所参与或实施的证券发行、交易等市场行为。市场主体应当根据市场规则享有权利，承担义务。证券监管机构的主要职能应当转向制定标准和规则，促进法规和规章体系完善，依法监管市场活动，维护市场的公平、透明、高效、有序。

近些年来，中国证监会根据《证券法》、《公司法》的规定和授权，从资本市场主体活动的规律出发，制定、修订了一系列适应资本市场竞争和规范化所需要的规章制度，其中有关证券发行核准制的规则，已经在证券发行监管中显示了制度安排比计划和行政审批的优越性。新的上市公司越来越少发生业绩"变脸"或财务造假，就足以说明监管职能转变的实际意义。

第二，促使证券承销机构和服务机构勤勉尽责。实行强制信息披露和证券发行人合规性审查，需要证券公司、会计师和律师、资产和资信评估等服务机构，依照相关法律法规和规章的规定，加强自律性约束，提高执业素质，全面、彻底审查发行人和上市公司是否符合发行证券的基本条件。用经济利益和法律责任将涉及证券发行的各个主体捆绑在一起，"休戚与共"，"荣辱同担"，"责任连带"，比任何单纯的行政管制或行政处罚都更为有效。

第三，提高社会公众投资者的素质和投资风险意识。长期以来，我国普通民众都是在"听党的话"、"听政府的话"的政治环境中接收熏陶，以此为基础的社会公众投资者也自然将经证券监管机构审批发行的股票，视为由政府信用作保证的证券，包盈不赔。直到上市公司业绩频频"变脸"，各种风险接踵而至，才意识到"股市有风险，审批靠不住"。实行证券发行核准制，取消股票计划额度与行政审批，市场中利用行政权力的"灰色"投机成分减少，投资理念回归价值投资，投资者开始重视各种规范的信息披露，积极行使对发行人和上市公司的监督权，有利于资本市场长期健康、稳定发展。

与西方国家的证券发行注册制相比，核准证在现阶段更符合我国资本市场的实际情况，相当于由证券监管机构聘请行业专家为社会公众投资者审核把关证券发行，用专家的专业眼光和专业技能审查证券发行人资质及其发行申报资料，比普通的投资者更具有知识权威，也更能够从专业角度维护来之不易的市场秩序。

## 第四节 证券承销制度

### 一、证券承销制度概说

根据证券法律法规和相关规章的规定，发行人向不特定对象公开发行股票、公司债券，包括首次公开发行股票、配股、增发新股，发行可转换债券以及非公开发行公司债券等，必须由具备证券承销资格的证券公司或其他金融机构承销。这种规制的出发点是：

其一，发行人尽管对本企业的情况了如指掌，但对证券和资本市场的法律制度、运行规则与市场行情并不完全知悉，由证券承销机构销售证券，虽然加大了证券发行成本，却换回了专业服务，省却了发行人自办销售的麻烦和风险，属于现代经济活动中合理开支的交易费用。

其二，证券作为特殊商品的特殊性是其不能为普通的社会公众投资者所轻易认识和了解，如果其上市交易，更需要通过广泛的信息披露让市场知悉，由证券承销机构作为中介机构加以保荐、介绍，可以使投资者在充分认识证券的投资价值和风险的基础上，自主、自愿地做出投资决定。

其三，证券承销机构等中介机构为发行人提供保荐、承销以及其他相关服务，收取服务费用，则应当对所保荐、承销证券的质量问题，在自己有过错的情况下，承担连带保证责任。

其四，公开发行的证券发行量通常较大，直接面对社会公众投资者，募集资金的数额也较大，需要有证券从业资格的专业机构主持承销和参与销售，以保证发行顺利。非公开发行的公司债券发行量通常较小，是针对合格的投资者发行，范围有限，但其销售也需要证券承销机构的专业协助，才会顺利完成。

证券承销通常采取代销或者包销方式。

证券代销是指由证券公司代理发行人发售证券，在承销期结束时，将未售出的证券全部退还给发行人的承销方式。证券代销与普通商品代销在法律责任上没有什么不同，代销人只起销售传递的作用，没有销售过程中的需要承担的风险，不对销不出去的剩余证券负责，所收取的代销费用也相对有限。

一般来说，发行人资产状况良好，经营业绩颇佳，商业信誉较高，证券定价合理，销售渠道畅通，则希望与证券公司达成代销证券协议，以节省费用或降低发行成本。但是，代销方式在节约发行成本的同时，也会形成对发行人的反掣，即加重发行人自行销售证券的压力。《证券法》第35条规定："股票发行采用代销方式，代销期限届满向投资者出售的股票数量未达到拟公开发行股票数量70%的，为发行失败。发行人应当按照发行价并加算银行同期存款利息返还股票认购人。"因此，发行人发行股票或公司债券，鲜有采用代销方式。

证券包销是指证券公司将发行人的证券按照协议全部购入或者在承销期结束时将售后剩余证券全部自行购入的承销方式。

证券包销存在很大的销售风险：

一是资本市场存在很大的不确定性。即使发行人和证券公司在为所发行的证券定价时，已经将系统性风险因素考虑在内，由于突发事件或其他因素导致市场暴跌，必然连带波及正在销售中的证券，导致其销售不畅或滞销，从而使证券公司不得不包销剩余证券。

二是证券发行销售的时间性。证券发行销售有法定的时间限制，无论代销或者包销，其销售期限最长都不得超过 90 天，承销期一旦确定，便不可更改或延长。如果证券发行定价不当，营销措施乏力，在承销期结束时仍未完成销售的，证券公司包销就成定局。

三是证券本身的不确定性。证券作为商品的特殊性决定了其在发行价格、发行数量等方面的不确定性。在有些情况下，尽管发行人和证券公司已经确定了发行价格和发行数量，而在实施中又不得不随着市场供求状况的变化而进行调整，这是由证券价格和数量对市场的敏感性依赖关系所决定的。譬如，证券公司对新股发行采取询价制，在最后确定股票发行价格之前，向机构投资者征询定价意见，以取得较为一致的为市场所接受的定价参数作为股票发行价格的参考。又如，有的发行人预先确定了股票发行数量，但在向机构投资者或战略投资者征询了认购数量之后，又主动削减了发行数量，以免因发行数量过大而导致发行失败。

## 二、证券承销协议

证券公司办理证券承销业务，无论采取代销或者包销方式，都需要与发行人签订承销协议，以明确约定双方的权利和义务。

证券承销协议是证券发行人和证券公司双方本着平等、自愿原则签订的约束双方行为的合同。即使证券法律法规和规章等已经对证券发行做出了诸多规定，证券发行人与承销人双方订立的承销协议，仍然具有十分重要的作用。其除了用于明确约定双方在证券发行与承销过程中的具体权利和义务之外，还具有以下意义：

证券承销协议表明证券发行与承销是在证券法规制下的市场行为，带有"私"的性质和特点。无论是国有企业整体改制上市，还是民营公司公开发行股票，其本质都是自主进入资本市场，自愿向社会公众投资者募集资金，用于企业自身发展，并向投资者做出回报。发行证券，募集资金，投资回报，是当事人双方乃至多方的共同追求，就这一目的而言，资本市场没有"公"的利益主张，只有"私"的利益诉求，用契约形式体现发行和承销双方当事人的要求，符合市场规律。进一步说，发行股票与认购股票，也是契约行为，是没有书面协议的长期契约行为，投资者所持有的股票，即是发行人或上市公司管理层对投资者做出的合法守规、勤勉负责经营承诺的法定证明，有一系列法律法规的规定做说明和保障。

证券承销协议是缔约双方在证券法律法规规定的框架范围内，自行约定发行销售股票规则的自主空间。契约的最大原则就是"私法自治"，承销协议可以最大限度地发挥当事人对证券发行销售的积极性和创造性，为自主创新证券发行和销售的新模式提供了广阔的弹性空间，有关证券发行品种、发行方式、发行数量、定价方法、费用数额与结算方法等，均可以由双方在合法合规的前提下进行充分协商。

证券承销协议是依据双方当事人的合意而订立，亦可为双方的分歧而修改或解除，其前提是双方自愿或者因为情事变更。资本市场变化多端，证券发行承销也不可能一蹴而就，需要发行人和承销人双方在具有较高商业智慧的同时，还有较强的变通思维和能力，不拘泥于一时一事，统揽全局，适时而变，真正把握和运用契约的精髓。

此外，根据《证券法》规定，发行人公开发行证券的票面总值超过人民币5000万元的，应当交与由主承销和参与承销的证券公司组成的承销团承销。按照实践中的惯例，采用承销团承销的，一般先是由作为主承销人的证券公司与发行人签订总的承销协议，再由主承销人与其他作为分销人的证券公司签订分销协议。主承销人全面负责协调各分销人完成约定的证券销售额，并向发行人承担包销责任，分销人通常不承担包销的责任，这种情形与工程承包合同中的总包方与分包方的责任分配相似。[1]

---

[1] 《证券法》第32—33条。

# 第十一章 证券上市交易

## 第一节 证券上市交易概说

证券上市交易是资本市场活动的核心内容，所有的市场主体及其行为，都是围绕着证券交易而展开，包括上市公司收购和重大资产重组，也都离不开股票买卖或置换。如果证券交易不能在公正、公开、公平和诚信的环境里进行，资本市场也就无法长期存在下去。

市场是为了交易而存在；交易是为了投资者的需要而存在；投资者的投资需要又和证券发行人对资金的需求相辅相成，互为依赖；证券服务机构为投资者和证券发行人的需要提供服务；证券监管机构以及市场自律管理机构则站在中立者或者市场组织者的立场监督市场各方当事人按照市场制度和规则进行交易或提供相关服务。这种循环往复、生生不已的运动构成了资本市场波澜壮阔而又进退有序、涨跌有致的生动画面，每一个市场参与者都能在其中找到适合于自己的位置，发挥自己的作用。证券交易的法律规制，正是试图追求这么一种不断完善的市场景观。

## 一、上市交易与柜台交易的各自定位

各种各样的交易及其服务关系构成了市场，反过来，市场又通过提供和不断改进的交易方式、交易制度来促进交易活动的繁荣和交易关系的发展。根据资本市场现有交易方式及其制度的不同特点，证券交易可以分为上市交易与柜台交易两种基本形态。

所谓上市交易，又称场内交易，集中交易或者交易所交易，是指市场所有的供求方都集中在交易场所，对挂牌上市的证券进行集中竞价交易的交易方式，通俗的形容就是按照拍卖方式组成的竞价市场，其典型代表是证券交易所的交易。

所谓柜台交易，又称场外交易，直接交易或店头交易，是指由市场组织者在证券交易所之外的交易场所自行标出证券买卖价格，而由供求双方按标购价格进行交易的方式，所以也称为柜台市场，其典型代表是美国资本市场的纳斯达克（NASDAQ）交易系统。[①]

上市交易与柜台交易有两个根本区别：

首先，交易价格形成机制存在重大差异。上市交易里的集中交易是指所有买方指令和卖方指令都必须参与集中竞价，交易所不参与证券买卖，也不允许证券经纪商自行撮合配对，成交价格是由多个参与者共同决定的单一价格，同时所有必要的交易信息

---

[①] 纳斯达克（NASDAQ），全称为"美国全国证券交易商协会自动报价表"（National Association of Securities Dealers Automated Quotations），是美国的一个电子证券交易机构，其特点是收集和发布场外交易非上市股票的证券商报价，现已成为全球第二大的证券交易市场，有上市公司总计5400多家，是全世界第一个采用电子交易并面向全球的场外交易股市。

都集中、连续地告知市场的每一个参与者和投资者，从而买卖双方实现充分接触。柜台交易是一种议价交易，由投资者与充当做市商的市场组织者进行个别议价交易，交易中买卖双方的交易指令并不集中撮合处理，而是分散于各个做市商形成的"柜台"，从而表现出相对分散的市场特征。

其次，证券商在市场中的地位和作用不同。上市交易中，证券商不论是作为交易中介机构接受委托还是作为交易主体进行证券自营买卖，都只是市场参与者而不是市场组织者。柜台交易则是由证券商自行组织的交易方式，证券商以自己的名义报出证券买价与卖价，在"低买高卖"中获取价差利润，所以被称为做市商。在柜台交易中，证券商作为市场组织者，既是交易价格的制定者，占据交易的主动地位；又有义务按报价进行一定数量的交易，从而维持了报价的连续性与市场流动性。由于其对市场的介入更深，承担的风险更大，因而做市商的经营素质和资本实力是柜台交易功能实现的重要因素。

上市交易与柜台交易各自的优劣势在于：

上市交易以其强制信息披露、集中报价、电脑自动撮合交易等制度化手段，比较充分地实现了买卖双方的信息对称，在体现资本市场交易公开、公平、公正原则的同时，也便于证券交易所和证券监管机构监管。其劣势则在于市场容量有限，审核证券挂牌上市的条件和程序严格、繁杂，公司证券挂牌上市的费用或成本高昂，投资者付出的交易费用亦不低廉。

柜台交易的优势是，证券上柜交易的条件和程序相比证券上市交易容易和简单，而且市场准入的个体差异较大，这使得许多当前财务状况不佳但具有成长潜质的企业能够通过柜台市场的融资获得发展。同时，由于借助了做市商的信誉和支持，柜台市场对信息披露的要求比较低，上市公司可以避免把自己的财务状况暴露给竞争对手，这对处于扩张阶段的企业尤为重要。证券上柜交易的企业和投资者双方付出的交易费用或成本相对低廉，交易手段便利，容易吸引中小企业和具有风险投资偏好的投资者上柜交易，而且由于规模较小、资金流量少，可以适度分散上市交易集中而带来的系统性风险。

柜台交易的劣势是，信息披露不够充分，更容易发生内幕交易或者暗箱操作，挂牌交易公司的质量无法得到保证，中小投资者的利益更容易受到侵害。有些地方政府出于本地区经济发展的考虑，往往忽略监管，甚至揠苗助长，可能导致柜台交易演变为非法集资或者证券"黑市"。

证券柜台交易在我国并不是新生事物。早在1891年，外商就在上海成立了上海股份公所。1905年，该公所改名为"上海众业公所"，这是旧中国最早的证券柜台交易场所，主要交易对象是外国企业股票、公司债券、中国政府的公债等。1918年夏天，中国人自己创办的第一个柜台交易场所——北京证券交易所诞生，但它的注册资本仅10万元，以买卖股票、债券为主，同时兼做外币交易。1920年7月1日，上海证券物品交易所成立，确定资本总额为500万元，交易有价证券、棉花、棉纱、布匹、金银、粮食油类、皮毛等7种商品。显而易见，这也是一种柜台交易场所，只不过交易所将买卖各方召集在一起，提供交易信息，简单撮合价格，收取佣金。紧随其后，上海、天津、汉口、宁波、广州等地陆续成立了100多家证券和其他商品的柜台交易场所，其中最为有名和保留时间最长的是华商证券交易所，其已经具有了证券集中规模交易的雏形。[①]

在 20 世纪 80 年代，我国开放国库券交易之始就采取柜台交易形式。1987 年，中国人民银行上海市分行发布了《证券柜台交易暂行规定》，是为柜台交易的最初规则。90 年代，有关方面曾经尝试建设全国性的证券交易柜台市场，即 STAQ 系统和 NET 系统，也被称为"老三板"市场。然而，随着亚洲金融危机的爆发，为避免风险，这两个系统被证券监管机构关闭。[②]

2001 年，中国证券业协会颁布了《证券公司代办股份转让服务业务试点办法》，据此建立了"代办股份转让系统"，也就是俗称的"新三板"市场，以之取代了 STAQ 和 NET 市场，成为我国首个为证券监管机构正式认可的全国性股票柜台交易市场，挂牌对象主要是国家级高科技园区企业、创新型的中小企业等。在最近几年我国提倡科技创新的背景下，在"新三板"申请挂牌交易的高科技企业持续增多，"新三板"已经发展为我国在沪深两个主板市场、创业板市场之外的第四大股票交易市场。

## 二、证券上市交易的基本要求

按照《证券法》、《公司法》和有关规章的规定，证券上市交易应当遵守以下基本要求：

---

[①] 雪亮：《民国时期的证券交易市场》，《和讯网》，news.hexun.com 2017 年 11 月 22 日。

[②] 指非正常上市交易的全国未公开发行股票的报价和交易系统。其中 STAQ 系统指"全国证券交易自动报价系统"（Securities Trading Automated Quotations System）；NET 系统指"全国证券交易系统（National Exchange and Trading System），于 1999 年全部关闭。

1. 上市交易的证券必须是依法发行并交付的证券

就证券依法发行而言，在现行发行审核制度下，上市交易的证券，除了政府债券（国债）和政策性金融债券之外，一般都是由中国证监会发行审核委员会核准。非依法发行的证券，不得上市交易。这是杜绝滥发证券、非法集资、维护资本市场秩序的根本性措施。

就证券交付的法律含义而言，通常在证券发行与交付之间有一个时间差，证券已经发行，但没有完成交付，或者证券正在发行过程中，尚未经登记结算机构进行登记、托管。《证券法》规定，凡是上市交易的证券都以在登记结算机构进行登记、托管视为完成交付的标志。由于证券发行有一个时间周期，必须等到全部发行工作结束之后，统一办理登记、托管，集中上市交易才有可能，所以交付是一个很重要的时间"节点"。证券发行超过发行期限，没有达到法定的发行量比例以致发行失败未能完成交付的，上市交易便会落空。[1]

2. 特殊主体买卖上市交易的证券不得违反法律法规对其转让期限的限制

出于维护资本市场交易公平以及对公司发行股票诚信的检验，证券法律法规对上市交易证券的特殊持有主体规定了限制转让的期限。譬如，公司高管对公司上市前持有的股票在公司上市后1年内不得转让；公司控股股东、实际控制人认购公司本次发行的股票，在3年内不得转让。[2]

---

[1] 《证券法》第159—160条。
[2] 《公司法》第142条，《上市公司证券发行管理办法》第38条第二款。

3.禁止或限制对股票交易有利害关系的机构和人员持有、买卖股票

凡是证券公司、证券服务机构及其从业人员、证券自律管理机构和证券监管机构的工作人员、上市公司及其控股股东、管理层等，都有机会接触证券发行人或上市公司的内幕信息，都有可能利用工作职务之便，自己参与或者指使亲友参与相关股票的交易。这种交易，无论是否利用内幕信息，无论是否盈利，都在客观上妨害了证券交易的公平、公开和公正，必须加以禁止或者限制交易时间。这一规定在法理上类似于司法审判需要利害关系人回避的制度，为的是防止内幕交易或其他利用工作职务之便的交易行为，维护社会公众投资者利益。[①]

4.上市交易的证券都采用电子记账形式

在当今电子计算机和互联网络技术发达时代，证券无纸化的电子记账式交易越来越普及，所有上市的证券交易都采取电子记账式交易，甚至过去柜台交易中的证券纸面形式也都全部改为电子记账式交易。传统私法对商品交易的形式化要求在资本市场彻底绝迹，纸质化的证券已经成为历史文物。

### 三、证券上市交易与证券发行的联系和区别

根据我国的证券发行核准制，股票与公司债券的发行与上市呈现为一体化过程的两个步骤：

其一，发行人发行证券的申请一旦经过中国证监会发行审

---

[①] 《证券法》第43、45、47条。

核委员会的核准，即意味着证券监管机构对发行人的全部实质性审查获得通过，发行人具备了经证券交易所全国性证券交易系统公开发行证券的资格并由证券登记结算机构负责证券登记和托管。

其二，发行人在证券发行结束之后向证券交易所提出上市交易申请以及随之而来的证券交易所对其进行的上市审核，都是形式方面的审查，在本质上属于没有实际法律意义的附带程序，经依法核准发行的证券必然会在规定的期限内上市交易。换言之，如果没有特殊理由，证券交易所安排经核准发行的证券上市没有任何悬念。

《证券法》虽然规定证券上市交易应当向证券交易所提出申请，由其依法审核同意，但并没有明确授予其对业经核准发行的股票、公司债券做出不予上市决定的权力，也未规定发生冲突时的抗辩程序，即证券交易所在实体和程序两方面都无权改变证券监管机构经过核准的证券发行决定。由此来看，证券发行的核准已经在实质上包括了对发行人所发行证券的上市许可，证券上市只是证券核准发行的一个当然步骤，是从程序方面对证券发行的补充。

证券上市交易与证券发行的最大区别是：证券上市交易除了具有经许可进入市场进行挂牌交易的门槛标志作用之外，其本身又是一个持续的过程，即上市交易是一个连续不断的状态，要求证券发行人和上市公司必须持续保持其股票或公司债券上市交易的基本条件。经核准的证券发行仅仅是对证券上市之前的实质性资格审查，是办理准予证券入市交易的许可。证券上市之后，发行人和上市公司的上市条件或财务状况的变化，则与证券发行核准本身无关。也就是说，经核准的证券发行给予发行人入市资格，但不保证发行人能够持续具备在市交易的资格。

证券上市交易在更高层面上体现为证券上市之后，对证券发行人和上市公司在市挂牌交易资格或条件的持续考核以及对其应当履行信息披露相关义务的持续监督，这些一般由证券交易所具体实施办理。譬如，对达不到盈利标准的上市公司股票实行交易特别处理，监督上市公司履行持续信息公开的义务，对连续亏损或者有重大违法违规行为的上市公司做出其股票暂停交易或者终止交易的决定等。

证券上市交易需要由申请证券上市的发行人或上市公司与证券交易所双方签订上市协议，约定双方在证券上市交易期间的权利和义务。此时，双方的关系既有上市交易监管与被监管的成分，又有委托提供上市交易服务的自律或自治因素，监管关系与平等的民商事关系并存：前者是证券交易所获得授权，对证券发行人和上市公司依法交易做出一定的监管；后者是契约双方依照上市协议条款享有权利，履行义务。

## 四、股票上市交易的保持，风险警示，暂停和终止

1. 股票持续上市交易资格的保持

股票发行上市，并不意味着上市公司拿到募集资金后就从此高枕无忧，而是新的市场考验和压力承担的开始。上市公司欲持续保持其所发行的股票一直在市场挂牌交易下去，做一个市场知名的"百年老店"，并再有机会发行新股或公司债券，就必须努力经营，持续保持股票上市交易的资格。如果条件欠缺或者不够标准，即使已经入市交易，也难免面临暂停入市，甚至退市的风险。

这是从股票上市交易的全部动态过程来看待上市公司的上市资格，即上市交易是公司持续经营管理合格或者合乎公司上市标准的状态，而不单纯是公司入市的门槛。

与股票发行的条件相比，公司股票持续上市交易的资格侧重于发行人和上市公司的最低股本总额保持、公司经营情况没有持续恶化、公司没有遭遇重大诉讼或者其他经营风险、公司股权结构合理，以及公司财务会计报告无虚假记载等。不同的股票交易市场，对公司股票的持续上市交易资格有不同要求，公司可以根据自己的资产规模、资本实力和经营状况等指标进行选择。主板市场、中小板市场、创业板市场、新三板市场以及境外资本市场，对公司股票上市交易分别有不同的资格要求，需要发行人或上市公司"量体裁衣"，"对号入座"。[①]

2. 上市交易股票的风险警示

股份公司在其股票上市挂牌交易的那一天起，就如同登上了一部永不停歇、永无止境的动车，既无退路可走，又不能休息等待。如果不想被摘牌终止交易，就只有持续不断地向前行驶。除了稳妥经营，为投资者谋求更多的投资回报之外，持续的信息披露、持续的财务公开、持续的投资者关系管理等，所有与股票上市交易相关的法定义务都必须如期、如实履行。上市公司属于公众公司，募集使用了社会公众投资者的资金，就必须担负起对社会公众投资者负责和回报的责任。曾经有一些国有企业的负责人在企业改制上市一段时间之后，随着当初募集资金使用、消耗殆尽，法人治理结构要求的企业管理权力制衡措施的实施，原始的

---

① 《证券法》第 50 条，《上海证券交易所股票上市规则》第 5.1.1 条。

上市冲动便为持续信息公开的义务和严格的监管所冲淡，往往发出"今不如昔"的感慨。显然，股票上市只是公司治理市场化、法治化道路的开始，而绝非发行上市之时的一劳永逸。

股份有限公司上市后由于经营亏损、发生重大事故、诉讼或者其他严重违法违规行为等异常情况，导致生产经营不能正常进行，出现财务状况持续恶化情形，投资者难以判断公司前景，投资权益可能受到损害时，证券交易所将对该公司股票实行交易风险警示，即向社会公众投资者特别提示该公司存在股票被暂停上市或者终止上市的风险，必须谨慎交易。实践中将这种风险警示称为上市股票的特别处理。

对上市股票实行风险警示的措施主要有：一是在有暂停交易风险的公司股票简称前冠以"ST"字样，以区别于其他股票；二是在有退市风险的公司股票简称前冠以"*ST"字样，以区别于其他股票；三是该两类股票报价的日涨跌幅限制均为5%。股票被警示风险的上市公司必须就风险事项进行公告披露。在导致股票被警示风险的情形消除、公司财务状况恢复正常之后，上市公司可以向证券交易所申请撤销特别处理，即对其股票除去风险警示标志和相关措施。

3. 上市交易股票暂停上市交易

上市交易股票暂停上市交易是指证券交易所根据《证券法》的规定，对暂时不再具备股票上市资格的上市公司做出的暂停其股票上市交易的决定。

股票暂停上市交易与股票停牌既有联系又有区别。从表面上看，暂停上市交易与停牌都表现为股票在一定时期内不能进行交易。但停牌是因为上市公司定期或临时公告相关事项，以及证券交易所发现股票在交易中有异常情况，为稳定市场交易秩序，需要暂停交易，在信息披露完毕或者异常情况调查清楚、做出处理之后，再行复牌交易。所以，停牌的时间相对较短，有的一两天，有的三五天，最长不超过两个月。暂停上市交易则是对暂时不再具备股票上市交易资格的上市公司所采取的法定处理措施，其短则数月，长则经年。譬如，上市公司由于最近3年连续亏损，其股票被暂停上市交易的，必须在次年披露年度报告的法定期限内按时披露报告并且实现扭亏为盈，才能申请恢复上市，其间要经历长达1年以上的时间。[①]

4.暂停上市交易股票恢复上市交易

上市股票暂停交易后的结局有两个：一是上市公司通过努力改善经营管理、进行重大资产重组等，在1个会计年度内实现了扭亏为盈，或者经过内部整顿消除了导致股票暂停上市交易的相关情形，向证券交易所提出恢复上市交易的申请；二是债务、诉讼缠身，沉疴日久，积重难返，最后被终止上市。

无论因为什么原因导致股票被暂停上市交易，上市公司提出恢复股票上市的申请，都需要在规定的期限或时间之内完成，这是强调股票上市交易是一个持续的过程，过久的中断，将会导致有关该上市公司的持续信息和财务数据等资料延宕过时或失真。这种要求符合法律上的时效制度的本意，任何具有法律意义的事件，都会随着时间的度过而致效力减弱或散失。譬如，物权长久不予行使，以致关联人认为权利人放弃权利；证据取得因为时间度过太久，证明人无法准确记忆案件发生当时的情形。

---

[①] 《上海证券交易所股票上市规则》第二节，挂牌、摘牌、停牌与复牌。

上市公司提出恢复上市申请的程序，不亚于又一次申请发行新股，不仅需要聘请保荐机构出具恢复上市保荐书，还需要聘请律师和会计师分别就公司恢复上市条件出具法律意见书、审计报告以及其他专项说明等。[①]

5. 上市交易股票终止上市交易

上市交易股票被终止上市交易，又称为股票退市或摘牌，是指上市公司因为不再具备上市条件，被取消上市资格，结束其股票上市交易的命运，回归为普通的非上市公司。与股票暂停上市交易相比，终止上市是永久性的，除非公司在退市一段时期之后经过改组或整顿，符合股票发行上市的条件，又重新申请发行股票并上市交易。但这已属于公司重新上市的概念，与股票终止上市交易无关。

股票终止上市交易的决定是由证券交易所做出，除了上市公司自己决定终止上市，或者暂时退市后没有及时提出恢复上市的申请而致摘牌外，大部分终止公司股票上市的情形是：公司股本总额、股权分布不再具备上市条件，公司财务会计报告作假且拒绝纠正，公司最近3年连续亏损以及公司解散或者被宣告破产等。

公司在股票退市之后，还继续生产经营、保持公司法人主体地位的，需要办理终止上市后公司股票登记、转让和管理事宜，这也是对尚持有公司股份的各类股东的交代。有些退市公司的做法是，申请安排公司股份进入代办股份转让系统，即新三板市场进行交易，以保持公司股份最低限度的流动性。

---

[①] 《证券法》第56条。

## 五、公司债券上市交易的保持、暂停和终止

公司债券上市交易的基本要求与股票上市交易的要求相比，既有严格的一面，又有宽松的地方。严格要求是因为债券所代表的债权在法定偿付顺序上优先于股权，债券还本付息也优先于给股东分红派息，债权的安全优先于股权的安全。所以，公司债券上市，对公司的财务指标有更严格的要求。债券发行上市的审核相对股票发行审核宽松，是因为通常单只股票发行上市的总量和募集资金的总额比公司债券发行上市的总量及其资金总额大很多，股票交易对市场的影响也远远超过公司债券，因此我国证券监管机构对公司发行股票，尤其是首次发行股票（IPO）采取严格的核准制，比公司债券发行审核严格许多。《公司法》、《证券法》、《公司债券发行与交易管理办法》以及沪深两地证券交易所有关规则，对公司债券上市交易的规定比较简单，其申请上市交易的流程也相对简化。

与股票上市交易是一个持续的过程一样，公司债券上市交易之后，如果发行人不再具备使其债券持续上市交易的条件，也会发生公司债券暂停上市交易和终止上市交易的情形。《证券法》规定的公司债券暂停上市交易的情形与股票暂停交易的情形大致相似，但比股票保持持续交易资格的要求更严，这是考虑到公司债券体现的债权有优先受偿性，公司债券在市交易时间较短，一般为1—3年，更需要严格保护债权人的权益。[①]

可转换公司债券上市交易之后，无论未来是否有可能按照约定条件换股，法律法规都要求发行债券的公司应当履行信息披露义

---

① 《证券法》第60条。

务,而且这种义务比上市公司股票的信息披露内容要求更为细致,这也是基于证券法律规制对公司债券确定的安全边际远大于为股票设定的安全边际,股票的风险与收益都远大于公司债券,因此需要对公司债券持有者给予更加详细的持续信息披露和风险提示。[①]

当公司债券发生风险,即发生潜在的不能按时兑付的情形时,证券交易所依法有权做出暂停公司债券上市交易的决定。公司债券暂停上市交易后,其发行人经治理整顿,改善经营,又符合公司债券上市交易条件的,可以向证券交易所提出恢复债券上市的申请。证券交易所认为发行人已经在规定的期限内实现了扭亏为盈,保证了公司债券的偿付能力,可以决定恢复上市交易,这是对公司债券上市流动性的依法保护。

已经上市交易的公司债券未到兑付期限,公司经营行为发生重大风险、亏损,乃至被解散或宣告破产,以致公司债券可能无法兑付时,证券交易所依法有权终止公司债券上市交易。这种安排也是考虑到公司债券的重大风险发生已经影响其流动性,并给市场秩序带来负面影响,终止其上市是对整体市场秩序的维护。

## 第二节 持续信息公开制度

### 一、持续信息公开制度的法律意义

持续信息公开制度属于信息披露制度的一个重要分支,是指

---

[①] 《公司债券发行与交易管理办法》第44—45条。

发行人不仅要在证券发行和上市之际将自己的基本情况公开，而且要在证券发行上市之后，在市场存续的交易期间内，定期、持续地向社会公众投资者公告公司经营管理状况、财务状况、股票和债券发行情况以及主要持有人变动状况等，遇有影响公司基本面的重大事件发生，还要有临时性的公告及时向市场公开。总之，持续信息公开制度意味着，只要证券公开发行并上市交易，发行人就有义务持续将与其证券有关的一切情况真实、准确、完整、及时地向投资者披露，不得有虚假陈述、记载或者误导性的陈述，也不得有重大遗漏，直至该证券被终止上市。

持续信息公开制度源自1844年《英国合股公司法》创设的信息披露制度。当时的信息披露还只是关于招股章程所载内容公开的规定，让投资者购买股票之前能够充分了解发行人的有关信息。英国信息披露制度的产生背景，不仅是因为英国在17—18世纪崛起为世界第一的"日不落帝国"，而且是由于股份公司及其股票制度在那个时代已经在英国开始普及。

早在1720年年初，英国以开发南美洲及其贸易为主业的南海公司所发行的股票炙手可热，英国政府对该公司给予的南美洲贸易垄断权以及秘鲁和墨西哥地下埋藏着巨大的金银矿藏的传说，使英国投资者相信，只要南海公司把英格兰的金银加工商送上南美洲海岸，数以万计的"金砖银块"就会源源不断地运回英国。一时间，包括军人、妇女在内的英国众多投资者狂炒南海公司股票，连英国国王也禁不住诱惑，认购了价值10万英镑的股票。南海公司股票价格因此狂飙，从年初每股约120英镑急涨至同年6月每股1000英镑以上，涨幅高达700%，并且连带影响市场其他股票狂涨，形成巨大的"南海泡沫"。在英国国会当年6月通过

《泡沫法案》后，炒股热潮随之减退，连带触发南海公司股价急挫，至同年9月份，暴跌至每股190英镑以下，不少人血本无归，连著名物理学家牛顿爵士也蚀本离场。[①]

"南海泡沫"事件为英国规制市场欺诈行为和信息公开制度埋下伏笔。经过一个多世纪的反思、领悟，英国人才建立了发行股票的信息公开制度，虽然还只限于股票发行上市前的信息公开，但为建设信息披露制度树下了里程碑。英国公司法中的信息公开制度为美国《1933年证券法》和《1934年证券交易法》采纳，并且延伸发展了持续信息公开制度，成为各国资本市场普遍采用的一项基本制度。

信息公开是保障证券这种特殊商品为投资者自由、自愿地选择并做出交易决定的根本性法律制度。在普通的商品市场上，消费者选择并购买商品，有生产厂家关于商品性能、用途、用法、使用期限等的说明，并有《产品质量法》、《食品安全法》、《消费者权益保护法》等法律法规相应的保障。上市公司和公司债券上市交易的公司无法从根本上对其发行的股票和公司债券的质量即企业的价值或信用做出保证，但有义务对与其发行证券有关的全部企业情况做出真实、准确、完整的公开披露，让投资者面对真实的情况做出自己的判断和选择。

投资者在发行证券企业信息公开情况下做出的自愿选择，即是投资者对当前的证券发行价格或者上市交易价格的认可，认购或交易完成之后证券价格涨跌带来的收益或损失，由投资者自己承担，与证券发行人和上市公司无关，更与承销的证券公司乃至

---

① 李国运：《南海公司事件案例研究》，《审计研究》2007年2月。

证券监管机构无涉。相反，如果发行人和上市公司没有真实、准确、完整、及时地披露与其发行的证券有关的情况，或者在信息披露及其陈述中有虚假记载、误导性陈述、重大遗漏等成分，以致投资者据此做出判断和选择，并因之发生损失，发行人、上市公司、保荐和承销的证券公司、相关的证券服务机构及其相关责任人员，就应当对其行为承担相应的法律责任。证券信息披露的法律责任与普通商品制造者和销售者的产品责任在本质上殊途同归，体现了证券上市交易中的公平原则，是法律弘扬正义的精神之所在。

## 二、持续信息公开制度的基本要求

持续信息公开，包括其他信息披露制度的基本要求是：

1. 真实

真实是信息披露制度中最根本的基础，它要求证券发行人、上市公司、上市公司的控股股东或实际控制人、证券保荐和承销机构、其他证券服务机构等市场主体，必须将其所涉及的有关证券发行和上市交易的情况，按照其本来面目向投资者和证券监管机构公开与报告，不允许隐瞒，更不允许有任何弄虚作假的行为。

从境内外资本市场发生的各种证券违法违规行为看，证券发行人、上市公司单独或者联合其他证券服务机构，进行财务造假欺骗投资者的案例，占据其中大部分比例。从美国的安然公司、世通公司、安达信会计师事务所，到中国境内以银广夏、蓝田股份、华锐风电等上市公司为代表的一系列证券欺诈案件中，信息披露的虚假陈述已经达到了登峰造极的地步，成为资本市场的最大公害。

2. 准确

准确是对信息公开在方法和技术上的要求，即所披露信息的陈述或表达准确，对投资者不会造成信息判断上的误导。准确披露信息表现为以下两点：第一，所披露的信息能够正确反映客观事实；第二，正确反映客观事实的信息被持续不断地披露。综合而言，就是信息披露义务人不仅要在首次披露某项信息时做到准确，而且要在日后其证券上市交易的存续过程中，始终随着客观情况的变化，修正或者更改先前披露而现在已经发生变化的信息，保持信息持续不断地准确公开。

只有准确公开的信息对投资者才是有效的，才可以用来作为投资决策的参照。如果公开的信息不准确，或者公开的信息内容芜乱繁杂，投资者无所适从，甚至其陈述可能误导投资者，这种信息则是无效的。

资本市场往往会是各种信息包括小道消息充斥、弥漫的市场。政府政策和证券监管机构方面的信息、证券发行人和上市公司的信息，机构投资者的证券持有和交易信息、行业或市场变化的信息等，经常纷至沓来，令人目不暇接、真假难辨。要澄清、辨别这些信息，最根本的办法就是证券发行人、上市公司要准确、及时地披露相关信息，给投资者清晰的答复、说明或解释。这不仅是对投资者负责的态度，也是提升公司市场形象的机会。

3. 完整

完整是对信息公开在内容上的要求，即要求所公开的信息应当翔实、彻底，不能有重大遗漏。为了保证信息公开内容的完整，证券监管机构和证券交易所通常会对证券发行人、上市公司、保荐和承销的证券公司以及其他证券服务机构发布信息披露指引规则，其中有相关格式和内容的要求，当事人必须逐一披露，对不甚清楚的内容，还必须做出解释和说明。譬如，上市公司聘请的会计师事务所对公司提供的年度财务会计报告进行审计后，如果认为报告中的某些内容不完整，以致无法对公司的财务状况做出正确的审计结论或者肯定的审计意见，但出于遵守证券法律法规与行业规范的要求，可以出具有保留意见的审计报告。这种保留意见，表示了会计师事务所对公司财务会计报告所披露信息内容的真实、准确和完整性的担忧。即使今后发现该公司有虚假陈述之行为，会计师事务所因此可以免责。

4. 及时

及时是对信息公开在时间上的要求。它有两方面的含义：一是证券法律法规规定应当公开的招股说明书、公司债券募集办法、财务会计报告，上市公司和公司债券上市交易的公司的中期报告、年度报告等法定文件，应当在规定的期限内按时公告，不得无故拖延；二是上市公司在发生可能对其股票交易价格产生较大影响的重大事件，而投资者尚未得知时，除了应当立即将有关该重大事件的情况向证券监管机构和证券交易所报送临时报告之外，还应当及时向投资者披露，并就事件的起因、目前的状态和可能产生的法律后果进行说明。

前一种信息公开属于常规信息披露，其所涉及的证券发行上市信息公开和上市后持续的信息公开，均有相关文件披露时间期限的具体规定，按章操作即可。后一种信息公开属于非常信息披露，其所涉及的"重大事件"是临时发生的，存在着相关信息是否公开以及何时公开的人为操纵的可能性。实践中有对"重大事件"在主观认识上的误差，也有对信息公开时间的具体把握。它们都会对市场有所影响。从市场和股票价格对信息的敏感性来说，信息公开的时间安排比信息内容是否是"重大事件"更为重要。

历史上不乏此例。在19世纪初拿破仑横行欧洲的日子里，英国政府为了与法国军队作战，发行了战争公债，并在伦敦证券交易所上市交易。1815年6月20日，伦敦证券交易所一早便充满了紧张的气氛，因为就在前一天，即6月19日，英国和法国之间进行了关联两国命运，甚至是关联整个欧洲命运的滑铁卢战役，如果英国获胜，毫无疑问英国政府的公债将会暴涨。反之，如果拿破仑获胜，英国政府公债必将一落千丈。因此，伦敦交易所里每个人都在焦急地等候着远至欧洲大陆比利时布鲁塞尔以南战场的消息。此时，号称交易所"风向标"的犹太大亨尼桑·罗斯柴尔德开始面无表情地卖出英国公债。"尼桑卖了"的消息马上就传遍了整个交易所，于是，所有的人毫不犹豫地跟进，瞬间英国公债暴跌。就在公债的价格跌得不能再跌时，尼桑却突然开始大量买进。交易所里的人给弄糊涂了，尼桑在搞什么鬼？正当人们方寸大乱、交头接耳、纷纷议论之时，英国政府宣布了英军大胜的捷报。交易所里又是一阵大乱，公债价格持续暴涨。尼桑·罗斯柴尔德靠着自己独有的信息渠道，抢在英国政府披露滑铁卢战役信息之前连续操作，发了一笔战争横财。迄今，罗斯柴尔德家族仍然是活跃于英国伦敦舰队街的全球黄金界泰斗。

与罗斯柴尔德利用信息披露的时间差相比，19世纪末的美国证券投资大师伯纳德·巴鲁克更是青出于蓝而胜于蓝。1898年4月，美国与西班牙之间为争夺西班牙在南美洲的殖民地爆发战争，主要战事在古巴圣地亚哥市周围进行。4月17日，西班牙的加勒比海舰队被美军彻底消灭，随后，守卫圣地亚哥市的2.5万名西班牙守军被迫全部投降，古巴战争结束。巴鲁克是在英国南部旅行途中偶然从广播里获知这一消息的。当时正是一个星期天的晚上，按照惯例，美国的证券交易所在星期一关门，而伦敦的证券交易所则照常营业。巴鲁克立刻意识到，美国政府的公债也在伦敦证券交易所上市交易，而且还有多家与美西战争密切关联的美国公司股票也在伦敦挂牌交易，如果能在第二天黎明前赶回伦敦，那么就能发一笔大财。而在当时，小汽车尚未问世，火车在夜间又停止运行。在束手无策的情况下，巴鲁克急中生智，赶到了火车站，租了一列专车。星光下，火车风驰电掣，巴鲁克终于在黎明前赶到了伦敦，在其他的投资者尚未"醒"来之前，做了几笔大生意。由此，巴鲁克投资兼投机大师的名望不胫而走，30岁就成了百万富翁，还是数届美国总统的顾问，比起当今的巴菲特毫不逊色。

罗斯柴尔德和巴鲁克的故事说明，信息公开中的重大事件的及时披露，不仅极端重要，而且往往会成为某些人利用时间差进行投机，甚至进行内幕交易的机会。在我国资本市场里，相当多的上市公司股票价格在公司公布有关经营业绩报告或者其他重大事件之前持续上涨，而一旦对上市公司股票价格上涨有利的报告或重大事件公开之后，股价不涨反跌。投资者将这种利好信息公开、股价却下跌的情形称为"见光死"，喻意利好信息早已私下泄漏或者早已为"先知先觉者"知悉并采取了相应的股票交易行动，信息公开之日，就是"先知先觉者"卖出股票获利之时。反之，如果有不利于上市公司股票价格的信息，也往往是先于信息公开之前就反映在股价连续阴跌的走势上，到信息公开之日，股价反而不怎么跌了，因为"先知先觉者"早已溜之大吉，投资者又将这种情形戏称为"利空出尽即利好"。无论哪一种情形，都说明信息没有及时公开，并且为有些人钻了"空子"。

## 三、信息公开的主要内容

包括持续信息公开在内的信息披露主要内容有三项：证券发行和上市的公开性文件，上市公司的定期报告，上市公司披露重大事件的临时报告。

1. 证券发行和上市的公开性文件

证券发行人发行证券和证券上市需要公开的主要文件有：首次发行股票的招股说明书；发行公司债券的债券募集办法和公司财务会计报告；上市公司配股或增发新股的说明书和财务会计报告；证券上市交易的上市公告书等。这些文件依法公开，向投资者传递认购股票或公司债券的信息及其可以上市交易的信息。

2. 上市公司和公司债券上市交易的公司的定期报告

定期报告包括中期报告和年度报告，其主要内容都是有关公司的财务和经营状况；公司涉及的重大诉讼事项；公司已发行的股票、债券的持有和变动情况；公司高管持有本公司股票情况；公司实际控制人的情况以及其他可能影响市场的重要事项。

3. 上市公司公开重大事件的临时报告

重大事件是指对上市公司股票价格产生较大影响的事项或情况。上市公司既是一个从事生产经营活动的经济实体，又是一个聚合了各类投资者投资的财产组合体，还是一个由分支机构和人员组成的团队，其中各种变化或者情况的出现，都有可能影响公司的股票价格。

影响上市公司证券价格的重大事件只能列举，不能穷尽，凡是对公司经营发展有现实或者未来影响的事项，都可能引起投资者的关注。《证券法》第67条列举了11项会对公司股票价格产生影响的情形，其中分别涉及公司的重大经营决策变化，重大投资或购置财产，订立重要合同，重大债务违约，发生重大亏损或损失，公司高管发生变动，公司重要股东或者实际控制人持股情况发生较大变化，涉及公司的重大诉讼，公司减资、合并、分立、解散及申请破产的决定，公司或其高管涉嫌犯罪被司法机关立案调查或采取强制措施等。

对上述重大事件的具体理解，会因人、因事、因时、因地而异，而且它们对市场的影响也会各有不同。每个上市公司高管的认识水平不一，辨别能力有别，判断标准参差不齐，同一事项，有的公司可能作为重大事件公告，有的可能不公告。市场发展的不同时间阶段也会对影响市场的"重大事件"做出迥异的评价。对这些信息公开细节的理解和操作，需要在实践中认识和把握。

# 第十二章　上市公司收购与重大资产重组

## 第一节　上市公司收购概说

### 一、上市公司收购概念辨析

上市公司收购是指投资者通过证券交易所买入股票或者通过协议持有上市公司的股份而收购上市公司，其本质是投资者买入并持有上市公司的股份而使该公司控制权发生转移的法律行为。投资者获得上市公司的控制权之后，将会作为公司控股股东或实际控制人进入公司董事会以及主要管理部门，经营管理上市公司，进而获取投资收益。

上市公司控制权因公司不同的股权结构而呈现不同的控制模式。在上市公司股份全流通的情形下，持股比例越高，控制权越大，持股比例越低，控制权越容易因被收购而转移。投资者拥有上市公司控制权的通常情形是：持有上市公司50%以上的股份；可以实际支配上市公司股份表决权超过30%；通过实际支配上市公司股份表决权能够决定公司董事会半数以上成员选任；可实际支配的上市公司股份表决权足以对公司股东大会的决议产生重大影响等。

上市公司收购经常与企业收购、兼并、公司并购、企业重大资产重组或债务重组等概念混同在一起使用，为了准确理解其定义，需要对上述概念进行辨析。

企业重大资产重组或债务重组，是企业为了明晰产权关系、整合资产优势、降低资产负债率、调整产业结构、上市募集资金、改变生产经营方向等，对企业现有资产和债务予以重新整合的重大行动，其中包括出售企业控制权或资产、债务抵消或者剥离、收购上市公司、收购或者兼并其他非上市的公司、与其他企业联营等。

企业或公司兼并与《公司法》规定的公司合并紧密相关。《公司法》第173条规定，公司合并可以采取吸收合并或新设合并两种方式。吸收合并是指两个以上公司合并设立为一个公司，被吸收的公司解散。新设合并是指两个以上公司合并设立一个新的公司，合并各方解散。在实践中，兼并除了用于指称以吸收合并方式合并其他企业，包括合并上市公司之外，还包括以掌握其他企业控制权为目的的合并。这种合并仍然可以保留被合并企业的法人地位乃至独立经营的权利，只是其控股股东或实际控制人发生了变化。

绝大多数上市公司收购都属于公司控制权发生变化的合并，通过合并上市公司，最终致其解散或撤销的收购行为极为少见。应该说，传统的企业或公司兼并的内涵比公司合并更宽广，其既包括上市公司的收购，也包括非上市公司的收购，既有收购双方的股权置换，也有收购双方的重大资产重组，既有收购的现金交易，也有发行新股的资产注入；既有收购双方继续各自独立经营，也有吸收式的公司合并。随着企业兼并的方式方法越来越多，投资银行业现在一般将其统称为公司并购。由于公司并购行为往往伴随着同时进行或者后续进行的重大资产重组，实践中又有将并购重组结合的习惯用法，即并购重组概念涵盖了上市公司收购和重大资产重组行为。

作为一种特殊的民事法律行为，上市公司收购具有以下三个特征：

1. 上市公司收购不需要经过被收购公司管理层的同意

上市公司收购的主体是收购人和被收购公司的主要股东，被收购公司的管理层只负责公司的经营管理，不是收购任何一方的当事人。收购人进行收购，只需持有足以控制被收购公司董事会的股份或者与其控股股东达成股份转让协议即可，无需征得被收购公司管理层的同意。如果收购人完全通过市场交易买入并持有足以控制公司的股份，自然也不需要被收购公司的其他股东的同意，因为收购人已经就是公司的控股股东了。这是上市公司收购区别于其他企业并购形式的重要特征之一。非上市公司的企业产权结构较为单一，控股股东通常就是企业管理层，企业并购主要采用协议转让方式。

2. 上市公司收购的标的是被收购公司发行在外的股份

上市公司收购并不是直接购买被收购公司的资产，而是通过购买被收购公司的股份来获取其控制权。这种收购主要是按照价值规律和市场交易规则来完成，因此，上市公司收购在表面上也属于证券买卖行为，而且是极为重要的大宗股份的市场交易。在我国改革开放早期，由于企业并购制度不健全和行政因素影响等原因，企业收购、兼并过程中出现了不应有的国有资产、集体资产以及其他资产低价流失和高价虚增等现象,许多地方国有企业并购被称为"一卖了之",通过市场配置资源的作用没有完全体现出来。比较而言,上市公司收购是各种企业并购中最能够体现公开、公平原则,由市场价格和市场交易所决定的资源配置方式。

3.上市公司收购的目的是为了获取被收购公司的控制权

收购上市公司不是为了转售公司股份以牟利,也不是普通投资者通过股票交易赚取差价或者持有股票以获得上市公司的股息,而是要获得被收购公司的控制权。股东大会是股份有限公司的最高权力机关,股东按照其所持有的股份数量行使相应的投票权。投资者单个或者联合持有一定比例的股份,使其掌握的股东大会的投票权能够决定公司董事会成员多数的人选,便达到了控制公司的目的。

## 二、收购人

收购人是收购上市公司的主体,其既可以是机构投资者,也可以是个人投资者,还可以是他们各自之间以及他们相互之间基于一致行动而形成的联合,即一致行动人。

收购人的一致行动,是指投资者之间通过协议或者其他安排,联合持有或统一行使各自拥有的对同一个上市公司的股份表决权,形成对该公司的共同控制。收购人的一致行动可以建立在投资者之间的财产连带关系上,亦可以产生于投资者之间的生意合作伙伴关系中,还可以是单个投资者为了规避监管而有意设立的若干在表面上互不关联,实际上为同一人所控制的各种公司。

在上市公司收购行为中,一致行动人的特点是:

第一，一致行动人在财产上互相关联。他们之间或有股权控制关系，或者受同一财产所有人实际控制，他们之间也可能互相参股，持股人对参股公司的重大决策可以产生重大影响，他们之间或有其他资产、债务关系，彼此的资产捆绑在一起。

第二，一致行动人在生意上互相关联。他们相互之间存在合伙、合作、联营关系，或者属于同一产业链的上下游关系，或者是生意伙伴等，彼此经济利益密不可分，有着一致行动的生意基础。

第三，一致行动人在人员上互相关联。譬如，某一方的高管成员，同时在另一方担任董事、监事或者其他高管；在收购方任职的高管，与收购方持有同一上市公司股份等，彼此交叉任职，互有连带关系。

第四，一致行动人因其他关系而互相关联。所有较大比例或较大数额持有收购方股份的自然人及其亲属、在收购方任职的高管及其亲属、在收购方所控制的其他公司任职的高管及其亲属、在被收购的上市公司及其关联公司任职的高管及其亲属等，都有可能成为收购行为的一致行动人。如果他们在具体行使对被收购公司的股份表决权时，共同出现并一致行使表决权，即为一致行动人，应当合并计算其所持有的股份。换言之，收购方计算其所持有的股份，不仅包括登记在其名下的股份，也包括登记在与其一致行动人名下的股份。[1]

收购人进行上市公司收购，在持有上市公司股份达到一定的比例，对上市公司拥有控制权时，为了向社会公众投资者表明上市公司易主，收购完成，公司内部管理层发生重大变化，需要向

---

[1]《上市公司收购管理办法》第83条。

证券监管机构提交并公开披露有关本次收购的书面报告等文件，其中需要说明的主要内容有：收购人基于实力和从业经验对上市公司后续发展做出的可行性计划；对公司法人治理结构、公司主营业务的调整方案；收购人及其控股股东或实际控制人的核心企业和核心业务、关联企业及主营业务；收购人的主要股东持股情况；收购人是否存在与被收购公司同业竞争、关联交易等情况。

从法律性质而言，上市公司收购是对原有的公司股票内核进行置换或者部分置换，相当于改变了同一只挂牌股票的内涵，无论未来该股票的名称是否改变，其内在的财产质量、经营管理、发展前景或因此发生根本性的变化。如果没有收购信息的依法公开，公司原有的中小股东和其他社会公众投资者对公司收购无异于"雾里看花"，不明就里，无法做出正确投资判断和选择，故有可能因此产生投资损失。

上市公司收购所表现出来的股票交易行为，主要在两个层面：一是收购人或其一致行动人为了取得公司控制权而买入股票；二是公司中小股东和其他社会公众投资者根据公司收购信息而买入或卖出股票。两个层面的股票交易当事人有着不同的利益诉求，因此市场对收购人的经济实力、诚信记录、信息披露内容等尤为敏感。为此，《公司法》、《上市公司收购管理办法》对机构投资者和个人投资者作为上市公司收购人的资格做了严格规制。[①]

对收购人而言，上市公司收购是一把双刃剑，收购策划得当，运作规范，会使收购人迅速扩张，壮大实力，实现资本市场博弈

---

[①] 《公司法》第147条，《上市公司收购管理办法》第50—51条。

的收益最大化；收购策划不当、运作不规范，甚至期望通过收购在损害社会公众投资者利益的同时，满足自己的私利，收购就会演变为违法犯罪行为。美国有世通电信公司做样板，中国资本市场早期则有四川明星电力公司收购案的范例。[①]

明星电力公司是四川遂宁市380万人口水、电、气的主要供应商。2002年8月，周益明得知明星电力公司欲转让28.14%的国有股，价值为3.8亿元。当时的明星电力没有外债，企业流动资金达1亿元，良好的资产状况引起了他的强烈兴趣。

周益明立即着手将其所有的明伦公司登记为深圳市明伦集团，与遂宁市政府接洽，但当时明伦集团的净资产实际为负数，根本没有实力收购明星电力。为了达到收购资格，2003年3月，周益明找到深圳市中喜会计师事务所，要求将公司净资产做到10亿元以上。于是，这家事务所做出了一份明伦集团总资产27亿元、净资产12亿元的2002年度财务审计报告。周益明一夜之间从"负翁"变成了"身价27亿元的富翁"，而付出的代价仅仅是给中喜会计师事务所11万元的财务审计与资产评估服务费。

虽然顶着"27亿元身价"的光环，但周益明及其明伦集团仍然拿不出一分钱来收购明星电力股权，他又盯上了银行贷款。当时，相关法律规定银行资金不得用于上市公司收购，为了规避监管，华夏银行、浦发银行、广发银行的有关支行配合周益明做了"过桥贷款"方案：以企业流动资金的名义给周益明放贷，使他获得了3.8亿元资金，完成了对明星电力的协议收购，实现了一个几

---

[①] 蒋作平、谭浩、江毅：《福布斯最年轻富豪落马——四川明星电力被掏空始末》，《新华网》2006年9月4日。

近于"空手套白狼"式的资本运作。

在股权转让前，遂宁市政府曾派出考察组到深圳市考察明伦集团。周益明经过精心安排，带着他们到自己合作伙伴的企业参观，并称是自己的企业。这样赤裸裸的欺诈，竟然成功地蒙混过关。周益明入主公司后不到 4 个月，就先后从明星电力划走了 5 亿元，用于还贷和个人消费，差不多掏空了企业。周益明后来说，他原本打算"捞"上几亿元后，就让明伦集团破产，以便抽身退出。

2006 年 12 月，周益明被四川省遂宁市中级人民法院一审判处无期徒刑，同时判处没收个人全部财产，剥夺政治权利终身。明伦集团被以"合同诈骗罪"另外起诉，法院判处罚金 5000 万元人民币。这是当时国内所有资本玩家中获刑最重的案例。

## 三、上市公司收购的财务顾问

为了保证上市公司收购的公开、公平、公正，避免收购人违法违规收购或者与被收购公司双方串通，在上市公司收购中暗箱操作或进行内幕交易，《上市公司收购管理办法》规定，收购人和被收购的上市公司都必须聘请财务顾问就上市公司收购相关事项出具独立的财务顾问报告，主要就收购人最近 3 年的诚信记录、收购资金来源合法性、收购人具备履行相关承诺的能力以及相关信息披露内容的真实性、准确性、完整性等出具核查意见，并对其所完成的工作向证券监管机构做出业已勤勉尽责的承诺。[①]

在上市公司收购中引入独立财务顾问制度，是加强资本市场

---

[①] 《上市公司收购管理办法》第 9 条。

制度建设的又一重要举措，其目的是通过独立财务顾问的职业服务和专业审视，加重收购人、被收购的上市公司以及财务顾问机构自身的法律责任，减少上市公司收购中的违法违规行为，为充分发挥资本市场配置资源的功能创造制度环境。

收购人一方财务顾问的主要职责是，对收购人的收购能力和收购目标公司的现状进行全面尽职调查和评估，帮助收购人分析收购所涉及的法律、财务、经营等风险。其中包括：评估被收购公司的财务和经营状况，就收购方案所涉及的收购价格、收购方式、支付安排等事项提出对策建议；指导收购人按照规定的内容与格式制作上市公司收购报告书或者要约收购报告书等申报文件，并对其真实性、准确性、完整性进行充分核查和验证；对收购人进行资本市场规范化运作的辅导，督促其依法履行报告、信息公开和其他法定义务；对收购事项客观、公正地发表专业意见，并按照监管机构要求说明的事项出具财务顾问报告等。

被收购上市公司一方的财务顾问，不能同时担任收购人的财务顾问或者与收购人的财务顾问存在关联关系，以保持其独立性和评估的公允性。其主要职责是，对收购人的资格、实力及本次收购对被收购公司经营独立性和持续发展可能产生的影响进行尽职调查、评估和分析。其中包括：了解收购人是否存在利用被收购公司的资产或者由被收购公司为本次收购提供财务资助的情形；要约收购中的收购价格是否公平、合理，充分反映了被收购公司的价值；收购人以证券支付收购价款的，对相关证券进行估值分析；就收购条件对被收购公司的社会公众股东是否公平合理、是否接受收购人提出的收购条件提出专业意见；发生管理层收购时，就本次收购的定价依据、支付方式、收购资金来源、融资安排、还款计划及其可行性、上市公司内部控制制度的执行情况及其有效性、管理层及其直系亲属在最近两年内与上市公司业务往来情况以及收购报告书披露的其他内容等进行全面核查，发表明确意见。

总而言之，上市公司收购中的财务顾问，是法律为了保护社会公众投资者的利益而做出的公正和专业的监督安排，目的是将收购双方的收购动机、收购实力、其他相关真实情况和财务顾问的专业评估意见暴露在阳光下，让社会公众投资者清晰明确地了解收购双方的现状，自主、自愿做出投资选择。这就要求财务顾问必须勤勉尽责，遵守其依法合规履行职务的承诺，为上市公司收购把握好评估、审查和建议的第一关。

## 第二节　上市公司收购信息披露

和证券发行、交易信息披露制度的基本出发点相同，上市公司收购信息披露制度目的也在于使投资者充分获得信息，避免发生内幕交易、操纵市场等因信息不对称而损害被收购公司中小股东利益以及其他社会公众投资者利益的行为。因此，上市公司收购信息披露义务人报告、公告的信息必须真实、准确、完整，不得有虚假记载、误导性陈述或者重大遗漏。

但是，上市公司收购信息披露制度又具有不同于证券发行、交易信息披露制度的特点：

其一，收购的信息披露义务人不仅包括收购人，被收购的上市公司也承担信息披露义务，即收购的双方都需要公开相关信息；

其二，在信息披露的具体制度上不仅要求收购人公开收购方案的详细内容，还要求收购人依法定程序不断公开其持有被收购公司股份情况，以提醒被收购公司的股东和其他社会公众投资者有关该公司被收购的进展情况。

上市公司收购信息披露制度的内容主要体现在以下几个方面：

1. 大比例持股公开

大比例持股公开是指上市公司的投资者或股东在持股达到一定比例时，需要报告并公开其所持股份增减状况。大比例持股往往是收购人收购上市公司的前兆，其公开一方面使社会公众投资者对收购人迅速收集、积累股份的行为及其导致公司股份结构的变动情势有足够的了解；另一方面也提醒社会公众投资者对其持有股票的价值重新进行评估，在充分掌握信息的基础上自主地做出投资判断，防止大股东以逐步收购的方式形成事实上的信息垄断和对股票价格的操纵。

大比例持股公开的具体要求是：投资者单独或者与他人共同持有一个上市公司已发行的股份达到5%时，应当在该事实发生之日起3日内，向证券监管机构、证券交易所书面报告并公告，其后每增加或者减少5%，也应当依照上述规定进行报告和公告。在上述法定报告期限和公告后的法定期限内，持股达到法定比例的投资者不得再行买卖该上市公司的股票。

2. 收购目的公开

收购人的收购目的是被收购公司的股东在自愿、平等的前提下，做出投资判断的主要依据。随着投资者持股比例的逐渐增大，被收购公司的股东对投资者是否收购以及收购目的的揣度也会明显增加，此时，需要收购人公开相关信息，使社会公众投资者了解收购进展的真实情况。

收购目的公开的具体要求有二：第一，收购方及其一致行动人所持有股份达到或者超过该公司已发行股份的5%，但未达到20%的，应当向证券监管机构报告并公告其权益变动报告书，说明收购资金来源、股权控制关系等；第二，收购方及其一致行动人持有股份达到或者超过该公司已发行股份的20%，但未超过30%的，需要报告和公告权益变动报告书，说明被收购公司的股权关系、收购事项、关联交易、未来安排等。

3. 被收购公司董事会对该收购所持意见公开

虽然上市公司收购是收购人与被收购公司股东之间的股份交易，与被收购公司的董事会没有直接关系，但公司的控制权掌握在董事会手中。收购会导致公司控制权的转移，其后果意味着包括更换公司董事以及其他管理层、改变公司经营策略等在内的一系列变化，对被收购公司管理层的利益至关重要。被收购公司的管理层为了维护自己的利益，往往会利用公司董事会的权力促成收购或者采取各种措施挫败收购。无论哪一种情况都直接关系到被收购公司中小股东的合法权益。而且被收购公司的中小股东在决定是否接受收购要约之际，该公司董事会的态度，是一项重要的参考。信息披露制度要求被收购公司的董事会对收购人的资信情况以及收购意图进行调查，并公开其对收购所持意见，这是监督、防止董事会成员牟取私利、内幕交易的有效措施之一。

4. 持续信息公开

收购人购买并持有上市公司的股份达到可以取得公司控制权的持股比例，是一个持续的过程，其所用时间或长或短，持股变化或多或少，都牵动着社会公众股东的神经。因此，除了临时达到法定持股比例造成股东权益重大变动需要及时公开之外，投资者及其一致行动人在公开之日起6个月内，需要对其所持股份在法定比例以内的变动做出报告和公告，如果收购上市公司完成，控股股东或实际控制人例行披露持股情况就需要在上市公司的中期报告、年度报告中反映，中期报告和年度报告按例要公开公司前10位股东持股的变化情况。

## 第三节　上市公司收购方式

常见的上市公司收购方式有要约收购和协议收购两种，还由此派生了强制要约收购和管理层收购等方式。

### 一、要约收购

要约收购是指收购人通过向被收购公司所有股东发出在要约期满后以一定价格购买其持有股份的意思表示而进行的收购。

收购人发出的收购要约具有以下法律特征：

第一，是按照一定价格购买股份的意思表示。上市公司控制权本身具有价值或经济利益，收购是为取得公司控制权而来。因此，一般认为要约收购公司股份的价格应该高于市场的股票交易价格。换言之，收购人应当支付公司控制权溢价。

第二，要约是向被收购公司的所有股东提出，每个股东无论所持股份多少，都平等地享有收购要约约定的权利，譬如，主张收购股价一律平等的权利。

第三，除了收购失败的约定以外，要约不得附有条件，即不存在双方另行商议价格或者"讨价还价"的余地。

第四，要约收购一般与收购人直接在证券交易所买入被收购公司的股票紧密相关，所以又被称为"举牌收购"。

要约收购制度的本意，是在公开、公平的前提下，赋予收购人根据市场供求关系和被收购公司的股权分布情况，灵活选择收购方法的权利，以最大限度地减少收购人的收购成本，实现资源的市场优化配置。因此，投资者自愿选择以要约方式收购上市公司股份的，可以向被收购公司所有股东发出收购其所持有的部分股份的要约，即部分要约；也可以向被收购公司所有股东发出收购其所持有的全部股份的要约，即全面要约。

按照上市公司股份全部可以上市流通的正常市场状况来看，投资者持有上市公司10%—30%比例的股份，为取得公司控制权的最佳持股比例。较低则公司易于为他人收购，较高则持股成本或者控制公司的成本也大，不符合经济学原理的"二八法则"。"二八法则"寓意在绝大多数情况下，都会出现约20%的少数人利用其资源控制约80%的多数人及其资源的情形。《上市公司收购管理办法》规定，收购人以要约方式收购上市公司股份的选择持股比例，在该上市公司已发行股份的5%—30%之间。低于5%，表明收购人尚不具备要约收购上市公司的实力与诚意；高于30%，收购人欲继续收购的，则表明收购人欲凭借收购实力对该上市公司的控制权实行全面、彻底的垄断，不仅容易形成其对该公司股票价格的操纵，而且对剩余股份的正常交易或流通极为不利。如不加以限制，就会侵害该上市公司中小股东的利益。因此，收购人单独或与其他一致行动人联合持有一个上市公司发行在外的股份达到30%而欲继续收购时，依法应当向该上市公司所有股东发出收购该公司全部或者部分股份的要约公告，以显示公平。这一制度在法律上称为强制要约收购。①

强制要约收购是上市公司收购中的一个极为重要的制度，它规定收购人对一个上市公司的持股比例不论以何种方式从30%以下拟增持至30%以上，或者已持有30%而拟继续增持的，均应发出收购要约，除非收购人依法向证券监管机构提出豁免强制要约收购的申请，并获得批准。

强制要约收购结合了保护中小股东利益和强化资本市场优化资源配置功能两方面的考虑，是将公平与效率有机结合的制度典范。从保护中小股东利益着眼，强制要约收购按照正常市场中控制一个上市公司所需股份的一般规律，设置假定收购人收购成功和保证公司股份流通性需要持股30%的比例上限，将收购人以不低于其为取得控制权所支付的价格向其余所有股东发出收购要约，为公司中小股东提供退出机会。强制要约收购30%的持股比例上限，最大限度地满足了收购人取得上市公司控制权和保持公司剩余股份市场流通性的双重需求，为公司原控股股东进行反收购以及其他投资者进行再收购留足了市场空间。

在上市公司股份处于全流通的状态下，通过证券交易所交易取得一个上市公司的控制权，30%的持股比例是比较合理的最高限度。在我国资本市场早期著名的举牌收购案例"宝延风波"中，宝安实业公司及其一致行动人购入持有19.8%比例的股份，成为上海延中实业的第一大股东，取得了公司控制权。天津大港油田所属"炼达"、"重油"、"港联"三家关联企业仅购入10.016%比

---

① 《上市公司收购管理办法》第23—27条。

例的股份，就控制了上海爱使股份公司，其后天天科技公司接替大港油田入主爱使股份公司，也仅持有 10.09% 比例的股份。在美国纳斯达克市场，盛大网络公司以 19.5% 比例的持股，成为网络媒体新浪公司的第一大股东。凡此种种表明，只要资本市场是一个上市公司股份正常全部流通的市场，收购上市公司的持股比例就不需要很高，这在为收购人节约大量的收购成本的同时，也鼓励更多的收购人依法合规收购上市公司。

要约收购还需要关注以下方面的问题：

1.要约收购的期限

要约收购的期限是指要约的有效期间。证券法律法规规定要约收购的期限，是为了让被收购公司的中小股东有较为充分的时间了解收购人收购意图并做出投资决定，同时也对收购人的收购行为进行合理约束，监督收购人依法完成收购。要约收购期限规定得过短，收购信息传递不充分，不利于保护中小股东的利益。要约收购期限规定得过长，又会使被收购公司长期处于前途未卜的状态，不利于其稳定发展。《上市公司收购管理办法》规定，要约的收购期限不得少于 30 日，并不得超过 60 日。在此期限内，收购人不得卖出被收购公司的股票，也不得采取要约以外的形式和超出要约的条件买入被收购公司的股票。

2.要约收购的变更

要约收购的变更，是指收购要约生效后，要约人对要约条件进行修改的民事法律行为。收购要约作为一种对被收购公司股东和资本市场具有重大影响的意思表示，一经公布，即发生法律效力，收购人在收购要约的承诺期限内，应自始至终地受其约束，不得随意变更。但是，上市公司收购过程中的情势复杂多变，确实存在一些收购人需要变更要约条件的情况。例如，收购人面临其他要约人的竞争，需要提高要约收购的价格，以保持收购人地位，这对社会公众投资者有益无害，应当允许。收购人变更收购要约，需要事先向证券监管机构及证券交易所提出报告，经批准和公告，并适度延长收购期限，方可实施。

3. 对要约收购的承诺

对要约收购的承诺是指被收购公司的股东，在法定期限内做出的同意以收购要约的全部条件向收购人卖出其所持有股份的意思表示。在要约收购约定的收购期限内，被收购公司的股东随时可以做出同意接受要约的意思表示，而且可以在法定时限内撤回其已做出的意思表示。要约收购期限届满，发出部分要约的收购人要按照收购要约约定的条件，购买被收购公司同意要约条件的股东的股份，当该股份的数量超过预定收购数量时，收购人需要按照同等比例收购。发出全面要约的收购人应当按照收购要约约定的条件，购买被收购公司同意要约条件的股东的全部股份。

4. 要约收购的法律后果

其一，由于要约收购的法律行为性质及其对资本市场和被收购公司股东利益的重大影响，在约定的承诺期限内，收购人不得撤销其收购要约。对于上市公司收购这样重大的投资行为，要约人发出收购要约，即为"一言既出，驷马难追"的法定意思表示，需要全面信守契约精神。

其二，如果收购人通过要约收购，实现了对被收购公司控制权的接管，需要按照上市公司法人治理结构规范经营管理企业并依法公开各种信息。为了防止收购人利用完成上市公司收购而操纵被收购公司的股票价格，并从股票交易中渔利，损害被收购公司中小股东的利益,《上市公司收购管理办法》规定,收购人持有的被收购公司的股份,在收购完成后 12 个月内不得转让。

其三,收购要约期满,视收购人持有股份在被收购公司总股份中所占比例,确定收购人的地位及其后果。一般来说,收购人在发出收购要约时,已充分考虑了收购可能导致的结果,并在其依法应当披露的信息中对收购可能存在的风险,包括该上市公司可能终止上市的风险,做了充分提示,被收购公司的股东在知悉收购风险的情况下,无论选择继续持有或者卖出股份,都视同其自主、自愿的行为,由此产生的风险理应自担。

## 二、协议收购

协议收购是指收购人在证券交易所股票交易之外,通过和被收购公司股东协商一致达成协议,受让其持有股份而进行的上市公司收购。

协议收购具有如下特点:

第一,协议收购的主体具有特定性。协议收购的出让方为被收购公司的特定股东,受让方为收购人,而要约收购的收购人和证券交易所股票交易的出让方都是不特定的,只是在要约收购的进行过程中,收购人才逐渐特定化。

第二,协议收购以收购人和被收购公司股东订立股权转让协议为形式要件。

第三,协议收购的交易程序和法律规制相对简单,交易手续费低廉,可以快速取得对被收购公司的控制权。

第四,协议收购可以和证券交易所股票交易收购股份同时运用,而要约收购只能单独运用。

从理论上讲，协议收购的标的可以是被收购公司发行的所有股份。我国资本市场早期实践中，协议收购主要用于收购上市公司的非流通股，上市公司收购之所以发生较多的欺诈行为或者侵害中小股东利益的行为，大多数与协议收购有关，其中又与国有股份协议转让的暗箱操作或内幕交易有关。随着"股权分置"改革逐步完成，绝大多数上市公司的股份都是全流通，个别公司的非流通股也有明确的锁定期，上市公司协议收购正本清源，回归市场法治之路。

采取协议收购方式，需要关注以下几个问题：

1. 协议转让股份的信息披露

协议收购的信息披露与要约收购的信息披露大致相似，只是协议收购一次性转让被收购公司的股份比例较大，而且协议收购方式还可以与证券交易所股票交易方式结合在一起使用，所以，证券法律法规对协议收购人信息披露的要求更为严格，具体表现在：

第一，当投资者及其一致行动人通过协议收购方式，持有一个上市公司的股份达到5%时，需要在法定期限内按照法定格式向证券监管机构、证券交易所报告并公告。

第二，其所持股份比例达到5%以后，每增加或者减少达到或超过5%时，都应当依法报告并公告，而且在每次报告的公告前，收购人不能再行买卖该上市公司的股票。

第三，证券监管机构对收购人的收购报告有异议时，收购人在做出纠正之前，不得公告收购报告书，亦不得履行收购协议。

第四，收购人应当披露收购协议的生效条件和付款安排。

2. 协议收购向要约收购的转换

收购人持有被收购公司30%股份比例的持股上限，不仅对要约收购有约束力，对协议收购同样有约束力。这种约束力体现为：

第一，收购人通过协议方式持有股份达到被收购公司已发行股份的30%，继续进行收购时，需要依法向该公司股东发出全面要约或者部分要约。

第二，收购人拟协议收购一个上市公司的股份超过30%的，超过30%的部分，应当改以要约方式进行，向该公司股东发出全面要约。[①]

3. 协议收购过渡期的禁止行为

以协议方式收购上市公司，从双方签订收购协议到完成股份登记过户，往往需要一段时间，在此期间，收购双方要完成收购文件的报告和公告，财务顾问要出具专业意见，收购股份比例超过30%要申请强制要约收购豁免，支付收购款项等。此段时间或长或短，视收购进展快慢而定，是法定的上市公司收购过渡期。由于这段时间内收购人收购的股份尚未完成交付或过户，相关股权转让的法律行为尚未生效，收购在法律意义上尚未完成，因此，证券法律法规禁止收购人的下列行为：

通过控股股东提议改选上市公司董事会，如果确有充分理由改选董事会，来自收购人的董事不得超过董事会成员的1/3；通过上市公司为收购人及其关联方提供担保；公开发行股份募集资金；重大购买、出售资产及重大投资行为；与收购人及其关联方进行的其他关联交易等。[②]

我国资本市场协议收购与要约收购混搭的典型上市公司收购

---

① 《上市公司收购管理办法》第52条。
② 《上市公司收购管理办法》第47条。

案例，要数万科公司收购案。

2015年7月，前海人寿公司举牌收购万科公司，谋求万科公司的控制权，当时已买入5.52亿股，占万科总股本约5%。其后不到半个月时间，前海人寿及其一致行动人钜盛华对万科二度举牌，持有万科股份11.05亿股，占万科总股本的10%，而前海人寿与钜盛华的实际控制人均为宝能公司集团（简称：宝能系）老板姚振华。

2015年8月初，宝能系再次举牌，宣布又增持了万科5.04%的股份，已经合计持有万科15.04%股份，以0.15%的优势，首次超越了万科原第一大股东华润集团。

但是，到了同年9月，华润集团也通过增持股份，共持有万科15.29%股份，重新夺回万科的大股东之位。

宝能系不甘示弱，又持续买入万科股份，截至当年12月18日，宝能系对万科的持股比例增至22.45%。面对宝能系咄咄逼人掌控万科公司的态势，万科公司管理层先发制人，向深圳证券交易所申请了停牌，宣称公司将发行新股、筹划重大资产重组等事项。

万科公司管理层筹划通过发行新股购买深圳地铁资产，在引入新的大股东深圳地铁的同时，意图稀释公司原总股份，使宝能系的收购落空。这一方案同时也会使其他股东的股份遭到稀释，首当其冲损害了原大股东华润集团的利益，华润集团转身联手宝能系，对万科公司管理层提出质疑，并对万科资产重组方案投了反对票。

2016年6月，宝能系在持有万科公司大比例股份6个月之后，向万科公司管理层发出通知，要求罢免包括王石、郁亮在内的万科公司10名董事、2名监事。至此，宝能系亮出了底牌，旨在终结万科公司的"王石时代"。

宝能系要求罢免万科现有管理层，直接激起了万科公司方面的强烈反对。除了王石、郁亮等带头大哥率领管理层继续寻求地方政府、中国证监会、恒大集团、深圳地铁等各方面的援手之外，还动员媒体、社会公众股东给予反收购支持。万科工会也以宝能系要约收购违反法定程序、信息披露违法、损害股东利益等理由起诉宝能集团，请求判令宝能系后续增持行为无效以及不得行使表决权、提案权、提名权等。显然，通过法律诉讼解决万科股权之争的胜算把握基本没有。

然而，当万科管理层与宝能系酣战之际，恒大集团却开始买入增持万科股份，并迅速成为持有14.07%股份比例的第三大股东。恒大的加入，再一次改变了万科大股东之间的博弈格局。2017年初，深圳地铁已经通过协议受让了华润集团持有的万科15.31%股份，华润集团在博弈中选择了退出。2017年6月，恒大又将其持有的万科股权以亏损的价格悉数协议转让给深圳地铁。于是，深圳地铁合计持有了万科公司29.38%的股份，成为万科公司的控股股东，宝能系的收购目标黯然终结，万科收购案也历时近两年终于落下帷幕。

可以看出，在这起最终由深圳地铁对万科的收购案例中，先有宝能系的举牌收购，再有万科管理层的反收购，后有大股东之间的联手，继而国有企业大股东之间谈判换筹，国有企业大股东的交易行为及其与恒大集团的联合，是决定这次收购最终结局的关键，其幕后依稀闪现着地方政府的影子。这个结局既规避了法定要约收购持股30%的上限，深圳地铁又以600多亿的资金控制了市值超过2300亿的房地产企业的龙头老大，使万科依然保持在地方政府的最终控制之下。宝能系的结局只能是选择退出，但就万科股价在收购落幕后的走势看，宝能系也是赢家。这场博弈最落寞的一方就是万科公司曾经的老大王石及其管理层团队，他们的离去，是公司收购终局后的必然结局。[1]

当然，恒大集团以亏本的价格转让股份，也不是在做股市的"活雷锋"。国泰君安的研究报告显示，恒大集团已经在深圳储备了21个旧房改造项目，预计的销售金额达到惊人的4025亿。旧房改造项目需要地方政府的大力支持，恒大集团通过协议转让股权送给国企深圳地铁的"礼包"，一定会在其深圳项目的实施中得到回报。[2]

### 三、强制要约收购豁免

不论要约收购方式还是协议收购方式，但凡收购人持有被收购公司股份达到或超过该公司已发行股份的30%，收购人继续收购的，依法均需向该公司股东发出全面要约或者部分收购要约。[3]30%这一上市公司收购的法定持股比例上限，是市场规律决定的上市公司收购活动中兼顾公平与效率的平衡点，也是收购人收购法律行为从自愿到被强制的转折点。

要约收购方式因为是在公开的交易市场里通过买入股份进行，

---

[1] 周祺瑾:《回望君万之争：22年过去，王石的战术如出一辙》,《澎湃新闻》2016年7月23日。
[2] 康殷:《292亿受让恒大持股 深圳地铁终成万科大股东》,《证券时报》2017年6月12日。
[3] 《证券法》第88、96条。

收购人的收购行为随时要考虑市场供需状况的变化和买入持有股份的成本，当收购方持股比例达到30%时，其欲继续买入股份，进一步增加持股比例，表明其完全控制被收购公司的意愿强烈，就需要向公司所有股东发出收购要约，以公平地保护所有股东的权益。

通过协议收购方式收购上市公司的持股比例达到30%时，因为收购行为是收购与被收购双方私下协商完成，而且收购行为涉及转让的股份总额或许一次就超过了30%，这时如果按照强制要约收购的规定，向公司所有股东发出全面收购要约或者部分收购要约，无疑会大大增加收购方的收购成本。为了收购的交易公平起见，《证券法》第96条规定了"经国务院证券监督管理机构免除发出要约的除外"情形，即协议收购中的强制要约收购可以依法豁免。

资本市场的复杂性和收购人、被收购上市公司的多样性，决定了证券法律法规需要针对上市公司收购中的不同情况，做出既不违反公开、公平、公正原则，又能切合实际、灵活变通的制度安排。强制要约收购豁免则体现了一般与特殊、普遍与个别、整体与局部的"合而不同"的立法精神，使制度安排更具有实用价值。

我国资本市场许多上市公司国有股占较大股份比例，运用协议收购转让国有股，对在稳定市场的前提下实现资源优化配置十分重要。与之相比，要约收购虽然公开性更高，有助于活跃市场交易，但其更适合于股权结构较为分散的上市公司，收购成本相对高昂。正是因为此类上市公司股权结构较为分散，收购人持有其10%—30%比例的股份，足以取得该公司的控制权，故而强制要约收购豁免对要约收购人来说，并不具有特别重要的意义。

强制要约收购豁免主要适用于协议收购，其重要性在于：

第一，有利于国有股份协议转让顺利实现。国有股东持有上市公司股份占该公司总股份的比例往往超过30%，对上市公司拥有绝对控制权。国有股份一次性转让如果受到强制要约收购的限制，显然无益于有效利用国有资产或者国有股权。依法豁免强制要约收购义务，不仅可以为协议收购双方节约收购成本，还可以促进国有控股上市公司向混合财产所有制的上市公司转变。

第二，有利于被收购公司进行资产重组。许多被收购的上市公司面临严重财务困难，亟须新的控股股东对公司进行重大资产重组。依法豁免强制要约收购义务，减少了收购的中间环节，为被收购公司进行资产重组赢得了时间。

第三，有利于尊重被收购公司股东大会的选择权。被收购上市公司股东大会依法做出同意本公司被收购的决定，是公司股东合法意志的体现。依法豁免强制要约收购义务，顺应了被收购公司股东的集体要求，是在坚守市场一般规则的前提下，对个别上市公司具体情况的依法变通处理。

第四，有利于解决因客观原因造成上市公司大股东高比例持股的问题。在上市公司中，除了有历史原因造成国有股份占公司股份总额高比例的现象之外，还可能有其他客观原因。譬如，因发生继承，导致投资者持股超过该上市公司已发行股份的30%；上市公司因向特定股东回购股份，减少股本，导致大股东持股超过该公司已发行股份的30%等。这种高比例持股情形发生，不符合持股人的本意，在其协议转让股份时加以严格限制亦无法理根据，依法豁免其强制要约收购义务，体现了市场制度的公平原则。

由于强制要约收购豁免是由证券监管机构对协议收购当事人法定义务依法酌情豁免，不免带有主观审视的因素，为了更大程度上保证其做出公正决定，收购人提出强制要约收购豁免申请，除了应当聘请财务顾问出具专业意见之外，还应当聘请律师出具法律意见。[①]

### 四、管理层收购

管理层收购，简称 MBO（Management Buy-Out），是指上市公司董事、监事、高级管理人员、员工或者其所控制、委托的机构，以直接或者间接的方式拟取得本公司的控制权。

管理层收购发端于 20 世纪 80 年代的美国。其最初创制的目的是上市公司的管理层利用自有资金或从外部融资，购买本公司的股份，改变本公司的股权结构，重组本公司资产并获得预期收益。由于国外资本市场上市公司收购行为相对公开，自律性较强，管理层收购在激励公司内部积极性、降低代理成本，改善企业经营状况等方面起到了积极的作用。在其后的实践中，管理层收购又出现了另外两种形式：一是由公司管理层与外来投资者组成投资集团共同实施收购；增加了收购的实力；二是公司管理层收购与员工持股计划相结合，通过向本公司员工发售股份，进行股权融资，在免交税收，降低收购成本的同时，增强了公司的凝聚力，激励员工与公司管理层同心同德，共谋发展。

管理层收购与公司股份回购形同而质异。公司股份回购也是

---

① 《上市公司收购管理办法》第64条。

由公司管理层决定收购本公司发行在外的股份，但收购的目的却与管理层收购大异其趣：管理层收购一般是为了取得本公司的控制权，从而体现和巩固管理层在本公司的控制性利益，其收购条件与程序和要约收购、协议收购完全一致，只是收购主体不同而已。公司股份回购则是上市公司出于财务或经营方面的考虑，在法律允许的范围内，合理运用股份公司的股权设置机制，促进公司自身改进经营管理。根据《公司法》第143条规定，公司可以因减少公司注册资本、与持有本公司股份的其他公司合并、用股份奖励本公司员工等情形，收购本公司的股份。但是，股份回购一是要有股东大会的决议；二是一般不能超过本公司股份总额的5%。

与成熟市场经济国家的管理层收购相比，我国资本市场出现的管理层收购尚有差距。前者主要是公司管理层，即职业经理人，通过自身参与收购，实现企业价值，是充分市场化的行为。后者是以国有企业实施股份制改革为背景展开，有政府的行政力量推动，目的在于确认企业家在企业发展中的贡献，用资本的方式固化管理人力资源的价值，为企业家提供股权激励。同时，还可以借此解决国有企业产权不明、被内部人控制的弊端。

在我国的管理层收购实践中，通过管理层收购来获取上市公司的控制权，并不是主要目的。大多数国有企业的控制权本来就为其主要负责人所掌握，企业改制上市之后，因国有股份"一股独大"，这些上市公司的管理层通常有恃无恐。面对作为国有股东的政府部门，其有经营授权在身；面对中小股东，其有公司控制权在握，无需中小股东投票支持。因此，中国式管理层收购的目的，是管理层要在企业股权构成中体现其长久乃至永远的控制性利益。

国内的管理层收购完成后，管理层的持股比例往往比较低，只能达到20%—30%的相对控股水平。譬如，宇通客车控股股东宇通集团的管理层通过设立上海宇通投资公司，持有宇通客车17.19%的股份；浪潮信息控股股东浪潮集团的管理层通过设立山东德盛科技发展有限公司从山东省财政厅协议购得浪潮信息25%的股份；山东海龙公司管理层和员工出资设立两家公司，通过协议收购法人股和司法拍卖获得国有股，掌控了山东海龙29.22%的股权。西方国家管理层收购通常都要达到80%—90%的绝对控股水平，以显示收购的管理层对公司的绝对控制。我国管理层收购的实质是，通过股权交易实现管理层对公司的相对控股，用杠杆手段谋取对公司国有资产以及其他股东资产的支配权。①

伊利股份公司的管理层收购曾经在我国资本市场引起轩然大波，对以郑俊怀为首的原伊利股份管理层是否在公司收购中利用职权、谋取私利、涉及犯罪，今天仍存争议。郑俊怀曾执掌伊利股份22年。伊利股份公司的前身是呼和浩特市回民奶食品厂，原来固定资产40多万元、年利税不足5万元，1993年完成了股份制改造，1996年伊利股票上市，成为全国乳品行业第一家上市公司，借助公司发行上市募集的资金，伊利迅速发展成为全国大型乳业集团，净资产总额增长了118倍。面对公司蓬勃发展，郑俊怀和伊利管理层感到自己作为公司创业功臣，利益并没有得到应有的体现。应该采取一些措施持有公司股份，与公司一起成长。他们

---

① 王檬檬:《从伊利集团收购案看我国上市公司管理层收购存在的问题》，《现代经济信息》2012年第9期。

想到了管理层收购。

1999年至2001年,他们注册了一家私营的华世公司,以华世公司名义收购其他社会投资者持有的伊利股份法人股。当时法人股尚未上市流通,但股东权利与流通股完全一样,这就涉及公司被管理层收购的一系列法律问题。由于他们没有其他收购资金的来源,只能以单位名义贷款1500万元,并挪用150万元供华世公司收购法人股。2004年7月,有关部门介入伊利公司调查,认定郑俊怀及其管理层利用职务之便,挪用公款,谋取私利,具有挪用公款犯罪嫌疑,最终参与收购的伊利股份管理层主要成员悉数被法院判刑。[①]

伊利股份管理层收购以管理层获刑的结局收场,是因为触犯了三个方面的利益:

其一,管理层收购没有事前与员工利益或员工持股计划结合,是管理层利益的单独诉求,没有员工的支持,以致收购走向了员工的对立面;

其二,触犯了地方政府所代表的国家利益,虽然伊利股份前身是个小食品厂,但它是国有企业,没有地方政府支持,伊利股份上市发展几无可能,伊利股份发展壮大后管理层意欲甩开国有大股东单干,犯了中国的商家大忌;

其三,侵犯了社会公众股东的利益,社会公众股东对管理层收购有知情权,而伊利股份管理层始终对其收购行为遮遮掩掩,不敢公开,这也是导致证券监管机构介入调查的诱因。

---

① 汤计:《伊利原高管二审获刑 郑俊怀入狱6年》,《新华网》2006年5月22日。

鉴于管理层收购中存在的管理层与控股股东以及社会公众股东之间的利益冲突，需要对之强调以下方面：

1.加强管理层收购信息披露的监管

管理层收购中之所以经常有作弊行为发生，在于被收购的上市公司信息分布不对称。一方面，管理层直接控制上市公司，其所掌握的公司内部信息远多于其他大股东；另一方面，管理层直接从事企业经营管理，占有并获得信息的能力大大强于中小股东，他们最有可能利用这些信息为自己谋取利益。所以，管理层收购除了需要有职工代表参加、主要债权人和中小股东介入之外，需要依法披露相关重要信息。譬如，管理层、员工持股会等与其一致行动人的股权控制关系结构，管理层买入公司股份的价格、资金来源、资金数额、其他支付安排以及对收购所欠债务的归还方式等。此外，管理层收购要求公司高管在诚信记录、履行对公司忠诚义务等方面没有瑕疵。[1]

2.发挥独立董事的监督作用

独立董事在法律意义上是上市公司所有股东，特别是中小股东的代理人，负有监督公司管理层改善管理以维护全体股东利益的责任。独立董事可以通过公司法人治理结构，发挥其监督作用，保证管理层收购的公开与公平。《上市公司收购管理办法》规定，实行管理层收购，公司董事会成员中独立董事的比例应当达到或者超过1/2，收购应当经董事会非关联董事做出决议，且需取得2/3以上的独立董事同意，在提交公司股东大会审议通过之后，才能向证券监管机构申报收购方案。

---

[1] 《上市公司收购管理办法》第51条。

### 3.通过证券服务机构的专业服务，监督管理层依法收购

管理层收购不仅涉及公司管理层与上市公司主要大股东、主要债权人、职工代表或工会组织、政府主管部门的沟通谈判，还涉及进行资产评估、融资安排、公司发展战略设计、资产重组、员工安置等诸多环节，与协议收购、要约收购的流程没有本质区别，只是因为管理层直接控制着公司，有可能利用掌握控制权之便，谋取私利或者暗箱操作，所以应当聘请有资格的资产评估机构提供公司资产评估报告，聘请独立财务顾问就收购出具专业意见，并向证券监管机构申报相关收购文件等。

## 第四节 上市公司收购的反收购

上市公司作为资本市场的投资或收购对象，既然有投资者的收购，也必然会有其控股股东、实际控制人、管理层、持股员工等的反收购。所以，从理论上讲，反收购应当是收购制度的组成部分，有些国家也用法规或者判例肯定了正当的反收购行为。譬如，英国《伦敦城收购与合并守则》对以反垄断名义进行的反收购行为予以支持[1]；美国法院在反收购案件的审理中确立并发展了以被收购公司管理层履行信托义务为基础的商业判断原则。《上市公司收购管理办法》第8条以原则规定的形式肯定了反收购："被收购公司董事会针对收购所做出的决策及采取的措施，应当有利

---

[1] London City Code on Takeovers and Mergers，伦敦城收购与合并委员会制定，1968年颁布。

于维护公司及其股东的利益，不得滥用职权对收购设置不适当的障碍，不得利用公司资源向收购人提供任何形式的财务资助，不得损害公司及其股东的合法权益。"对这一规定的解读是：被收购公司董事会为了公司及其股东的利益，有权依照法律法规和公司章程的规定，对收购人收购公司的行为进行反收购。

纵观中外资本市场发生的反收购案例及其最终结局，所得出的经验总结是：

第一，反收购只能为维护公司及其股东的合法权益而做出。上市公司收购是资本市场配置资源功能的具体体现，资本市场的存在和公司上市的魅力就在于构成公司资本的股份的流动性及其带来的公司被收购的可能性。收购在利用市场实现资源优化配置的同时，也促使上市公司管理层努力改善经营，竭尽对公司股东勤勉、忠诚的义务，否则，一旦公司被收购，其命运可想而知。上市公司管理层以维护公司股东利益之名，利用反收购来维护管理层的既得利益，本来无可厚非，这也是管理层服务于公司的基本出发点。但是，股份公司的股东利益高于一切，如果反收购障碍构成对股东利益的对抗，这种反收购虽然可能在短期内维护被收购公司一部分股东、管理层和部分员工的既得利益，但从资本市场大局和投资者的整体利益来看，不利于资本市场的活跃和健康发展。所以，法律制度对反收购只能是出于维护公司及其股东利益的原则性的肯定，而不宜详细规定，更不宜正面弘扬。目前我国《证券法》没有对反收购做出具体规定。

第二，反收购只能在被收购公司股东大会决议或者授权的前提下进行。反收购措施通常都是由被收购公司的管理层提出和实施，如果管理层表现强势，对股东大会没有应有的尊重，其决策可能失去股东大会的支持。对此,可以借鉴的措施有:一是在公司章程中将涉及公司管理层针对收购而采取相关反收购措施的情形具体列明,做出根据不同情形召开股东大会或者由股东大会予以授权的明确规定,以防止管理层僭越;二是在处理涉及反收购的争议仲裁或诉讼中,被收购公司管理层负有证明其采取反收购措施是为履行股东信托责任的举证义务,如果不能证明,则推定其反收购措施与维护公司股东利益无关,系管理层滥用职权,宣布反收购措施无效。

第三,反收购只能按照证券法律法规和规章确定的上市公司行为准则来实施。上市公司行为准则不仅体现在公司章程中,而且反映在相关法律法规的具体规定中,公司章程必须符合相关法律法规的规定。

在资本市场制度相对完备的今天,上市公司行为的绝大部分内容都已经规范化,公司自主决定行为准则的空间也有相关规则指引。规范化意味着过去在自由资本主义时代倡行的"公司自治"原则已经让位于现代资本市场的法治原则,公司行为必须在公开、公平的前提下进行,上市公司部分股东以及管理层的利益,不能与上市公司全体股东乃至社会公众投资者的共同利益相抵触。

在中外上市公司反收购实践中,如果被收购公司管理层设置某些反收购措施,收购人对之提出异议时,管理层有义务证明其是为公司多数股东的利益而做出的安排。1998年,大港油田及其关联企业收购上海爱使股份公司时,受到爱使公司章程中反收购条款的限制。例如,规定董事会由13人组成,董事任期届满前,股东大会不得无故解除其职务。这种将董事任期置于股东大会决议之上的条款,明显具有阻碍正当收购、维护公司现有管理层既得利益的意图。后来爱使股份公司的收购与反收购双方以达成和解而收场，但其收购本身带来的对反收购措施合法性的讨论至今仍在持续。

## 第五节　上市公司重大资产重组

### 一、上市公司重大资产重组概说

资产重组的本意是指企业自身以及与市场其他主体在资产、负债、所有者权益等项目之间的调整或交易，从而达到企业规模与效益最佳匹配，即资源有效配置的行为。从企业作为生产经营活动主体，不断追求经济效益的角度而言，每个企业在不同的时段或大或小都需要进行资产重组，或者说，只有不断、有效地进行资产重组，企业才能超常规发展，做大做强。

资产重组分为内部重组和外部重组。

内部重组是指企业内部进行资产、负债优化组合，包括剥离不良资产、裁减冗员，以期充分发挥现有资产效益，从而为企业所有者带来最大收益。这种重组仅是企业内部管理机制和资产配置发生变化，所有权不发生转移。

外部重组是企业与其他主体之间通过资产买卖、债务抵消或置换、股权互换、现金或资产注入等形式，配置优良资产，使资产效益得以充分发挥，从而获取最大收益。这种资产重组，涉及资产或股权在不同所有权主体之间发生转移或者公司用股份购入资产，增加新的股东，与公司并购紧密相关。

无论企业内外部资产重组，达到一定的规模或比例，就会改变企业的主营业务、收入、利润等。如果是上市公司，大规模的资产重组涉及公司的资产交易、股权交易或者资产与股权相结合的交易，自然又会对社会公众股东的权益产生重大影响。因此，证券法律法规需要对资本市场上市公司的重大资产重组予以明确的规制，以维护公平、公开的市场交易秩序。

上市公司重大资产重组与上市公司收购的联系和区别是：前者是包括了与公司所有人、财、物、权益相关的重大改变或者变更的行为，理论上也包括了与上市公司收购相关的一切活动，后者仅是公司股权方面发生的变动；前者可以只是资产实物的购入与出售，后者表面上是公司股东和股权结构变化，实际上往往伴随着后续的实物资产重组；前者可以将上市公司收购与重大资产重组相结合，以致难分彼此，后者只强调收购方式和股权变化，即公司控制权的取得；前者在监管报告流程上，既可能涉及新股发行上市交易，又可能涉及重大资产买卖评估等，后者只涉及公司收购流程监管。

中国证监会制定的《上市公司重大资产重组管理办法》将重大资产重组定义为："上市公司及其控股或者控制的公司在日常经营活动之外购买、出售资产或者通过其他方式进行资产交易达到规定的比例，导致上市公司的主营业务、资产、收入发生重大变化的资产交易行为。"从这一定义出发，结合股票发行、上市交易和上市公司收购，可以看出重大资产重组具有以下特点：

第一，重组发生在上市公司及其所控制的公司的日常经营活动之外，与公司日常生产经营无关。上市公司日常经营也有重要的资产购置或者生产线、生产设施的买卖等，其属于公司日常经营活动的一部分，不会影响公司整体或全局的资本运营安排。

第二，重组可能是购买、出售实物资产，也可能是"其他方式进行资产交易"，其中不排除股权交易以及股权和资产相结合的交易，换句话说，资产交易可能以股权收购、转让或者发行股份的方式进行。

第三，重组需要达到公司现有资产的一定比例，才能视为重大重组。对公司内部重组而言，购买、出售的资产总额占公司上一会计年度期末资产总额50%，其产生的营业收入占公司收入的50%，或者其净资产额达到公司净资产的50%，都视为重大重组。对公司外部重组来说，以公司控制权发生变更之日为标志，公司购买、出售的资产总额、其所产生的营业收入、利润、净资产额等占前一会计年度期末同一科目的100%，或者公司做出首次向收购人购买资产发行股份决定的股份数，占到决定做出前一日公司股份的100%，都视为重大资产重组。[①]

在我国资本市场实践中，上市公司内部的重大资产重组少有发生，因其不涉及股权重大变更或公司控制权转移，一般不会侵害社会公众投资者利益，也不会引起市场关注。上市公司外部资产重组直接与公司收购或者公司发行股份购买收购人的资产关联，容易产生虚假陈述、内幕交易或者操纵市场等违反证券法律法规的行为，是法律规制和监管的重点。

上市公司重大资产重组往往又和上市公司自身经营陷入困境、资产负债率居高不下相关联，投资者将这种具有股票挂牌交易资格、但经营持续亏损、缺少优良资产的上市公司称为"壳资源"，

---

[①] 《上市公司重大资产重组管理办法》第11—13条。

为保"壳"或者买"壳"而进行的资产重组构成了在我国资本市场比单纯的上市公司收购更为常见的重头戏。以至于中国证监会针对重大资产重组制定规则的同时，在发行审核委员会中又专门构建了并购重组委员会，专门审核基于重大资产重组而发生的上市公司并购。[1]

资本市场通过证券交易配置资源的优势决定了在股票发行上市之外，还有更多的股份交易、资产交易、公司控制权交易等相关交易行为来调动投资者的积极性，这些交易行为在更为广阔的平台上展示了各类上市公司、投资者、证券公司和证券服务机构等，进行资本运作和提供相关服务的水平与能力，也显示了资本市场的巨大潜力。上市公司重大资产重组因其交易对象特别，资产和股权交易规模庞大，更需要各类证券服务机构参与，除了会计师、律师、财务顾问之外，专业的资产评估师参与尤为重要。资产评估师对参与交易的资产价值的评估，直接关联到社会公众投资者所持上市公司股票的含金量。《上市公司重大资产重组管理办法》也将重大资产重组中所涉及的资产评估及其评估报告作为规制和审核、监管的重点。[2]

上市公司外部的重大资产重组对公司发展的重要性而言，不亚于发行股份，也是社会公众投资者特别关注的资本市场重大事项，为此，《上市公司重大资产重组管理办法》专门规定了重组报告的提交与审核程序，规定了信息披露的流程和要求，具体指导上市公司、收购人以及证券服务机构开展重组活动。[3]

---

[1] 《上市公司重大资产重组管理办法》第8、10条。
[2] 《上市公司重大资产重组管理办法》第17条第三款、第20、23条。
[3] 《上市公司重大资产重组管理办法》第三章、第四章。

## 二、上市公司发行股份购买资产

上市公司发行股份购买资产是指在上市公司重大资产重组中，利用公司股份可以上市交易的退出变现机制，向特定对象发行股份，募集资金购买资产或者用股份置换资产，以提高上市公司资产质量、改善财务状况和增强持续盈利能力。

这种股份发行有以下特点：

其一，属于非公开发行股份。与证券发行人、上市公司公开发行股票所不同的是，发行股份购买资产，是上市公司重大资产重组的举措，旨在改善公司资产和财务状况，扭亏为盈或者增强盈利能力。按照一般的上市公司公开发行股份的条件，公司没有资格公开发行。因此，只能用非公开的发行方式吸引那些对公司"壳"资源有兴趣的大投资者或者机构投资者，用发行股份所购买或者置换的优质资产，给上市公司发展带来转机。

其二，针对特定对象发行。接受发行股份的特定对象通常是对公司"壳"资源感兴趣的收购人、战略投资者或者其他拥有现金、优质资产的未上市公司，他们希图借助对上市公司的重大资产重组，借"壳"上市或者看好上市公司资产重组，进行战略投资，到期变现获利。

其三，针对特定资产。通常上市公司重大资产重组是在公司收购人、公司控股股东、实际控制人、管理层以及其他战略投资者对公司经营状况十分了解，并对可能置入公司的目标资产做了预估之后，决定采取包括公司收购、发行股份、购买资产等一系列行动。这些行动所针对的资产项目具体、清晰、完整，会给上市公司带来财务状况的显著改善。如果没有确定目标资产，或者购买的资产尚未特定化，资产重组就无从谈起，所有有关资产重组的报告文件，包括资产评估报告等，也都无从落实。

基于上述特点，在上市公司并购重组实践中，也将上市公司发行股份购买资产称为"定向增发"，专业人士更是将其简称为"定增"，即上市公司针对特定人发行股份。定向增发的实施方案或者将特定人的资产作价认购股份，形成公司合并；或者向特定人发行股份募集资金，再购买第三人的资产，有的还可以是股权置换、发行新股、募集资金与资产折价购股等多种资产重组手段的结合。

从资本市场已经实施的大量定向增发方案来看，定向增发作为上市公司重大资产重组的主要措施，有以下优势：

其一，有利于上市公司减少关联交易、避免同业竞争、增强独立性。上市公司与其控股股东、实际控制人、收购人以及具有关联关系的其他投资者之间，总有千丝万缕的投资或生意联系，他们也会想方设法利用上市公司股票上市交易和发行新股的平台进行各种利益勾连，与其防止关联交易，利益输送，不如制定规则，鼓励其依法定向增发，将关联交易纳入市场法律规制，在监管机构的监管之下，在信息公开之下，在社会公众投资者利益有所保护之下，完成重大资产重组，有利于上市公司独立经营和发展。

其二，有利于上市公司利用资本市场重新配置资源，促进行业整合、产业转型升级。上市公司进行重大资产重组通常是企业发展需要整合行业资源或者发展遭遇瓶颈，持续亏损，尚有"壳"资源可以利用，通过公司并购和定向增发，将上市公司现有资源充分利用，这是资本市场生生不息的资本运作活动，应予鼓励。

其三，对国家控股的上市公司或企业集团而言，定向增发将集团资产整体上市，有利于企业现代化管理。定向增发可以减少国有上市公司与其控股股东企业集团之间的管理层次，使大量外部性问题内部化，降低交易费用，并能够有效地通过股权激励等方式强化企业管理中的股份市值导向机制，让公司管理层自觉、自励忠实于公司，追求股东利益最大化。

其四，有利于市场其他优质企业通过定向增发并购上市公司，完成间接上市。囿于我国的股票发行核准制以及其他各种原因，优质企业申请首次公开发行股票需要长时间的排队等待以及支付高昂的IPO成本，定向增发为企业上市另辟蹊径，通过用优质资产认购上市公司定向增发的股份，即可与上市公司合并而完成上市，为资本市场置入新鲜主体。

社会公众投资者和定向增发的特定对象对定向增发最为关注的问题莫过于发行确定的股份价格、认购人和其他关联方必须持有股份的时间以及用资产认购股份被评定的资产价格。《上市公司重大资产重组管理办法》对这些问题有明确的规定：

定向增发股份的发行价不得低于市场交易价的90%，市场交易价的参考价格来自于本次股份发行的公司公告之前20日、60日或者120个交易日的交易均价，这一定价原则加上定向增发股份的锁定期，兼顾了社会公众投资者的利益，值得肯定。

定向增发股份12个月内不得转让；定向增发特定对象为上市公司控股股东、实际控制人或者通过本次增发取得上市公司实际控制权者，其股份在36个月内不得转让；非控股股东用特定资产认购股份，其对该资产持续拥有权益的时间不足12个月的，其股份在36个月内不得转让。同时，上市公司原控股股东以及其他用资产认购股份者，其股份在24个月内不得转让。对定向增发的上市公司拥有重大权益的股东，分别以关联关系的紧密程度，确定持有股份时间的长短，体现了证券法律法规的规制作用，对减少和逐步消除重大资产重组中的内幕交易、市场操纵等具有重大意义。[①]

用资产认购定向增发股份的关键环节是该特定资产的定价方式或定价依据。在会计和资产评估专业机构里，有各种不同的评估或者估值方法作为资产定价参考依据，并且有相关资产的利润预测。从法律规制的角度看，需要在定向增发完成后，对该项资产的实际盈利情况进行持续跟踪监管，会计师事务所对此出具专项审核意见。如果出现资产预测盈利低于实际盈利情况，交易对方应当对上市公司做出补偿。这即是说，用资产认购股份，需要资产出售方及其关联人在一定时间内对该资产的质量做出保证。[②]

---

[①] 《上市公司重大资产重组管理办法》第45—46条。
[②] 《上市公司重大资产重组管理办法》第20、23、35、47条。

# 第十三章 禁止的交易行为

## 第一节 禁止的交易行为概说

资本市场高风险和高收益并存的博弈性,使社会公众投资者趋之若鹜,投资与投机经常交织在一起,难以辨别,"赢者为王"的理念在资本市场依然畅行不衰。于是,在公开、公平、正当的交易行为之外,又有各种各样投机取巧、偷奸耍滑、欺诈哄骗、规避监管、暗箱操作、无视规则、妨害公平交易秩序的行为屡屡发生,我国《证券法》将这些行为统称为"禁止的交易行为",用法律规范明确加以限定和禁止。[1]

在所有妨害资本市场公平交易秩序的行为或者"禁止的交易行为"中,尤以采取各种欺诈手段的交易行为最为常见,对市场危害最大,影响最广,也是证券法律规制的重点,其中包括虚假陈述、内幕交易、操纵市场、欺诈客户等行为。1993年9月,我国资本市场初建阶段,国务院证券委员会颁行的《禁止证券欺诈行为暂行办法》将这些行为归类为证券欺诈行为,此后在资本市

---

[1] 《证券法》第四节,第73—84条:禁止的交易行为。

场实践中也通用这一称谓代称那些常见的证券违法违规行为。

各主要国家和地区的证券法律制度都对证券欺诈行为予以明确禁止，一旦发现，则课以重罚，并由欺诈行为人向受害的投资者连带承担赔偿责任。譬如，美国《1934年证券交易法》第10（b）节，对证券交易欺诈行为（Frauds of Securities）作了禁止性规定。同时，美国联邦证券交易管理委员会（SEC）和美国联邦各级法院通过多年的证券监管和司法审判积累了大量案例，对证券交易欺诈行为进行了极富弹性的扩张解释，有效地维护了证券公平交易秩序。

证券欺诈行为是从普通的民事欺诈行为延伸而来。普通的民事欺诈行为是指行为人故意告知对方虚假情况，或者故意隐瞒真实情况，诱使对方做出错误意思表示的行为。这一表述包含了四层意思：

一是欺诈行为只能由行为人的故意实施来构成，过失造成的他人误解则不构成欺诈，是一种双方的误会；

二是行为人或是主动造假，或是将真相隐瞒，都有一种积极的行为；

三是欺诈的目的在于使对方上当受骗，做出错误的意思表示，其结果不利于受骗的一方；

四是欺诈行为向特定或者不特定的人实施，特定的如合同欺诈，不特定的如广告欺诈。

由这四层意思进一步来看欺诈行为人的目的，就是为了牟取非法利益。资本市场公开、公平、公正和诚信的原则表明，证券交易活动要公平、有序进行，最根本的前提是证券发行人、上市公司、担任保荐的证券公司以及证券服务机构等，必须诚信地公开证券发行上市的所有相关信息。如果信息不公开或者公开的信息里面有假，就恰如博弈的双方中有一方偷看了对方的底牌或者自己制造了假牌，将对方置于不公平或者不平等的地位，交易的性质因此完全改变，变成一方对另一方或者社会公众投资者的偷窃。在这种情况下，任由欺诈行为人损害投资者的利益，市场存在的基础就会发生动摇，资本市场秩序就会陷入混乱。禁止并处罚证券欺诈行为的立法本意，就是让交易的双方都在阳光下或者完全看得见彼此的地方，并且在证券监管机构作为主持公正的第三人的有效监管下，进行完全自愿、公平的投资选择或决定。

"禁止的交易行为"或者证券欺诈行为，在本质上是妨碍交易公平、抗拒市场监管的行为。它不仅侵犯了资本市场平等主体之间证券发行、交易和服务关系，而且还侵犯了证券监管机构对资本市场活动的监管关系。换言之，在市场有证券监管机构依法监督当事人或交易各方进行交易的情形下，机构或者个人从事证券欺诈行为，不仅是对投资者、客户合法利益的侵犯，而且是对证券监管机构依法监管权威的蔑视。

所以，"禁止的交易行为"发生或者证券欺诈行为构成，一般要由证券监管机构认定并做出处罚决定，随后才能对相关的投资者或者客户的损失确定民事赔偿责任，涉嫌犯罪的，还要由司法机关追究刑事责任。这种制度安排的法律原理与欧洲中世纪盛行并遗传至近代的决斗习惯颇为相似：决斗的双方要共同推举一位监督人在现场监督决斗进行，如果监督人发现决斗的某一方有作弊行为，即可宣布作弊的一方决斗失败，如果作弊的一方执意顽抗，监督人有权对其进行惩罚，包括将其击伤或者击毙。

法律规范说到底，就是社会公平正义的规则。"禁止的交易行为"或证券欺诈行为由证券监管机构认定和处罚,是执法的制度公正对市场活动公开、公平的保护,是对市场秩序的具体维护。行政处罚之后,由受害人提出相应的民事诉讼请求,落实具体的民事损害赔偿,则是司法制度对受害人个体损失的救济。至于追究涉嫌证券犯罪者的刑事责任,则是国家对资本市场秩序一般性与个别性相结合的统一维护。

## 第二节 虚假陈述行为

### 一、虚假陈述行为概说

虚假陈述,是指证券发行人和上市公司等信息披露义务人、证券公司、证券服务机构等市场主体及其从业人员,证券监管机构的工作人员,在证券发行和上市交易的信息公开或其他活动中,做出虚假记载、虚假陈述、信息误导等违法违规行为。

虚假陈述往往会使社会公众投资者在受骗或者不了解事实真相的情况下做出证券交易决定,蒙受损失,妨害市场公平交易秩序,既属于禁止的交易行为,又可归类为证券欺诈行为,是各国证券法律法规防范和监管处罚的重中之重。

各国证券法律法规对虚假陈述行为都有详尽列举或表述,其内容大同小异,用市场通俗语言来概括表达,就是证券造假行为,其本质上与制造假酒、假药、假商品、假文凭等的造假行为没有什么区别,只是造假的技术水平、参与人数或机构的数量、造假的规模、所造成的损失和影响等,绝非制造假货能比,危害极大。

虚假陈述可以发生在资本市场不同主体的不同活动中。

对证券发行人、上市公司等信息披露义务人而言，发生在证券发行活动中的虚假陈述，可以是首次发行股票中的造假，也可以是配股或增发新股中的造假，还可以是发行公司债券中的造假。发生在证券交易活动中的虚假陈述，可以是定期报告财务数据的造假，也可以是上市公司并购重组、股权变动、对外投资、签订合同、资产买卖、关联交易等重大事件的造假等。

对证券公司、证券服务机构及其从业人员来说，虚假陈述既可以表现为在其提供服务的活动中协助证券发行人和上市公司等信息披露义务人共同造假，还可以是在自身业务活动中对其制作、出具的法定文件的单独造假或者信息误导。

虚假陈述行为对资本市场的最大危害莫过于其对信息披露制度及其诚信基础的破坏。信息披露制度是证券及其衍生产品基本质量的法律保证，诚实信用是信息披露真实、准确、完整的人文基础。证券法律法规通过对虚假陈述行为的禁止和证券监管机构对违法行为人的监管处罚，在使行为人付出违法成本并对受害人进行公平补偿的同时，对培育市场的诚实信用基础起到了不可替代的制度保护作用。

虚假陈述行为主要是由证券发行人、上市公司或者上市公司收购人做出。证券发行人为了使其证券发行申请通过证券监管机构的发行审核，可能采取财务指标造假的手段进行虚假陈述。上市公司或其收购人为了操纵股票价格或者达到收购目的并从中牟利，也会采取虚增利润、虚构盈利项目等方法进行造假。美国上市公司的造假典型是安然公司和世通公司，中国的造假上市公司不胜枚举，较具代表性的是资本市场造假第一案——"银广夏"

造假案。

"银广夏"公司上市后,从1998年至2001年期间利用各种财务数据造假,累计虚增利润达7.7亿元,使其股价从1999年12月30日的13.97元,一路狂升至2000年12月29日填权后的37.99元,折合为除权前的价格是75.98元,2000年全年涨幅达440%,令人瞠目结舌。这个在刚上市还地处西北边远地区一隅、名不见经传的小公司,靠着财务造假创造出来的神话,将自己送上神坛的同时,也掘就了自己的坟墓。2004年12月31日,该公司年度报告每股亏损3.16元,公司净资产为负9.26亿元,实际上已经破产。[①]

在美国,和安然公司造假案相似的另外一件上市公司造假大案是2001年美国世通公司案,由于财务数据造假,直接导致世通公司破产,刷新了美国企业破产案涉案金额的历史记录。

世通公司曾经叱咤全球电信行业,位列财富500强第42位,鼎盛时期雇员总数为8万人,年收入达352亿美元。世通公司的发展成长轨迹,就是不断收购小型地方电讯商。初始的世通公司本身规模有限,每一次收购均能将其财务指标大幅改善,而且在大多数并购中,世通公司都不需要付现,而是以股票交换来达到控股对方的目的,这需要公司财务指标必须通过一次又一次的收购来维持。世通公司在不知不觉中逐步脱离了一家公司正常的轨道:收购成了目的本身,而公司运作的基本层面反倒被遗忘。

1998年,世通公司以370亿美元收购美国长途电话公司MCI,该宗交易金额创下当时的企业并购纪录,公司股价势如破竹般涨升。但是,这次收购也给世通公司带来明显增大的压力。如果按

---

[①] 章瑞:《银广夏,骗局被揭开之后》,《中外企业文化》2001年第20期。

照常规经营，世通公司很难实现优秀业绩。因此，到1999年，世通公司又决定以1150亿美元的惊人价格收购美国主要电信商斯普林特（Sprint）。最终此项收购被美国政府否决，世通公司的命运由此急转直下，盈利和收入增长不断放缓，股价回落，高速增长阶段所亏欠的高额债务成为世通公司不能承受之重。2001年，世通公司高额负债引起美国证券监管机构的关注，为此进行的调查导致公司创始人——首席执行官埃伯斯被迫辞职。在公司内部审计上发现，从2000年开始，世通公司用于扩建电信系统工程的大量费用没有被作为正常成本入账，而是作为资本支出处理，这一会计"技巧"为世通公司带来了38亿美元的巨额"利润"——世通公司财务造假丑闻从此昭然于天下。

美国证券交易管理委员会（SEC）公布的调查资料显示，世通公司通过滥用准备金科目，利用以前年度计提的各种准备金冲销成本，以夸大对外报告的利润，又将巨额经营费用单列于资本支出中，加上其他一些类似手法，使得世通公司2000年的财务报表有了营业收入增加239亿美元的亮点。但是，无论多高明的会计师都不可能将会计报表上的数字变成真金白银。世通公司对财务账目的随意修改甚至撒下弥天大谎，最终导致公司申请宣告破产，首席执行官埃伯斯被美国曼哈顿联邦地方法院判处25年监禁，世通公司欺诈案的受害者们获得超过61亿美元的赔偿，其中包括埃伯斯个人的绝大部分财产。即使如此，许多投资者得到的赔偿金只占其损失的一小部分。[1]

---

[1] 《美国世通公司为什么破产》，《新华网·新华视点》2006年1月16日。

## 二、虚假陈述行为的主体

虚假陈述行为的主体，是指违反信息披露义务或者在证券服务活动以及相关履行职务工作中，违法做出虚假陈述的机构及其人员。

1. 证券发行人、上市公司及其管理层

证券发行人包含两种：一是其证券尚未上市，但处于证券发行阶段的公司；二是股票已经上市但又在进行增发新股、配股、公司债券等再次发行股票或债券的上市公司。它们及其董事、监事和其他高管，都对证券发行、上市承担依法公开法定文件和重大事件的义务，如果做出虚假陈述，必须承担相应的法律责任。

上述人员承担虚假陈述法律责任的归责原则是过错推定原则，即因其对公司负有责任，进而推定其对虚假陈述造成的损失负有责任，如果其证明自己没有过错，尽到了谨慎、勤勉的义务，对虚假陈述行为不知情，则可以免责。在中国证监会对多家上市公司因虚假陈述而做出处罚决定的案例中，并没有将公司所有的董事、监事、高级管理人员全部列入，只是对那些在相关决定或决策中做出同意表示并签署姓名的人员进行了处罚。

2. 负责保荐、承销证券的证券公司及其责任人员

证券公司为证券发行人、上市公司保荐、承销证券，相当于协助发行人、上市公司生产并销售证券这种特殊商品，证券公司通过编制招股说明书、公司债券募集办法、上市报告书等，直接参与了上市证券产、供、销的全过程，是发行人的合作伙伴。凡是有证券公司作为保荐人署名的文件，即是证券公司应对其真实性、准确性、完整性负责的文件，一旦在披露后发现有虚假记

载、误导性陈述或者重大遗漏等情形，或者说双方合作生产出来的证券产品有瑕疵，则表明证券公司未尽到保荐人和承销人谨慎、勤勉的义务，应对其过错给投资者造成的损失承担连带赔偿责任。

证券公司从事证券保荐业务的人员，对证券发行人、上市公司所要披露的信息有无虚假或者资料是否完备负有第一审查人的义务。如果保荐人员与发行人共谋虚假陈述或者对工作疏忽大意，发生重大遗漏，甚至造成投资者的损失，首先要由证券公司承担责任，保荐人员个人也要承担相应的法律责任。保荐人制度的确立，实际上是在证券承销过程中引入了法律责任承担的无过错原则，即保荐人完成对所保荐发行上市证券的保证承诺之后，即自愿承担保证义务，今后在法定期限内发现任何与虚假陈述相关的情形，都包含在其保证义务中，保荐人对其应当承担法律责任。

3.证券服务机构及其从业人员

从事证券服务业务的会计师事务所、资产评估机构、财务顾问公司、资信评级机构、律师事务所等机构，为证券发行、上市、交易、公司并购重组等活动制作、出具的审计报告、资产评估报告、财务顾问报告、资信评级报告、法律意见书等文件，直接体现了该机构及其从业人员对委托事项的专业审查与判断结论。上述机构对其制作、出具的法律文件所依据的文件资料的真实性、准确性、完整性负有核查和验证的法定责任。如果所制作、出具的报告中存在虚假陈述，因过错给投资者造成了损失，该机构要与发行人、上市公司、收购人等承担连带赔偿责任，其直接负责的主管人员和其他直接责任人员也要承担相应的法律责任。

### 三、虚假陈述行为的表现方式

根据做出虚假陈述的方法、手段和所产生的效果，虚假陈述的表现方式可以归纳为以下几种：

1. 虚假记载

这是指以书面记载的方法在信息披露中制造假象、虚构事实的行为。这种行为通常都是由行为人故意做出。由于对事实的误认或者误解而致做出不实记载的情形在理论上可以成立，在实践中没有区别的必要。对接受信息的社会公众投资者而言，不实记载发生，足以表明行为人主观过错，再区分其故意或者过失，于事无补，法律责任上也很难因此而有轻重之别。

上市公司财务数据的虚假记载是虚假陈述行为的防范、监管重点。社会公众投资者一般是通过对公司财务数据的识读，了解公司目前的财务状况，进而判断公司的未来发展。但是，对公司财务会计报表中各项数据的真伪辨别，通常只有财务专家才能做到。大部分中小投资者对上市公司财务数据的识读仍然停留在关注每股收益、每股红利、市盈率、市净率等简单财务指标的阶段，这就为一些上市公司利用财务数据造假来影响股价甚至操纵股价留下较大的空间。譬如，财务数据中的应收账款、存货、资产购置、成本费用等会计科目，往往是造假者借以调账造假，进而虚增利润的工具。

2. 误导性陈述

误导性陈述是指信息披露义务人在信息披露过程中故意或者过失地使用容易产生歧义的表述，致使投资者产生错误的判断和理解，并以此做出错误投资决定的虚假陈述行为。误导性陈述的方法有很多，譬如：在应当披露的法定文件或定期报告中作不实陈述；利用传播媒介发布有关企业经营状况、未来前景的夸大性表述；借企业形象宣传之际发布不实之词；在各种会议、论坛上阐述并不确定的有关企业重大调整或者变化的可能情形等。

误导性陈述的特征有：

其一，所披露的信息内容不完整。一项重大事件或者一个说明报告文件的披露，应当将所要表述的事项或者意思表述完整，如果说了一半，留了一半，"犹抱琵琶半遮面"，就容易产生误导。譬如，1998年4月，在中国证监会处罚琼民源公司虚假陈述案件里，认定琼民源有严重信息误导的行为。琼民源在1996年年度报告称资本公积金增加是通过对四个投资项目的资产评估增值产生，但没有说明资产评估的相关法律程序。实际上，被用来增加资本公积金的评估增值的土地使用权并不属于琼民源，而且该四个项目的资产评估也不具有法律效力。将这种不完整的信息披露给投资者，只会造成严重的信息误导。[①]

其二，所披露的信息的表述不客观。信息披露中有较多的主观见解成分，亦会对投资者构成误导。在证券发行人、上市公司的招股说明书、公司债券募集办法、公司年度报告等文件中，一般都有对未来公司经营前景和可能遇到的市场风险的描述，这是公司对其所处经营环境和竞争能力的认识与把握，不免带有主观成分。因此，表述时必须小心谨慎，尽可能地做到客观。在这方面，会计审计行业规则中的客观性要求最为鲜明。

其三，披露信息时的用语含糊不清，艰涩难懂。信息披露中语焉不详的情形，多是源自披露者的文字表述水平低下或者为了

---

[①] 《中国资本市场20年10大股案之琼民源》，《和讯网·和讯股票》。

追求语句辞藻的流畅华丽,反而疏忽了所要表达内容的准确性。譬如,有的招股说明书中对公司经营前景的表述是:"公司对未来发展充满信心,但国际环境变化不在本公司的操控范围之中,故公司尚不能断言这种变化对公司带来的影响。"这一似是而非的表述令投资者不知所云。

3. 重大遗漏

重大遗漏是指信息披露义务人对应该公开的重大信息因遗漏而没有公开。重大信息所指的是对发行人或者上市公司生产经营活动有重大影响,进而可能影响其股票价格的重大事件的信息。

重大遗漏在主观上既可以由过失构成,也可以由故意构成。故意构成的重大遗漏是指行为人隐瞒重大事项,以消极的不作为对应该公开的信息不予公开。证券发行人、上市公司对重大事件有意隐瞒不报,在本质上属于不作为的造假,与虚假记载和误导性陈述仅仅区别在行为方式上,危害性完全一样。中国证监会处罚郑百文公司证券违法案件中,认定郑百文公司所属家电分公司经公司董事会及董事长李福乾批准,在 1996 年 11 月通过多家证券公司将 36446 万元资金投入股市,共获得投资收益 4504 万元,对以上投资和投资收益,公司均未对外披露,构成隐瞒重大事件行为。[①]

过失构成的重大遗漏,是由于对信息披露的相关要求不了解或者工作疏忽,造成信息披露缺失或者遗忘了某项应该公开的重大事件。相对于隐瞒重大事件而言,其在情节上属于轻微的违法行为,如果没有造成投资者的损失,修补改正即可。

---

[①]《公司传奇之郑百文事件》,《腾讯网·腾讯财经》。

## 第三节　内幕交易行为

### 一、禁止和处罚内幕交易行为的法律意义

内幕交易行为是指证券交易内幕信息的知情人和非法获取内幕信息的人利用内幕信息从事证券交易的行为。

内幕交易也被称作内线交易或内部人交易，用以形容那些利用手中的职权、特殊地位或身份、工作中的便利条件、接触核心机密或者信息的机会等多种途径，获得机密或者信息并以之换取利益或好处的情形。在社会生活中，人们往往看到有打入对方或者竞争对手内部刺探有关秘密信息，或对方有"内鬼"泄露、出卖有关秘密信息的情形，这是"特务"或"内鬼"们从事带有间谍目的的"无间道"。"无间道"用在资本市场上就变成了证券内幕交易。这里的"特务"或"内鬼"们不再是为敌我双方中的哪一方服务，而是为了一己私利或者关系人、小团体的利益，有意用自己无权使用或者不得泄露的信息去损害公开、公平的交易规则和社会公众投资者的利益，在本质上与窃取属于社会公众的财产无异。

对内幕交易行为是否有必要加以严格法律规制，做出禁止和处罚的规定，在资本市场实践中有着不同的观点和看法。

反对者的主要依据是市场有效理论，即信息公开在任何时候都有一个信息的传递过程，即使是依法按时公开的信息也不可能为每一个投资者在第一时间知悉。利用市场信息的尽早知悉追求商业利润，是每一个市场参与者的权利。正是由于内幕人员高效

地提供了内幕信息，使证券交易中的定价更为有效和准确，即证券交易的价格及时反映了交易当时的市场供需状况，有利于市场利用价格来配置资源。

市场有效并且自动调整供需关系这一貌似有理的观点，在为市场有效性辩护的同时，却忽略了效率与公平之间的关系，忽略了市场在很多情况下，特别是在有虚假陈述、人为操纵情况下的无效性。中外资本市场屡屡出现的社会公众投资者买卖股票"跟庄"、"跟风"现象和证券交易阶段性的狂热现象，都表明市场也会无效，而且许多时候市场导向是错误的，因为市场里活动的主体永远是人或者由人组合而成的机构。只要是人，便会有七情六欲，便会有主观想法，便会有自以为是的判断，更会有趋众盲从的习惯。因此，市场有时是疯狂的、盲目的，市场中的"羊群效应"触目惊心。

如果说市场是有效的，那是因为市场必须建立在公平竞争的基础之上，即有严格的法律规制和市场监管机制保障公平交易，让市场参与者面对公开的价格做出自愿选择。进一步来说，市场的效率来自于竞争，而竞争要有规则，并且监督各方遵守规则，如果竞争无规则，或者有规则不为竞争者所遵守，市场必然陷于无序状态，从有效演变为无效。禁止内幕交易只是从市场规制、监管和处罚措施上延伸保护了公平竞争的规则，在这一前提之下，鼓励市场参与者和投资者各显其能，充分竞争。

内幕交易行为造成的实际损失也许比虚假陈述或者操纵市场行为造成的损失要小得多，有的内幕交易从表面上看并未对任何人造成实质性的损害，但它对市场秩序的损害或破坏，恰恰要比实际造成的物质损失大得多。

首先，内幕交易损害了公平交易的市场规则，威胁到市场赖以生存发展的交易秩序。我们知道，由社会公众参与的秩序，无论是治安秩序、交通秩序、贸易秩序等，无一不是为大众的利益着想并服务，这些秩序能够得到维护的前提，是所有的参与者遵守规则，依法合规办事。内幕交易虽然是个别人的行为，貌似无碍大局，但其侵犯的对象恰恰是交易秩序，是对市场公开、公平、公正原则的公然蔑视，对其处罚，不是对某个受害人的补偿或救济，而是对社会公益的维护。

其次，内幕交易侵害了未参与内幕交易的其他投资者的平等地位和知情权。就内幕交易具体涉及的某一只或某几只股票而言，虽然它们在拥有几千只股票的资本市场里并不起眼，但却直接关联着买卖这些股票的其他中小投资者的利益。如果有人利用内幕信息捷足先登，无异于在他们的利益饭碗里抢食，也违反了公平交易原则。

资本市场的一个常见现象是，中小投资者普遍对系统性风险反应麻木，如经济危机或全民狂热炒股带来的股市暴跌或暴涨，但是他们对那些利用内幕信息进行股票交易进而赚钱发财的人却恨之入骨，因为这些人用不当手段抢在前面发了财。"不患寡而患不均"的传统"均贫富"意识，在这里凸显。

再次，内幕交易损害了所交易股票的上市公司的声誉和形象。上市公司以规范管理、财务数据和经营管理重大决策公开而赢得社会公众投资者的关注和青睐，涉嫌内幕交易，无疑表明公司治理存在重大缺陷，甚至有公司高管参与合谋的可能。上市公司将因此丧失社会公众投资者的信任，不利于公司的再筹资和其他生产经营活动。

最后，也最为重要的是，内幕交易频发会严重打击所有社会公众投资者的投资信心。个别人通过内幕交易获利而没有受到惩罚，会使社会公众投资者对市场规则制度及其监管产生怀疑和不信任，对资本市场的稳定健康发展产生不利影响。著名经济学家吴敬琏先生曾经对我国早期资本市场内幕交易多发现象做过深刻批评，认为"A股市场还不如赌场"，因为赌徒轻易不敢违反赌场的规则，一旦被发现在赌场出"老千"，轻则逐出，重则严惩。[①]

1988年发生在日本的利库路特贿赂案是涉及股票内幕交易并因此影响日本经济和政治的重大案例。据1988年7月6日《朝日新闻》揭露，利库路特公司在其董事长江副浩正指示下，从1984年底起，便把其下属的宇宙公司尚未公开上市，但上市后肯定大幅度涨价的股票转让给日本有影响的政治家、政府首脑以及新闻界头面人物79人，并向他们提供购买股票的资金，进行贿赂。其中时任首相竹下登及其亲属共收受1.51亿日元的政治捐款贿赂，原首相中曾根康弘和当时的大藏相宫泽喜一也牵涉其中，行贿金额高达数10亿日元。因此案被揭露，日本投资者纷纷将资金转到国外投资，致使日经指数不断下跌，影响了国内经济的正常运转。同时，涉嫌此案的内阁要员辞职，东京检察当局逮捕了江副浩正等人，国民对政治也失去信心，使得连续执政长达90年的自民党威信扫地，竹下登内阁集体倒台。

也有人认为，禁止内幕交易花费巨大且收效甚微，实际操作较难。内幕交易发生在内部或幕后，关系复杂、路径隐蔽、花样

---

[①] 吴小平：《中国股市连赌场都不如，赌场还有规则》，《新浪财经》2015年8月16日。

繁多，对其监管、调查和取证都很困难，监管成本超过法律约束所带来的收益，得不偿失。而且，从各国的实践来看，内幕交易往往禁而不止。

的确，禁止内幕交易需要大量的支出，尤其是在调查取证方面，仅仅调查涉案内幕交易对股价的影响或者在股价上的反映，就需要大量的人力和物力。内幕信息传递到市场股价上，有的反映很快，如公司发生重大变故；管理层彻底换班或者有重大收购等，股价变化痕迹较为明显。有的反映较慢，如新增可观利润的项目即将投产；公司股票会在未来一至两年内上市且会有很大的涨升空间；公司可能因违法问题遭遇调查；公司新开发的产品即将投入市场等。这些情况从市场股价表现上很难看到内幕交易的痕迹，如果调查取证，则要跨越时空，在大量的交易记录、资金往来、账户资料中去寻找蛛丝马迹，倘若案件不是特别重大，调查人员也会知难而退。即使如此，禁止并查处内幕交易行为仍然是监管执法和司法审判的重点，甚至有时为了维护法律的尊严，对涉嫌内幕交易人员的调查和处罚会不计成本。

2005年3月4日，美国家喻户晓、号称"家政王后"的玛莎·斯图尔特刑满出狱。此前的2004年，她因股票内幕交易和伪证被陪审团裁定有罪，并被法官判处5个月监禁，5个月家中软禁，再加罚款3万元。玛莎入狱源起于对她而言的一笔"小钱"上。2001年12月的一天，玛莎的股票经纪人打电话告诉她，有家叫作英客隆（In Clone）的生物高科技公司，其治癌新药没有通过美国食品药物管理局的审查，股价可能要跌。管理局已经通知了英客隆公司，但还没有正式公布。这家公司的总裁正在利用这一时间差，抛售手头股票。经纪人问玛莎，要不要把她的英客隆股票也卖掉？玛莎同意了，卖价比原来的买价高一些，赚了 4.5 万美金。不久，英客隆公司总裁涉嫌内幕交易事发，被判刑 7 年，玛莎也被牵连。美国联邦政府证券交易管理委员会（SEC）调查人员在了解情况时，问到了玛莎的经纪人："你的两位顾客，英客隆总裁和玛莎·斯图尔特，为什么会同时出售这家公司的股票？"经纪人为了逃避法网，与玛莎私下约定：两人是预先说好，当股价升至 60 元时就卖出，这事与英客隆总裁无关。或许是出于义气，当调查人员询问玛莎时，她按约定撒了谎。可是，那位经纪人的助手，在法庭上讲了真话。按照美国司法制度，在正式的司法调查程序中说谎作伪证，是妨碍司法的重罪，就是总统也会因此被拉下台。玛莎的行为与英客隆总裁相比，是内幕交易中最轻微的，她只是被动地听到了股价要跌的消息，而且交易数额为区区 4000 股，对股价走势的影响甚微，只要她如实陈述，处罚的结果最多也就是没收违法所得加罚款，但她却因为对并未犯罪的事情说谎而获罪。玛莎获罪的成本是高昂的：她的"家政王后"节目被砍掉，百货商场的专柜遭撤销，所办杂志的广告商也纷纷退出，她的公司股票价格大幅下跌。在最困难的时刻，玛莎决定不再层层上诉，而是请求法官让她尽早入狱，以便她尽快完成刑期，或许还能赶上出狱后回家整理花园的来年春天时节。这一决定一举扭转了玛莎跌落的形象，从 2004 年 10 月 8 日入狱开始，玛莎团结女犯人认真服刑，逆境重生。在 2004 年底举行的盖洛普（Gallup，美国最大的民意调查机构）的调查统计中，正在狱中的玛莎，居然是当年美国公众"最欣赏之女性"第 9 名。[①]

---

① 李雾：《铁汉玛莎》，《南方周末》2005 年 3 月 24 日。

## 二、内幕交易行为构成

内幕交易行为由内幕交易主体、内幕信息、交易行为和行为人主观故意四个方面构成。

1. 内幕交易主体

内幕交易主体有证券交易内幕信息的知情人和非法获取内幕信息的人两种。非法获取内幕信息的人一般是通过证券交易内幕信息的知情人获得内幕信息，或者通过窃取手段获得内幕信息，其对公平交易的危害要小于知情人，而且也比较容易防范。证券交易内幕信息的知情人是内幕交易的主要行为人，所有内幕交易的发生或多或少都与其有直接或者间接的联系。公开、明确地显示知情人身份，对其进行规则约束、制度控制、严格监管和法律责任追究，是防范内幕交易的主要手段。

证券交易内幕信息的知情人是指所有因为工作关系或者职务之便可以了解证券发行人或上市公司事关股票价格的重要信息的知悉者，包括证券发行人或上市公司的高管和其他知悉内幕信息的人员、主要股东及其高管、公司实际控制人及其高管、下属公司及其高管、证券监管机构相关工作人员、证券公司和证券服务机构相关人员等，实践中也将他们称为内幕人员。[1]

对主要内幕人员分类分析如下：

（1）上市公司内幕人员。这是指基于持有公司股份，在公司的地位、职务或者工作岗位而获得公司内部信息的机构和个人。上市公司董事、监事、高级管理人员参与公司重大事务管理与决

---

[1] 《证券法》第 74 条。

策，对公司经营管理活动的重大变化全面了解，从职务上掌握了公司大量信息；公司控股股东或实际控制人及其董事、监事、高级管理人员对公司的经营方针、投资计划、发展规划、高管人员安排、资本运营等拥有实际控制的权力，有关这些事项做出的决定或者变动尚未公开之前，属于内幕信息；公司的秘书、财务人员、证券事务人员、打字员等，虽然是一般工作人员，但因为工作关系或者工作岗位，也可以获取公司有关证券交易的信息。上述公司内幕人员承担法律责任的前提是他们与公司内幕信息的关联关系，这要求他们对公司负有忠诚和谨慎的义务。

（2）政府部门内幕人员。这是指政府部门中由于其管理、监督等法定职责而能够接触或者获得证券交易内幕信息的人员。除了证券监管机构之外，证券发行人、上市公司的主管部门和其他政府授权部门的工作人员，譬如，市场监督、税务、物价等经济管理机关的工作人员，都可能因履行职务而知悉上市公司内幕信息。政府部门工作人员对其因履行职务而知悉的内幕信息负有保守秘密的义务，如果利用内幕信息进行证券交易，则是对当事人利益和政府工作纪律的双重侵犯，依法要承担国家工作人员违纪和证券内幕交易的双重责任。

（3）市场内幕人员。市场内幕人员是指为证券发行人、上市公司提供服务或者工作配合而知悉证券交易内幕信息的人员，其中包括证券公司、证券服务机构、证券交易所、证券登记结算机构的有关人员和会计师、律师等。这类人员对其为发行人、上市公司提供服务过程中所得知的内幕信息，依照服务合同约定或职业纪律的要求，必须为客户保密，更不能利用工作或职务之便牟取个人利益。

应当看到，内幕交易行为虽多为内幕人员实施，但现实中也有不少非内幕人员通过非法途径获得内幕信息并根据该信息从事内幕交易的行为。因此，构成内幕交易行为的关键在于是否利用内幕信息进行了内幕交易，而不在于一定都是内幕人员所为。有时内幕人员仅是泄露了内幕信息，而得到信息的他人实施了内幕交易，两人因此构成内幕交易的"共犯"，依法都要受到处罚。

2. 内幕信息

所谓内幕信息是指证券交易活动中，涉及证券发行人、上市公司的经营、财务或者对该公司股票的市场价格有重大影响且尚未公开的信息。其特征表现在：一是由于该信息对公司股票价格有重大影响，内幕人员及其有关人员可能利用该信息进行股票交易而获利；二是该信息尚未公开，内幕人员有可能利用信息公开之前的时间差进行内幕交易。重要的证券内幕信息主要涉及公司的重大投资、股利分配计划、股权结构的重大变化、公司收购或被收购、公司资产重大损益情况、公司高管涉及重大法律责任等情形。[①]

内幕信息用之于证券交易，才能称为内幕交易。经济学原理认为，交易应当是一种使交易双方获取好处或者利益的行为，即其在本质上是公平的。内幕人员利用自己所掌握的内幕信息为自己或者关系人买卖证券，有意为他人买卖证券泄露内幕信息，以及建议他人买卖相关证券等，不仅违背了其对公司的忠诚义务或者其在职责上对市场信守公正、公开、公平承诺的义务，而且是利用信息未公开，与不了解内幕信息的社会公众投资者进行交易，属于

---

[①] 《证券法》第75条。

违反游戏规则、偷看对方底牌而出牌的博弈者，行为显失公平。

资本市场里的信息，从政治到经济，从宏观到微观，从证券发行人到上市公司，从公司收购方到被收购方，有各种各样，从中甄别内幕信息，需要从两方面着手：

第一，信息具有证券价格敏感性，一旦公开，会对相关股票的价格产生较大影响。这种影响表现在：一是它可以改变普通投资者对证券发行人或上市公司的基本判断，如公司利润大幅度增长或降低，公司发生并购或重大资产重组等；二是它可以改变投资者对市场中现有信息的识读，使投资者迅速做出新的投资选择。在市场现有纷乱芜杂的信息当中，每个投资者都在进行辨别和筛选，而内幕信息的效用是"一语中的"，公开后肯定能为投资者认为"重大"或者"重要"。所以，内幕信息是否成立，除了从其影响证券价格的后果上判断，也应能以普通投资者的眼光在事前加以判断。

第二，信息尚未公开。这是指信息尚未在证券监管机构指定的传播媒介上公布。在指定的传播媒介上公布关于证券发行人、上市公司的重大信息，是信息公开的标准或尺度，除此之外，尚无其他更好的办法确定信息如何公开以及是否公开。有些时候，证券发行人、上市公司也通过召开新闻发布会、网络路演或者论坛、报告会等方式，传递一些有关公司经营发展状况的信息，如果这些信息是对公司所在行业以及本公司发展情况的一般性描述，则不构成重大信息。重大信息必须采用公告的方式在指定的传播媒介上公布，才能够建立对信息公开的统一衡量标准，从而达到限制和预防内幕交易的目的。

内幕信息中除了公司经营信息、财务信息等来自公司自身之外，还有公司的政府主管部门或者政府授权的管理部门，对公司做出而尚未公布的有关公司所在行业的政策、税率变更等信息。譬如，政府关于大幅度提高电价的决定对于电力类上市公司；人民银行关于提高或者降低存贷款利率的决定对于金融类上市公司；税务部门关于出口退税优惠政策的决定对于经营进出口业务的上市公司等等。这些内幕信息对相关上市公司股票价格的影响，并不亚于上市公司内部的内幕信息。如果相关政府官员充当内幕人员泄露此类内幕信息，使他人买卖此类股票或者自己买卖此类股票，均构成内幕交易。

3. 内幕交易行为方式

内幕交易行为是内幕人员和非法获取内幕信息的人，在内幕信息公开之前进行相关证券的买卖或者使关系人进行相关证券的买卖。其方式不外有以下三种：一是自己买卖相关证券，即自己的交易行为；二是建议他人买卖该证券，因此产生与他人共同的内幕交易行为；三是将内幕信息泄露给他人。如果泄露内幕信息并没有使他人产生买卖相关证券的行为，则内幕交易不能构成。反之，以泄露内幕信息换取好处或者收受商业贿赂，则无论内幕信息的受领人买卖相关证券行为所获利益多寡，内幕交易行为也成立。

资本市场实践中很少看到其他与证券发行人或上市公司无关的人员单独利用窃得的内幕信息进行内幕交易的情形。中国台湾的证券交易法将内幕交易行为规定为：内幕人、准内幕人（市场内幕人）或从上述内幕人处直接或间接获得内幕信息的信息受领人，利用内幕信息所进行的买卖相关证券的行为。这一规定与美国《1934年证券交易法》限制内幕交易的规定大致相似。

内幕信息一旦公开，就不再是内幕信息，随之进行的证券交易就不是内幕交易，内幕人员依法也可以买卖相关股票。但是，内幕信息公开后，市场有一个分析消化过程，而内幕人员比社会公众投资者更了解真实情况，对内幕信息形成或发生的背景及其对公司发展远景的影响更具分析判断优势，为了维护市场公平交易，法律制度通常会对内幕人员规定一个禁止股票交易的时间期限。譬如，《证券法》第45条规定，为上市公司出具审计报告、资产评估报告或者法律意见书等文件的证券服务机构和人员，自接受上市公司委托之日起至上述文件公开后5日内，不得买卖该种股票。此外，证券交易所还对上市公司公开重大信息实行股票交易停牌与复牌制度，在该股票停牌期间暂停股票交易，以便投资者知悉和消化所披露的信息。

4.内幕交易行为人的主观故意

内幕交易行为人一般在主观上具备故意，即内幕人员或非法获取内幕信息的人员进行内幕交易是在其明知或者应当知道不得作为而为之的主观情形。

内幕人员泄露内幕信息的行为是否因过失而构成内幕交易，尚难定论。从实践中看，内幕信息既然是一种有关证券交易的内部消息，肯定会有走漏风声的情形，相关人员在信息公开之前的议论、谈话，有关文件的遗失或保管不严等等，都有可能造成内幕信息泄露。其他人员因此得到内幕信息并从事证券交易的，构成非法获取内幕信息的人所进行的内幕交易。此时，内幕人员具有内幕信息泄露行为，但在主观上没有共同故意，不是内幕交易的"共犯"，一般也不会处罚。但作为内幕人员，因此会受到相应的纪律处分。

对内幕交易行为人主观故意的认定，像其他证券欺诈行为的认定一样，一般都是采用过错推定原则，即只要内幕交易行为发生，即推定相关内幕人员在主观上有过错。如果行为人能够证明自己有正当理由相信该重要信息已经公开或者不知道该信息是未公开信息，或者证明自己以及关系人未利用这个信息进行相关证券交易，行为人即可免责。因此，内幕人员泄露内幕信息行为如果没有伴随相关证券的交易发生，也不构成内幕交易，而属于泄露秘密的行为。

## 第四节 操纵市场行为

### 一、操纵市场行为概说

操纵市场行为是指机构或者个人以获取利益或者减少损失为目的，利用资金、持有股票或信息等优势，操纵或影响证券交易价格或者证券交易量的行为。

证券交易的市场表现主要是证券交易价格和交易量。通常市场供求关系变化首先表现在证券交易量的变化上，进而会影响证券价格。操纵市场行为通过有意制造证券交易量变化和相应的证券交易价格的变化，诱导社会公众投资者在不了解事实真相的情况下做出投资决定，扰乱了市场正常的交易秩序。

股票交易是资本市场证券交易的核心。公司债券因其固定的低回报率，交易价格涨跌起伏空间有限，总体交易量不大，因而操纵公司债券交易价格的情形较少发生。

我国资本市场初期曾经有过操纵国债期货交易的案例，即发生在 1995 年的"327 国债期货事件"。当时国内通胀严重，财政部对上海证券交易所 1992 年发行的代号为"327"的 3 年期国债期货保值补贴利率并不确定。在即将兑付前，万国证券公司认定补贴利率较低，因此联合其他证券商大举卖出该国债期货，即做空。而对手，多方的主力是中国经济开发信托投资公司（简称"中经开"）——财政部唯一独资的信托公司。① 依靠内幕消息，中经开认定财政部的补贴利率较高，选择对该国债大举买入，即做多，还有许多得到信息的其他投资者追随中经开做多。万国证券与中经开之间的对赌，最终以背靠财政部的中经开获胜而告终。资本市场初期名噪一时万国证券，在此一役亏损 13 亿元而被申银证券兼并，改名申银万国证券，其负责人管金生被以贪污和挪用公款罪判刑 17 年。②

"327 国债期货事件"虽然是证券衍生产品的交易操纵，连带有内幕交易的嫌疑，但因其发生在资本市场早期，涉及对交易行为效力的认定、国债期货的作用、操纵市场和内幕交易行为的辨识等一系列证券法律问题，而当时各方认识尚不统一，最后以政府有关部门协调管控收场，国债期货被取缔，这对正在兴起的我国资本市场无疑是一次严重的经验教训。

近年来重新设立的金融衍生产品中的股票指数期货、股票期权等，即使利用保证金杠杆，进行放大交易，但由于实行即时平仓制度，也不易人为操纵。因此，现阶段资本市场操纵行为的主

---

① 参见《中经开：一个机构的死亡历程》，business.sohu.com 2002 年 6 月 16 日。
② 参见《327 国债期货事件始末》，《羊城晚报》2013 年 7 月 6 日。

要表现方式就是操纵股票价格，实践中将之通称为操纵股价。

操纵股价行为的本质是：行为人以非法的人为方式改变市场某只股票的供求关系，扭曲股票的正常价格，从而获取非法利益。操纵股价行为是资本市场稳定和公平交易的大敌，其往往造成虚假交易现象和股票价格的剧烈波动，股票价格反馈的并不是上市公司的真实信息和真实的股票供求关系，股票价格与公司的实际价值显著背离，市场运行机制和配置资源的功能因此迟滞或者弱化。

与虚假陈述、内幕交易、欺诈客户等证券欺诈行为相比，操纵股价行为采用的违法手段多，涉及的范围广，对市场的影响大，危害性也更大。操纵股价往往是由"庄家"实施，即某只股票为一个机构或个人单独控制，或者为几个机构、个人联合"坐庄"控制。行为人视该股票的股权结构情况，控制了占其全部流通股30%到80%不等比例的股票，从而达到相对或者绝对控制该只股票流通股价格的目的。

我国资本市场早期曾经"庄股"横行，市场里的中小盘股几乎是无股不"庄"。这种状况随着国有企业大盘股陆续上市以及市场低迷导致众多"庄股"崩盘才逐渐改观。国企大盘股的巨大流通股总量，使得操纵股价不再是一件易事。"庄股"崩盘则表明"庄家"操纵股价并不一定能够完全变现并获得不当利益，有的甚至要承担更大的连锁债务风险，这属于操纵市场到最后反而被市场抛弃。市场的自我调整作用，即市场的有效性，在"庄家"崩盘像推倒多米诺骨牌一样连续不断地发生时，才得到些许验证。

## 二、操纵市场行为的具体表现方式

1. 连续买卖操纵

连续买卖操纵是指行为人为了达到操纵股票交易价格的目的，以连续高价买进或者低价卖出的方式抬高股价或压低股价的操纵行为。

实施连续买卖操纵行为的表现是，行为人单独或者通过合谋，集中资金优势、持股优势或者利用信息优势以及这几种优势的结合，在一段时间内连续买卖某只股票，控制了该股票的交易价格或交易量。

其一，集中资金优势

集中资金优势大多表现为行为人利用资金拆借、国债回购、票据贴现等各种手段融来巨额资金，为拉升或者压低股票价格做好资金准备。从博弈的角度讲，股票买卖最重要的是资金优势，往往是拥有资金优势的一方最后成为赢家，恰如资本市场里的惯常现象：大鱼吃小鱼，小鱼吃虾米。当然，如果拥有资金优势的一方错误估计了形势，以至于自己买进了大量股票后不能适时获利回吐，全身而退，反被套牢，最终资金的优势也要因不断为高昂的资金成本侵蚀而化为劣势。"庄家"从"坐庄"到崩盘，无一不是由资金优势逐渐演变为资金劣势，最终倒在资金链的断裂上。我国资本市场曾经最大的"庄家"德隆集团从无到有，从小到大，从大到超大，最后在一夜之间崩溃，就是依靠资金优势博弈成功，最后又为资金匮乏所断送命运的典型。

德隆集团在鼎盛时期所控制的资产超过 1200 亿元人民币，在各个产业和金融业中合纵连横，叱咤风云，睥睨群雄。其直接和间接拥有的公司多达300多家，所属行业有银行、证券、信托、水泥、汽车零配件、重型卡车、农业、矿业、食品加工业等几十个领域，其中仅涉及银行、证券、信托等金融业务的金融机构就多达20余家。在德隆集团倒下后，经清产核资初步统计，其净负债为500多亿元人民币，绝大部分企业的资产负债率都高达90%以上，其中直接用于资本市场买卖股票、操纵股价形成的亏损近200亿元人民币。导致德隆集团崩溃的原因有很多，其中最根本的原因，就是初始的资金优势随着时间的推移，资金成本不断积累，演变为持续博弈中的最大劣势，以致负债不断增加，资金需求持续增大，头寸调拨艰难，资金链条最终绷断。[1]

连续买卖操纵股价的结果往往是：连续不断地买卖同一只股票，造成了大比例持有该股票的"控盘"现象，操纵者以此控制了股票价格，但维持、拉升、打压股价则需要制造交易量，需要资金的支持。如果操纵者一时没有出局，变成了"长庄"，就会源源不断地需要资金，以维持"坐庄"。此时，最初买进并拉升为高价的股票，已经成为操纵者整个资金链条中的一环，操纵者变成了因操纵股价而患上严重资金饥渴症的病人，其所有产业扩张和金融业渗透，都是为了获得更多的资金，以填充操纵股价这只永远不知餍足的胃。德隆集团，生于操纵股价的获利，死于操纵股价的陷阱。

其二，集中持股优势

集中持股优势表现为操纵者单独或者联合他人，以自己的名义以及用他人的名义，用多个账户买入并大量持有同一只股票，

---

[1] 参见《1990—2010股市奇迹·德隆事件》，《腾讯网·腾讯财经》。

造成对该股票交易价格和交易量的相对或者绝对控制。操纵者控制一只股票价格所需要的持股比例，因该上市公司的股权结构和操纵者的操纵目标而异。持股比例较低，操纵股价成本也低，所获收益有限。持股比例高，成本大，收益也大。

从操纵股价的实例看，持有股票比例在 10%—30% 之间，较为容易在获利后变现，是一种短期操纵股价的行为。最新典型案例是发生在 2016 年的"小商品城"股票操纵案。[①]

2016 年年初，上海证券交易所监控发现，沪股小商品城成交明显放大，股价涨势明显高于上证综合指数的涨势。大数据分析显示，来自香港的证券账户与开立在内地的某些证券账户相互配合，频繁自买自卖、高买低卖，连续拉抬后反向卖出，有操纵市场的重大嫌疑，这是沪港通开通以来首例涉嫌跨境操纵案。

证券监管机构在调查中发现，个人投资者唐汉博及其团伙在全国各大城市下单布点，大量交替使用以团伙成员、公司员工名义开立的股票账户，用多个电脑，采取连续交易、对倒、虚假申报、大额封涨停等多种手法操纵股票，有多个交易日其各账户间的买卖超过了小商品城当日市场成交量的 20%。到了股票抛售阶段，为了避免大量抛出无人接盘，唐汉博先用明显高出市场价的买单作诱饵，以略低的大买单托盘，制造需求旺盛的假象，吸引跟风买入做高价格，再逐步撤掉买单，迅速卖掉手中股票。通过这种方式，仅在 2016 年 4 月 15 日一天，卖出成交金额就高达 4.3 亿元。

---

① 连建明：《唐汉博再三操纵股价遭 12 亿顶格处罚 操纵小商品城套路曝光》，《新民晚报》2017 年 3 月 14 日。

持股比例在 30% 以上，有的甚至高达 80% 以上，一般是长期操纵股价的行为。高比例持股或是源于长期操纵股价的目的，或是由于市场供求关系变化，一时难于减持脱手，持股时间都比较长，有的甚至长达数年。

在亿安科技股价操纵一案中，以广东欣盛投资顾问有限公司为首的 4 家公司从 1998 年 10 月起，利用 627 个个人股票账户和 3 个法人股票账户，大量买入"深锦兴"（后更名为"亿安科技"）股票。其持仓量从 1998 年 10 月的 53 万股，占流通股的 1.52%，到最高时 2001 年 1 月的 3001 万股，占流通股的 85%。2001 年 2 月操纵者卖出绝大部分股票，全部账户共实现盈利 4.49 亿元，股票余额 77 万股。亿安科技一案在案发当时被视为"沪深股市建立以来最为重大的违规事件"，其股价操纵手法之隐秘强悍，获利变现之迅速快捷，让其后发生的银广夏案、中科创业案等更大的股价操纵典型案例相形见绌。①

其三，利用信息优势

利用信息优势表现为操纵者为配合拉升或打压股价，利用各种各样的信息传播手段，发布有利于自己行动的信息，营造市场中盲目跟风的环境，达到获利或规避风险的目的。在操纵股价中利用信息优势，通常是和集中资金优势或持股优势结合在一起，而且往往采用编造和传播虚假信息手段与之配合。单独利用信息优势操纵股价很难实现，因为信息的能量和传播范围有限，不能从根本上撼动股价。而且股价所反映的市场供求关系往往与购买力联

---

① 参见《神话破灭："亿安科技"股票操纵事件幕后》，Chinanews.com 2001 年 4 月 26 日。

系在一起,信息方面的影响只是间接地起推波助澜的作用。信息优势还要和信息内容结合在一起,如有关上市公司并购重组、重大利好等内容足以影响股价,如果是一般性的信息,就不是优势。

2.联合操纵

联合操纵是指两个或两个以上的机构或者个人,为了操纵股价而临时联合起来,运用各种手段,共同实施抬高股价或者压低股价的操纵行为。联合操纵也可以称为串通操纵,行为主体是两个或者更多的彼此没有直接关联关系的机构或个人。在很多操纵股价的案例中,尽管参与操纵股价的机构看上去很多,譬如,亿安科技案有4家公司,德隆集团案有几十家公司,而真正的实际控制人却只有1个。这种表面上很多公司参与实施的操纵行为,实际上是自己人相互之间的配合,股票交易也是不转移所有权的交易。联合操纵中的两个或更多的主体是操纵股价的独立的合作伙伴,一般通过口头或书面约定进行联合并分配任务、利益和风险责任。

中科创业案是迄今为止我国资本市场发生的以联合操纵方式操纵股价的最典型案例。1998年11月至2001年1月间,市场知名分析师吕梁与朱焕良合谋操纵深圳康达尔股份有限公司的流通股,双方签订了合作协议,约定按比例买入持有并控制该股票。在吕梁的安排下,其下属分别以机构或个人名义先后在全国126家证券营业部开设股东账户1500多个,以多种方式融资人民币约54亿元,逐步买入该股票。与此同时,吕梁利用其所控制的海南燕园投资管理公司等几家机构,大量收购深圳康达尔股份公司法人股,控制了该公司董事会,并将公司更名为深圳市中科创业投资股份有限公司,简称"中科创业"。吕梁一方买入并持有中科创业股票最高时达5600余万股,占该股票流通盘的55.36%;朱焕良一方买入2000余万股,占比约为20%,双方合计持股比例最高时达70%—85%。2000年12月至2001年年初,中科创业在持续阴跌之后,各方资金链已绷至极限,终于引发股价大崩盘,连续10个跌停板,股价由33.50元一路跌至11元,市值损失50亿元,引起市场动荡。①

中科创业案联合操纵股价的典型意义表现在:

第一,朱焕良因为原先炒作康达尔股票深套其中,为了解套而找到吕梁合作,双方一拍即合,构成临时性的股价操纵合作伙伴关系。

第二,双方合作的共同目的是获利,朱焕良解套,吕梁赚钱。但是,朱焕良、吕梁二人都没有雄厚的资金实力,需要分别再寻找其他合作伙伴。吕梁一方动员联合了沈阳飞龙、九洲泰和、通百慧等一大批机构,牵涉了36家上市公司;朱焕良一方则更多地与一些私人中小投资者联手持有本方按照约定分配的股份比例。双方各自负责联系的机构和个人分散在全国20多个省、市。这是一个极为松散的联合,而且在松散联合下还滋生出一些并非"联合"成员的"老鼠仓"。

第三,"堡垒最容易从内部攻破",何况是一个彼此都趋利避害的松散联合。从2000年5月中科创业实施最后一次转增股份除权到2000年12月半年多的时间里,其股价由每股48.49元一路下滑至崩盘之前的33.5元,跌去市值近30%,几乎每天都有"老鼠

---

① 崔荣慧:《"中科创业"54亿元惊天股票操纵案始末》,《中国经济时报》2002年6月14日。

仓"或者背叛的联合成员在进行股票变现套利，朱焕良、吕梁二人陷于松散联合的操纵机制，只有眼睁睁地看着股价从高位滑落，最后演变为股价狂跌。

3. 自买自卖操纵

自买自卖操纵在英美法中称为洗售（Wash Sale），是指对同一股票进行的不转移所有权的买进卖出行为，也即是所有人自己或者委托他人对其持有的股票在表面上买进卖出，实质上不发生转移所有权的自买自卖的操纵股价行为。洗售，从表面上看，股票买进卖出，交易量很大，有时也有股价起伏，但都是自买自卖的表演。其目的在于造成一种交易繁荣、股价涨跌的假象，诱使投资者跟风炒作，实际上是操纵者资金与股票的互相交换，没有所有权的变化，有的只是股票价格变化和交易成本增加。

市场上买卖行为的作"秀"表演由来已久。在普通商品交易和商品房买卖中，常见店家或开发商专门找人为买卖做"托儿"，引诱消费者购买商品或者买房。资本市场里的"股托儿"则是由操纵者自己在幕后扮演，借用若干关联机构的名义，利用个人股票账户，同时进行买进卖出的操作，即进行所谓的"对敲"或者"对倒"。

股票市场操纵者通常将自买自卖操纵与连续买卖操纵、联合操纵等手段结合在一起，共同用于操纵股价或"坐庄"。

在连续买卖操纵中，操纵者往往在一段时间里持续不断地买进、卖出同一只股票，给市场造成该股票买卖繁荣、投资热度持续升温的假象。如果不采用自买自卖的手法，不仅达不到操纵股价的目的，其"坐庄"行为还容易为其他投资者所利用。"与庄共舞"的中小投资者正是试图利用操纵者"坐庄"难以一时出局的窘状，与"庄家"博取股票价差收益。

在联合操纵股价中，双方或多方操纵者为了节约交易成本和更大范围地控制股价和交易量，也会采用在自己一方内自买自卖操纵股价的手段，或者采用双方相对委托的手段，即双方商定，由一方做出交易委托，另一方依据事先知悉的对方委托内容，在同一时间、地点，以同等数量、价格委托，完成"对倒"交易。

## 第五节 编造、传播虚假信息行为

### 一、编造、传播虚假信息行为概说

编造、传播虚假信息行为是指国家工作人员、传播媒介从业人员、证券业机构及其从业人员和其他有关人员通过编造、传播虚假信息，影响证券交易价格，误导投资者，扰乱资本市场秩序的行为。

当今社会是信息爆炸或信息泛滥的时代。早在20世纪80年代初，美国著名学者阿尔温·托夫勒就在其名著《第三次浪潮》中描述了信息时代及其载体网络和计算机的发展远景，他将信息充斥和广泛传播称为与农业革命、工业革命比肩的第三次浪潮或第三次革命。从我国资本市场诞生之日起，各种消息、传言就源源不断地充斥于市场，各种投资者无不希望借助预先所得的消息大发其财。在炒股炽热的20世纪90年代中期，许多股民见面的第一句话甚至是："你有消息吗？"将买卖股票的"内幕"信息当作资源独占或分享。市场上各类参与者对证券信息的过度重视和依赖，为证券投机行为留下了活动空间，借编造、传播虚假信息影响股票交易价格，牟取不正当利益的行为因此滋生，扰乱了资本市场的正常秩序。

在资本市场发展初期，编造、传播虚假信息行为较多发生的原因有：一是资本市场发育不成熟，证券供求关系与基础制度建设都存在较多问题；二是政策或行政命令对市场过多干预或影响，投资者往往将"利好"的政策信息视为"救市"或"托市"的灵丹妙药；三是投资者不成熟，做出投资决策往往缺乏理性分析，"从众"心态严重。随着市场不断发展成熟，政府逐渐减少对市场的行政干预，机构投资者成长壮大，编造、传播虚假信息行为已经不再对市场交易安全构成严重威胁。

编造、传播虚假信息与虚假陈述最明显的区别是：虚假陈述是由证券发行人、上市公司、证券公司、证券服务机构等负有信息披露义务或者协助义务的机构实施的行为；编造、传播虚假信息的行为主体极其广泛，可以是传播媒介从业人员，证券公司、证券服务机构及其从业人员，证券交易所等市场组织机构及其从业人员，也可以是证券监管机构的工作人员，还可以是任何其他人员。换言之，任何与证券交易有关的机构或个人都有可能采用各种传播媒介和多种方式进行虚假信息的编造和传播。

编造、传播虚假信息与内幕交易的区别是：前者只是借虚假信息的编造、传播影响证券交易价格，是否伴随行为人或其关系人的证券交易行为并不重要，而内幕交易以行为人利用内幕信息尚未公开为自己做交易，或者泄露给他人使他人做交易，需要伴随一定的交易行为；前者编造、传播的虚假信息内容宽泛，甚至可以编造政府有关部门关于资本市场政策的虚假信息，后者所称的内幕信息主要来源于上市公司本身；前者虚假信息的编造者和传播者不受范围限制，任何机构或个人都可能卷入信息造假或传播，后者所涉内幕信息通常是内幕人员知悉并利用或者泄露给他人后为受领人所利用。

编造、传播虚假信息与操纵股价的区别是：前者只能利用虚假信息影响股票价格，股票价格受影响也许有所波动，但行为人无法借此控制股票价格，后者无论"长庄"、"短庄"、"大庄"、"小庄"，都能在一定程度上操纵股价在短期或较长时期内的走势；前者影响股票价格只能借助虚假信息，后者操纵股价则可以不用虚假信息，仅依靠大量资金与股票的频繁交易也可以制造假象而使投资者上当受骗；前者因编造、传播虚假信息成本低廉，影响股票价格所获利益也相对微薄，后者往往获利丰厚或者在卖出股票前账面浮盈惊人，因为投入成本也颇为高昂。

## 二、编造、传播虚假信息的表现方式

编造、传播虚假信息与在民间街头巷尾造谣惑众形异而质同，用通俗的语言表达，就是"策划于密室，点火于股市"。但后者的目的可能是伤害他人或者没有明确目的，只为"好玩"，前者的目的是行为人欲借此影响相关证券的交易价格或者扰乱资本市场交易秩序。

1. 编造、传播与证券交易相关的谣言

资本市场里的谣言有多种多样：有的是道听途说的传闻，有的是信口开河的杜撰；有的是坊间小道消息，有的是经营活动的虚假陈述；有的是故意编造的谎言，有的是无意中转述他人的说法；有的是文件资料，有的是传播媒介报道。甄别这些谣言是否有误导投资者的企图，是否有扰乱市场的具体危害，需要从分析行为人是否有获利、规避风险或其他目的入手，联系其行为是否影响了具体的证券交易并造成了一定的后果，方能对其做出正确判断。

只有编造、传播真正对某些股票价格有较大影响的谣言，才能视为编造、传播虚假信息行为。传播媒介为了抢得独家登载、播出的新闻，有时也会忽略审查新闻内容的真实性、准确性和完整性。如果其中涉及有关资本市场的虚假信息，但对具体的股票价格影响不大，市场波澜不兴，并不构成证券欺诈行为，而只是新闻报道失实。

对虚假信息编造者的处罚或责任追究，应当与其所编造的虚假信息的传播情况及其造成的危害结合在一起认定。仅有编造者的编造而无其本人或者他人的传播，则不构成编造虚假信息的行为，因为其不具有危害性。编造、传播虚假信息行为人的获利动机不是这一行为构成的必要条件。行为人出于泄愤、报复、仇视动机或其他心理原因，编造并传播虚假信息，对某些股票价格产生较大影响，扰乱了市场秩序，也构成这一行为。

2. 编造、传播虚假数据资料

这是指行为人具体地以诱使他人买卖所涉股票为目的，编造、传播影响该股票价格的虚假或误导性的数据资料。

与编造、传播谣言相比，编造、传播虚假数据资料行为更加具体，针对具体的证券发行人或上市公司的人和事，关注虚假信息受领人买卖股票的行为，也更加关注其行为所产生的效果。两者在细节上的区别表现在：前者虚假信息的内容更为宽泛，可以包括政府对资本市场的政策变化、上市公司所在行业的重大变化或者发生相关重大事件等,后者一般是某一发行人或上市公司内部的重大事项,内容相对简单;前者多借用传播媒介进行传播,后者既可借用传播媒介,也可以利用本机构、本系统的传播手段进行传播,如依靠局域网络、微信、QQ聊天系统、电话委托系统等;前者编造的虚假信息笼统,没有较多的细节,给人以传言的印象,后者编造的资料细致入微,财务数据周详完备,其情节与虚假陈述大致相似。

编造、传播虚假数据资料往往是证券服务机构及其从业人员以及证券投资机构或者个人投资者所为。这些机构或个人利用其从事证券服务之便,在证券投资活动中,出于获利或规避风险的目的,编造影响某些股票价格的虚假信息,并冒充内幕信息予以传播,引诱社会公众投资者买卖该股票。这类行为的典型案例,当属"青山纸业"案。

2000年6月,青山纸业公司股票价格在其内部职工股上市之时连续上涨。此时,东方趋势投资咨询公司负责人,"证券名嘴"赵某开始在各有关媒体上大肆推荐青山纸业,称其业绩将会如何向好,公司发展前景如何乐观等,此时该股股价在10元左右。同年7月末,赵某再次推荐该股,并明确给出目标价位:第一目标位28元,第二目标位40元。此后,赵某又多次发表文章推荐该股,称该股有长久升涨潜力,要投资者"咬定青山不放松"。同年9月,赵某又在有关媒体公开登载的"南北夺擂"模拟比赛中买入青山纸业,并在多家媒体上继续力荐该股,此时股价在18.3元。然而该股从此开始下跌,到2001年6月,已跌至13元。当时整个股市还处在蓬勃向上的牛市阶段,"咬定青山"的投资者却被套牢在青山之上。赵某及其东方趋势投资咨询公司在其后监管机构的调查中被"暂缓通过年检，暂停业务"，就此退出资本市场。①

## 三、编造、传播虚假信息行为的认定

编造、传播虚假信息往往是操纵市场者操纵股票价格的手段之一，与操纵股价经常混同在一起，难以区别开来。然而，仔细辨别两者各自的侧重点，就会发现它们的本质不同。操纵股价行为最基本的构成要件是操纵者通过各种手段操纵股票交易价格，不仅使股价上涨，而且也使股价下跌，以便从价格的涨跌起落中获得差价收益。这种操纵需要筹集大量的资金，买卖并持有大量的股票，因而所费不赀，且延宕耗时。编造、传播虚假信息的行为人，虽然也有影响或者操纵股价的故意，但限于实力不够、时间不多等多种因素，不可能持续大量地买卖并持有所涉及的股票，因此，其对股价的影响较为有限。编造、传播虚假信息行为的危害性在于扰乱了市场秩序，直接侵犯了政府对资本市场的监督管理。操纵股价行为的危害性，则主要侵犯了社会公众投资者的合法权益。所以《刑法》对传播虚假信息罪的主刑规定处罚较重：证券从业人员或证券监管机构工作人员，故意提供虚假信息，诱骗投资者买卖证券，造成了特别严重的后果，处 5 年以上 10 年以下有期徒刑；操纵股价罪的财产刑较重，是并处或者单处违法所得 1 倍以上 5 倍以下的罚金。②

---

① 《中国证监会关于北京东方趋势投资顾问有限公司及有关执业人员未通过 2000 年年度检查的通知》，2002 年 11 月 9 日发布。
② 《刑法》第 181 条第二款、第 182 条。

## 第六节 欺诈客户行为

### 一、欺诈客户行为概说

欺诈客户行为是指证券公司及其从业人员在证券经纪业务活动中,利用为客户提供证券交易代理的便利,违反客户真实意思表示,损害客户利益的行为。

证券上市后,投资者的证券交易通过证券公司的经纪代理完成,证券公司因此具有与投资者建立长期客户关系的先天性优势。机构投资者因为有专业的投资人员或者"操盘手"专门负责证券投资事项,具备投资技巧,熟悉证券交易操作流程,通常不会与证券公司发生抵牾。中小投资者囿于投资经验欠缺,交易知识匮乏,极易轻信证券公司或其他证券投资咨询机构及其人员有关股票买卖的代理或游说,以致经常发生纠纷或者诉讼。

为了保护中小投资者的利益,《证券法》对证券公司代理客户进行证券买卖的经纪业务范围和内容做了严格规制,列举了若干损害客户利益的行为,定性为欺诈客户,予以明确禁止。这些行为主要包括:违背客户的委托为其买卖证券;未经客户的委托,擅自为客户买卖证券,或者假借客户的名义买卖证券;为牟取佣金收入,诱使客户进行不必要的证券买卖;利用传播媒介或者通过其他方式提供、传播虚假或者误导投资者的信息等。这些行为的共同特点,就是违背客户的真实意思表示,在客户不知情、不了解或者不知晓证券交易委托内容和细节的情况下,从事以客户名义进行的证券交易,最终损害了客户的利益。[①]

从证券委托交易的法律性质看,证券公司是接受客户委托从事证券经纪业务,是一般意义上的接受客户委托,代理买卖证券,如果没有客户的特别授权,证券公司不得从事任何由客户承担后果的代理行为。这也是"股市有风险,入市要谨慎"的"风险自担"原则的要求。必须将证券公司经纪业务与客户的证券买卖决定做出切割,以免责任不清、风险混担的情形发生。

进一步说,如果客户有特殊的投资委托授权或者特定的投资癖好,可以单独与证券公司或者其他投资顾问机构签订委托投资协议,向对方做出特别授权,约定彼此的权利和义务,明确责任,这即是"私法自治"原则在证券委托投资方面的具体体现。《证券法》的监管性质决定了它必须对市场各方参与者的行为做出规制,划清各自行为的法律界限。在这些界限之外,当事人可以自由、自愿选择交易和委托。

## 二、欺诈客户行为的构成

1. 欺诈客户行为的主体

资本市场上的客户通常是指通过证券公司的经纪业务平台进行证券投资的社会公众投资者。除此之外,还有其他一些与社会公众投资者发生直接客户服务关系或者业务关系的机构,如投资咨询机构、财务顾问机构、资产管理公司、信托公司、金融公司等。它们与投资者作为客户所发生的关系与证券公司和客户的关

---

[①] 《证券法》第 79 条。

系有很大的不同，发生欺诈客户的情形也有所区别。

证券投资咨询公司的业务是为客户提供证券投资咨询服务，法律法规禁止其从事委托理财、与客户约定分享证券投资收益或者分担证券投资损失、利用传播媒介等方式提供、传播虚假信息等行为。但是，有些证券投资咨询公司利用"会员制"业务发展有固定联系的会员，所从事的股票推荐业务往往带有虚假不实成分；有些证券投资咨询公司的"理财工作室"以投资咨询为名引诱投资者买卖股票，赚取佣金收入分成；有的"证券黑嘴"甚至诱骗投资者买入自己已经预先买好的股票，待投资者大举买入时自己全身而退。[1]

这些行为已经超出了编造、传播虚假信息的范畴，用简单的欺诈客户概念进行归类认定和处罚缺少法律依据，需要监管机构在加强监管的同时，调整和创新监管处罚的法律法规适用。譬如，《证券法》第79条规定的禁止证券公司欺诈客户第（5）项，"为牟取佣金收入诱使客户进行不必要的证券买卖"，可以考虑将该规定类比适用于证券投资咨询公司，该规定与证券投资咨询公司惯用的诱使投资者买卖股票的行为内容基本一致。

财务顾问公司、资产管理公司等受客户委托进行投资理财的机构，往往也代理客户进行证券投资。这种委托代理投资是建立在双方完全自愿并依法签订委托授权合同的基础之上，是平等主体之间的证券委托授权代理买卖关系，若有彼此之间的欺诈行为，也是双方当事人基于合同关系而发生，不存在其中某一方利用特殊经营权利的情形。

---

[1] 阎岳：《三管齐下惩治股市黑嘴》，《证券日报》2018年5月14日。

证券公司与客户在证券交易中的经纪业务关系不是普通的证券买卖委托代理关系，而是证券公司作为法定的证券经纪业务专营机构，依法专门为客户提供证券经纪服务的证券经纪代理关系。尽管双方也依法签订委托代理合同，而且有时证券公司也会按照客户的委托指令为客户买卖证券，但合同的主要内容只是证券公司为客户买卖证券提供交易手段和证券登记、结算等方面的代理服务，证券交易行为，包括由证券公司代理客户买卖证券的行为，都应视为由客户自己完成。由于证券公司具有法定的专门提供证券经纪服务的优势，可以凭借交易手段掌握客户资料，了解客户证券资产情况，知悉客户证券交易信息，便有可能利用这一优势从事损害客户利益的欺诈行为。所以，《证券法》专门对证券公司交易中与客户的关系做出了相关的禁止性规定。[①]

2. 欺诈客户行为的对象

欺诈客户行为可以向特定客户和不特定客户两种对象实施。

证券公司证券经纪业务中的客户，除了机构客户和个人大客户之外，普通的中小客户可以因需求服务内容的不同而分为特定客户和不特定客户。不特定客户是指与证券公司签订一般性的证券经纪委托协议的中小投资者，其对证券公司没有特别的服务要求，但有可能接受证券公司提供的投资咨询、买卖股票的建议等。证券公司及其从业人员如果在其经纪业务中利用传播媒介或者通过其他方式提供、传播虚假或者误导的信息，这些客户因此而买卖了相关证券并遭受损失，便构成欺诈客户行为。这种行为与编造、传播虚假信息所不同的是：后者的信息内容以虚假编造为主，

---

[①] 《证券法》第 79 条。

实施主体广泛，实施对象是所有的投资者，危害性在于扰乱了市场秩序。前者提供、传播的信息有真有假，重在误导，目的是让客户进行不必要的证券买卖，以牟取佣金收入，其危害性在于可能使客户遭受损失。

证券公司证券经纪业务中的特定客户，是指对证券公司有特别服务要求的客户，如要求证券公司在一定授权范围内代为买卖证券，要求证券公司及时通报市场变化情况或者所持有股票的价格变化情况，并授权其相机买进或卖出股票等。由于这种委托超出了一般的经纪业务范围，属于委托授权代理买卖证券，给证券公司及其从业人员留下了一定的自我伺机操作的空间，故而容易引发欺诈行为。为此，《证券法》第141条规定："证券公司接受证券买卖的委托，应当根据委托书载明的证券名称、买卖数量、出价方式、价格幅度等，按照交易规则代理买卖证券，如实进行交易记录。"然而，在实际操作中，股票买卖的数量、出价方式、价格幅度等会有很大的弹性空间。客户授权范围太小，选择余地有限，买卖难以成交；客户授权范围太大或者模糊，变通余地太宽，虽然利于买卖成交，但在不合客户的意思时，也会引起争议或纠纷。对这些情况还需要结合实际具体分析，不能以欺诈客户行为一概而论。

3. 欺诈客户行为人的过错

欺诈行为的前提是行为人的主观故意，即行为人有意地欺骗受害人，并使其蒙受损失。在证券经纪业务中，相对于中小客户、证券公司及其从业人员是专业服务人员，具有专业服务知识，掌握专业服务技能，应当做出符合客户真实意思表示并且合法合规的服务。如果其所提供的服务违背了客户的真实意思表示，便推定为故意实施，即欺诈。除非能够证明这种行为发生，是证券公司及其从业人员工作疏忽而引起，或是由客户自身的原因而引起，或者双方混合的原因即双方过错而引起，此时便不应以欺诈客户行为论处，而应以普通的民事责任归责原则，确定双方各自应承担的责任。

随着网上交易方式的普及，证券交易行为一般由客户自己在证券互联网操作即可完成，因委托交易产生欺诈客户的情形越来越少。但是，在个别接受客户电话委托交易的情况下，操作人员稍有疏忽或不慎，敲错了键盘上相应的键，也有可能酿成错误，如将"买进"键敲成"卖出"键，将数字"10000"误读为"1000"，便会造成客户的损失。同时，证券交易的价格变动也是波诡云谲，有时稍有迟滞，就会有不同的交易价格和不同的交易结果。

对于在客户委托交易或者与交易相关的活动中造成客户的损失，一是要实事求是地分析是否存在，二是有损失存在的情况下，辨别其与证券公司及其从业人员行为的因果关系。为了保护社会公众投资者的利益，在诉讼实践中，作为被告的证券公司及其从业人员负有证明其行为没有主观上的过错以及其过错行为与受害人的损失之间不存在因果关系的举证责任。如果其不能证明，则推定存在过错，根据过错大小分别承担欺诈客户的行政处罚和相应的民事赔偿责任。

欺诈客户行为的本质是违背客户的真实意思表示，会给客户的实际利益带来影响，或是使客户损失了现有的财产，或是使客户失去了可能得到的利益。如果有表面上违背客户意思表示的行为，并未给客户带来实际损失，或者客户所主张的利益损失并不成立，行为的违法性也就无从谈起。

# 第四编 市场规制

# 第十四章　证券自律管理机构

## 第一节　证券自律管理机构概说

资本市场健康稳定发展除了需要有基础的法律法规和规章制度作为市场主体的行为规则，并辅之以有力、有效的证券监管机构依法监管之外，还要有负责组织、指引和管理市场主体依法自治、自律进行市场活动的专门机构，即市场的组织者和引导者。证券交易所、证券登记结算机构、证券业协会就是具有市场组织、引导作用的自律管理机构。

从市场交易行为的本质而言，任何商品交易的双方或多方都是基于"私法自治"原则进入市场进行交易。简单的商品交易或者实物商品交易一般不需要专门的市场组织者出面撮合双方或者多方进行交易并专门结算，当事人自己依靠"意思自治"和契约精神，就可以搞定一切。如果交易重大，确有证明需要，也可以找中间人在场作证，但这都是私人行为，属于传统意义上的"私法自治"范畴。

证券这种特殊商品的出现，意味着过去简单的商品交易方式不能适用于证券交易，证券所代表的企业及其资产或者债务人偿债能力的复杂性，以及资本市场的诡谲多变，需要有专门的市场组织者将参与交易的各方或其代理人，撮合在一起，在公开、公平原则的指引下，确立各方认同的交易规则，据此进行证券交易、公司并购重组、结算、客户服务等相关业务。传统的个人之间交易的"私法自治"，在这里上升为一个行业或者一个专门市场成员交易的"私法自治"，由此形成了市场成员认可并参与自治的市场自律管理机构。

从市场法律规制而言，"徒法不足以自行"。法律法规和规章再多，缺乏有力的市场组织机构采取切实有效的措施、流程、制度等，协调、组织相关成员予以贯彻落实，也会是一纸空文。证券交易所等市场自律管理机构就是在组织市场成员参与交易的基本层面，管理市场各方依法合规交易，减少或避免市场不法交易行为发生，正如商品拍卖场所或者合法的赌场都有其组织者一样。

中外各类资本市场发展的历史表明，市场监管必须发挥政府集中统一行政监管和市场组织者自律管理两个方面的积极性，才能使市场活动在更符合经济规律的前提下有序进行，实现"管而不死，放而不乱"。其中市场主体自律管理又是政府行政监管的基础，没有自律管理或者自律管理流于形式，政府行政监管便会成为无本之木，无源之水，市场中违法违规行为的"羊群效应"往往使政府行政监管失去应有的作用。

自律管理是以市场主体在其共同的市场活动中产生的共同需要为依托，按照相关法律原则指引，建立的自律性管理的体制机制，其从根本上体现了价值规律所决定的市场主体的共同利益，故更容易为市场参与者和投资者所接受。

我国资本市场的自律管理主要通过证券交易所、证券登记结算机构、证券业协会等自律管理机构，对市场活动进行组织、提供相关服务、制定活动准则并监督实施等来实现。它们对证券交易、证券服务以及其他相关市场活动的投资者、参与者及其代理人的组织与管理来自于证券法律法规的授权，是依法在授权范围内进行管理活动。这一特点又将它们与普通自发的市场组织者的自治管理区别开来。

来自于民间自发的市场组织或者行业组织在自由资本主义时代盛行。那时，对私有产权和私人商业活动的法律保护，秉持"风能进，雨能进，国王不能进"的原则，严格划分并恪守公权力和私权力之间明确的界限。①

公权力进入私人领域有一个原则，那就是"非请莫入"，私人事务或者私人商业活动，包括市场交易，没有请求公权力救济，政府不能介入。这就是"私法自治"原则存在的基础，无论英美法系国家，还是大陆法系国家，在法律制度的设计与安排上，公法与私法的界限十分明确。中国法律历史传统中也有类似的表达："民不告，官不究"。当然，这也是对"私法自治"的一种表达。

现代社会经济发展的复杂性和多样性，从根本上改变了自由资本主义主张所依赖的制度环境，尤其是20世纪20年代末美国

---

① 英国首相老威廉·皮特1763年在英国国会的演讲——《论英国人个人居家安全的权利》：

"The Poorest man may in his cottage bid defiance to all the forces of the Crown. It maybe frail, its roof may shake, the wind may blow through it, the storm may enter, the rain may enter, but the King of England can not enter." This established that nobody could enter a home without permission from the home's owner. However, it did not mean that a man could do anything he pleased inside his own home. Oxford English Dictionary of Quotations, 1966.

爆发影响全球的经济危机，导致国家资本主义、社会主义、混合所有制等制度主张接踵而来，体现自由资本主义的绝对"私法自治"受到国家干预主张在一定程度上的修正，即必须依靠政府监管保护市场的公开、公平与公正，而政府监管力有不逮，还需要市场组织者予以自律协助，于是，法律法规授权市场组织者依法自律管理模式应运而生。

## 第二节　证券交易所

### 一、证券交易所概说

证券交易所的产生与证券交易的规模和证券交易的形式紧密联系在一起。换言之，证券交易所是资本市场个别、分散的交易行为向统一、集中的交易行为演变、转化过程中的历史产物。

最早的证券交易形式是交易者或者原始的证券经纪人自发地分散于路边、街头，茶坊等，各自寻找零星的证券购买者或出售者，达成个别分散的交易。随着市场交易需求增多，价格竞争使得零星、分散的交易者们逐渐汇聚在一起，形成集中的竞价交易市场，如同现货拍卖市场一般，并在此基础上产生了现代意义上的证券交易所。

距今已有300多年历史的世界主要证券交易中心之一——伦敦证券交易所，就起源于17世纪下半叶伦敦交易街买卖英国政府债券的露天市场。1773年该露天市场迁入室内进行交易，并取名为"伦敦证券交易所"。直到1802年，该交易所才获得英国政府正式批准设立。欧洲证券交易所的前身之一，荷兰证券交易所也是从荷兰阿姆斯特丹的街头证券交易市场起家，其最早可以追溯至 1602 年创建的荷兰东印度公司股票的街头交易。

追溯中国人自己建立证券交易所的历史，仍然要回顾 20 世纪 20 年代的民国时期。此时在属于半殖民地的上海，除了有外国人开办的个别证券交易场所外，市场里已经存在散落的证券交易、外币交易和从业的经纪人等。1914 年，上海 12 家股份有限公司在九江路设立上海股票商业公会，以彼此对做的方式进行股票、公债、铁路债券等的买卖。1920 年 5 月，该公会改组为上海华商证券交易所并经民国农商部批准开始营业，主要经营政府公债等。1920 年 7 月 1 日，完全由中国人自己创立的第一家证券交易所——上海证券物品交易所开张，只不过这家交易所将证券交易和其他大宗商品交易，如南洋橡胶、棉纱的交易等，混在一起，一时还显不出证券交易的专业特点，但其当时的交易规模堪称中国第一。1929 年 10 月 10 日，国民政府为了统一规范证券和大宗商品交易市场，正式公布了《交易所法》，1930 年 3 月 1 日又颁布了《交易所法施行细则》，证券交易所的业务才随之兴盛起来。[1]

早在 20 世纪 80 年代初期，我国由政府发行的国库券就在民间形成了自发的街头交易市场，随后，进行股份制改革试点企业所发行的实物券式的股票民间交易，曾一度风靡各大城市街头巷尾，其中最具代表性的交易场所则是成都红庙子街内部职工股交易市场。该市场在 1992 年下半年至 1993 年上半年达到巅峰，交

---

[1] 雪亮:《民国时期的证券交易市场》，《和讯网》news.hexun.com 2017 年 11 月 22 日。

易各地股份有限公司内部发行的股票和股权证品种多达70余种,交易者最多达到每天约8万人,日成交金额达千万元以上。随着上海、深圳两家证券交易所陆续建立和交易规则逐步设置、改进,绝大部分内部职工股相继上市集中交易,街头交易市场便退出了历史舞台。[1]

证券及其衍生产品等作为特殊商品的买卖之所以需要在有组织和管理的交易场所内进行,主要基于以下原因:

第一,证券及其衍生产品是需要由证券监管机构或其授权机构进行审核、设计或鉴别的非实际物品的特殊商品,普通投资者一般不具有这种专业能力。

第二,证券除了在当事人双方之间的直接协商交易或转让外,当其作为特殊商品为社会公众投资者所需求时,存在着交易信息披露、买卖先后顺序等问题,即交易规则制定和交易秩序维护等,单个投资机构或投资者个人无法担此大任。

第三,在证券及其衍生产品的发行、上市交易的过程中,如果有人作弊引发交易事端或者发生交易纠纷,还存在调查、调解、仲裁或处理、惩罚等一系列问题,没有法律的授权以及全体交易者的一致认可,任何机构或个人都殊难完成这些任务。

上述所有问题概括在一起,就是资本市场交易活动需要有专门的机构,根据市场规律、交易规则和交易者的共同需求,设置专门的交易场所,提供专门的交易设施,组织和管理交易的正常进行。一句话,资本市场需要通过依法设立的证券交易所来实现证券及其衍生产品集中交易的公开、公平和公正。

---

[1] 杨成万:《红庙子:开启成都的股市人生》,《金融投资报》2009年9月4日。

《证券法》第102条规定:"证券交易所是为证券集中交易提供场所和设施,组织和监督证券交易,实行自律管理的法人。证券交易所的设立和解散,由国务院决定。"将证券交易所在法律上定位于实行自律管理的、组织和监督证券交易的法人机构,既是对国际资本市场监管经验,特别是对美国监管模式的借鉴,也是完善我国资本市场监管体制、综合发挥政府监管与市场自律管理两种机制效用的现实需要。

从国际资本市场发展看,各个国家和地区由于政治体制、经济制度、市场发育程度的不同,资本市场监管模式有所差异,主要存在所谓政府主导型、市场自律型、政府监管与市场自律综合型三种不同模式。近年来,市场自律型监管模式日趋式微,特别是历史上被视为这一传统模式典型代表的英国,其经过重大改革,也已建立起向美国模式看齐的集中统一的政府监管体制。

无论采用何种证券监管模式,根据资本运动自身的规律和资本市场的发展历史,自律管理始终是资本市场监管体制中不可替代的组成部分。正如社会发展过程中既需要政府出面主持社会正义,又需要"以人为本",充分发挥自治团体和个人的主观能动性一样,政府不可能包办代替所有的人和事,在市场经济活动中更是如此。

政府证券监管机构和证券交易所对资本市场的监管分别承担不同的职能。证券监管机构更多的是作为法律的执行者、具体制度与规则的制定者、违法违规行为的查处者,而证券交易所则更多的是作为市场的组织者、交易秩序的一线监管者、违法违规行为的发现者。

对资本市场及时、准确、有效的监管,需要利用在交易第一线掌握交易设施、熟悉交易方法、了解交易情况、观察市场动态、把握资金走向、紧密联系会员等条件，在市场所有的行为主体当中，包括监管机构在内，只有证券交易所才具备这种综合能力。证券交易所在发挥自身与生俱来的组织市场交易功能的同时，可以充分利用其专业技术优势，及时发现并纠正交易者或投资者的不当操作或者违规交易行为。所以说，证券交易所无疑是资本市场最重要的自律管理组织。由于证券交易所内部既有会员制的管理成分，即"人合"因素，又有按照协议向会员提供有偿服务的经营内容；既有社团组织的形式，又具公司企业的特点；既有法律法规的授权监管，又有自治机构的自律要求；属于"混合"性质，在法理上应归类于国务院特许经营的事业单位法人。

## 二、证券交易所自律管理的特点

在我国资本市场采取政府监管与市场综合自律管理模式相结合的背景下，证券交易所作为组织和监督管理证券交易的自律性机构，与自由资本主义时期的市场自律机构有很大的不同。

首先，资本主义早期的市场自律机构与制度完全是在市场自发的孕育、发展、演进的环境中，由证券交易者或经纪人按照自由、自愿的原则组织和建立起来的。其运行的规则产生于参加该组织的成员或者入会会员的共同协商，规则的实施也完全依靠成员的自觉遵守。我国的证券交易所是由政府根据资本市场交易的需要，依照相关法律规定的条件和程序主动设立的。其运行规则有些由法律法规直接规定，有些由证券监管机构的行政规章加以规定，还有一些由交易所在法律法规的授权范围内自主制定，并在证券监管机构的监管下贯彻执行。证券交易所自律管理的本质是在政府授权范围内的依法自律管理，其自律范围和内容相对有限。

其次，早期的证券交易行为受"私法自治"观念的影响较深，所有的市场制度安排和交易规则设置都被视为市场自身的行为，是交易者自己的事情，政府不便参与，更不得干预。在这种观念的支配下，市场中的投机行为盛行，内幕交易、操纵市场、欺诈客户等行为屡屡发生，交易所对之熟视无睹，更无能力制止，最终酿成以美国1929年股票市场崩盘为导火索的西方资本主义国家经济危机。直到美国《1933年证券法》以立法手段肯定了政府对资本市场的监管作用，将交易所的自律管理纳入政府的监管之下，市场自律管理才实至名归。在现代法治社会环境中，"公法"与"私法"的分野逐渐淡化，证券法律法规的制定更注重实效，更关怀具体经济制度的公平、公正，交易所自律的出发点与法律制度的目的日趋一致，交易所自律管理对政府监管实际上起到了补充作用。

再次，早期的证券交易手段简单，交易规模不大，需要交易所提供的交易设施和交易信息有限，自律管理的空间较大，利于交易所充分发挥市场组织者的能动性。现代证券交易在大众生活中的普及以及金融、证券衍生产品的不断推陈出新，使得证券交易所忙碌于交易产品审核、交易规则更新、交易设施改造、交易技术提升、交易方式变革、交易制度创新等自身必须完成的业务之中，再加上其他有关证券上市交易监管的内容，交易所业务也会产生贪多勿得、细大不捐的弊端。我国《证券法》对证券交易所的职能做出了直接规定，有利于交易所从市场化的角度对证券交易活动监管进行定位。[①]

### 三、证券交易所的职能

我国证券交易所的职能主要包括以下几个方面：

1. 对证券交易活动进行监管

证券交易所对证券交易活动监管的主要内容有：

第一，制定具体的交易规则。交易规则是每一个证券公司作为证券经纪人代理客户进行证券交易所必须遵守的操作规程。其中主要包括：证券交易方式和操作程序；证券交易中的禁止行为；清算交割事项；交易纠纷的解决；交易手续费及其他有关费用的收取方式和标准；证券交易所的开市、收市、休市及异常情况的处理；对违反交易规则行为的处理规定等。

第二，提供和管理证券交易信息。作为市场第一线的监管者，证券交易所有义务保证投资者有平等机会获取市场交易行情和其他公开披露的信息，其中包括公布即时行情，编制和公布股价指数，编制和公布市场成交情况的各种报表等，并且有义务妥善保存证券交易中产生的委托资料、交易记录、清算文件等，为其制定相应的查询和保密管理措施。

第三，依法建立市场准入制度。市场准入制度是证券交易所防范发生扰乱市场违法违规交易行为的屏障。随着交易所自律功

---

[①] 《证券法》第 111—118 条。徐明、卢文道：《证券交易所自律管理侵权诉讼司法政策》，《证券法苑》2009 年第 1 卷。

能的逐渐回归，交易所对上市证券的审核作用将进一步加强，对交易所会员的管理方式也会更加多样化。通过确定市场准入资格标准，可以依法决定上市证券的暂停、恢复与取消交易，限制、暂停或者禁止有不当交易的机构或个人的证券交易行为，为市场营造出入有据、进退有序、高下有别、宽严有度的秩序环境。

第四，依法设立证券交易风险基金。证券交易风险基金是证券交易所根据《证券法》的规定，在其收取的交易费用和会员费、席位费中提取一定比例的金额而设定，用于处置交易风险和其他相关风险。

2.对会员进行监管

证券交易所的管理体制是实行会员制的自律管理，进入证券交易所参与集中交易的证券经营机构必须是证券交易所的会员，通过会员大会制定交易所章程和选举产生理事会，对证券交易所行使会员权利。[①]

证券交易所对会员的监管内容是：

第一，制定会员管理规则。其中主要包括：取得会员资格的条件和程序；交易席位管理办法；对会员从事证券交易在内部监督、风险控制、电脑系统的标准及维护等方面的要求；会员的业务报告制度等。

第二，对会员从事证券自营业务实施监管。主要监管措施是：监督会员使用专门的股票账户和资金账户自营证券买卖业务；检查开设证券自营账户的会员是否具备规定的自营资格，要求会员按期编制并报送相关库存证券报表。

---

① 《证券法》第111条。

第三，对会员从事证券经纪业务实施监管。主要监管措施有：制定会员与客户所应签订的代理证券交易协议的标准格式和基本条款，规定会员接受客户委托的程序和责任，定期抽查执行客户委托的情况；要求会员按期就其证券经纪业务和客户投诉等情况提交报告等。

3.对上市公司进行监管

证券交易所是各种证券挂牌集中交易的法定场所，证券上市审核及其上市后的持续考核与监督，具体表现为交易所对发行该股票的上市公司以及公司债券上市的公司的依法监管。其主要内容是：

第一，制定具体的上市规则。包括：证券上市的条件、申请和批准程序；上市公告书的内容及格式；上市推荐人的资格、责任、义务；上市费用及其他有关费用的收取方式和标准；违反上市规则行为的处理办法等。

第二，依法制定上市协议的标准条款及格式，与上市公司以及公司债券上市的公司订立上市协议，确定相互间的权利与义务。上市协议包括下列内容：上市费用的项目和数额；证券交易所为公司证券发行、上市所提供的技术服务内容；公司负责证券事务的专门人员；上市公司定期报告、临时报告的报告程序及回复交易所质询的具体规定；股票停牌事宜；双方违反上市协议的处理办法；仲裁条款等。

第三，根据证券发行的保荐人制度，制定证券上市保荐人规则。交易所通过监督上市保荐人规则的实施，保证公司证券上市符合上市要求，并使其在上市后持续履行包括信息披露在内的相关义务。

第四，依法运用上市证券的限制交易、暂停交易、终止交易等手段，监督上市公司及其控股股东或实际控制人、管理层，以及上市公司的收购人等，依法合规从事经营管理和公司并购重组，并履行与证券上市交易、上市公司收购、重大资产重组等相关的信息披露等法定义务。

同时，为了保证交易所做出此类决定合法合规，交易所应当建立相关复核制度，赋予当事人在交易所做出不利于自己的决定时可以申请复核的权利。

证券交易所进行自律管理，履行上述职能，在本质上是依法维护与会员、证券发行人、上市公司之间因章程或上市协议而产生的契约关系，通过对违反章程、契约约定义务的会员、上市公司采取具有强制性的纪律处分措施，保证自律管理的实现。这是自律管理与证券监管机构行政处罚的根本不同之处。在自律管理实践中，交易所通常对违反义务的上市公司采取通报批评、公开谴责、暂停或终止股票上市交易等措施，对违反义务的会员机构则采取通报批评、公开谴责、限制交易、取消交易资格、取消会员资格等措施。[①]

## 第三节　证券登记结算机构

### 一、证券登记结算机构概说

在资本市场与证券交易所经常联系在一起的另一个市场组织

---

① 《上海证券交易所交易规则》第十章，《深圳证券交易所交易规则》第十章。

者，是为证券交易专门提供集中登记、存管与结算服务的机构，因其和证券交易所组织证券集中交易保持同步的证券集中统一登记结算关系，《证券法》将其命名为"证券登记结算机构"，实践中是指中国证券登记结算有限公司，简称中登公司或者"中国结算"。[1]

在资本市场发育早期，由于上市交易的证券品种和数量不多，社会公众参与证券投资的人数和投资规模有限，证券交易量不大，证券登记、存管和结算业务相对简单，证券登记结算机构还属于证券交易所内部的一个组成部分，正如至今期货交易所还保留着期货交易结算职能一样。随着国民经济的不断发展，社会公众投资需求持续增长，参与证券投资的机构和个人越来越多，证券交易量也越来越大，涉及的证券交易金额由最初的每日几十万元发展到每日上万亿元，由证券结算产生的证券、资金的妥善交付与收存，已经关系到国家的金融安全，依法保障证券登记结算机构安全、独立运行势在必行。

目前的中登公司注册资本为人民币 12 亿元，上海、深圳证券交易所是公司的两个股东，各持 50% 的股份，中国证监会是公司的主管部门。按照公司自己的宣传，公司的宗旨是：建立一个符合规范化、市场化和国际化要求，具有开放性、拓展性特点，有效防范市场风险和提高市场效率，能够更好地为中国资本市场未来发展服务的、集中统一的证券登记结算体系。

早在 2000 年末，我国资本市场沪、深两市证券账户开户总数就已达到 5200 万户，证券登记、结算已经成为一项规模庞大的工

---

[1] 《证券法》第 155 条，中国证券登记结算有限公司官方网页《中国结算》。

程。截至2018年4月末，在沪、深两市开设证券账户的投资者数量达到13848万个，与之相应，证券交易规模也与日俱增。2018年4月，中登公司统计的中国境内证券集中交易过户金额日均近5万亿人民币。中国资本市场投资者和投资规模的联袂快速增长，对证券集中登记、存管和结算服务持续提出了交收系统维护、结算技术创新、债务风险防范等专门需求，中登公司必然成为资本市场的又一个自律管理机构。

## 二、证券登记结算机构的法律地位和职能

《证券法》第155条规定："证券登记结算机构是为证券交易提供集中登记、存管与结算服务，不以营利为目的的法人。设立证券登记结算机构必须经国务院证券监督管理机构批准。"不以营利为目的，是证券登记结算机构在本质上区别于作为资本市场主体的证券服务机构的根本标志。所有的资本市场主体，无论是投资者、证券发行人、上市公司、证券公司，还是证券投资咨询公司、会计师事务所、律师事务所、资产评估事务所等证券服务机构，无一不是以营利赚钱为其首要目的，也正因为如此，如果利欲熏心，赚钱不择手段，这些市场主体就会做出各种各样的证券违法违规行为。

证券登记结算机构虽然登记为有限责任公司，但《证券法》规定其不以营利为目的，这就隔绝了其营利赚钱的念想，其在依法专门提供证券登记结算服务之外，不能有其他营利的目标和服务内容，也不能自行决定证券登记结算收费的标准。这些法律上的限制，使其类同于具有证券登记结算功能的准政府机构，只不过挂了有限责任公司的牌子。

证券登记结算机构虽然在组织性质上属于企业法人，但其是在证券监管机构的直接领导下，站在公平的立场上，依照法律规定的条件和程序，为实现证券买卖双方的交易目的，保证交易活动的顺利进行而实施相关的证券买卖登记、结算。这说明其设立需要政府特许，行为目的不具有商业意义，而是集中体现了投资者、证券经纪人或证券公司作为证券交易结算当事人要求证券交易活动必须货银对付、交收两讫的共同意愿，客观上起着维护市场交易秩序的作用，这也正是《证券法》独立设置证券登记结算机构，并对其行为加以特别规范的目的所在。

证券登记结算机构在其业务活动中，是作为市场的服务者、组织者依法与结算当事人建立证券交易结算契约关系。证券登记结算机构根据证券法律法规规定，拟定证券登记结算协议的标准条款、格式，并报经证券监管机构批准后，与结算当事人订立确定双方权利义务的协议。

这种契约关系与具有双方当事人平等协商特点的普通民商事合同关系的不同之处在于：

第一，其是证券登记结算机构在证券监管机构主导下，直接依法将证券交易结算的业务规则体现于标准的结算服务协议中，签订协议的证券登记、结算当事人没有选择对方和选择协议条款的余地。

第二，证券登记结算机构依法要求结算当事人按照货银对付的原则，足额交付证券和资金，并提供交收担保。结算当事人未按期履行交收义务时，证券登记结算机构有权按照业务规则处理其担保财产。[①]

---

① 《证券法》第167条。

第三，证券登记结算机构按照业务规则收取的各类结算资金和证券，依法必须存放于专门的清算交收账户，只能按业务规则用于已成交的证券交易的清算交收，不得被司法机关强制执行。这种由法律赋予必须履行效力的契约关系，使证券登记结算机构的法律地位类同于证券交易所，即其可以通过规范的协议条款和法律保证的执行效力对证券登记结算活动进行自律管理。[1]

证券登记结算机构的法定职能包括：证券账户、结算账户的设立；证券的存管和过户；证券持有人名册登记；证券交易所上市证券交易的清算和交收；受发行人的委托派发证券权益；办理与证券开户、存管和结算有关的查询等。

在上述业务中，开户登记、证券存管、证券权益派发、相关事项查询等，因不涉及巨额证券和资金的频繁往来进出，按照相关规则规定的条件和程序严格操作即可。证券交易的清算和交收，即结算业务，是证券登记结算机构最为重要的核心业务。

结算业务及其系统是资本市场的重要基础之一，其担负着为所有证券交易提供证券和资金交收服务的重任。证券买卖双方必须通过证券结算系统进行证券和资金的互换，才能完成交易行为。证券结算系统的安全，关联所有投资者的切身利益。从这一意义上说，证券登记结算机构依法合规结算，不仅在维护证券及其衍生产品的公平交易，也在维护整个资本市场的安全和国家利益。

---

[1] 《证券法》第168条。

## 三、证券登记结算机构的风险与控制

证券登记结算机构的风险主要是与其结算业务相关联的交收责任风险。在现行的证券交易制度安排下,证券登记结算机构作为唯一的中央结算机构,承担了保证全部证券交易完成后实现交收的第一责任。也就是说,当证券交易的任何卖方不向证券登记结算机构支付标的证券时,证券登记结算机构负责向买方支付;当证券交易的任何买方不向证券登记结算机构支付应予支付的资金时,证券登记结算机构负责向卖方支付。在保证上述支付或交收完成之后,证券登记结算机构再依法向有关责任人追偿。[①]

为此,证券登记结算机构承担了资本市场上因证券交易任何一方支付能力不足而造成的结算债务风险,或称欠库风险。在实践中,因证券公司违规操作所产生的证券结算风险时有发生。特别是在2001—2005年期间,股市持续下跌,市场流通的现金量锐减,导致政府债券(国债)价格也接踵下跌,国债标准券折算率随之调低,质押比率不足,国债回购市场连续出现证券公司交收违约,诱发资本市场的局部风险急剧向证券交易结算系统转移。针对国债回购质押券的司法冻结、扣划接连不断,市场交易结算的流动性受到威胁。虽然在政府有关部门和法院系统的支持与配合下,证券登记结算机构采取多种办法保持了结算系统的正常运转,防止了系统风险,但其中暴露的问题,反映了当时资本市场制度安排欠缺对证券结算系统的有效保护。[②]

---

[①] 《证券法》第164条。
[②] 王凯:《国债回购风险探源:有借无还众多券商深陷其中》,《和讯网·证券市场周刊》2004年12月13日。

控制证券登记结算机构结算风险的最佳措施，莫过于健全和完善其结算担保机制。《证券法》第167条明确规定："在交收完成之前，任何人不得动用用于交收的证券、资金和担保物"，并赋予证券登记结算机构在结算当事人未按时履行交收义务时处置上述财产的权力。显然，证券登记结算机构享有的这种法定处置权力，比普通债权债务关系中的优先受偿权更利于保护证券交易结算系统的正常运行，也使证券登记结算机构在实施对结算当事人的自律管理时具有了独立的法定权威性，无需再仰仗司法机关的介入。

证券结算交收的担保与普通的民商事合同担保制度虽然都是保证债权人的权利得到及时救济，但在具体担保方式上有着重大区别：证券结算当事人为结算提供的担保财产通常是质押的证券或资金，表现为证券登记结算机构对结算当事人所质押的证券和资金的直接控制，实际操作中就是对结算当事人证券账户的控制。按照《证券法》的规定，证券登记结算机构有权在结算当事人违约时，处置其证券账户内的证券和资金，包括冻结证券、资金或者直接进行结算。证券的即时变现能力和登记结算机构的强制结算权力，使得这种担保具有了现实的执行力，远比普通的民商事合同担保更有效力。

控制证券登记结算机构的结算风险，还可以通过依法设立的证券结算风险基金来保证。证券登记结算机构临时收取的证券、资金都即时用于证券交易的净额结算，通常是当日结清。证券结算风险基金是证券登记结算机构为了垫付或者弥补因违约交收、技术故障、操作失误、不可抗力造成的损失而依法专门设立的基金。该基金从证券登记结算机构的业务收入和收益中提取，并由结算参与人按照证券交易业务量一定比例缴纳。证券结算风险基金的设立,从根本上保证了结算交收的安全。[①]

## 第四节　证券业协会

### 一、证券业协会的法律地位

证券业协会是由证券公司、证券投资基金管理公司、证券投资咨询公司等机构会员为主,依法组成的证券业自律性组织。

证券业协会和其他所有的行业协会或行业自律团体一样,是在行业的整体经济活动中,从外部和内部两方面维护本行业从业机构和从业人员的共同利益。

就外部而言,证券行业和证券公司等从业机构属于整个金融市场、金融行业和金融机构的一部分,与其他金融行业和机构之间不仅存在市场划分、竞争和投资者争夺的问题,还存在业务相互渗透、作业相互配合、利益相互分享的诸多问题。解决这些问题靠单个证券从业机构单打独斗,显然既不利于市场发展,也无助于维护证券从业机构的整体利益。因为在对外竞争当中,无论是谋求己方取胜或者双方共赢的结局,其前提是己方已达成共同对外的一致或默契,如果己方内乱,则必然陷入"囚徒困境",为对方拱手送出"渔翁之利"。

就内部而言,各个证券从业机构相互之间的竞争是做生意的

---

[①] 《证券法》第 163 条。

行业与生俱来的本性，但"和则两利，斗则两害"已经由人际关系准则演化为现代从商之道，通过协会或自律团体集中统一各方的意愿，形成全体成员的共同意志，有利于在维护本行业总体利益的基础上，兼顾各个成员的个别需求，营造"和而不同"、有序竞争的环境。

作为资本市场的自律管理机构之一，证券业协会与证券交易所、证券登记结算机构一样，都是在证券法律法规规定的职能范围内，在政府证券监管机构的领导和管理之下，进行相关的成员自律管理活动，从各自的业务中维护资本市场的健康稳定运行。它们的不同之处是：

第一，管理对象不同。证券业协会是进行行业管理，即从行业自律管理的角度出发，协助证券监管机构管理专门从事证券业的从业机构及其从业人员。因此，其管理对象主要是作为协会会员的证券公司、证券投资基金管理公司、证券投资咨询公司等从业机构。证券交易所和证券登记结算机构是进行市场行为管理，即从为市场提供专门服务、组织证券交易和登记、结算的角度出发，对证券交易活动进行自律管理。所以，其管理对象是全体市场参与者或者是证券交易活动的当事人。

第二，组织结构和利益目标不同。证券业协会是由会员参与而组成的社团法人，按照社团法人的设立程序进行注册登记，以社会团体的身份进行相关活动，会员大会是其权力机构，理事会是其执行机构。虽然其主要成员——证券公司、基金公司等是按照法律规定强制入会，但其在本质上是为维护协会全体成员的共同利益而存在。证券交易所和证券登记结算机构分别是以事业单位法人和企业法人的形式存在，以事业或企业管理的方式进行运作,尽管其也实行一定的会员制管理制度,所维护的利益却不仅限于作为证券经纪人的证券公司的利益,而是全体投资者的利益乃至国家的金融安全。

第三,职责和职能有别。证券业协会的职责由其行业团体的性质所决定,既来源于法律规定,也来源于协会章程的规定,其重点在于协会章程无需经过政府监管机构的批准,自律的空间更为广阔。证券交易所和证券登记结算机构的职能全部来源于法律法规的规定和政府监管机构的批准或授权,自律的空间相对有限。

综上所述,证券业协会是在证券监管机构领导下,由强制和自愿入会的会员组成的证券业实行自律管理的社团法人。证券业协会通过制定章程和会员活动准则,为会员提供作为证券法律法规和规章的补充和延伸的行为规范,弥补证券监管机构对资本市场监管的不足,并通过必要的管理措施,维护证券业信誉,提高证券业服务水平,保持证券业在资本市场的竞争力。

## 二、证券业协会的职责

证券业协会作为介于证券监管机构对资本市场集中统一监管与证券交易所、证券登记结算机构对证券交易行为分别监管之间的自律组织,通过行使其管理职责,发挥连接证券监管机构与市场证券经营、服务机构之间的桥梁与纽带作用同时,还可以拓展场外交易市场及其监督管理功能,成为证券监管机构直接监管的场内交易市场的重要补充。如美国、日本、韩国等国家的证券业协会先后开设并管理场外交易市场。我国资本市场的场外交易市场,即"新三板"市场,就是在证券业协会主导下做出的非上市公司股份交易的制度安排。

根据《证券法》第176条的规定，证券业协会的职责包括以下内容：

1. 协助监管职责

协助证券监管机构教育和组织会员遵守证券法律法规、依法交易，是证券业协会的第一职责。依法合规经营，是每一个证券经营、服务机构必须履行的义务。然而，在激烈的市场竞争中，一些证券从业机构及其从业人员，尤其是证券公司和证券咨询机构的从业人员，为了谋求利益或者超常规发展，往往不择手段，冒险经营，甚至违法违规。对他们的职业操守教育和证券法律法规常识教育必须常抓不懈，而这一任务适合由证券业协会担当。证券业协会在联系会员的过程中，采取多种形式，教育和组织会员及其从业人员认真学习、正确理解证券法律法规，监督会员依法合规经营，就是对证券监管机构监管的最大协助。

2. 维护权益职责

维护会员的合法权益是每一个行业协会的固有职责。会员合法权益可能受到来自外部其他行业或企业的侵害，也可能受到来自内部其他成员的侵害。证券业协会除了根据证券法律法规以及协会章程的规定，对实施不法侵害行为的会员给予纪律制裁之外，还对来自外部的侵害，代表会员的共同利益向证券监管机构反映会员的建议和要求，由证券监管机构协调处理。

3. 服务职责

证券业协会向会员提供服务的内容有：收集、整理国内外证券行业信息，进行综合统计和分析，向会员提供咨询服务；制定会员在证券业务活动中应遵守的准则，譬如，制定会员从事证券业务公约，制定证券公司证券交易佣金收取办法等；采取多种形式，组织人才培训和业务交流，提高各证券经营机构从业人员的业务技能和管理水平；组织会员就证券业的发展、运作及有关内容进行研究，提出证券业发展的中、长期规划，经证券监管机构批准后组织实施。

4. 调解纠纷职责

证券经营、服务机构在其证券经营、服务活动中难免相互之间以及与客户之间发生各种证券业务矛盾或纠纷，证券业协会根据证券法律法规的规定，有权对纠纷各方进行调解。这种调解虽然类似于民间的"人民调解"，没有法律效力，但对定纷止争仍有一定的帮助。当事人对调解结果不满意，可以依法提起仲裁或者诉讼。

5. 监督、检查职责

作为自律管理机构，证券业协会需要通过监督、检查会员从事证券业务的行为，以保证行业规则得到贯彻落实，维护会员的共同利益。对会员违反法律法规或者协会章程的行为，证券业协会按照相关规定给予纪律处分。

# 第十五章 证券监管机构

## 第一节 证券监管机构的法律地位和职责

证券监管机构是依法设立、由国务院直接领导、专门监管资本市场的国家行政机构,负责维护资本市场秩序,保障证券及其衍生产品的发行、交易以及其他相关活动依法合规运行。

在制定有关资本市场法律法规和建设制度的同时,政府对资本市场的监管主要通过证券监管机构的监管活动来实现。证券监管机构的作为与不作为以及如何作为,不仅代表了政府对资本市场的态度,反映了政府对资本市场的认识和把握水平,体现了政府监管资本市场的方法与手段的科学性,而且直接影响着投资者对资本市场的信心以及由此决定的资本市场的健康稳定发展。

从我国社会主义市场经济中政府的地位和作用看,证券监管机构始终在资本市场处于领导地位,对资本市场的发展起着引导作用。证券监管机构尊重市场规律,着眼于基础制度建设,积极依法进行监管,有力查处证券违法违规行为,市场就稳定健康发展。反之,证券监管机构背离市场规律,侧重于安排证券发行上市,忽略市场基础制度建设和市场监管,对证券违法违规行为查处不力，市场发展就陷于停顿、迟滞，甚至还伴有市场混乱。这些已为我国资本市场不长的历史发展过程所证明。

资本市场属于整个金融市场的一个重要组成部分，其业务与货币市场、外汇市场、保险市场等其他金融市场业务有着千丝万缕的联系，所以，证券监管机构的职责也与国务院其他金融机构的职责发生一定程度的交叉。明确证券监管机构法律地位和职责，需要将其置于整个金融市场的大环境下进行考察。

## 一、分业监管与金融业混业经营监管的协调

我国长期以来对金融市场实行高度集中的管理体制，在资本市场尚未形成之前的很长一段时间内，中国人民银行既作为中央银行又作为商业银行开展金融业务，并承担全部金融活动的调节和监管职责。1978年以后，改革开放推动了金融监管体制的改革，国家先后设立了外汇管理局、中国证券监督管理委员会、中国保险监督管理委员会，实行分业经营和分业监管。加入WTO以后，我国金融业对外开放不断扩大，金融业面临更多的风险和挑战，要求必须加强金融监管，防范和化解金融风险。为了适应这一需要，2003年4月，又成立了中国银行业监督管理委员会，分离了中国人民银行对银行业金融机构的监管职能，中国人民银行负责宏观调控和金融稳定。2018年3月，在新一轮国家机构改革中，中国银行业监督管理委员会与中国保险监督管理委员会合并，成立新的银保监会，中国证监会予以保留，开始形成新的金融与资本市场监管格局。

经济全球化和资本市场同步发展，给中国金融业带来的最大

变化就是传统的银行类金融机构陆续改制为上市公司,并在此基础上发展成为跨国性的、从事混合金融业务的企业。譬如,包括中国工商银行、中国农业银行、中国建设银行、中国银行在内的许多国有商业银行,在境内外发行股票、改制上市的同时,也与境内外的证券公司、基金管理公司以及其他机构投资者合作,开展证券交易结算资金、证券投资基金的存管或托管业务,设立或参与证券投资基金,买卖证券及其衍生产品等。这些金融机构由单纯的国有银行向股份制商业银行的转变及其逐渐从事混合性金融业务,对金融业的分业监管体制提出了前所未有的挑战。

与此同时,证券公司开展网上交易、银证转账、融资融券等创新业务也与银行类金融机构业务联系日趋紧密。信托公司、资产管理公司等金融机构从事发行信托资产凭证、资产证券化业务更是融合了证券业、银行业的某些共同特点。面对这些错综复杂的变化,证券监管机构与其他金融机构、监管机构因监管对象和内容发生一定程度的相互重叠、交叉,需要对共同涉及的监管职责进行适度的调整和修正。《证券法》规定,证券监管机构应当与其他金融监督管理机构建立监督管理信息共享机制,逐渐消除不同监管机构之间的藩篱。[①]

从中国金融业的整体发展趋势看,分业监管体制存在以下几个缺陷:

第一,不同监管机构之间监管权力割裂,容易产生监管真空。金融创新业务发展,使各金融机构之间的界限越来越模糊,很难区分它们的机构类属性质。譬如,从事证券业务的混合类金融资

---

[①] 《证券法》第185条。

产管理公司，从事境内外投资银行业务的金融公司，兼跨各有关金融行业的金融控股公司等。分业监管体系不能完全覆盖这些混合类金融机构的业务范围，有的机构借此游离于法律规制或监管之外。

第二，监管体制完全分开从一定程度上抑制了金融创新。过去的分业监管在控制行业风险方面有积极作用，但从严控制被监管机构的经营行为及其风险，可能对发展跨行业的混合业务，如开发金融衍生产品等不利，从而使境内金融机构在全球一体化的金融创新竞争中处于劣势。在金融业新一轮的对外开放中，境外金融机构凭借其资本优势和混业经营的优势向境内金融市场以及资本市场进行全方位的渗透，可以设立控股的金融和证券机构，从而开始混业经营创新，这为各监管机构的监管带来新的压力。

第三，分业监管加大了监管成本。监管成本包括直接成本和间接成本，是构成资本市场高企不下的交易成本的主要成分之一。直接成本是维持监管活动的费用，间接成本是被监管行业及其从业机构的执行成本。在分业管理体制下，各监管机构对涉及混合业务的金融机构会发生重复检查、核准和报告，既加大了金融监管活动的成本，也加重了被监管者执行监管要求的成本。由于监管体制漏洞或监管协调不畅而致金融机构发生重大危机的事件屡见不鲜。英国巴林银行倒闭就是这方面的典型例证。我国多家银行分支机构或其从业人员将客户巨额委托贷款变相投入股市和房地产市场造成重大经济损失的案例，也与监管真空有关。[1]

---

[1] 《银监会：委托贷款新规将明确要求加强风险隔离》，《中国银监会网站》2018年1月6日。

为了避免分业监管的上述弊端，各金融监管机构相互之间已在实践中着手进行协调监管的尝试，银监会与保监会合并为银保监会，就是在监管机构设置上进行调整的重大步骤。中国证监会作为证券监管机构得以独立保留，在于资本市场监管的责任重大、情况复杂、影响深远、监管措施独特，非独立、严格的监管不足以构成对市场违法违规行为的威慑。

## 二、证券发行审核制及其寻租风险控制

在我国以及境外主要国家和地区的金融市场中，资本市场以投资者直接参与投资活动而成为最重要和最活跃的市场。因此，证券监管机构在整个金融业监管体系中具有特别重要的地位，其不仅负责为资本市场建规立制，维护市场秩序，保障市场健康稳定运行和发展，而且还承担了我国由计划经济向市场经济转型过渡时期大量的过去由政府主管部门承担的工作职责，其中审核证券发行上市以及公司并购重组，就是为市场注目且关系到各方面利益的极为重要的工作。与之相比，其他任何金融监管机构或与金融业相关的政府主管部门，都不具有这种职责。

从中国资本市场诞生开始，围绕着证券监管机构应否具有证券发行上市的审核权，就展开了一场旷日持久的争论。尽管1998年和2005年《证券法》两度确认了证券监管机构的这一职责，但在实践中，有关这一问题的争议仍然不绝于耳，甚至在数次股市下跌时，演变为舆论对证券监管机构地位和职责进行攻讦的事由。

其实，在我国整体经济转型过渡时期，面对证券发行上市的机遇，各类企业一哄而上、争抢指标或席位的局面随时大量存在，

如果没有建立在企业各项财务指标合格基础上的发行审核制度控制，证券发行上市的市场必然演变为巧取豪夺、尔虞我诈的投机者、冒险家的乐园。应该说，目前的发行审核委员会的专家评审制度，汲取了证券监管机构长期运作积累的大量经验，是相对成熟有效、符合我国资本市场实际情况的制度，将其改为注册制或其他制度，一没有试错机制验证，或将支付更多成本；二没有相关法律法规指引，即使从头建设，也将旷日持久，不如坚持和改良审核制。

迄今为止，有关诟病、指责审核制的舆论都指向中国证监会工作人员或者发行审核委员会成员利用审核制度滥用权力，腐败受贿。其实例前有2004年的"王小石案"，后有2016年的"李量案"，其间还有其他个别案件发生。与发行审核委员会所做的大量有效的审核工作相比，这些个别案例尚不足以颠覆审核制在现阶段符合我国资本市场"市情"的优越性。

2004年年末，中国证监会发行监管部副处长王小石涉嫌以权谋私、出售证监会发审委委员名单，被检察机关逮捕，其后被依法追究刑事责任。一"石"激起千层浪，市场评论家和诸多媒体针对不断下跌的股市，把矛盾的焦点一致地集中到了证券监管机构，认为中国证监会权力过大导致权力寻租，进而导致股市问题重重，不断下跌。显然，这是投资者在股市下跌压力下，做出的过度情绪化的反应。市场下跌有过度投机等多方面原因，与证券发行审核制并无直接关联。就我国政府部门、机构的国际化、透明化而言，中国证监会是做的相对较好的机构之一，本案发生，在于没有公开发审委委员名单，有内部人试图利用牟利，这是制度安排的缺漏。①

---

① 聂辉华：《"王小石事件"凭什么让证监会背黑锅》，《环球》2004年11月30日。

2016年11月，江苏省扬州市中级人民法院公开审理了中国证监会投资者保护局原局长李量受贿一案。庭审查明：2000年至2012年，被告人李量利用担任中国证监会发行监管部发行审核一处处长、创业板发行监管部副主任等职务上的便利，为乐视网、康美药业等9家公司申请公开发行股票提供帮助，并收受上述公司投资人所送财物，共计折合人民币693万元。投资目标企业在创业板发行上市，是许多创业者和风险投资人的追求，与主板上市相比，创业板变现退出快，审核相对宽松，参审委员只有7人，如果有主管官员打招呼，审核通过比较容易。李量就是为投资人所利用的负责创业板审核的证监会内部官员，最后被追究刑事责任。[1]

如何用制度防范和控制证券发行审核中可能寻租的现象，证券监管机构依然在探索之中，有效的办法之一，就是对发行上市后业绩迅速"变脸"的公司给予重罚，连带追究相关发审委员的审核责任。

### 三、证券监管机构的职责

《证券法》第179条对证券监管机构的监管职责做出了较为详细的规定，从法理上大致可以归类如下：

1. 制定部门规章类规则

制定适应资本市场健康、稳定运行所需要的各种规则，为市场活动建规立制，是证券监管机构的首要任务。证券监管机构制

---

[1] 杜卿卿：《证监系统腐败案频发的"内耗"》，《第一财经日报》2016年1月10日。

定的规则属于国务院所属部门制定的规章,其法理依据是《宪法》第90条第二款规定,国务院"各部、各委员会根据法律和国务院的行政法规、决定、命令,在本部门的权限内,发布命令、指示和规章。"

中国证监会制定、发布的规章主要分为以下几类:

第一,围绕证券及其衍生产品的发行、上市、上市公司收购、重大资产重组等市场交易行为制定管理办法。

第二,针对市场主体制定管理办法,包括证券公司、证券投资基金公司等证券经营、投资机构,证券投资咨询公司、财务顾问公司等证券服务机构。

第三,对市场自律管理机构的业务活动制定管理办法,包括证券交易所、期货交易所、金融期货交易所、证券登记结算机构、证券业协会等市场组织者等。

第四,对从事证券、期货业务人员的监管规则等。

2. 行使行政审批或者核准权

行使行政审批或者核准权是国家行政机关的固有权力,其内容和宽严程度视市场情况、政府对市场的掌控需要以及对管理对象的认识了解程度而确定。在资本市场建立初期,证券监管机构对市场主体及其市场行为的审批几乎无所不包,反映了经济转型时期政府行政机关及其行政职能对市场经济的不适应。2002年12月,根据国务院的决定,中国证监会取消了首批32项行政审批项目,其中包括:证券公司申请新设分支机构核准,外国证券机构驻华代表处设立、展期核准,证券公司股票承销业务资格证书核准等,其后又陆续取消了一些审批项目。这些常见审批项目的取消,既体现了我国资本市场逐渐由幼稚走向成熟,市场机制开始发挥作用，同时也显示了证券监管机构的监管思路和监管方式正在为适应市场发展的需要而转变。现在主要保留的就是证券发行审核制，其中发行审核委员会与监管机构工作人员之间以及发审委员相互之间的"防火隔离墙"制度和渎职责任后续追究制度等，正在完善之中。

3. 实施市场监管

证券监管机构实施市场监管的主要内容有：第一，依法对市场主体的证券业务活动进行监管，其中包括证券发行人、上市公司、证券公司、证券服务机构等市场主体；第二，依法对市场自律管理机构的证券业务进行监管，其中包括证券交易所、期货交易所、证券登记结算机构等；第三，依法对证证券的发行、交易、结算、上市公司并购重组等市场行为进行监管；第四，依法对市场主体的信息披露情况进行专项监管。

4. 查处证券违法违规行为

查处证券违法违规行为是证券监管机构维护资本市场秩序、保障其合法运行的最终落脚点。所有的建规立制，所有的行政核准，所有的市场监管，都是为了维护资本市场秩序，而对市场秩序的维护，最终又体现为对违法违规行为的查处。"违法必究"，又是证券监管机构取信于社会公众投资者的根本举措。长期以来，社会公众投资者对资本市场丛生的种种违法违规行为深恶痛绝，而证券监管机构囿于其有限的人力、物力和简单的调查取证措施，往往对惩治证券违法违规行为力不从心，以致经常因"监管不力"而为媒体舆论所诟病。2005年修订后的《证券法》对证券监管机构规定了更为有力的监管和调查取证措施，使其履行查处证券违法违规行为的职责落到了实处。

## 第二节　监管、查处证券违法违规行为的程序

从法理上说，证券监管机构对证券违法违规行为的认定和查处，是行使法律赋予的行政监管权和处罚权，其性质相当于准司法行为，需要有线索来源、取证手段、询问当事人、听证安排、固定证据、做出处罚等一系列程序。

由于法律赋予证券监管机构行使处罚权的裁量幅度较大，譬如对内幕交易行为人可处以没收违法所得，并处以违法所得一倍以上五倍以下的罚款，甚至高于法院依法对相关刑事、经济案件判决的罚金数额或财产处罚数额。这就要求证券监管处罚必须建立在准确、真实的证据链基础之上，而证据的合法、有效，必然来自于严格的调查程序，只有严格按照程序办案，才能保证做出正确合法的监管处罚决定。

### 一、监管调查措施

证券监管机构的监管调查措施，即监管调查权及其正当行使，是全部监管调查程序的中心环节，也是证券监管机构能够对资本市场各个方面做出正确、有效监管的根本保证。

根据《证券法》第180条的规定，证券监管机构依法履行职责，调查处理涉及资本市场监管的有关事项时，有权采取下列措施：

1. 对证券公司等市场主体、证券服务机构、证券交易所等市场自律管理机构进行现场检查；

2. 进入涉嫌违法行为发生场所调查取证；

3.询问当事人和与被调查事件有关的单位和个人；

4.查阅、复制与被调查事件有关的财产权登记、通讯记录等资料；

5.查阅、复制当事人以及其他相关单位和个人的证券交易记录、财务会计等相关文件和资料，对可能被转移、隐匿或者毁损的文件和资料，可以予以封存；

6.查询当事人以及相关单位和个人的资金账户、证券或期货账户和银行账户，经证券监管机构主要负责人批准，对可能转移或者隐匿的涉案违法资金、证券等财产，可以冻结或者查封；

7.在调查操纵市场、内幕交易等重大违法行为时，经证券监管机构主要负责人批准，可以限制被调查事件当事人的证券、期货买卖，但限制的期限不得超过15个交易日；案情复杂的，可以延长15个交易日。

上述监管调查措施除了第一项现场监督检查与例行检查相关外，其余各项均属于调查取证措施，其中第6项和第7项是带有准司法性质的强制取证措施，参照和借鉴了美国监管模式以及美国证券交易管理委员会所拥有的准司法权力，是2005年修订后的《证券法》对证券监管机构监管调查权的重大改进。

赋予证券监管机构特别调查取证权力，在中国立法历史上绝无仅有。过去只有法院、检察院、公安机关等司法机关对普通刑事案件、贪污贿赂案件，以及涉嫌经济犯罪的当事人及其涉案证据，可以采取强制取证措施，其他任何行政执法机关和金融监管机构都不拥有这种权力。

立法赋予证券监管机构这种权力的必要性在于：

其一，资本市场是最为重要也是最容易产生造假、欺诈行为的金融市场之一,许多投资者兼具投资和投机双重心态,往往以博弈心态看待证券交易、公司并购,甚至不惜以身试法,此乃"天下熙熙皆为利来,天下攘攘皆为利往"的趋利动机使然。如果不加以严格监管和严厉处罚,市场秩序就会陷入紊乱,从而可能引发金融危机,威胁国家经济安全。美国安然公司、世通公司造假、欺诈之危害殷鉴不远,必须保持高度警惕。

其二,与其他金融机构监管相比,证券发行和交易直接与作为发行人、上市公司的企业及其证券服务机构相联系,他们单独或者联合造假、内幕交易、操纵市场等手段和方法多种多样,令人目不暇接、稍纵即逝,没有强制和及时的调查取证措施,证据随时可能被销毁或湮灭,取证难决定着调查取证措施必须特殊。

其三,与其他行政执法机关的执法措施不同,证券监管机构的调查取证对象是涉案交易记录、财务数据资料和证券、现金等财产,对这些文件资料和财产的冻结、封存、复制、保管等,需要上市公司、证券公司或其他证券服务机构的配合,非依法拥有强制手段,难以完成。

由上述来看,证券监管机构对资本市场监管比其他行政执法机关、金融监管机构具有更多、更大的监管权力,不仅是由资本市场的重要性所决定,也是由证券违法违规行为的特殊性所决定。

## 二、行使监管职权的程序

所有的行政和司法实践都表明,只有坚持了程序的公正,执法和司法的结果才会具有使当事人以及社会公众信服的终极效力,也才符合通过制定法律法规、确立制度使有关各方依法办事、依法交易的立法本意。反过来说，所有的冤假错案或者错误行政处罚决定的发生或做出，无一不和办案程序违法违规紧密相关。

《证券法》对证券监管机构依法履行职责，行使监管职权规定了相关程序：

1. 检查、调查常规手续

证券监管机构在具体进行有关事项的监管调查时，其监督检查、调查的人员不得少于两人，并应当出示合法证件和监督检查、调查通知书。要求监管检查、调查人员遵守职业纪律，不得以权谋私。[①]

2. 普通监督检查程序

这是指证券监管机构根据日常监管或者通过其他渠道获得的线索，依法对涉嫌证券违法违规行为的当事人进行普通监督检查和调查取证。发生普通监督检查或调查的常见情形有：

第一，违法违规行为已经被反映或揭露，但情节尚不严重，需要先予调查核实，再行决定是否立案查处；

第二，有举报线索举报违法违规行为，但尚不能确定情况真实与否，需要在监督检查或调查后再做出判断；

第三，出于查处案件的需要，对与违法违规行为人有关联关系的机构和个人进行监督检查和调查取证，后者依法负有配合并提供证据的义务；

第四，对轻微违规行为进行现场调查核实，并对行为人进行谈话提醒或给予口头警告等。

普通监督检查或调查不属于对证券违法违规案件正式的监管立案调查程序，但其作为证券监管机构日常监管工作的一部分，

---

① 《证券法》第 181—183 条。

是对轻微违规行为的纠正和立案调查的前置程序。而且从调查取证的角度看，相当多的立案调查案件的证据主要来自普通监督检查或调查。在进行普通监督检查时，证券监管机构除了查询当事人与被调查事件有关的机构和个人的资金账户、证券账户和银行账户及其证券、资金往来情况之外，通常还要求被调查的机构或个人对相关情况进行口头或书面说明。

3. 立案调查

在初步掌握有关当事人涉嫌证券违法违规行为的证据之后，证券监管机构将会根据具体情况决定是否对当事人进行立案查处。如果决定立案调查，则以正式的书面形式将立案调查通知送达当事人。此时，对证券违法违规行为的调查进入正式的调查程序。

证券监管机构必须奉行审慎监管原则，对机构或个人涉嫌证券违法违规行为做出立案调查决定。因为一旦书面立案调查通知送达涉嫌证券违法违规行为的机构及其所属人员，被立案调查的机构依法应当立即公告。特别是上市公司，必须在证券监管机构指定的传播媒介上进行公告，无论调查和处理的结果如何，仅此公告就足以使上市公司的信誉、股票价格以及相关生意遭受严重打击。所以，在正式立案调查之前，证券监管机构通常已经对有关当事人做了较多的普通监督检查和调查，在初步掌握其涉嫌违法违规行为证据，并且认为其情节和性质相对严重时，才会做出立案调查的决定。相反，如果证券监管机构在立案调查后没有发现证明当事人违法违规行为的有力证据，所调查的违法违规行为不能构成，而调查行为又可能损害了当事人的合法权益，就有可能引发行政诉讼，证券监管机构可能因此承担监管违法责任，并且要赔偿由此给被调查人造成的损失。

4.做出处罚决定

证券监管机构依据立案调查结果做出处罚决定,必须以事实为根据,以法律为准绳,而且应当公开。

证券监管行政处罚包括以下三种类型:

第一,名誉处罚。名誉处罚是用警告或批评的方式,对于证券违法违规行为人给予涉及名誉的儆戒措施,通常表现为书面警告或通报批评。

第二,财产处罚。财产处罚是对证券违法违规行为人做出的剥夺其经济利益的处罚措施,主要有没收非法所得和罚款两种处罚形式。

第三,行为处罚。行为处罚是依法限制或剥夺证券违法违规行为人某种特定行为能力和资格的处罚措施,主要有限制或暂停证券交易、暂停或取消证券发行和上市资格、责令改正、责令停业整顿、责令关闭、撤销证券业务许可、证券市场禁入等处罚方式。这些处罚方式在不同的证券违法违规案件的处理中,可以单独适用,也可以共同使用,视行为人的主体身份和违法违规行为的性质和情节而定。

当事人对证券监管机构的处罚决定不服的,可以依法申请复议,或者依法直接向人民法院提起诉讼,但是在申请复议或者提起诉讼的结果改变处罚决定的内容之前,处罚决定必须执行。[①]

5.对可能构成犯罪的证券违法行为,移送司法部门追究刑事责任

证券违法行为性质恶劣、情节严重,造成损失或者侵占、挪用

---

[①] 《证券法》第235条。

财产数额巨大，都可能构成犯罪。证券监管机构依法应当将涉嫌证券犯罪的案件移送司法机关进行犯罪侦查、起诉和审判。严重的或者对市场秩序有较大危害的证券违法行为，往往案情复杂，牵连关系广泛，跨境、跨区域、跨行业、跨企业实施的情形很多，上市公司与证券经营机构、投资者个人相互之间合纵连横、内幕交易、操纵市场的情形更不鲜见。对这些涉嫌证券犯罪行为的调查取证难度较大，行为性质认定存在较多争议，需要司法机关介入。

证券监管机构查处证券违法行为，通常还会牵连个别上市公司或者证券从业机构内部人员涉嫌与证券相关的经济犯罪行为，如挪用公款炒股、职务侵占股权等。对此类行为，证券监管机构在初步调查落实之后，需要根据行为主体的性质加以甄别：属于国有企业或事业单位及其工作人员或者政府机关工作人员涉嫌职务犯罪或者贪污贿赂犯罪的案件，移送检察机关；属于混合性企业或国有资产不占控股地位的企业及其人员涉嫌经济犯罪的证券违法案件，移送公安部门。

# 第十六章 证券违法违规行为

## 第一节 证券违法违规行为概念辨析

证券违法违规行为是指一切违反证券法律法规和规章的行为。

本书第十三章所列禁止的交易行为，也属于证券违法违规行为，而且是其中最主要和最常见的行为。所以将禁止的交易行为列在第十三章单独详细论述，主要基于以下两方面的考虑：

其一，尊重《证券法》自身的立法体例和逻辑结构。证券交易行为是资本市场的主要行为之一，有合法合规的交易行为，必然也会有违法违规的交易行为，即禁止的交易行为。而且资本市场的复杂性和多变性决定了识别交易行为是否违法违规，需要置于具体的交易背景或者环境中考察。《证券法》在第三章证券交易中将禁止的交易行为列为一节，就是考虑了资本市场的投机性，可能导致由正当合法的交易行为中派生某些违法违规的交易行为。由于证券交易活动频繁进行，这些行为也会经常发生，对维护公平、公开的市场交易秩序危害较大。对这样的交易行为要明确其违法违规性质，并加以立法禁止。

其二，禁止的交易行为是资本市场伴随着每日证券交易活动进行而发生的最为常见的违法违规行为，但又不能涵盖所有的证券违法违规行为，譬如，违法融资融券、银行资金违规流入股市、公司并购重组中的违规操作，以及其他较为严重的证券犯罪行为等。本书将证券违法违规行为总括列为一章，重在表明《证券法》的监管法性质，即法律法规对资本市场的规制，最终要落实到对违法违规行为的查处和制裁上，其中包括对从事禁止的交易行为的查处和制裁。因此，本书除了在第十三章详细论述禁止的交易行为的表现之外，还需要在本章对所有证券违法违规行为做系统的法理阐述和梳理。

从规范资本市场证券发行、上市交易、公司并购重组等活动，调整市场主体相互关系的法律制度构成来看，有关规制资本市场主体、证券及其衍生产品发行交易的法律法规和规章体系庞大，涉及面广泛，内容多样化，相互之间从根本上一以贯之，彼此关联，不仅是我国法律体系的一个重要组成部分，而且是资本市场所有主体，包括证券监管机构，依法发行、依法交易、依法监管、依法从事一切资本市场相关活动的依据。

《公司法》和《证券法》是资本市场最为基础和最为重要的法律，以此为根据，产生了规制发行证券的上市公司、保荐机构、证券服务机构以及证券交易活动的行政法规；证券监管机构按照其监管职责，制定了相关的规章或管理办法；市场自律管理机构在证券监管机构的指导和监督下，依据证券法律法规和规章的规定或授权，分别制定了适应本机构业务活动需要的规则、章程或行为准则等。这些规范性文件所做出的各种各样的规定，构成了资本市场的制度体系。

由市场自律管理机构做出的自律性规定不具有强制执行的效

力，主要依靠章程或协议对会员或协议各方的自律约束得以贯彻执行，因而对自律性规定的违反，一般不视为证券违法违规行为，而是视为违反自律义务的行为，由自律机构给予纪律处分。譬如，证券交易所对违反章程或者协议的行为人予以公开谴责、暂停其股票上市交易等。国务院制定的证券行政法规，证券监管机构制定的资本市场监管规章等，属于政府行政机关依法行使行政监管职权的重要内容之一，具有强制执行的法律效力，若有违反，即视为违规行为，依法应当由证券监管机构做出处罚，承担行政法律责任。

本书在各章节相关论述中，所以将证券违法违规行为联系在一起，是基于证券违法和违规行为在许多情况下难以做出严格划分，其原因在于：

证券法律法规彼此之间联系密切，法规和各种规章，就是法律实施的细则，违反其一，连带违反相关法律规制体系，违规即是违法，违法包含了违规，彼此相通，难以分辨。

而且，在资本市场实践中，对证券违法违规行为的认定和查处，并非根据行为所触犯的法律法规和规章各自规定的内容来划分，而主要是根据行为在产生、实施和延续过程中所侵害的不同利益、对市场秩序的危害结果及其情节轻重、所造成的损失大小等，来审视行为性质并确定行为人的法律责任。因此，行为违法与违规，需要根据具体案情和结果考量，无法在理论上截然划分。

再者，需要考虑社会公众投资者对违法行为和违规行为的认识习惯。通常的理解是，违法行为的情节比违规行为严重，故对违法行为的处罚比对违规行为的处罚严厉。民间习惯也常用违规表示轻微违法，而违法又常常与犯罪相连。在难以将证券违法和违规行为截然分开的情况下，将它们结合在一起表述，有利于探讨它们的发生缘由和背景，至于具体案件违法抑或违规的认定，只有留待在实践中解决。

从法理上看，广义的违法行为包括了违规行为，所有的违规行为都属于违法行为，所谓法律面前人人平等，当然包括了法规面前人人平等；狭义的违法行为大都是指违法犯罪，所谓"法网恢恢疏而不漏"、"贪赃枉法"、"王子犯法庶民同罪"说的都是一个意思。现代意义上的违法行为不一定都是犯罪，但和违规行为一样，都要依法依规受到查处。

鉴于上述，本书将证券违法违规行为作为一个专用术语，涵盖资本市场所有与现行证券法律法规和规章相抵触的行为，以利于行文讨论的方便和大众习惯思维。换言之，资本市场法律法规和规章的规定，在内容上或繁简不同，宽严有别，范围不一，适用对象各有特点，但在本质上同归一宗，都是为了维护资本市场秩序而制定。对其中某一规定的违反，必然也是对整个市场法律制度体系的侵害；某一证券违规行为，情节较为严重，即是证券违法行为；情节更为严重，具有社会危害性，则涉嫌证券犯罪。

在对证券违法违规行为的诸多理论研究和查处实践中，证券违法行为和证券违规行为概念被经常交替使用或者互换使用，两者有时又被共称为"市场不当行为"或者"证券不当行为"。在学术讨论中使用多样化的称谓，有助于从多角度认识市场不法行为发生的原因，但从市场监管的角度看，坚持市场法治，必须维护法律权威，将不当行为或者不法行为，统称为违法违规行为比较切合实际。[1]

从有利于市场依法监管和查处不法行为的角度讲，统一称为证券违法违规行为兼顾了各种考虑，尤其是将禁止的交易行为或者证券欺诈行为纳入这一总体框架，可以据此进行证券违法违规行为的分类研究，找出它们之间的共性、特点和规律，为监管机构依法查处提供参考对策。

美国《证券交易法》第10b-5款规定："任何人，无论是直接地还是间接地，（1）制定计划、密谋或设置圈套进行欺诈；（2）对于当时情况而言必须记录的重大情况，进行不真实的陈述或予以隐瞒；（3）从事任何对证券买卖构成了或可能构成欺诈的行为、业务或其他商务活动。以上行为皆构成违法"。这一规定以列举的方式将包括证券欺诈在内的所有市场不法行为概括为证券违法，为本书讨论证券违法违规行为提供了境外立法佐证。[2]

## 第二节 证券违法违规行为的特征

### 一、证券违法违规行为的一般特征

第一，行为违反了证券法律法规和规章。证券法律法规的很多规定都通过证券监管机构制定的监管规章加以细致化、具体化，违反证券法律法规的行为通常也表现为违反证券监管规章的行为，

---

[1] 郑顺炎：《证券市场不当行为的法律实证》，中国政法大学出版社2000年版。
[2] 桂敏杰主编：《美国1934年证券交易法及相关证券交易委员会规则与规章·第一册》，法律出版社，2015年。

实践中习惯将之称为"违规行为"。凡是违反证券监管规章的行为，本质上都是违反证券法的行为，称谓的不同，不改变行为的违法性质。

值得注意的一种倾向是，相当一部分金融业和证券业的从业人员认为，违规行为比违法行为在违法性质上要轻微一些，受处罚也应该轻一些。这实际上是一个认识的误区。有些违规行为因其造成的后果轻微未受处罚，或仅被批评教育，在于其违规行为的情节相对轻微而未受处罚，并不是规章与法律法规的规定在性质上有什么不同，更不能理解为违规行为与违法行为有本质区别，前者可以不受查处，后者必须受到查处。

其实，有些轻微的违法行为，如违反治安法规、交通法规的行为，如果没有造成后果，也可以通过给予批评教育来了断，无需专门处罚。而有些违反金融、证券业操作规则的行为，虽然从表面上看，仅仅是轻微的违规行为，但是如果造成后果，如造成财产损失，在性质上就是严重违法，有的还构成犯罪，必须予以惩处。所以，证券违规行为是证券违法行为在形式、方法、内容等方面的具体延伸，两者在本质上没有区别。

第二，行为是在资本市场相关业务活动中发生的。从通俗意义上看，违法违规行为有各种各样：有依据行为主体不同的划分，如国家工作人员违法行为、青少年违法行为等；有依据行为发生环境不同的划分，如治安违法行为、交通违法行为、市场秩序管理违法行为等；还有依据行为所侵犯或妨害的社会关系不同的划分，如税务违法行为、海关违法行为、市容违法行为等。从严格的法律意义上看，只有第三种划分法，即依据违法行为侵犯或妨害的、由特定法律法规所保护的社会关系来区分，才能概括和说明某一类违法行为的本质特征，并借此将此类违法行为与他类违法行为区别开来，更利于法律法规的全面贯彻和实施。

将发生在资本市场与证券及其衍生产品发行、交易、公司并购重组有关的不符合法律规制的行为，统称为证券违法违规行为，言简意赅地表述了证券法律法规规制资本市场主要活动的立法本意，既便于证券监管机构依法监管，市场自律管理机构依法自律管理，也利于市场参与者、投资者识别市场行为是否合法合规。

按照我国法律体系在历史文化、法律理论上属于或接近大陆法系国家法律传统或习惯而形成的法律观念，凡是实施法律法规明文禁止的行为，都是违法行为，也都属于行为人在主观上有过错的行为，即不当或不正当的行为，除非行为人证明自己没有过错。法律法规的规定，就是判定行为正当与不当的标准，不当即为违法。

在资本市场，诸如虚假陈述、内幕交易、操纵市场等行为已为《证券法》所明确禁止，实施这种行为就是违法，严重的还可能构成犯罪，不需要再专门识别或辨认其正当与不当。在英美法系国家，主要法律规则源于判例，而判例又是由法官根据案件发生时的社会环境、大众道德观念、法官的自由心证等多种因素做出。在做出判决之前，识别或辨认案件所涉行为人行为的当与不当、有罪或无罪，往往由案件的陪审团或者法官自己决定，与法律法规的规定没有直接关系。由此来看，将我国境内资本市场的违法违规行为称为"市场不当行为"并不妥当。

第三，行为包括了所有与资本市场证券投资、交易相关的违法违规行为。资本市场活动有众多的主体参与，有市场活动的各个环节及其各个组成部分，有与市场活动相关联的其他服务或者中介活动。

从违法违规行为的实施主体看，有普通的个人投资者，机构投资者，有证券公司、基金公司、证券服务机构及其从业人员，也有自律管理机构、证券监管机构的工作人员。

从违法违规行为的性质看，有一般意义上的违反证券法律法规的行为，也有因违反法律法规而给投资者或其他机构及其个人造成损失的行为；还有证券监管机构工作人员监管不当或者滥用权力等监管违法违规行为，更有违法性质恶劣、造成后果严重、构成证券犯罪的行为。

从行为人的主观因素看，证券违法违规行为可能故意实施，也可能过失酿成。

从行为的表现方式看，积极的作为和消极不作为都可能构成证券违法违规，而且有些是单一行为，更多的则是数个行为牵连或者交织在一起，譬如操纵市场需要多种违法违规行为配合。

凡此种种，说明资本市场是多种主体从事与证券投资、交易相关的、多种行为结合的复杂市场，有民商事的、行政监管的以及自律管理的多重关系掺杂其中。与之相关的证券违法违规行为更具有复杂的市场背景和行业特征。

## 二、证券违法违规行为的行业特征

1. 证券违法违规行为具有混合性或复合性

一种行为的混合性或复合性是指这种行为的发生往往伴有一

个或数个其他行为的配合或者协同发生。证券违法违规行为中的单一或单个行为，理论上可能成立，实践中很少见到。即使像挪用公款炒股这样单一的行为，也时常伴有借用他人名义持有股票、法人以个人名义设立账户、内幕交易等违法违规行为的共同发生。

绝大多数证券违法违规行为的混合性或复合性表现在：行为人以牟利为目的，采用了多种违法违规行为或手段来实现这一目的。譬如，内幕交易行为往往伴随着行贿受贿、以他人名义持有证券、虚假陈述、信息误导等。

2.证券违法违规行为具有时间不一致性

行为的时间不一致性是指该行为在不同的时间阶段发生，会有不同的法律法规评价、政策评价以及社会舆论和道德观念的评价。更通俗地说，发生在某个特定时期不同时段的同一种行为，因为发生时间的不同，法规、政策的变化，会有好坏区别、违法与否、是否处罚的不同结果。

人类的任何一种行为，包括人们的思想观念，都会随着时间推移而带来的社会发展变化而改变，所谓人的思想和行为要"与时俱进"、"适时而变"、"流行坎止"、"顺势而为"等，说的都是同一个意思。但是，这种"与时俱进"的变化是讲在较长的人类历史发展过程中，人的思想、行为的演进和改变，是由低到高，由愚昧到文明再到更加文明的进化，是人类行为与时间同步推移而发生进步与革命。

行为的时间不一致性发生在时间期限相对较短，行为本身没有什么变化，而外界对行为的评价却发生变化的过程当中。经济生活是时间相对较短而变化相对较多的过程，经济行为可能因不同时间的法规、政策评价不同而产生行为的不一致性问题。反过来说，如果我们希望经济行为前后一贯，相互联系，就需要保持法规、政策的前后一致，即法规、政策的时间一致性。

资本市场在我国既是一个新兴的市场，又是一个多变的市场，有关资本市场的法规、政策往往为了应对多变的市场需求和市场各方参与者的利益，做出前后不一致的调整，以致与之相应的各种市场行为产生时间不一致性。即某些行为在一段时间内是违法的或者为法规、政策所禁止的，而在另一段时间内，同样的行为又是合法的或者是不为法规、政策所禁止的。譬如，在2006年6月《证券公司融资融券业务试点管理办法》颁行前后，证券公司的融资融券业务就有了非法与合法界限的划分，此前所做的融资融券业务，都视为非法，如果因此造成损失，公司与责任人都要承担法律责任；此后所做的同一业务，则为合法。[①]

3.证券违法违规行为具有边缘化的迹象

边缘化是用于形容某些行业或者某些职业在其发展、演变过程中，行业或职业原有的特点或作用被逐渐淡化现象的术语。证券违法违规行为的边缘化源出于股市低迷时期证券行业的边缘化，其表现是：证券公司在证券乃至金融行业的主流地位丧失，资本市场的核心融资功能或作用衰减，伴之以证券行业及其相关职业的低迷、不振，行业内从业人员外流等。

证券违法违规行为的边缘化首先是行为主体呈现多样化。传统的证券违法违规行为主要由证券发行人、上市公司的控股股

---

[①] 《证券公司融资融券业务管理办法》于2006年6月30日由中国证监会公布，自2006年8月1日起施行。2011年10月26日由中国证监会修订后再度公布施行。

东、实际控制人、管理层或者收购人等实施,这些公司为了股票发行上市或者操纵公司股票交易价格,往往采取虚假陈述、提供虚假财务报告等欺诈行为欺骗社会公众投资者。例如,中国安防技术有限公司(简称"中安消")借壳飞乐股份上市,造假数额高达 15 亿元;[①] 华锐风电利用财务造假上市,2015 年和 2016 年合计亏损超 70 亿元,股价从 90 元跌至 1.64 元。[②]

为牟利动机所驱使,证券经营机构、证券服务机构以及其他机构或个人也越来越多地卷入证券违法违规行为之中。证券公司违规委托理财行为、操纵市场行为,资产评估机构、会计师事务所、律师事务所协助证券发行人、上市公司、上市公司收购人的财务造假行为,证券投资咨询机构欺诈客户行为,其他机构或个人违法开设"证券黑市"行为,以非上市公司股票诈称在境外上市骗取资金行为等,都以各种不同的表现形式在资本市场频繁发生。2018 年 5 月,知名证券节目主持人廖英强因利用媒体推荐股票工作便利,使用抢帽子戏法操纵佳士科技等 39 只股票,买卖交易额超 15 亿元,被中国证监会没收违法所得 4300 万元,并处 8600 万元罚款,一共罚没近 1.3 亿元。一个证券节目的主持人,居然引领其炒股"粉丝"买卖交易额超过 15 亿元,可见资本市场违法违规行为"羊群效应"的危害。[③]

---

[①] 吴永久:《暴跌 40% 后停牌,天风证券召集"16 中安消"持有人会议》,《每日经济新闻》2018 年 5 月 9 日。

[②] 李晓红:《华锐风电激进扩张或步尚德后尘预留倒闭悬念》,《中国经济时报》2013 年 4 月 25 日。

[③] 郭春阳:《15 亿大案:荐股骗局大曝光 财经主持人操纵 39 股》,《中国基金报》2018 年 5 月 6 日。

证券违法违规行为在实施中又经常与其他金融违法行为或经济违法行为交织在一起，难以清晰辨别。在资本市场资金流动中，各类投资者以及证券经营机构的交易资金有相当一部分是通过各种渠道来自于银行或其他金融机构、公司企业等。譬如，通过票据贴现或者委托贷款从银行套取资金用于证券投资，用股权或股票、债券抵押或者通过信用担保从银行套取资金进行证券投资等。有些上市公司、国有企业以及商业银行、金融公司等金融机构，还采用国债买卖和托管的方式将资金间接投入资本市场，冀图得到与证券公司或者投资机构私下约定的远高于国债收益率的回报。这些资金往来，特别是银行资金、企业资金以种种隐蔽、曲折的方式或者借用第三方名义进入资本市场，往往酝酿着发生证券违法违规行为，如违规委托理财、违规融资融券等。在实际操作中又可能与票据违法行为、非法拆借资金行为、非法吸收存款行为、贷款欺诈行为等等银行业违法违规行为相混同，其内容涉及不同行业，对之监管查处存在法律定性的困难。

光大证券公司广州中山路营业部总经理尹敏涉嫌非法拆借资金罪一案，就是这种边缘化的典型。2000年5月至2002年11月，尹敏为吸引客户增加交易量，从而为营业部增加更多佣金收入，决定以营业部名义与广州华能实业公司签订名为投资国债、实为借款的《委托投资国债业务协议书》，先后从华能公司借出资金1.72亿元，主要交给"英豪学校基金"用于买卖股票，由于股价下跌，这笔资金共亏损7820万元。光大证券公司为追回损失，以尹敏涉嫌挪用资金罪向公安机关报案，公安机关因此冻结"英豪学校基金"在全国各地10家证券营业部账户上的资金和股票。最终法院认定尹敏犯有用账外客户资金非法拆借罪,承担了刑事责任。①

尹敏及其营业部违法拆借资金行为的边缘化在于:这种行为属于个人行为还是单位行为很难分清,因为拆借资金促使营业部增加了营业佣金收入,尹敏在其中并没有个人行为。光大证券公司向公安机关报案是意图借追究尹敏刑事责任来挽回损失,即以追缴被挪用资金名义强行收回冻结在其他证券营业部的资金和股票,而被冻结资金和股票的归属权又不甚明确,其中包括了"英豪学校基金"从这些营业部融资所得的资金。

此外,尹敏及其营业部用借得客户资金向其他客户拆借行为的违法性质不明确。非法拆借资金原本是指银行类金融机构及其人员收储客户资金不入账,向他人拆借等非法活动。证券公司营业部向客户融资的行为虽然为当时的证券法律法规所禁止,但在实践中,证券营业部为增加收入而实施的违规融资行为比比皆是,是当时证券公司经纪业务通用的惯例,在证券公司内部是公开的秘密,不存在"账内"或"账外"的问题,属于营业部经营活动的一个组成部分。仅"中科创业"股价操纵案,就有125家营业部和56家出资单位向操纵者提供融资,但哪一家营业部和出资单位及其负责人都没有受到监管处罚或者被追究刑事责任。②

"羊群效应"所对应的结果是"法不责众"。尹敏案因为所涉证券营业部较少,其单个营业部造成的损失较大,所以局部危害

---

① 邓妍:《光大证券尹敏案震撼券商三方监管委托理财业务》,《财经时报》2004年11月13日。
② 法悟:《中科创业案,判而未决的悬案》,《人民日报·海外版》2003年4月5日。

性凸显。涉嫌犯罪的主体不明、客体不明（资金归属不明）和行为性质不明，使得尹敏案是否构成犯罪以及构成何种犯罪，始终成为控辩双方争论的焦点。虽然尹敏最终被以非法拆借资金之名而落罪，该案所揭示的证券违法违规行为的边缘化现象值得证券监管和司法实践予以重视。

## 第三节 证券违法违规行为产生的原因

资本市场产生较多的证券违法违规行为，不仅由我国市场经济的总体发展水平、资本市场本身的特殊性和复杂性所决定，与政府有关部门、市场参与者、社会公众投资者对市场缺乏经验、认识不足、投资意识和素质较低有极大关联，还与证券监管机构的监管力度和经验紧密相关。

### 一、政府机构对资本市场发展和治理缺乏经验

对经济转型时期新兴的资本市场，各相关国家和地区的政府都是在发展过程中摸索和积累治理经验，我国政府也不例外。特别是我国过去习惯于通过政府的行政命令或者政策来决定或安排市场活动，政策或行政命令对资本市场的发展和稳定起着至关重要的影响。

政府机构做出朝令夕改的行政行为或者监管前后宽严不一，使得法律法规和规章、政策等，缺乏时间上的一致性，导致对违

法违规行为的认定前后不一,市场参与者和社会公众投资者判断其行为是否合法合规的标准很难统一,从而影响了政府的公信力,进而又影响了投资者对市场的信心和判断。譬如,2015年股市暴涨暴跌、最后陷入股灾的根本原因是:实体经济利润率过低,热钱无处可去,国家放松了金融监管,银行信贷通过理财产品、各种场外配资形式流入股市,哄炒抬高了股价。面对股价高企的股市,证券监管机构宣布清理配资,各路违规入市资金夺路而逃,酿成股灾。[①]

同时,在经济转型进程中,旧有体制与思维的诸多掣肘总是相伴而行。中央政府机关或行业主管部门相互之间及其与证券监管机构之间,以及它们与地方政府之间,因资本市场利益而产生的体制掣肘更加如影相随。在金融监管与证券监管方面,客观上一定程度的混业经营与各监管机构的分业监管,意味着行政权力分配与实际监管存在脱节或者彼此的监管间隙,容易滋生证券违法违规行为。

## 二、市场各类机构和个人投资者尚未成熟

证券发行人、上市公司、证券公司以及其他证券经营或服务机构的趋利动机,是促成证券违法违规行为多发的最主要根源。资本市场的经营、投资活动绝大多数表现为以钱生钱、以钱赚钱的行当,在高风险下面可能潜伏着通过投机牟取暴利的机会,所

---

[①] 金水:《2015股灾启示录:惊心动魄已然走过》,《华夏时报》2015年12月26日。

有的市场参与者都渴望赢得这样的机会。于是，暴利驱使下的投机行为成为市场见惯不怪的现象，机构或个人投资者为了牟取暴利或者避免、减少损失，不惜违法违规，铤而走险、火中取栗的情形此消彼长。有些舆论因此将证券行业戏称为"高危行业"，将证券业从业人员戏称为"高危人员"，寓意在这个行业中，随时都有可能遇到险情。险情除了有市场下跌造成的投资或经营损失风险之外，还包括证券从业人员从事证券违法违规或犯罪行为而被处罚或者追究刑事责任。

社会公众投资者，特别是一些中小投资者的趋利动机和跟风炒作心理，也促使了证券违法违规行为的滋生和蔓延。新兴资本市场中投资者的不成熟一方面发源于缺乏市场操作经验，缺少理性投资理念，盲目跟风、"跟庄"，另一方面也来自热衷于投机炒股而非长期投资的浮躁心态。纵观沪、深两市30多年发展历史的各个阶段，大多数中小投资者在上市公司、"庄家"联手欺诈、操纵市场时，都沦为砧板之上的鱼肉，任人宰割；而在市场炒风盛行、"跟庄"炽热之时，又是为市场投机推波助澜的动力，甚至还有中小投资者津津乐道于"与庄共舞"，其结果可想而知。

投资者不成熟及其对市场认识与经验的缺乏，必然相伴着证券违法违规行为的发生，这是资本市场由不成熟到相对成熟再到更为成熟的必经阶段。

## 三、多种因素造成的资本市场监管不力

资本市场监管不力，长期以来都被视为证券违法违规行为多

发的主要原因之一，证券监管机构更被视为监管不力的根源。其实，仔细观察我国的行政执法体制，就不难看出，除了拥有行使治安纠查和刑事侦查强制措施权力的公安机关、国家安全机关和城管执法队伍之外，在2005年《证券法》赋予证券监管机构特别监管调查和处罚措施之前，证券监管机构和其他行政机关一样，没有强有力的监管措施，而资本市场的违法违规行为却具有其他违法行为所不具有的复杂性和调查取证的艰难性。

实施违法违规行为的上市公司和证券公司大都有地方政府背景或渊源，证券监管机构对其做出处罚决定，必须直面触及地方利益而带来的诸多纷扰。而且查处证券违法违规案件，除了对当事人追究法律责任外，往往伴随着违法违规行为所造成的上市公司风险和市场风险的释放。在这一过程中，需要政府有关部门和司法机关共同配合以处置风险。在现行行政体制下，监管处罚需要协调各方关系，这使得证券监管机构依法查处违法违规行为的独立性大打折扣。

调查取证成本高昂也是监管不力的原因之一。证券违法违规行为一般具有时间跨度大、参与机构或人员多、多种行为交织混合的特点，尤其是涉嫌虚假陈述、操纵市场、内幕交易等证券欺诈行为，证券监管机构对其查处需要花费大量的时间和精力来掌握行为人长达数年的财务状况、资金往来状况、证券交易状况、其他经营状况等静态和动态信息。但实际情形是，由于人力、物力有限，调查取证投入过少，证券监管机构对涉案机构或人员的信息掌握不够周详，最后往往是在违法违规行为人愈陷愈深，造成损失愈来愈大，乃至不可收拾之际，才做出处罚决定。监管机构对违法违规行为的预先提醒或警示，需要投入一定的力量、在取得相关证据后才可以实施。

对证券违法违规行为人的处罚相对偏轻，威慑力度不够也会影响证券监管的效力。由于法律文化的历史传统因素，我国资本市场早期监管处罚倾向于轻民事赔偿与行政处罚，重刑事责任追究的习惯。刑事责任追究固然对涉嫌证券犯罪的违法违规行为人具有威慑力，但其冗长的诉讼过程对及时查处违法违规行为以达到儆戒效尤的目的帮助不大。

再说，既然证券违法违规行为人的行为动机都是出于牟利，对其加重行政罚款和民事赔偿责任，让其付出与违法违规行为相对应的经济利益成本，恰恰击中其致命要害，比追究刑事责任更有实际效果。如果罚款数额很低，民事赔偿数额较少，对被处罚的机构或个人无异于隔靴搔痒，自然缺少了监管力度。例如，新疆啤酒花股份公司曾因巨额违规担保和信息披露违规被中国证监会仅罚款60万元，但其股价却连续出现14个跌停板，市值损失高达22亿元之巨，股价高低相差366倍，社会公众投资者损失难以计数，无以赔偿。[①]

最近几年，中国证监会加强了对证券违法违规行为的处罚力度，对操纵市场、内幕交易等重大违法违规行为顶格处罚，即没收违法收入的同时，处以违法所得5倍的罚款，改变了过去监管不力、处罚不严的态势。

---

[①] 叶雪飞:《从"啤酒花事件"看上市公司信息披露》,《交通企业管理》2004年11期。

## 第四节 证券违法违规行为的构成

资本市场中有关证券发行、上市交易、公司并购重组的行为是否违法违规或者具有对市场秩序的危害性，即是否构成违法违规，甚至涉嫌犯罪，需要从该行为发生时所处的环境背景以及行为人的过错程度来观察。时过境迁，对行为的价值判断就会发生变化，如果脱离了行为发生时的客观环境而对其以现行标准做出判断，则违忤了法律制度惩治违法违规行为的本意，所谓"法律不溯及既往"就包含了这层意思。我国资本市场是新兴的市场，不仅经验不足，还有制度安排、市场机制等诸方面不够成熟的缺陷。对在这种环境下发生的证券违法违规行为，更应从行为构成的各方面予以严格考量，审慎处罚。

### 一、证券违法违规行为的侵害对象

证券违法违规行为的侵害对象是证券法律法规和规章等所保护的各种关系。资本市场中有多种关系存在，有平等的民事主体之间的证券及其衍生产品的发行、上市交易、登记结算关系、证券服务关系等；有会员机构与证券交易所、证券登记结算机构、证券业协会之间的自律管理关系；还有市场参与者，包括投资者与证券监管机构之间的监管与被监管关系等。这些关系代表了市场参与者的合法权益以及证券监管机构代表政府履行行政监管职责的权威和国家经济利益。

从表面上看，许多证券违法违规行为直接侵害了行为相对人的合法权益,如证券欺诈行为侵犯了客户或者投资者的合法权益,而其在实质上还是侵犯了证券监管机构对市场秩序的依法监管,即证券监管机构与市场参与者之间的市场监管关系。相对具体的证券违法违规行为而言,其虽然侵害了特定受害者的合法权益,属于个别行为,但从经济活动的整体来看,其又是对资本市场秩序的危害。如果不对其依法公开查处,任由当事人自行解决或者直接诉诸司法救济,市场秩序则得不到及时、有效的维护,政府对经济活动的监管作用就沦为空谈,国家在资本市场的经济利益更无从体现。

传统意义上的资本市场是市场参与者"私法自治"的自由市场,主要通过证券交易价格指引市场参与者,包括投资者依据所参与交易或投资的收益与成本的权衡比较进行市场活动,充分体现了市场参与者的"自由意志"。在这种背景下的"私法自治",是将市场行为都视为市场参与者自主决定、自愿选择参与的活动,市场参与者对其行为自负其责。市场组织者或者行业协会等机构对其成员、会员或者市场参与者违规行为的制裁或纪律处分,是基于市场交易惯例的谴责或制裁,并不具有强制的约束力,其效果最终仍然取决于市场参与者的自觉性。

实践证明,资本市场的自治或自律管理如果缺乏政府行政监管的强力支持或依托,最终会因参与者各自的利益追求而变成乌合之众的临时聚议或者巧取豪夺,演变为依靠丛林法则生存的弱肉强食社会。美国在20世纪30年代之前对资本市场实行完全的自律管理,其结果因难以控制市场违法违规行为频繁发生而为联邦政府强有力的行政监管所取代。

现代资本市场在政府主导下的严格依法监管已经随着金融与

证券及其衍生产品交易的急剧增长而成为世界潮流,与此相关的法律法规和规章等制度性规范也越来越多,直接表现为对资本市场的各个领域、各个环节、各个业务操作流程全面而细致的规则制度,证券及其相关业务活动本身已经与市场规则和制度融为一体。凡是谈论业务,必然涉及规范该业务的规则制度,而规则制度就是操作业务的行为准则,两者彼此之间难分你我。从这一意义上说,依法治国、依法行政的社会治理理念,正在随着市场经济的全面建立,发展为依法经营、依法投资理财、依法监管的资本市场依法治市理念。凡是与证券相关业务活动中的不当行为,必然是证券违法违规行为,必然侵害了证券法律法规和规章等所保护的资本市场秩序及其所反映的市场参与者的合法权益,必然需要证券监管机构依法公正查处。

## 二、证券违法违规行为的客观表现

证券违法违规行为在客观上表现为市场参与者在证券及其衍生产品的发行、上市交易、结算、公司并购重组等各个环节上发生的违反证券法律法规和规章的行为。从《证券法》规定承担法律责任的情形看,广义的证券违法违规行为还包括了证券监管机构工作人员、市场自律管理机构及其工作人员在市场监管中的违法违规行为。从资本市场实践来看,狭义上的证券违法违规行为主要用于指称证券欺诈行为和妨害市场管理秩序的行为。我国资本市场常见证券违法违规行为及其在被处罚案件中所占比例见下表:

### 中国证监会处罚证券违法违规案件统计表（2004—2017年）

| 案件类型 | 行为主体 | 案件数量 | 所占比例 |
| --- | --- | --- | --- |
| 内幕交易 | 机构或个人 | 236 | 24.6% |
| 操纵市场（操纵股价） | 机构或个人 | 96 | 10% |
| 诱骗投资者买卖证券 | 证券公司、证券服务机构 | 5 | 0.5% |
| 非法加持或者减持证券 | 证券公司 | 37 | 3.9% |
| 编造并传播虚假信息 | 机构、个人、媒体 | 13 | 1.4% |
| 制作法定文件弄虚作假 | 证券服务机构 | 6 | 0.6% |
| 未披露信息或披露信息虚假、重大遗漏 | 上市公司、证券服务机构 | 359 | 37.4% |
| 非法融资融券 | 证券公司、融资公司 | 1 | 0.1% |
| 挪用客户保证金或证券 | 证券公司 | 44 | 4.6% |
| 非法利用他人账户从事证券交易 | 证券公司、关联机构 | 43 | 4.5% |
| 混合操作经纪和自营业务 | 证券公司 | 16 | 1.7% |
| 擅自设立证券公司经营证券、金融业务 | 证券黑市的机构和个人 | 9 | 1% |
| 违规委托理财 | 证券公司、投资机构 | 13 | 1.4% |
| 其他类型证券违法违规行为 | 各类市场参与者 | 81 | 8.3% |
| 合计 |  | 959 | 100% |

说明：

① 本统计表所采用的数据来源皆取自中国证监会公告，见中国证监会网站。

② 本统计表采集信息有效时间段为2004年1月1日至2017年12月31日。

③ 本统计表统计比例基数为经中国证监会认定的959起案件的行政处罚决定。

在该表中，内幕交易、操纵市场、虚假陈述（含信息披露重大遗漏）以及其他造假等证券欺诈行为共697件，占已统计的全部证券违法违规行为的72.6%，信息披露中的虚假陈述和遗漏行为共359件，占全部证券违法违规行为的37.4%。由此可见，证券欺诈行为是资本市场法律规制和证券监管需要刻意防范的对象，而信息披露中的造假和其他违法违规行为，更是证券监管之核心。

各种证券违法违规行为在客观方面都有以下共同特点：

第一，行为方式表现为行为人做出一定的积极行为。所有的证券欺诈行为或者妨害市场管理秩序行为都由行为人积极实施，都会留下相应的痕迹或者证据，例如资金往来凭证、开户资料、账户使用记录、证券交易记录、会计账目或报表等。

第二，一种行为往往牵连数个其他行为。证券监管机构在查处证券违法违规行为时，通常会面对一种行为牵连数个行为的情形，需要根据案件具体情况做出处罚决定，择其要者给予处罚或者分别对单个行为给予处罚，而在统计分析时，一般都是将行为人所得处罚的总和，即一个处罚决定作为一起案件对待。

证券监管机构查处案件与司法机关侦办案件一样，都存在对涉嫌违法违规行为的认定或定性问题。需要根据所采集的证据对违法违规事实进行分析认定。其所贯穿的办案原则是：分别分析每一个行为，能够独立构成的，则视为一种违法违规行为；如果不能独立构成而牵连在其他行为之中的，则按照牵连行为的理论认定主要行为。譬如，法人以个人名义开设账户买卖股票的，如不牵连其他行为，仅构成一种违规行为，如果牵涉挪用专项公款买卖股票的，则因后一种行为违法性质严重，为后者所吸收，构成挪用公款买卖证券行为。

第三，行为具有金融、证券业行业特点。证券违法违规行为发生于资本市场，必然渗透于资本运作、证券发行和上市交易、公司并购、资产重组、资金融通、投资理财、财务顾问、资产管理等等业务活动中。譬如，市场上所有的造假行为，包括虚假陈述、提供虚假文件或数据、编造并传播虚假信息、做假账等，无一不和行为人的财务会计活动有关：假利润、假收益、假亏损、假获利项目、假交易量、假现金流量、假库存、假资产状况等，均出于专业财务会计人员之手。即使是妨碍市场管理秩序的行为，如违规委托理财、违规融资融券等行为，也与投资理财资金往来、账户使用安排等财务管理活动密不可分。所以，调查和认定证券违法违规行为，大都是从清查相关财务会计账目、凭证开始。

## 三、证券违法违规行为的主体

证券违法违规行为的主体是指在资本市场活动中，任何有可能做出违反证券法律法规和规章行为的机构或个人。

在资本市场实践用语中，机构是通常用于指称所有参与市场活动的企业、公司、团体、单位等组织的概念，以之区别于公民个人。与《民法总则》将民事活动的组织主体分为营利法人、非营利法人、特别法人以及非法人组织有所不同，资本市场所指的机构，有非上市的公司企业、上市公司、证券公司、基金管理公司、金融公司等营利法人，也有证券交易所、律师、会计师事务所等事业单位，还包括了大量营利的非法人机构，如证券公司的证券营业部，商业银行的分行、支行，境外企业或金融机构在境内设立的代表处等。中国证监会也专门设置了机构部负责对证公司、基金管理公司等机构的监管。《证券法》在对证券服务机构规定的内容中也采用了"机构"这一对资本市场组织的称谓。[①]

我国资本市场活动的一个显著特点是，单位或公司等机构的行为往往取决于机构负责人或公司法人代表的行为，两种行为在很多场合下呈现为一体，与私人企业主在企业意志的表达上没有什么不同。但是，私人企业中企业主所获得的利益和承担的法律义务或法律后果是完全一致的，即企业赚了钱就是私人企业主个人的，企业有损失也是由其个人承担。在我国国有或混合所有制的企业或公司里，由于信托责任和激励机制都不甚明确，经常表现出来的情况是：要么企业或公司负责人大权独揽，为所欲为，一人操纵企业，企业盈利自己有份，企业亏损就挪窝走人；要么负责人负责经营，盈利都归企业或公司，有损失则追究负责人的责任。这两种情形都说明国有企业产权改革中的相关制度安排仍然没有到位，其责、权、利没有设计到像私人企业那样较为统一。

机构的证券违法违规行为往往与上述情形紧密联系在一起。机构行为通常都是由其负责人或法人代表作出，如果违法违规情节严重或损失重大，必然追究负责人或法人代表的个人责任。这种责任追究的动力来自于两方面：

一是证券监管机构出于对违法违规行为造成的市场危害性考虑，对机构及其负责人或法人代表根据其职责进行监管处罚，还可以根据情节严重程度决定是否移送司法机关追究刑事责任；

二是机构的母公司、上级机构或者控股股东出于追偿损失或

---

[①] 《证券法》第八章"证券服务机构"。

"杀一儆百"的考虑，主动向证券监管机构或者司法机关检举或报案，以期通过证券监管机构的监管处罚或者司法机关追究刑事责任来达到有利于本机构整体利益的目的。

前者是证券监管机构基于维护市场秩序而做出，一般要区分机构行为和个人行为，并且分别做出处罚。后者事关违法违规机构的母公司或上级机构的利益，如果将违法违规行为认定为机构行为，责任和损失将由该机构及其母公司或上级机构全部承担，这个结果是他们不愿意看到的。他们希望借追究责任人个人违法或犯罪行为的责任，追回相关损失，并以此撇清相关机构的母公司或上级机构的领导或管理责任。前述光大证券公司广州中山二路营业部总经理尹敏一案，就明显地涉及证券营业部与其总公司在业务管理方面责、权、利的统一与协调以及风险控制问题。

区别一种证券违法违规行为究竟是机构行为抑或是其负责人个人行为的唯一标准，就是看这种行为的"利"是为谁所谋。如果机构负责人或法人代表做出的行为是为了机构的利益，则应当视同机构的行为，负责人或法人代表只承担领导责任。如果在做出机构违法违规行为的同时，还夹带了个人渎职行为，甚至有欺诈、挪用或商业受贿等图谋私利的个人行为，相关人员除了承担机构违法违规行为的领导责任之外，还应承担相应个人行为的法律责任。

在资本市场，借用机构名义为自己谋私利的机构负责人或法人代表的违法违规行为也很常见。譬如，在实际控制上市公司或证券公司的个人控股股东或者公司管理层的操纵、控制下，公司行为往往与个人行为相混同，所产生的法律责任首先是个人责任，公司也不能免责。新疆啤酒花股份有限公司信息披露违规、银广厦财务造假、伊利股份管理层违法收购等等案例，都是上市公司的行为与公司主要高管个人行为混同的典型。

## 四、证券违法违规行为的主观方面

行为人做出行为时的主观动机和过错，构成了证券违法违规行为的主观方面。

在传统的违法或犯罪构成理论中，行为人的主观方面是极其重要的内容。主客观的统一，即对行为人主观方面与行为及其结果的综合考量，是认定行为是否构成违法或犯罪的根本标准。同时，通过对行为人主观动机和过错的识读，可以认定其行为的主观恶性的状态，以便做出相应的处罚。

对证券违法违规行为的处罚，和对其他违法行为的处罚一样，都是对特定的行为人本人和不特定的社会机构及公众的儆戒。从资本市场容易出现虚假陈述、内幕交易、操纵市场等欺诈行为的特殊性来看，处罚证券违法违规行为，更具有补救投资者因此所受损失以及恢复市场信心的政府监管市场的意图。按照追究违法行为法律责任的原理，一种行为被认定为构成违法违规，才可能延及追究法律责任，包括行政处罚责任、民事赔偿责任、刑事责任等。如果行为不构成违法违规，或者情节与后果显著轻微未予认定，追究法律责任也无从谈起。譬如，对证券违法违规行为人追究侵权的民事赔偿责任，一般是以证券监管机构认定行为人确实实施了证券违法违规行为为前提，否则法院不支持告诉人的主张。

无论对证券违法违规行为追究哪一种法律责任，或者同时追究几种责任，关键还是看行为人的主观动机和过错程度。换言之，行为人的主观方面通常决定了其违法违规行为的严重程度，而且其行为所造成的危害和损失大小，也往往与行为人主观方面的恶意程度或者过错大小成正相关关系。在个别情况下，由于系统性风险与证券违法违规行为同时发生，即使行为人主观过错相对较小，也造成了很大或较大的损失，此时则需要兼顾系统性风险发生的原因和证券违法违规行为的具体情况，给予具体判断，同时要对行为人的过错程度给予更大的关注。

在一般的过失违法行为或者过失犯罪中，行为人的些微疏忽也可能造成重大损失。譬如，因违反交通规则造成的重大交通肇事，对行为人的责任追究会兼顾损失结果和主观过错两方面因素。在风险较大、投机成分较多的资本市场里，行为人个人的违法违规行为通常只是造成严重损失的诱因，还有许多其他成分和因素的共同作用，如市场走势突然逆转，初始预测的市场条件未能成就，资金供给出现障碍等。所以，需要将单个案件中机构及其相关人员的违法违规行为置于具体的环境中考察其主观方面。

证券违法违规行为人的行为动机是主观方面的要素之一。资本市场参与者的行为目的不言而喻，都是为了赚钱，但赚钱的动机各有不同：有的为一己私利，有的是为单位或公司的利益，有的是公、私兼顾，有的为自己小团体或小集体的利益，还有的可能兼顾了个人利益、小团体利益以及整个公司的利益。在现代人的意识和观念中，职业工作或行为纯粹为公或为集体的已不多见；纯粹为私的是私人企业主或私人控股股东；更多的是与改革开放带来的混合所有制的产权形态一样，公与私相互纠缠在一起，于公于私两宜的行为。这里的"公"是指与社会公众利益不同的小团体、小集体利益。

有些违法违规行为人的美好愿望是在不损害"公"利益的前提下,最大限度地满足自己的个人私利。可是事与愿违,在大多数情况下,公、私两种利益都不可能并行不悖,两者发生矛盾的概率远远大于两者利益的共存。用经济学原理来表述,人们通常都面临着对两种利益的权衡取舍,即选择问题。如果行为人在主观上倾向于将个人利益放在第一位或者首选私利,无论违法违规行为造成的后果如何,都应当为自己的行为及其后果承担责任。即使行为后果轻微,没有被追究法律责任,这种行为仍应受到道德谴责,因为行为人的主观动机与其对所在机构的忠诚义务发生了本质上的背离。反过来说,如果行为人在任何时候都首先考虑了所在机构的利益,以公心为重,即使行为造成了一定的损失或后果,也应酌情予以从轻或者减轻处罚。但是,行为处于公心,还应当伴以勤勉、谨慎的态度,如果行为动机出于公心,但在实施中没有尽勤勉之责,就涉及主观过错。

过错是行为人主观方面的重要要素,在资本市场活动中,其对确定行为人是否就其行为向相对人造成的损失承担民事赔偿责任具有特别重要的意义。行为人只要能够证明自己在行为中没有过错,依法就可以免除责任,即行为不构成违法或违规。

过错有故意和过失的区别,故意从事违法违规行为的主观恶性要比过失严重得多。证券违法违规行为主要是由行为人故意为之,特别是危害较大的证券欺诈行为,几乎不可能由过失构成。即使偶有过失构成,如披露信息有重大遗漏的行为,在承担法律责任方面与故意构成的行为也没有根本区别。考察行为人在整个事件发生过程中对待证券违法违规行为及其后果的态度，对帮助认识行为人的过错程度也具有实际意义。持积极补救态度，采取竭力挽回损失的行动或措施，行为人的过错则要轻一些；对已经发生的违法违规行为及其后果采取放任的态度，没有尽到勤勉、谨慎的职责，甚至坐看损失后果放大，则属于较为严重的过错，在确定违法违规行为的法律责任时，要给予比前一种情形相对严厉的处罚，这也符合行为与责任相一致、"罪刑相应"的原则。

# 第十七章 证券违法违规行为的法律责任

本书第十三章禁止的交易行为和第十六章证券违法违规行为的最终落实和监管查处,就是追究行为人的法律责任。换言之,资本市场规制的着力点或者最终归宿,就是通过对证券违法违规行为的调查和公正惩处,来维护市场的有序和公开、公平,使市场投资者和其他所有参与者的合法利益得到具体和切实的保护。

对所有的各种各样证券违法违规行为查处以及追究责任,可以由证券监管机构在调查落实后做出行政处罚,即承担行政责任;可以由受害人根据其所遭受的损失及其与违法违规行为之间的因果关系等,提出赔偿,即通过司法救济产生民事责任;如果证券违法违规行为情节严重,造成重大社会影响或着重大财产损失,行为人还要承担涉嫌证券犯罪的刑事责任。

## 第一节 证券违法违规行为的监管处罚责任

任何一种违法行为在其实施过程中都会不同程度地涉及侵害个别、局部和整体三种利益关系。这三种利益关系分别对应个人、团体或行业、社会共同体三个不同层面的利益诉求或主张,而违法行为的情节严重程度、行为危害性大小及其所应当承担的法律责任，正是和这三种利益关系所反映的三种不同利益诉求或主张紧密相关。

在自由资本主义时代，法律观念提倡"公法"与"私法"完全分开，政府与个人各自管控、治理公和私各自的领域，"私法自治"成为民事以及非政府管理的商事生活的基本原则。违法行为所侵害的利益关系简单地分为公与私两个层面的关系，法律责任也表现为民事与刑事两种。

私的邻域或者私的关系是私人之间发生的各种关系，即"私法"上的关系，主要包括私人产权关系、契约与债的关系、婚姻家庭关系、人格身份关系、财产继承关系等。对这些领域，政府一般不直接参与，国家法律只是作为有权威的第三方对当事人各方的利益予以公平保护，并在有人请求诉讼帮助时，给予公正的司法救济。如果行为人侵犯了"私法"所保护的权利，损害了"私法"上的关系，并且给受害人造成损失，将引发包括损害赔偿、恢复原状、返还原物、支付违约金等法律后果的民事法律责任。当然，违反"私法"行为的法律责任可以在当事人之间协商变更或者免除，不必经过仲裁或法院裁判，甚至个人之间的人身伤害也可以完全"私了"，即"民不告，官不究"。

公的领域或者公的关系是社会公共关系，即"公法"上的关系，主要包括社会治安秩序、社会经济秩序、公共安全、国家安全等。如果行为人侵犯了社会公共关系，违反了刑法、治安法等属于"公法"范畴的强行性规定，行为人将因此承担刑事责任。即使像违反治安管理法规、交通法规这样的轻微违法行为，从"公法"的视野看，需要动用警察行政权力进行制止或纠正，仍然构成"轻罪"，对之处以罚款、短期监禁等处罚，其中没有协商取

第十七章 证券违法违规行为的法律责任

消或者变更的余地,当事人必须服从处罚或裁判,这都是为维护公共秩序或者公共安全使然。

当市场经济发展带动各种行业、各种经济组织、各种市场经营模式蓬勃兴起,以往属于"私人领域"的经济活动就变得愈益公开和复杂。先是传统私人邻域频繁发生的经济危机需要政府出面强力干预,继而由政府掌控的国有经济开始以各种形式出现,并不同程度的影响私人领域的经济活动,后来进一步演变为多种经济成分相互渗透、相互影响、相互作用的混合型经济形态。于是,政府对经济活动的参与和管理就不可避免地需要融合以往"公法"与"私法"各自的一些不同特点,反映混合型经济形态的需求,制定具有"混合"特征的法律制度,以规范"混合"型的经济秩序,并对相应的违法违规行为进行处罚。《证券法》、《公司法》对资本市场的法律规制,以及其他相关法律规范规定的监管处罚的法律责任,就是法律制度随着经济变化而发生的嬗变。

证券监管处罚法律责任或称监管处罚责任,是证券监管机构依法对证券违法违规行为追究的带有行政处罚特征的法律责任,其在本质上仍然属于国家行政机关行使行政制裁权力,但与传统"公法"上的行政处罚已有明显不同:

第一,监管处罚责任直接由《证券法》所规定,体现了资本市场的特殊性和特别要求,突出了对违法违规行为人的财产处罚或经济利益剥夺,常见的制裁措施是没收非法所得和加倍罚款。而传统的行政处罚仍然重在用政府权力对行为人人身自由限制及其活动场所封禁,如治安处罚中行政拘留对行为人人身自由的剥夺,又如,对违法经营的网吧、迪吧等营业场所或者活动场所进行查封。

第二，监管处罚责任由证券监管机构依法直接强制实施，无需其他司法机关配合，减少了执法的中间环节，在节约执法成本的同时，更有利于体现"违法必究"的效果。传统的行政处罚在实施中涉及政府行政执法部门的多个方面，特别是需要公安机关的配合，执法成本较大。譬如，城市市容监察管理部门对非法建筑依法组织强制拆除，就需要协调当地公安机关出面配合。在证券监管机构的处罚中，其兼有市场监督和行政管理处罚的法律直接授权，即拥有"准司法"性质的权能，其监管权威令违法行为人望而生畏。

第三，与监管处罚责任相对应的是证券法律法规所保护的资本市场各主体共同的合法权益，反映了在资本市场从事证券以及其他相关行业的机构及其从业人员和投资者的共同利益诉求，重在维护资本市场公开、公平的交易秩序，体现市场监管权威的公正。传统的行政处罚重在维护普通的社会公共秩序和公共安全，违法行为人及其行为呈现多种多样，行政处罚方式相对简单、罚款数额也低。与其相比，证券监管处罚属于保护经济领域中专门的行业利益以及社会公众投资者的利益，因此更为专业化和更具行业特征，做出处罚需要进行行业审视或评估认定，罚款数额与行为人在市场的非法所得呈正相关关系，非法所得越多，罚款越重，特别重大案件的罚款数额或是天文数字。

第四，证券监管机构对违法违规行为追究监管处罚责任以保护投资者利益为第一目标，对行为人的财产处罚凡是涉及受害者诉求赔偿责任的情形，如果其非法所得被没收或者用个人、公司财产缴纳罚款、罚金，不足以全部同时支付时，由行为人先承担赔偿责任，如果在完成赔偿支付后尚有剩余，再行支付罚款。而在传统的行政处罚和刑事处罚中，因维护政府或者国家利益而做出的财产处罚，优先于对个人的损失赔偿，即无论违法行为人的履行能力如何，是否欠有其他债务，一旦做出行政罚款或者判处罚金刑刑罚，必须足额缴纳。[1]

对各种证券违法违规行为所做的监管处罚中，以直接的单项罚款，没收违法所得、并处以违法所得一倍以上五倍以下的罚款为常见，且较为严厉的经济处罚责任。所有的资本市场投资者都是逐利者，赚钱是他们的唯一目的，对他们当中的违法违规者给予没收非法所得和高额罚款的监管处罚，恰如"打蛇要打七寸"的精准定位，使之深感疼痛而生威慑，比对其施行短期的监禁有更多地惩戒作用。

同理，与普通的民事侵权赔偿责任相比，证券监管处罚对违法所得处以一倍以上五倍以下的罚款，远比赔偿损失的数额高出许多，有些处罚可能直接使行为人倾家荡产。这是证券监管处罚的行政责任性质与民事赔偿责任的救济性质的最大区别，也是《证券法》具有的"公法"意义远多于其"私法"内涵的根本标志。因此，从法理上说，《证券法》就是监管法，属于经济法领域的市场规制法范畴。

2017年3月30日，中国证监会对资本市场传闻的"资本大玩家"鲜言依法做出"没一罚五"的顶格处罚，罚款金额高达34.7亿元。这也是中国证监会开出的"史上最大罚单"。[2] 中国证监会披露的鲜言操纵多伦股份的行为主要涉及四种操纵手段：一是集

---

[1] 《证券法》第232条。
[2] 《证监会开出史上最大罚单 和他相比徐翔弱爆了》，《新京报·社论》2017年4月1日。

中资金优势、持股优势连续交易；二是利用信息优势连续交易；三是在其实际控制的账户之间"自买自卖"股票；四是虚假报单。其中的虚假报单也叫作虚假申报，即不以成交为目的的频繁申报和撤销申报，极易误导其他投资者。由于这些市场操纵行为主要集中于多伦股份一只股票，其操纵程度更具有市场危害性，做出顶格处罚也是案件情节使然。

## 第二节 证券侵权行为的赔偿责任

### 一、证券侵权责任的特点

证券侵权行为的赔偿责任是指行为人由于实施违反证券法律法规和规章的行为，侵害投资者或者其他相对人的合法权益，对其造成损失后依法应当承担的财产赔偿责任。

证券侵权行为通常就是指证券欺诈行为。证券欺诈行为是从行为的表现形态或者行为方式来看其对市场秩序和社会公众投资者利益的侵害，是为证券监管机构监管市场提供法定依据和监管思路，即证券欺诈行为是依法禁止的交易行为，如有违反，即予处罚。证券侵权行为是从证券欺诈对具体的投资者个人或者群体造成具体的财产损失来确定其对个别投资者利益的侵害，如果行为人的行为给投资者造成损失，投资者可以通过诉讼手段申请司法救济，获得赔偿。

证券侵权行为又是从投资者个人或个别角度看待证券违法违规行为，两者之间是个别与整体、个人与社会的关系。证券侵权行为不仅妨害了资本市场的正常秩序，侵害了社会公共利益，还侵犯了投资者或者其他相对人具体的合法权益，给投资者或者其他相对人造成了财产损失。因此，证券侵权行为作为证券欺诈行为，通常需要由证券监管机构进行调查取证，认定其属于证券违法违规，做出处罚决定之后，再由受损失的当事人据此向法院提起侵权损失的民事赔偿诉讼。

证券侵权行为与普通民事侵权行为的区别在于：前者是侵犯资本市场投资者的利益，如特定上市公司的社会公众股东，他们有投资人身份或资格的限制，后者没有受侵害对象的主体身份或资格的限制，侵权行为发生可能针对任何人；前者是否构成侵权，需要证券监管机构认定，只有监管机构认定为违法违规，才可以据此索赔，后者仅凭受害事实发生及其与行为人行为的因果关系即可起诉索赔；前者受害人可以是一个人，也可能是多个人，例如操纵市场行为致多人遭受损失，上市公司虚假陈述致使公司中小股东多人遭受损失；后者在一般情况下是单个人受害，偶有多人受害，如消费者团体、旅游团体等遭遇侵权，会有具体的行业法律法规给予规制和支持。

证券侵权行为的赔偿责任是民商事法律规范所规定的民事责任中的一种主要形式。民事责任根据民商事行为人实施不同的行为而有所区别。违反合同约定有违约责任，取得不当得利有返还责任，非法侵占他人财物或产业有停止侵害和恢复原状责任，侵权造成他人损失有赔偿责任等。其中赔偿责任表现为行为人以向受害人给付金钱或其他财物的方式承担责任。与其他民事责任形式相比，赔偿责任简单便利，容易计算，是民商事活动中经常采用的解决纠纷的手段。

在资本市场活动中产生的违法违规行为通常都和行为人牟取非法经济利益有关，其所造成的相对人或投资者的损失都可以直接用金钱数额衡量，所以对受害人的补偿一般都表现为金钱赔偿，谈论证券违法违规行为的民事责任，就是专指赔偿责任。为了将这种金钱赔偿责任与监管处罚中的罚款责任、刑事处罚中的罚金刑区别开来，并显示与其他民事责任形式的不同，一般通称为证券赔偿责任。

在资本市场里，每个从业机构及其从业人员和投资者都负有依法合规经营或者依法投资、合法交易的义务，维护市场秩序不仅为自己活动带来方便，同时也是对市场整体利益负责，对自己行为的相对人负责。特别对证券发行人、上市公司、证券公司以及其他证券服务机构而言，其在资本市场活动中的行为相对人通常是中小投资者，而中小投资者由于其自身能力的局限，在市场活动中经常处于弱势群体地位。上述机构的行为如果违反证券法律法规和规章等，尤其是从事证券欺诈行为，就不仅仅是侵害了市场秩序，还侵害了相对人，即中小投资者的利益，可能使之遭受损失。因此，证券法律法规在保护证券交易公平的同时，特别强调保护中小投资者的利益，证券监管机构也将保护中小投资者利益作为监管工作的重中之重。

《证券法》确立证券违法违规行为人对受损失的相对人承担先于罚款、没收非法所得或者罚金的赔偿责任，是对资本市场制度优先保护中小投资者利益原则的贯彻落实，是法律法规规定的对受损失人的特别救济措施，集中体现了市场经济发展带来的制度合理变革，反映了政府提倡"和谐社会"政治理念中"以人为本"的基本主张，对资本市场健康稳定发展正在产生根本性的积极影响。

## 二、证券侵权行为承担赔偿责任的法律依据

确定证券违法违规行为赔偿责任的法律依据有三个途径：

一是在有依法订立的合同、协议等情况下，根据合同、协议约定的条款和相关法律法规定向违约者索赔。依约为社会公众投资者提供证券服务的一方，如证券公司、证券投资咨询公司、资产管理公司等，在其业务活动中，给作为合同另一方的投资者造成财产损失，因为有合同关系存在，投资者依照合同约定索赔理由充分。

二是在没有服务合同而对投资者提供相关服务的活动中，受到损失的投资者可以依据证券公司、证券服务机构以及其他机构提供的业务规则或服务章程向侵权的机构索赔。

三是在证券公开发行、上市交易、上市公司并购重组等信息披露以及其他相关活动中，投资者直接依据相关法律法规对做出虚假陈述、内幕交易、市场操纵等违法违规行为的证券发行人、上市公司、证券公司以及其他证券服务机构索赔。

在司法实践中，上述第一种情形发生的违约行为是针对合同的相对人做出，其责任性质属于违约责任，违约责任的具体内容一般在合同或协议条款以及相关法律规范中都有明确约定或规定，受损失的当事人据此主张权利，举证相对容易，案件受理和审理一般也不存在困难。第二、三种情形没有直接具体的对行为人行为的约定限制，行为是针对相对特定或者不特定的人做出，是否

属于证券侵权行为,一般需要证券监管机构先行认定,然后据此向法院起诉索赔。有些受害的当事人直接向法院起诉索赔,但因为证据难以支持请求,往往不为法院受理。[1]

《证券法》、《公司法》直接规定涉及侵害投资者合法权益的证券违法违规行为赔偿责任的规定主要有以下内容:

1.证券发行人、上市公司、公司收购人等信息披露义务人以及与信息披露义务有利害关系的机构或人员对虚假陈述行为造成损失的赔偿责任

所有与证券发行、上市交易、上市公司并购重组等资本市场活动有关的市场主体,包括证券服务机构,其业务活动涉及的依法应当进行信息披露的文件、资料,尤其是财务报告,都应当依法公开,其中如有虚假记载、误导性陈述或者重大遗漏,致使投资者在证券交易中遭受损失的,相关主体及其控股股东和直接责任人员需要承担赔偿责任,但是能够证明自己没有过错的除外。《证券法》还严格规定,对信息披露中虚假陈述有过错的发行人、上市公司的控股股东、实际控制人,应当与发行人、上市公司承担连带赔偿责任。[2]

2.其他证券欺诈行为人对其行为造成损失的赔偿责任

其他证券欺诈行为包括内幕交易行为、操纵市场行为、欺诈客户行为等,这些行为在资本市场发生频率仅次于虚假陈述,也经常给投资者造成损失,如果查证属实,依法应当对所造成的损

---

[1] 《最高人民法院关于审理证券市场因虚假陈述引发的民事赔偿案件的若干规定》(2003年2月1日起施行)第5—6条。

[2] 《证券法》第69条。

失承担赔偿责任。①

3.证券服务机构对其业务中虚假陈述行为造成损失的连带赔偿责任

证券服务机构在其为证券发行人、上市公司等客户出具的文件中可能存在虚假记载、误导性陈述或者重大遗漏。尤其是审计报告、法律意见书、财务顾问报告等专项法定文件，这些文件一般是证券监管机构、社会公众投资者辨别、判定证券发行人、上市公司所公开的信息是否真实、可靠的依据，如果这些文件也有虚假陈述，给投资者或其他人造成损失的，证券服务机构应当与发行人、上市公司承担连带赔偿责任。当然，这种责任承担是以行为人有过错为前提，如果能够证明自己没有过错，即虚假陈述是来自于客户提供的虚假数据或者证明，而自己无法识别，则可以免除责任。②

4.资产评估机构对其虚假评估、验资报告的特别赔偿责任

资产评估机构在资本市场所承担的资产评估、验资或者验证责任特别重大，其所评估确定的资产价格，往往就是投资者决定是否投资的依据，如果其中评估有假或者验资、验证不实，就有可能给投资者或公司的债权人造成损失，资产评估机构应当在其评估或者证明不实的金额范围内承担赔偿责任。当然，这一责任也应当建立在过错原则的基础之上，如果资产评估机构除能够证明自己没有过错，则不承担赔偿责任，以体现行为责任与主观过错相一致的原则。③

---

① 《证券法》第76条第三款，第77条第二款，第79条，第210条。
② 《证券法》第173条。
③ 《公司法》第208条第三款。

## 三、证券侵权行为承担赔偿责任的条件

证券法律法规规定的违法违规行为造成投资者损失的赔偿责任，在具体的案件监管处罚和诉讼实践中，体现为证券侵权行为的赔偿责任，这需要从民事侵权责任的角度来看待责任的落实。一方面，当事人是否承担赔偿责任，要看相对的受害人是否提起证券侵权之诉，如果受害人没有提起诉讼或者法院基于各种原因不予受理，侵权的赔偿责任就不成立。另一方面，即使受害人提起诉讼，法院也予以受理，是否判定行为人承担赔偿责任，则要看其行为是否具备了相应的条件，民法侵权行为理论将此表述为侵权责任的构成条件或构成要件。

与一般证券违法违规行为受到监管处罚所不同的是：承担赔偿责任除了有证券侵权行为存在之外，还要看损失结果是否发生，行为人主观上的过错及其与损失结果之间的因果关系。

1. 证券侵权行为存在

证券侵权行为虽然在性质上属于证券违法违规行为，但在确定赔偿责任时，证券侵权行为又有不同于其他证券违法违规行为的特点：

第一，有些证券侵权行为虽然对相对人造成了损失，但并不具有明显的违法违规情节。譬如，因证券公司客户经理对客户下单的委托产生误解造成损失而引发的赔偿责任，因证券公司设备故障导致客户无法正常交易造成损失而引发的赔偿责任等。这些行为不具有明显的违法违规情节，但是行为结果给相对人造成了损失，依法还是应当承担赔偿责任。正因为如此，有的侵权行为理论不将侵权行为的过程视为承担赔偿责任的条件，而主要是看

有无损失事实发生。

第二，即使证券侵权行为在事实上已经构成，但是如果侵权行为没有被证券监管机构正式做出认定，并对行为人给予监管处罚，或者被司法机关追究刑事责任，因此而受损失的相对人便很难证明损失是由该侵权行为造成，法院又不受理此类案件，要求对方承担赔偿责任的主张便会落空。譬如，针对不特定投资者的虚假陈述、操纵市场、内幕交易等证券欺诈行为，很难由受害的投资者个人对该行为的违法违规性质及其侵权事实做出证明。

第三，在较多的情况下，轻微证券侵权行为的违法性和行为人主观上的过错很难区别。此时，仅需要证明行为人有过错即可，无需再行探求证券侵权行为本身是否存在。譬如，《证券法》第79条规定的证券公司违背客户真实意思表示给客户造成损失的行为。证明这种行为的违法性将会十分困难，但探求证券公司有无过错则较容易，只要证券公司能够证明自己无过错，就可免责。司法实践通常也是用过错原则推定行为的违法违规性质。

2. 发生损失事实

发生损失事实是指证券侵权行为的相对人因对方违法违规行为所遭受的财产损失结果。

普通民事侵权损害赔偿案例的损失事实有多种多样。在财产方面的损失可因财产的不同性质和用途而有较大区别，如实物损毁、不动产非法占用、可消耗物品消耗、资产廉价处置等。在人身方面的损失情形则更多，人格、身份、名誉、身体健康、生命等，都可能涉及。

证券侵权行为给相对人造成损失的情形集中表现为相对人在证券及其衍生产品的认购、交易、上市公司并购重组等活动过程中产生的金钱损失。譬如，行为人实施各种证券欺诈行为使相对人上当受骗而买卖价不符实的股票所造成的损失；因行为人违规经营，操作不当，实施承诺保底收益的委托理财等，给客户造成的损失；因证券公司挪用客户交易结算资金而给客户或者证券登记结算机构造成的损失等。

所有这些损失可以大致分为两种情形：一种是受损失人现有财产的显著减少或者灭失，如高价买进的股票连续跌停，导致严重损失，客户账户中的证券或资金被他人冒名顶替买卖并支取等；另一种是受损失人可能获得的财产或经济利益的丧失，如因证券公司诱使客户进行不必要的股票买卖而致其踏空股票上涨的机会，坐视失去可能获得的股票涨价的收益等。

在实践中，因证券发行人、上市公司、证券公司以及证券服务机构虚假陈述而使投资者买卖相关股票而遭受损失的情形普遍存在。但是，认定投资者所受损失及其应当赔偿的数额却是一项较为困难的工作。股票价格波动是十分正常的市场现象，通常涨跌起伏幅度在10%—30%之间，都是投资者依照正常的市场价格变化规律应当有所预见的情形。只有在市场绝大多数股票价格总体相对稳定，而涉及侵权的股票价格暴跌的情况下，主张侵权赔偿才具有说服力或者证明力。

此外，即使认定损失事实发生，证券损失赔偿数额也不像一般的民事侵权损害赔偿案件那样，容易得到全额赔偿，这还要看行为人的实际赔偿能力。我国资本市场因虚假陈述行为引发的证券赔偿案件，往往呈现"雷声大，雨点小"的状态，即索赔诉求呼声很高，理论研究颇多，付诸行动较少，实际收效甚微。至于因证券侵权行为使相对人可能获得的财产或利益丧失的情形，更存在举证困难。司法实践一般都是以相对人购买股票的实际支出加银行存款利息作为赔偿损失的限额,对高于银行存款利息可能获得利益的诉讼请求一般不予支持。

从法律制度应当公正地对当事人所受损失给予补救看,从资本市场发展的长远方向看,结合市场的具体情况以及双方当事人的过错情形,不拘泥于传统的普通侵权行为赔偿观念,对证券损失结果予以实事求是的求证、评估和判定,给予受害人更多的现实赔偿,才能求得证券赔偿责任的公平。

3. 行为人在主观上有过错

行为人对其行为所造成的损失事实存在主观上的故意或者过失,称为过错。在现实生活中发生损失事实的情形有很多,但这些损失事实是否由造成损失的行为人的主观思想状态所导致发生,是最终确定由行为人承担法律责任,包括赔偿责任的根本依据。换言之,在一般情况下,法律规定只要求行为人对因自己故意或过失所造成的损失结果负责,"罚当其罪"、"罪刑相应",从而达到法律制度追究行为人法律责任与救济相对人所受损失相统一的社会公正目的。由此出发,形成了以探求行为人过错为主的侵权行为归责理论,即以行为人的过错作为对其归结赔偿责任的归责原则。违法行为构成或者犯罪构成理论,也都是将过错作为行为的构成要件之一。

在普通民事侵权行为造成损失事实的多数情况下,因为损失事实比较明显,其又与行为人的侵权行为呈现因果关系,过错通常不证自明,无论故意、过失还是轻微过失,只要行为对他人造成了损失,行为人就必须承担相应的赔偿责任,除非法律规定特别事由可以免除行为人的法律责任。所以,大部分民事赔偿责任的归责原则在理论上都是过错原则。还有一些行为人没有过错却造成了损失的情形，如汽车驾驶员已尽谨慎义务却依然撞伤了行人，按照法律规定，其仍然要承担赔偿责任。这在理论上称为无过错原则，法律制度从维护当事人双方公平的立场出发对受损失人做出的救济安排，是对过错原则的补充。

证券侵权行为的发生比普通民事侵权行为具有更多的人为因素，其主要的损失结果都是由证券欺诈行为造成，而且受损失的相对人通常都是中小投资者，所以，确定其赔偿责任一般都是采用比过错原则更为严格的过错推定原则。

首先，证券欺诈行为人对其行为给投资者造成的损失，应当无条件承担赔偿责任。譬如，证券发行人和上市公司的虚假陈述行为，一经证券监管机构认定，其行为即包含过错，依法应当对投资者造成的损失承担赔偿责任。

其次，对证券欺诈行为的其他利害关系人，根据其与证券欺诈行为的关联程度或者所承担的职责，推定其有过错的，依法应当对行为所造成的损失承担连带的赔偿责任。过错推定原则与普通过错原则的主要区别在于举证方法的不同。按照我国《民事诉讼法》有关诉讼当事人举证责任的规定和民事司法实践中"谁主张，谁举证"的诉讼原则，在一般的民事赔偿诉讼中，侵权人的过错都由受损失一方证明。《证券法》在规定证券欺诈行为人过错责任的同时，对其他与证券欺诈行为造成损失负有连带责任的机构或个人都规定了过错证明倒置的办法，由负有连带责任的行为人证明自己无过错，从而免除其赔偿责任。如其不能证明自己无过错，则推定有过错，依法应当承担赔偿责任。

在依法确定因证券侵权行为造成投资者损失的赔偿责任过程

中，采用过错推定的原则，更有利于保护社会公众投资者，特别是中小投资者的合法权益。

4.损失事实与行为人过错之间的因果关系

探求损失事实与行为人过错之间具有因果关系，是进一步确定证券侵权行为人对其行为或者过错承担民事赔偿责任的主要依据。虽然有些行为被证券监管机构认定为证券违法违规行为，在一定程度上侵害了投资者的合法权益，被依法做出了监管处罚，但对具体受损失的相对人而言，因缺乏行为与损失之间的必然联系，赔偿责任也难以落实。使证券侵权行为人对其侵权行为或者过错承担民事赔偿责任的关键，就是要证明这种因果关系的存在。许多证券侵权赔偿诉讼无功而返、无果而终的主要原因也是因为受损失人所提供的证据尚不足以证明侵权行为与其所受损失之间的因果关系，以致法院对其诉求不予支持，也不予受理。

理论上的因果关系内容较为复杂，一因多果、一果多因、直接因果关系、间接因果关系等，会引出许多话题，甚至还有哲学领域的探讨。从资本市场活动观察，损失赔偿的因果关系并不复杂，就是看行为人的行为或过错与损失事实之间的联系程度。联系直接且密切，并无其他因素介入，即为直接因果关系，需要承担全部的赔偿责任；联系直接且密切，但有其他因素的共同作用，因果关系构成成分中有多种联系，赔偿责任因此要在当事人之间区分主次和大小。至于多因一果或者多果一因等现象，也都是要看损失事实与相关的其他行为人过错的关联程度。其间存在主要的、直接的、密切的联系，才能成为诉求的理由。

同理，在民事诉讼中要落实具体的证券侵权赔偿责任，除了需要具备上述各项条件之外，还要分析因果关系成分中的其他因素。譬如，在因股票发行人虚假陈述引起的损失赔偿案件中，首先要有行为人的违法行为，而且该行为业经证券监管机构认定；其次有受损失人的损失存在；再次行为人主观上有过错。如果具体的责任人认为自己没有过错，违法违规行为为单位行为或者是在自己不知情的情况下发生的，则需自己提供证明。最后，在分析违法行为和当事人的过错与造成的损失之间的联系即因果关系中，结合相关证券发行或交易情况，市场变化因素等情形，确定一个或者数个责任人所应承担的赔偿责任。

## 四、证券侵权行为承担赔偿责任的诉讼程序问题

证券侵权行为赔偿责任的最终落实，需要通过民事诉讼程序来实现，而提起证券侵权赔偿诉讼，法院受理证券侵权赔偿责任案件的相关要求，当事人对诉讼权利的正确理解和行使等，都取决于最高法院对证券侵权赔偿案件受理和审判的解释及其具体规定。

基于特定民事关系发生的证券侵权赔偿案件，如证券公司与客户的关系，证券服务机构与委托客户的关系等，无论有无合同或者协议，只要受损失者能够证明所受损失客观存在，并且确实是因对方行为或者过错而引起，其间的因果关系一目了然，不生歧义，法院一般会受理并做出裁判。绝大多数因证券公司或证券服务机构欺诈客户而致客户遭受损失的赔偿案件都为法院受理并做出了裁判。

针对不特定的社会公众投资者实施证券欺诈行为并造成损失的赔偿案件是证券侵权行为中发生诉讼最多的案件，其中最常见的就是因虚假陈述、操纵市场或内幕交易而给不特定的投资者造

成损失的案件，这些案件因为时间跨度长，专业性强、证据取得和认定难度大而给法院审理带来困难，以致许多基层法院对这些案件一筹莫展。反过来看，因为在我国司法实践中没有产生具有说服力和震慑力的证券侵权赔偿的典型案例，证券欺诈行为没有受到巨额赔偿的司法判决的惩治，现在依然在市场里层出不穷，单一的行政监管处罚或者证券交易所的自律谴责，尚不能对行为人产生有效的威慑。

我国资本市场证券侵权行为造成损失而受害人得不到合理赔偿现象多发，有多种原因：

一是法院在审理证券赔偿案件方面的司法准备不够，包括资源配备、法官水平、执行能力等。

二是相当一部分证券赔偿案件的起诉，要等待证券监管机构对相关的证券违法违规行为做出处罚决定，如果该行为未经证券监管机构做出处罚决定或认定，受损失的当事人在诉讼举证方面就陷入困境，而证券监管机构决定处罚某项证券违法违规行为，又受到诸多因素的制约。

三是受损失的当事人对发生损失的事实及其行为人承担赔偿责任的起诉存在举证困难。囿于专业知识水平和取证的能力，当事人一般很难提供符合法院审判案件所需要的有力证据，如果聘请专业律师完成取证工作，势必大大加剧诉讼成本。

四是资本市场的多变性，致使当事人和法院对证券违法违规行为造成损失的评价很难取得一致的看法，审判结果不尽如人意。此外，行为人的赔偿能力，当事人以及办案法官对赔偿数额的看法等，都在不同程度上影响了证券侵权赔偿责任在司法实践中的落实。

能够说明以上情形的实际司法状况是，2002年1月，最高法院发布《关于受理证券市场因虚假陈述引发的民事侵权纠纷案件有关问题的通知》，仅在当年，全国法院系统受理的此类案件就多达900余起，以致各地法院办理此类案件出现许多难以协调的取证、认定、执行等问题。为了解决这些问题，最高法院在2002年12月又发布了《关于审理证券市场因虚假陈述引发的民事赔偿案件的若干规定》，明确规定此类案件受理必须以证券监管机构做出行政处罚决定或者法院做出刑事裁判文书为立案前提。这一诉讼程序规定，减轻了法院受理、审判证券侵权赔偿案件的压力。[①]

证券欺诈行为发生侵权赔偿诉讼的状况往往是多个受害人提起共同诉讼。我国资本市场首例共同诉讼案，是针对大庆联谊股份有限公司提出的证券虚假陈述赔偿案件。1999年11月，大庆联谊股票造假上市案东窗事发，中央电视台及各大证券传媒播发了中央纪委、监察部的调查结论，这是一起企业领导违规操作，弄虚作假、欺骗上市，以股票的形式向党政机关领导干部行贿送礼，并大肆贪污侵占的严重违纪违法案件。涉案的39人被追究党纪、政纪及法律责任，其中10人由司法机关依法审判。中国证监会于2000年3月对大庆联谊做出处罚决定，责令该公司在6个月内将通过上市募集的4.8亿元收回到上市公司，并对有关责任人处以市场禁入、警告和罚款等处分。2002年1月，三位大庆联谊投资者向哈尔滨中级人民法院递交诉状，起诉大庆联谊及相关责任人。

2004年1月，投资者自行起诉以及由律师征集起诉合并为共同诉讼的投资者诉大庆联谊案由哈尔滨中级人民法院正式受理立案。

---

[①] 《最高人民法院公报》2003年。

2004年8月，经过两年多的调查、审理，哈尔滨中院就大庆联谊案做出一审判决，大庆联谊和申银万国证券公司两被告人共向456起案件的原告人赔偿约1200万元。在该案的上诉审理中，黑龙江省高级法院基本维持了原判，判决大庆联谊赔偿883.7万元，申银万国证券公司对其中433起案件承担连带责任，赔偿608万元。投资者最低获赔金额为1900多元，最高获赔金额为20万元，仅有5起案件受害人获得了股票买入价与卖出价之间损失的全额赔偿。①

显然，这起中国资本市场首例共同诉讼的证券侵权赔偿案件的受理和审判结果并不尽如人意，诉讼延宕费时，诉讼成本高企，赔偿金额偏低，赔偿金执行拖延，没有追及造假公司管理层的连带赔偿责任。但是，从资本市场制度建设而言，这个案件依然有着积极的意义。②

## 第三节　证券犯罪的刑事责任

### 一、证券犯罪的特点

证券犯罪是指违反证券法律法规，实施或参与非法的证券及其衍生产品的发行、交易、经营等相关活动，扰乱资本市场秩序和证券监管，严重损害投资者合法权益，情节严重的行为。

证券犯罪是违法情节严重和社会危害性较大的证券违法违规

---

① 叶可：《大庆联谊虚假陈述案若干实体法律问题探析》，《金融法苑》2008年1期。

② 《大庆联谊虚假陈述案民事索赔了结》，《法制日报》2006年12月7日。

行为，其对市场秩序的破坏性首先表现在造成了严重后果，这是证券犯罪在实践中最主要的特征，以此可以划分罪与非罪，区别追究刑事责任与证券监管处罚和民事赔偿责任的不同。违法行为造成严重后果，涉嫌犯罪，一般是用量化的标准进行衡量，如侵犯财产罪、贪污贿赂罪等，都有一些可供参照的数额标准，以使犯罪行为得到较为平等的刑事责任追究。由于资本市场的特殊性，证券犯罪所涉及的犯罪客体——证券的价格波动起伏太大，难以确定其衡量尺度或基准，所以对证券犯罪的认定和量刑目前尚缺较为统一的量化标准。①

实践中对证券违法行为造成的严重后果，通常从以下三个方面综合考虑：

一是行为人非法获取的利润数额巨大，如内幕交易、操纵市场等行为使行为人获得暴利，市场影响很大。如果获利数额较小或者没有获利，则可能仅由证券监管机构处罚。

二是使用较为恶劣的手段，如在操纵市场行为中，同时利用内幕交易、编造并传播虚假信息、非法融资融券等手段，严重扰乱了市场秩序。

三是行为对投资者、集体或国家造成的经济损失数额较大。对这种经济损失数额要放在资本市场的特定环境中对比考察。譬如，结合发案时涉案证券价格的涨跌起落情况和其他同类证券价格变动情况进行比较，排除证券买卖价格差额之间的市场浮动因素，确定较为真实的损失数额。

证券犯罪对市场秩序的破坏性还表现在其对资本市场稳定健

---

① 刘宪权：《证券期货犯罪理论与实务》，第60页，商务印书馆2006年。

康发展造成了危害。刑法规制犯罪行为并惩治犯罪者的目的在于通过对犯罪个人或机构个别犯罪行为的矫正,向社会以及市场高悬起达摩克利斯之剑,以加强和实现对其他后续犯罪的一般预防。与普通经济犯罪、财产犯罪通常针对具体的单位或个人实施所不同的是,资本市场中涉嫌构成证券犯罪的严重证券违法违规行为,特别是证券欺诈行为,往往针对不特定的社会公众投资者实施,侵害对象直接就是社会公众利益,直接对资本市场秩序和社会秩序造成危害,具有更大程度上的社会危害性。虽然有些行为人在行为实施中可能没有取得非法利润,甚至可能发生亏损,但其行为对市场交易秩序造成的破坏仍远大于对单个投资者或者对机构、单位所造成的损害。譬如,操纵市场的行为人在实施特定的股票买卖价格操纵中,由于连续买卖同一只股票,造成持有该股票数量过大,以致因"坐庄"而被套牢,不得不花费巨大的成本筹集资金以维持股票价格,最终因资金周转困难导致股价崩盘而发生巨大亏损。但在法律上看,这种行为因其危害性较大而不能免除行为人的刑事责任。

对证券犯罪造成的"后果特别严重"或者"情节特别恶劣",一般的学理解释是:(1)造成资本市场某只股票或某几只股票的价格,或者股市大盘价格发生重大波动;(2)给发行人、上市公司造成重大经济损失,使其面临倒闭或者破产风险;(3)给投资者造成可以量化为金钱数量的严重经济损失,损失额一般是以造成客户或者投资者不少于30%的损失为底线;(4)交易行为的相对人或者犯罪行为人因此获得了巨大利益。[①]

---

[①] 《资本市场法律尊严不容戏弄》,《证券时报》2018年5月10日。

## 二、证券犯罪罪名构成与刑事责任

我国《刑法》根据资本市场的实际发展情况，陆续规定了常见的 11 种证券犯罪罪名：欺诈发行证券罪，提供虚假财会报告罪，非法设立证券、期货机构罪，擅自发行证券罪，内幕交易、泄露内幕信息罪，编造并传播证券、期货交易虚假信息罪，操纵证券、期货市场罪，证券监管机构审批失职罪，操纵上市公司罪，诱骗投资者买卖证券、期货合约罪，金融机构擅自运用客户资金或者其他委托、信托的财产罪。这些罪名与《证券法》有关证券违法违规行为法律责任的相关规定互相映衬，有的经过市场治理和严格监管，很少再度发生，有的还以各种形式继续出现，这里则其要者评述如下：

1. 欺诈发行证券罪

本罪名重在规制股票、公司债券发行过程中，发行人实施的虚假陈述，且情节严重、对市场秩序造成重大危害的行为。证券发行人在其发行证券的文件中，譬如，在招股说明书、认股书、债券募集办法中，隐瞒重要事实或者编造重大虚假内容，无论是否给投资者造成损失，都构成欺诈发行证券罪。

成都红光实业股份有限公司是我国资本市场因欺诈发行股票而获罪的第一家法人单位。1997 年 5 月，该公司隐瞒 1996 年度亏损 5377.8 万元的事实，虚报利润 1 亿多元，骗取股票上市。1997 年 8 月，该公司公布中期业绩，每股收益为 0.073 元，在上市仅 3 个月后称"公司生产经营面临困难"，开始玩"变脸"。1998 年 4 月，公司披露 1997 年年报，募股资金 4 亿元，亏损 2.03 亿元，每股亏损 0.863 元，申请特别处理，彻底实现了"变脸"。经投资者举报，证券监管机构调查以及相关司法程序，2000年12月，成都中级人民法院判决该公司犯有欺诈发行股票罪，判处罚金100万元，公司董事长何行毅、总经理焉占翠分别被判处有期徒刑3年。[①]

2. 提供虚假财会报告罪

本罪名是对上市公司、公司收购人等依法负有信息披露义务的市场主体及其责任人员违反义务，犯有重大过错的规制。财务会计报告是上市公司、债券上市的公司以及进行公司并购或者重大资产重组的公司或收购人，依法应当向社会公众投资者持续公开信息的重要法律文件之一，财会报告中的数据就是投资者判断上市公司投资价值的重要依据，其中如有虚假或者隐瞒重要事实，将会严重损害股东或者其他人利益。资本市场发生的虚假陈述类证券欺诈行为，大都与财会报告虚假有关，有些是上市公司控股股东或实际控制人所为，有些是上市公司管理层所为，有的还需要会计师、资产评估师等的串通配合。提供虚假财会报告情节严重，对投资者造成损失或者给市场造成影响的，将构成犯罪，其他相关责任人员视过错程度，也要承担刑事责任或者行政处罚。[②]

3. 非法设立证券期货机构罪

金融与证券期货行业是事关国家经济安全的最重要的行业之一，所有金融机构的设立、运营都需要在政府专门的监管机构的监管之下，以便将金融机构运营规模、货币流量、信贷流量、证券交易量、外汇流量等，集中统一收集数据，在微观和宏观两个层面都能够直接掌握情况，随时因应突发的金融风险。未经批准，

---

[①] 《刑法》第160条。王耀辉：《红光事件发人深省 中小股东当为最重》，《人民日报海外版》2000年12月16日。

[②] 《刑法》第161条。

擅自设立商业银行、证券交易所、期货交易所、证券公司、期货经纪公司、保险公司或者其他金融机构，视国家的金融安全于不顾，直接危害国家利益，理当入罪。我国资本市场早期频繁出现的"证券黑市"就属于此类情形。经过多年的治理，非法设立金融与证券期货机构的情形已经大为减少，但是，随着互联网电商平台的广泛出现，利用网上 P2P 平台以及其他形式进行非法集资、发行证券和虚拟货币的隐形金融机构开始泛滥，值得引起政府相关部门或者监管机构的重视。①

4.擅自发行证券罪

擅自发行证券行为在 20 世纪 80 年代末到 90 年代初期，曾经借国有企业股份制改制发行内部职工股而肆虐一时，其后经较长时期的治理整顿才逐渐销声匿迹。近年来，随着境内企业在境外资本市场挂牌上市增多，境内中小企业风险投资与申请上市渐成气候，加上"新三板"非上市股份交易系统广泛推行，又有不法之徒借风险投资或创业投资之名，采用公开或变相公开的方式，乃至传销的方式，向社会投资者发行未上市公司的股票。这种非法经营的证券业务既无相关经营许可，又无资信保证，往往都是设局诈骗，其危害不亚于"证券黑市"给中小投资者带来的投资灾难，需要司法机关保持严厉打击的高压态势。未经国家有关主管部门批准，擅自发行股票或者其他证券，必须追究刑事责任的，一般需要有数额巨大、后果严重或者其他严重情节。②

2001 年 12 月至 2007 年 8 月期间，由被告人郑戈担任法人代

---

① 《刑法》第 174 条。
② 《刑法》第 179 条。

表的被告单位上海浦东安某公司，为了募集资金，经股东会集体决定，在未经证券监管机构批准的情况下，擅自委托中介公司与个人代理，向社会不特定公众转让安某公司自然人股东的股权。安某公司谎称其股票将在美国纳斯达克上市，能获得巨大利润，并承诺如果不能上市将原价回购股票。共计向260余人发行股票322万股，募集资金人民币1109万余元，用于该公司的经营活动及支付代理费用。截止到案发，该公司既未做上市准备，也未回购股份。上海浦东新区人民法院认为，被告单位安某公司违反国家政策及相关法律规定，未经证券监管机构的批准，委托他人以公开方式向不特定社会公众发行股票，情节严重，被告人郑戈系安某公司直接负责的主管人员，其行为均已构成擅自发行股票罪。判处安某公司罚金30万元；判处郑戈有期徒刑2年。[1]

5.内幕交易、泄露内幕信息罪

知悉证券交易内幕信息的有关人员，在内幕信息尚未公开前，从事与该内幕信息有关的证券交易，或者泄露该信息，情节严重，即构成内幕交易或者泄露内幕信息罪。这里需要区别知悉内幕信息人员直接从事证券内幕交易和泄露内幕信息两种情形。这两种情形的行为人一般都是以牟取非法利益为目的，在主观上都表现为故意。因过失造成内幕信息泄露的，依法可能被处以行政监管处罚，但不构成本罪。[2]

2018年4月25日，四川川投能源股份有限公司（简称川投能源）前董事长黄顺福因犯内幕交易罪，被四川省达州市中级人民

---

[1]《未经批准擅自发行股票构成擅自发行股票罪》，《北大法宝网》2008年12月7日。

[2]《刑法》第180条。

法院一审判处有期徒刑6年,并处罚金700万元。法院认定黄顺福犯有内幕交易罪的主要情节是:2007年2月,川投能源参股的新光硅业1000吨多晶硅国家高技术产业示范工程项目投料试车成功,这意味着新光硅业在生产利用太阳能的基础原材料方面取得重大突破。川投能源作为国家控股的上市公司,加大对新能源基础材料的投入顺理成章,而且会给公司股票带来更好的市场表现。于是,时任川投能源董事长的黄顺福通过董事会做出决定,收购新光硅业的股权。2008年3月31日,川投能源完成对新光硅业的股权收购,次日,将收购信息公开,公司股价大涨。其间,黄顺福将此内幕消息告诉其妻张某,指使其利用"张某某"、"黎某某"的证券账户买入、卖出川投能源股票,非法获利663万元。[①]

6.编造并传播证券交易虚假信息罪

认定这一犯罪需要注意两个方面:一是要掌握故意编造虚假信息与预测市场情况或者预测经营、财务目标误差之间的界限,将预测失误与有意造假区别开来;二是对行为造成的后果或者对市场的危害性做出较为准确的评估,只有造成严重后果或者危害性较大,才能追究行为人的刑事责任。目前资本市场有关证券及其衍生产品的各种介绍、推荐、分析、评论、报告、讲座等,通过现场指引和各种传播媒介,铺天盖地而来,良莠夹杂,真假难辨,如果没有造成严重后果,一般都是对违法违规者处以行业自律处罚或监管处罚,如注销证券分析师资格、暂停年检、停业、罚款等。[②]

---

① 梧桐小编:《川投能源前董事长内幕交易罪:判刑6年,罚金700万元》,《新浪网·新浪财经》2018年4月25日。
② 《刑法》第181条第一款。

1993年10月，湖南省某县物资局干部李定兴，挪用单位贷款100万元在其个人账户以7.85元和7.60元买进江苏昆山三山实业股份有限公司股票（简称苏三山）15万股，但买进后旋即被套牢，眼看解套无望，挪用单位公款之事即将败露。这时上海出了宝安公司收购延中实业之事，李定兴顿生一计：我何不收购苏三山呢？于是当年11月初，他在北海市街头刻了一枚正大置业公司的印章，回到湖南株洲，以"北海正大置业有限公司"的名义，多次致函、致电苏三山股份有限公司、《深圳特区报》、海南《特区证券报》等，制造收购骗局，企图在苏三山股票上涨后捞上一笔。不料海南《特区证券报》真的上了当，把李定兴伪造的信函登了出来，导致11月8日苏三山股票疯狂上涨，从开盘价8.3元最高达到11.5元，上涨40%，当天成交2000万股。李定兴在11.4元将手中股票抛出9500股，赚了29450元。苏三山股价异动引起证券监管机构和深圳证券交易所的警觉，很快就查出没有"北海正大置业"这家公司，并分别在11月9日发表声明，于是苏三山股价暴涨之后狂跌，李定兴则在9.40元的价位把剩余股票全部卖出，还赚了15万元。但其他社会公众投资者在苏三山股票交易中损失2000万元，套牢1.2亿元。李定兴的行为被法院认定为编造并传播股票交易虚假信息罪，判处2年6个月的有期徒刑，罚金1万元。海南《特区证券报》也受到相应的行政处罚，最终被关闭。[①]

7. 诱骗投资者买卖证券罪

触犯这一罪名，以证券从业人员居多。他们或出于完成工作

---

[①] 阿奎：《喧哗与骚动：新中国股市二十年》，第三章第四节《我也要收购："苏三山"诈骗事件》，中信出版社2008年。

业绩指标的需要，如有些证券公司、投资咨询公司的从业人员，为了通过增加业务量获取佣金收入，引诱客户或投资者频繁买卖股票。他们也有出于直接操纵市场的故意，利用"抢帽子戏法"引诱客户或投资者跟风买卖股票，自己抽身而退。还有的与"庄家"相互勾结，共同欺诈客户。如果这些行为没有造成严重后果，在实践中一般以自律处罚或者行政监管处罚较多。如果这些行为造成严重后果，则往往是和其他违法行为交织在一起，譬如，与操纵市场行为交织在一起。但是，这种行为一旦为证券监管机构给予行政监管处罚，再行追究刑事责任则极为罕见。因为"证券黑嘴"与操纵市场相结合，侵犯投资者利益被罚没1.29亿的廖英强案件，就有媒体质疑证券监管机构用行政处罚替代刑事责任的嫌疑。①

2013年5月，浙江省东阳市检察院以涉嫌诱骗投资者买卖证券、期货合约罪将金丽英批准逮捕，这是检察机关首次以此罪名批捕此类犯罪嫌疑人。金丽英因为编造炒期货回报率高达40%的谎言，引诱多人投入巨资炒期货，由她自己操盘，结果是巨额亏损，导致他人300余万元血本无归。经他人举报，被司法机关依法追究刑事责任。②

8. 操纵证券市场罪

本罪原来的罪名是操纵证券交易价格罪，实践中俗称操纵股价罪，涵盖范围较窄，而且以行为人牟取非法利益或转嫁风险为构成条件。2006年6月全国人大常委会通过的《刑法修正案（六）》，修改了原罪名，列举了各种可能的操纵市场的非法手段

---

① 《刑法》第181条第二款。
② 范跃红、王攀、洪美玲：《浙江批捕首例诱骗投资者买卖证券、期货合约罪嫌疑人》，《正义网：检察日报》2013年5月8日。

或方法，在扩大操纵证券市场罪名涵盖面的同时，在成罪条件中取消了原来规定的"获取不正当利益或者转嫁风险"的要件，法定最高刑由 5 年有期徒刑提高到 10 年有期徒刑，凸显了法律制度对保护资本市场交易秩序的重视。从司法实践的角度看，如果证券监管机构对操纵市场的行为人给予严重的行政处罚，再追究其刑事责任似乎不宜，用俗语讲，就是"打了不罚，罚了不打"。但是，从维护市场秩序的角度看，如果案件情节特别严重，社会影响巨大，对行为人一并追究行政监管处罚责任和刑事责任的"连打带罚"，也是有可能的。①

9.操纵上市公司罪

上市公司的董事、监事、高级管理人员违背对公司的忠诚义务，利用职务便利，操纵上市公司从事明显不利于公司的关联交易或其他行为，致使上市公司利益遭受重大损失，即构成操纵上市公司罪。除了上市公司管理层之外，上市公司的控股股东或者实际控制人，也可以利用其控制权安排公司管理层从事不利于公司的关联交易、重大资产重组或者其他行为。操纵上市公司，无论是单位安排还是个人行为，情节严重的，都可能被依法追究刑事责任。②

《刑法修正案（六）》对构成操纵上市公司罪名所列举的，致使上市公司利益发生重特大损失的行为有：

（1）无偿向其他单位或者个人提供资金、商品、服务或者其他资产的；

---

① 《刑法》第 182 条。
② 《刑法》第 169 条。

（2）以明显不公平的条件，提供或者接受资金、商品、服务或者其他资产的；

（3）向明显不具有清偿能力的单位或者个人提供资金、商品、服务或者其他资产的；

（4）为明显不具有清偿能力的单位或者个人提供担保，或者无正当理由为其他单位或者个人提供担保的；

（5）无正当理由放弃债权、承担债务的；

（6）采用其他方式损害上市公司利益的。①

这些行为与《公司法》第149条对公司董事、高级管理人员所规定的禁止行为大致相似，核心是要求公司管理层以及公司控股股东等必须忠诚于公司，成罪的关键是背叛公司的行为使公司利益遭受重大损失。

操纵上市公司罪与操纵证券市场罪既有相似之处，又有明显区别。两种行为的相似之处在于行为人都通过某种手段对特定上市公司的股票价格和交易量产生影响；不同之处则在于操纵上市公司的行为仅限于该公司，而且操纵范围不仅是股票炒作，还可能发生关联交易、公司利益输送、违规担保贷款等等。这些行为一般会给上市公司带来损害，有些研究理论又将其称为背信损害上市公司利益的行为，司法实践中也有将这一罪名称为"背信损害上市公司利益罪"。②

2010年4月—10月，上海市卢湾区人民法院就被告人何某涉嫌操纵上市公司犯罪进行了审理，查明被告人何某利用担任某公

---

① 《刑法》第169条。
② 参见王鹏祥:《背信损害上市公司利益罪的理解与适用》,《河北法学》2008年11期。

司董事长的职务便利,在 2006 年底至 2007 年初违背对公司的忠诚义务、操纵上市公司进行资产收购重组等活动。何某采取了一系列令人眼花缭乱的资产重组、虚签合同和财务倒账的手法,损公肥私,在为自己控制的海南某公司以 19.48% 的持股比例,取得某公司股权,成为某公司第一大股东的同时,造成某公司遭受损失合计人民币 8,050 万元。鉴于何某到案后主动交代司法机关尚未掌握的较重的同种罪行并当庭自愿认罪,其家属亦在判决之前主动缴纳了罚金 50 万元,法院依法从轻判处何某有期徒刑 3 年,宣告缓刑 5 年,并处罚金 50 万元。[1]

---

[1] 《何某犯背信损害上市公司利益罪》,《110 网·判裁案例》。

# 附　录

## 一、主要证券法律法规、规章汇总表

| 一、总论 |||
|---|---|---|
| 法律法规、规章名称 | 发布机关 | 发布时间 |
| 民法总则 | 全国人大 | 2017年 |
| 物权法 | 全国人大 | 2007年 |
| 证券法 | 全国人大常委会 | 1998年<br>2013年 |
| 行政诉讼法 | 全国人大常委会 | 1989年<br>2017年修订 |
| 证券、期货投资咨询管理暂行办法 | 国务院 | 1997年 |
| 股票发行与交易管理暂行条例 | 国务院 | 1993年 |
| 期货交易管理条例 | 国务院 | 2007年<br>2016年修订 |
| 全国社会保障基金条例 | 国务院 | 2016年 |
| 国有资产评估管理办法 | 国务院 | 1991年 |
| 外汇管理条例 | 国务院 | 1996年<br>2008年修订 |

续表

| | | |
|---|---|---|
| 最高人民法院关于冻结、拍卖上市公司国有股和社会法人股若干问题的规定 | 最高院审委会 | 2001年 |
| 最高人民法院关于民事执行中财产调查若干问题的规定 | 最高院审委会 | 2017年 |
| 中国证券监督管理委员会冻结、查封实施办法 | 证监会 | 2005年<br>2011年修订 |
| 证券期货业信息安全保障管理办法 | 证监会 | 2012年 |
| 证券期货市场诚信监督管理办法 | 证监会 | 2017年 |
| 中国证券监督管理委员会行政许可实施程序规定 | 证监会 | 2009年 |
| 行政和解试点实施办法 | 证监会 | 2014年 |
| 中国证券监督管理委员会行政复议办法 | 证监会 | 2002年（已废止）<br>2010年修订 |
| 证券期货业反洗钱工作实施办法 | 证监会 | 2010年 |
| 公开募集证券投资基金风险准备金监督管理暂行办法 | 证监会 | 2013年 |
| 私募投资基金监督管理暂行办法 | 证监会 | 2014年 |
| 中国证券监督管理委员会证券期货监督管理信息公开办法（试行） | 证监会 | 2008年 |
| 中国证监会新闻发布暂行办法 | 证监会 | 2005年 |
| 二、市场主体 |||
| 公司法 | 全国人大常委会 | 1993年<br>2013年修订 |
| 企业破产法 | 全国人大常委会 | 2006年 |
| 企业国有资产法 | 全国人大常委会 | 2008年 |

续表

| | | |
|---|---|---|
| 证券公司风险处置条例 | 国务院 | 2008 年 |
| 证券交易所风险基金管理暂行办法 | 国务院 | 2004 年 |
| 国务院关于股份有限公司境外募集股份及上市的特别规定 | 国务院 | 1995 年 |
| 公司登记管理条例 | 国务院 | 1994 年<br>2005 年修订 |
| 企业国有资产监督管理暂行条例 | 国务院 | 2003 年 |
| 减持国有股筹集社会保障资金管理暂行办法 | 国务院 | 2001 年 |
| 金融资产管理公司条例 | 国务院 | 2000 年 |
| 企业国有资产产权登记管理办法 | 国务院 | 1996 年 |
| 企业债券管理条例 | 国务院 | 1993 年 |
| 融资担保公司监督管理条例 | 国务院 | 2017 年 |
| 国有重点金融机构监事会暂行条例 | 国务院 | 2000 年 |
| 关于党政机关工作人员个人证券投资行为若干规定 | 国务院 | 2001 年 |
| 最高人民法院关于审理涉及会计师事务所在审计业务活动中民事侵权赔偿案件的若干规定 | 最高院审委会 | 2007 年 |
| 最高人民法院关于审理与企业改制相关的民事纠纷案件若干问题的规定 | 最高院审委会 | 2002 年 |
| 最高人民法院关于适用《公司法》若干问题的规定（一） | 最高院审委会 | 2006 年 |
| 最高人民法院关于适用《公司法》若干问题的规定（二） | 最高院审委会 | 2008 年 |
| 最高人民法院关于适用《公司法》若干问题的规定（三） | 最高院审委会 | 2011 年 |

续表

| | | |
|---|---|---|
| 最高人民法院关于适用《公司法》若干问题的规定（四） | 最高院审委会 | 2016年 |
| 最高人民法院关于审理外商投资企业纠纷案件若干问题的规定（一） | 最高院审委会 | 2010年 |
| 中国证监会委托上海、深圳证券交易所实施案件调查试点工作规定 | 证监会 | 2014年 |
| 证券期货投资者适当性管理办法 | 证监会 | 2016年 |
| 证券公司债券管理暂行办法 | 证监会 | 2004年 |
| 上市公司证券发行管理办法 | 证监会 | 2006年 |
| 中国证券监督管理委员会发行审核委员会办法 | 证监会 | 2009年 |
| 中国证监会派出机构监管职责规定 | 证监会 | 2015年 |
| 境外证券交易所驻华代表机构管理办法 | 证监会 | 2007年 |
| 全国中小企业股份转让系统有限责任公司管理暂行办法 | 证监会 | 2013年 |
| 证券交易所管理办法 | 证监会 | 2017年 |
| 外商投资证券公司管理办法 | 证监会 | 2018年 |
| 证券公司和证券投资基金管理公司合规管理办法 | 证监会 | 2017年 |
| 国债承销团成员资格审批办法 | 证监会 | 2006年 |
| 证券投资者保护基金管理办法 | 证监会、财政部、人民银行 | 2005年 2016年修订 |
| 证券业从业人员资格管理办法 | 证监会 | 2002年 |
| 合格境外机构投资者境内证券投资管理办法 | 证监会、人民银行、外汇管理局 | 2006年 |

续表

| | | |
|---|---|---|
| 合格境内机构投资者境外证券投资管理试行办法 | 证监会 | 2007年 |
| 基金管理公司特定客户资产管理业务试点办法 | 证监会 | 2007年<br>2012年修订 |
| 证券投资基金评价业务管理暂行办法 | 证监会 | 2009年 |
| 企业年金基金管理办法 | 证监会 | 2011年 |
| 人民币合格境外机构投资者境内证券投资试点办法 | 证监会 | 2013年 |
| 证券投资基金管理公司管理办法 | 证监会 | 2012年 |
| 证券投资基金托管业务管理办法 | 证监会 | 2013年 |
| 公开募集证券投资基金运作管理办法 | 证监会 | 2014年 |
| 香港互认基金管理暂行规定 | 证监会 | 2015年 |
| 期货投资者保障基金管理暂行办法 | 证监会、财政部 | 2007年<br>2016年修订 |
| 货币市场基金监督管理办法 | 证监会 | 2015年 |
| 期货交易所管理办法 | 证监会 | 2007年 |
| 期货公司管理办法 | 证监会 | 2007年 |
| 期货从业人员管理办法 | 证监会 | 2007年 |
| 证券期货市场统计管理办法 | 证监会 | 2009年 |
| 境外交易者和境外经纪机构从事境内特定品种期货交易管理暂行办法 | 证监会 | 2014年 |
| 期货公司风险监管指标管理办法 | 证监会 | 2017年 |
| 外资参股证券公司设立规则 | 证监会 | 2002年 |
| 首次公开发行股票时公司股东公开发售股份暂行规定 | 证监会 | 2013年 |

续表

| | | |
|---|---|---|
| 上市公司股东大会规则 | 证监会 | 2016年 |
| 关于上市公司建立内幕信息知情人登记管理制度的规定 | 证监会 | 2011年 |
| 上市公司现场检查办法 | 证监会 | 2010年 |
| 企业内部控制基本规范 | 财政部、证监会、审计署、银监会、保监会、财会 | 2008年 |
| 上市公司董事、监事和高级管理人员所持本公司股份及其变动管理规则 | 证监会 | 2007年 |
| 上市公司国有股东标识管理暂行规定 | 国资委 | 2007年 |
| 国有单位受让上市公司股份管理暂行规定 | 国资委 | 2007年 |
| 关于加强社会公众股股东权益保护的若干规定 | 证监会 | 2004年 |
| 关于加强在境外发行证券与上市相关保密和档案管理工作的规定 | 证监会、国家保密局、国家档案局 | 2009年 |
| 金融机构客户身份识别和客户身份资料及交易记录保存管理办法 | 人民银行、银监会、证监会、保监会 | 2007年 |
| 证券公司分支机构监管规定 | 证监会 | 2013年 |
| 证券公司设立子公司试行规定 | 证监会 | 2007年 |
| 外国证券类机构驻华代表机构管理办法 | 证监会 | 1999年 |
| 证券公司治理准则 | 证监会 | 2012年 |
| 中国证券投资者保护基金有限责任公司受偿债权管理办法（试行） | 证监会 | 2006年 |
| 证券投资者保护基金申请使用管理办法（试行） | 证监会 | 2006年 |

续表

| | | |
|---|---|---|
| 证券公司短期融资券管理办法 | 证监会 | 2004年 |
| 证券公司进入银行间同业市场管理规定 | 证监会 | 1999年 |
| 基金管理公司特定客户资产管理子公司风险控制指标管理暂行规定 | 证监会 | 2016年 |
| 基金管理公司子公司管理规定 | 证监会 | 2016年 |
| 金融企业国有资产转让管理办法 | 财政部 | 2009年 |
| 企业国有产权转让管理暂行办法 | 国资委、财政部 | 2003年 |
| 信托公司管理办法 | 银监会 | 2007年 |
| 创业投资企业管理暂行办法 | 发改委、科技部、财政部、商务部、人民银行、税务总局、工商总局、银监会、证监会、外汇局 | 2005年 |
| 注册会计师执行证券、期货相关业务许可证管理规定 | 财政部、证监会 | 2000年 |
| 关于从事证券业务的会计师事务所注册会计师资格确认的规定 | 财政部 | 1993年 |
| 律师事务所证券法律业务执业规则（试行） | 证监会、司法部 | 2010年 |
| 关于加强对利用"荐股软件"从事证券投资咨询业务监管的暂行规定 | 证监会 | 2012年 |
| 关于加强报刊传播证券期货信息管理工作的若干规定 | 新闻出版总署、证监会 | 2010年 |
| 关于加强证券期货信息传播管理的若干规定 | 证监会、新闻出版署、邮电部、广电部、工商局、公安部 | 1997年 |

续表

| | | |
|---|---|---|
| 保险公司股票资产托管指引（试行） | 保监会 | 2004年 |
| 合格境外机构投资者境内证券投资外汇管理规定 | 证监会 | 2016年 |
| 境内及境外证券经营机构从事外资股业务资格管理暂行规定 | 证监会 | 1996年 |
| 上市公司非公开发行股票实施细则 | 证监会 | 2011年 |
| 上市公司股东发行可交换公司债券试行规定 | 证监会 | 2008年 |
| 个人债权及客户证券交易结算资金收购实施办法 | 证监会、人民银行、财政部、银监会 | 2005年 |
| 基金管理公司固有资金运用管理暂行规定 | 证监会 | 2013年 |
| 三、市场行为 | | |
| 合同法 | 全国人大 | 1999年 |
| 证券投资基金法 | 全国人大常委会 | 2003年 2015年修订 |
| 信托法 | 全国人大常委会 | 2001年 |
| 国务院关于股份有限公司境内上市外资股的规定 | 国务院 | 1995年 |
| 最高人民法院关于审理期货纠纷案件若干问题的规定（二） | 最高院审委会 | 2010年 |
| 最高人民检察院、公安部关于经济犯罪案件追诉标准的补充规定 | 最高检检委会 | 2008年 |
| 最高人民法院关于审理期货纠纷案件若干问题的规定 | 最高院审委会 | 2003年 |

续表

| | | |
|---|---|---|
| 最高人民法院、最高人民检察院关于办理内幕交易、泄露内幕信息刑事案件具体应用法律若干问题的解释 | 最高院审委会，最高检检委会 | 2011年 |
| 最高人民法院关于审理证券市场因虚假陈述引发的民事赔偿案件的若干规定 | 最高院审委会 | 2003年 |
| 首次公开发行股票并上市管理办法 | 证监会 | 2006年 |
| 证券发行与承销管理办法 | 证监会 | 2013年 |
| 优先股试点管理办法 | 证监会 | 2014年 |
| 公司债券发行与交易管理办法 | 证监会 | 2014年 |
| 国有股东转让所持上市公司股份管理暂行办法 | 证监会 | 2007年 |
| 上市公司并购重组财务顾问业务管理办法 | 证监会 | 2007年 |
| 上市公司重大资产重组管理办法 | 证监会 | 2008年 2016年修订 |
| 非上市公众公司监督管理办法 | 证监会 | 2012年 |
| 上市公司收购管理办法 | 证监会 | 2006年 2014年修订 |
| 上市公司股权激励管理办法 | 证监会 | 2016年 |
| 中国证券监督管理委员会限制证券买卖实施办法 | 证监会 | 2007年 |
| 证券登记结算管理办法 | 证监会 | 2009年 |
| 股票期权交易试点管理办法 | 证监会 | 2014年 |
| 证券公司融资融券业务管理办法 | 证监会 | 2015年 |

续表

| | | |
|---|---|---|
| 证券公司董事、监事和高级管理人员任职资格监管办法 | 证监会 | 2006年<br>2012年修订 |
| 转融通业务监督管理试行办法 | 证监会 | 2011年 |
| 证券公司客户资产管理业务管理办法 | 证监会 | 2012年<br>2013年修订 |
| 证券公司风险控制指标管理办法 | 证监会 | 2006年<br>2016年修订 |
| 客户交易结算资金管理办法 | 证监会 | 2002年 |
| 律师事务所从事证券法律业务管理办法 | 证监会 | 2007年 |
| 证券投资基金信息披露管理办法 | 证监会 | 2004年 |
| 证券投资基金行业高级管理人员任职管理办法 | 证监会 | 2004年 |
| 保险机构投资者股票投资管理暂行办法 | 证监会 | 2004年 |
| 证券投资基金销售管理办法 | 证监会 | 2013年 |
| 首次公开发行股票并在创业板上市管理办法 | 证监会 | 2014年 |
| 创业板上市公司证券发行管理暂行办法 | 证监会 | 2014年 |
| 存托凭证发行与交易管理办法（试行） | 证监会 | 2018年 |
| 关于外国投资者并购境内企业的规定 | 商务部 | 2009年 |
| 关于上市公司以集中竞价交易方式回购股份的补充规定 | 证监会 | 2008年 |
| 境内证券市场转持部分国有股充实全国社会保障基金实施办法 | 证监会 | 2009年 |

续表

| | | |
|---|---|---|
| 关于证券公司申请首次公开发行股票并上市监管意见书有关问题的规定 | 证监会 | 2008年 |
| 国际开发机构人民币债券发行管理暂行办法 | 证监会、财政部、人民银行、发改委 | 2010年 |
| 关于前次募集资金使用情况报告的规定 | 证监会 | 2007年 |
| 关于加强与上市公司重大资产重组相关股票异常交易监管的暂行规定 | 证监会 | 2012年<br>2016年修订 |
| 上市公司并购重组专家咨询委员会工作规则 | 证监会 | 2012年 |
| 国有控股上市公司（境内）实施股权激励试行办法 | 国资委、财政部 | 2006年 |
| 国有控股上市公司（境外）实施股权激励试行办法 | 国资委、财政部 | 2006年 |
| 外国投资者对上市公司战略投资管理办法 | 商务部、证监会、税务总局、工商总局、外管局 | 2005年 |
| 上市公司回购社会公众股份管理办法（试行） | 证监会 | 2005年 |
| 全国银行间债券市场债券买断式回购业务管理规定 | 人民银行 | 2004年 |
| 全国银行间债券市场债券交易管理办法 | 人民银行 | 2000年 |
| 证券发行上市保荐业务管理办法 | 证监会 | 2008年 |
| 四、市场规制 | | |
| 行政处罚法 | 全国人大常委会 | 1996年<br>2017年修订 |

续表

| | | |
|---|---|---|
| 非法金融机构和非法金融业务活动取缔办法 | 国务院 | 1998年 |
| 金融违法行为处罚办法 | 国务院 | 1999年 |
| 行政执法机关移送涉嫌犯罪案件的规定 | 国务院 | 2001年 |
| 证券公司监督管理条例 | 国务院 | 2008年 |
| 最高人民法院关于证券监督管理机构申请人民法院冻结资金账户、证券账户的若干规定 | 最高院审委会 | 2005年 |
| 最高人民法院关于对与证券交易所监管职能相关的诉讼案件管辖与受理问题的规定 | 最高院审委会 | 2005年 |
| 中国证券监督管理委员会行政处罚听证规则 | 证监会 | 2015年 |
| 上市公司信息披露管理办法 | 证监会 | 2006年 |
| 证券市场禁入规定 | 证监会 | 2006年 |
| 证券投资基金运作管理办法 | 证监会 | 2004年<br>2012年修订 |
| 期货公司资产管理业务试点办法 | 证监会 | 2012年 |
| 期货公司监督管理办法 | 证监会 | 2014年 |
| 证券市场资信评级业务管理暂行办法 | 证监会 | 2007年 |
| 证券期货规章制定程序规定 | 证监会 | 2008年 |
| 证券结算风险基金管理办法 | 证监会、财政部 | 2006年 |
| 关于加强上市证券公司监管的规定 | 证监会 | 2010年 |
| 证券公司分类监管规定 | 证监会 | 2010年 |
| 证券公司合规管理试行规定 | 证监会 | 2008年 |

续表

| | | |
|---|---|---|
| 证券公司检查办法 | 证监会 | 2000年 |
| 证券经纪人管理暂行规定 | 证监会 | 2009年 |
| 证券投资基金销售结算资金管理暂行规定 | 证监会 | 2011年 |
| 证券投资基金销售业务信息管理平台管理规定 | 证监会 | 2007年 |
| 非银行金融机构开展证券投资基金托管业务暂行规定 | 证监会 | 2013年 |
| 黄金交易型开放式证券投资基金暂行规定 | 证监会 | 2013年 |
| 开放式证券投资基金销售费用管理规定 | 证监会 | 2009年 2013年修订 |
| 关于证券投资基金管理公司在香港设立机构的规定 | 证监会 | 2008年 |
| 基金管理公司提取风险准备有关事项的补充规定 | 证监会 | 2007年 |
| 证券投资基金管理公司治理准则（试行） | 证监会 | 2006年 |
| 保险机构销售证券投资基金管理暂行规定 | 证监会 | 2013年 |
| 证券公司业务范围审批暂行规定 | 证监会 | 2008年 |
| 证券公司为期货公司提供中间介绍业务试行办法 | 证监会 | 2007年 |
| 关于加强证券经纪业务管理的规定 | 证监会 | 2010年 |
| 证券公司缴纳证券投资者保护基金实施办法（试行） | 证监会 | 2007年 |

续表

| | | |
|---|---|---|
| 关于进一步完善证券公司缴纳证券投资者保护基金有关事项的补充规定 | 证监会 | 2013年 |
| 关于证券公司缴纳证券投资者保护基金有关事项的补充规定 | 证监会 | 2009年 |
| 非上市公众公司收购管理办法 | 证监会 | 2014年 |
| 非上市公众公司重大资产重组管理办法 | 证监会 | 2014年 |
| 证券期货规章草案公开征求意见试行规则 | 证监会 | 2009年 |
| 行政和解金管理暂行办法 | 证监会 | 2015年 |
| 信息披露违法行为行政责任认定规则 | 证监会 | 2011年 |
| 证券期货业信息安全事件报告与调查处理办法 | 证监会 | 2012年 |
| 资信评级机构出具证券公司债券信用评级报告准则 | 证监会 | 2003年 |
| 关于加强证券期货经营机构客户交易终端信息等客户信息管理的规定 | 证监会 | 2013年 |
| 证券公司及基金管理公司子公司资产证券化业务管理规定 | 证监会 | 2014年 |
| 关于证券公司证券自营业务投资范围及有关事项的规定 | 证监会 | 2011年<br>2012年修订 |
| 证券公司代销金融产品管理规定 | 证监会 | 2012年 |
| 证券投资顾问业务暂行规定 | 证监会 | 2010年 |
| 发布证券研究报告暂行规定 | 证监会 | 2010年 |
| 证券公司次级债管理规定 | 证监会 | 2012年 |
| 证券公司股票质押贷款管理办法 | 证监会 | 2004年 |

续表

| | | |
|---|---|---|
| 资产管理机构开展公募证券投资基金管理业务暂行规定 | 证监会 | 2013年 |
| 证券投资基金销售机构通过第三方电子商务平台开展业务管理暂行规定 | 证监会 | 2013年 |
| 关于证券投资基金宣传推介材料监管事项的补充规定 | 证监会 | 2008年 |
| 区域性股权市场监督管理试行办法 | 证监会 | 2017年 |

## 二、案例索引表

| 序号 | 案名/页码 | 案件性质 | 案发时间以及处理、处罚或审判时间 | 案件索引号、编号或者出处 |
|---|---|---|---|---|
| B | 博元投资公司被强制退市案 P210 | 多次伪造银行承兑汇票，披露财务信息严重虚假 | 2011年案发 2014年5月行政处罚 | 中国证监会：（2014）47号（2014）48号 |
| C | 长航油运公司经营严重亏损退市案 P210 | 经营不善，严重亏损而致退市 | 2014年6月长航油运从上交所退市 2014年11月结案 | 中国裁判文书网：（2014）宁商破字第9—4号 |
| | 超日债债券资信评级造假案 P271 | 原拟于2014年3月发行公司债，构成实质性违约 | 2014年4月因揭露而停止发行 2014年5月结案 | 网易新闻，2014年3月6日 |
| | 长江包装公司资产评估欺诈（造假）案 P274—276 | 刘邦成、泰港公司以及资产评估师均因欺诈和财务造假获罪 | 2003年10月，成都市中级人民法院做出一审判决 2003年11月四川省高院维持原判 | 搜狐新闻，2004年6月16日 |
| | 成都红光电子公司欺诈发行股票案 P512—513 | 公司董事长何行毅、总经理焉占翠等高管四人获罪 | 2000年12月成都市中级人民法院做出判决 | 人民网·人民日报海外版，2000年12月16日 |
| | 川投能源公司原董事长黄顺福内幕交易犯罪案 P515—516 | 黄指使其妻利用内幕信息在2007年3月后陆续买入，至2008年5月后卖出川投能源股票，非法获利663万元 | 2017年7月至2018年4月，四川省达州市中级人民法院做出判决 2018年4月结案 | 四川省达州市中级人民法院：（2016）川17刑初14号 |

537

续表

| | | | | |
|---|---|---|---|---|
| D | 东方趋势投资顾问公司编造传播虚假信息案 P409—410 | 证券服务机构在提供证券咨询服务中编造传播虚假信息 | 2001年至2002年4月30日案发 2002年11月结案 | 中国证监会关于该公司未通过年检的通知 |
| | 大庆联谊公司弄虚作假、欺骗上市，导致民事赔偿案 P508—509 | 为了公司上市在财务数据上弄虚作假 | 1999年案件揭露 2002年起诉 2006年12月民事赔偿执行完毕 | 百度文库"大庆联谊公司虚假陈述民事赔偿案" |
| G | 国泰证券公司余卉玩忽职守案 P222—223 | 余卉在担任证券公司营业部经理期间涉嫌玩忽职守，挪用资金为亲友牟利 | 1995年至1998年期间发生 2003年8月昆明中级人民法院判决 | 新浪财经，2013年8月10日 |
| | 光大证券公司尹敏非法拆借资金案 P470—471 | 尹敏涉嫌利用证券营业部平台非法拆借资金 | 该案在2005年为广东省高级法院发回重审后不了了之 | 中国经济网，2005年3月16日 |
| H | 杭州富通昭和公司上市资格取消案 P192—193 | 富通昭和公司因为公司名称的敏感性，被取消公司上市资格 | 上海证券交易所2003年9月23日 | 法制日报2003年9月24日 |
| | 河南南阳律师制造虚假法律文书案 P247 | 律师给当事人伪造法律文书，用于向法院执行局催要结果 | 2012年9月涉案律师被南阳市苑城区人民检察院批准逮捕 | 腾讯新闻，2012年9月10号 |
| | 海南琼民源公司虚假陈述（财务造假）案 P381 | 琼民源公司在年度报告的财务数据中大肆造假，虚构利润，开创了中国上市公司 | 1998年4月，中国证监会宣布琼民源公司在1996年年度报告中虚构利润5.4亿元 | 和讯网·和讯股票：中国资本市场20年十大股案之琼民源 |

续表

| | | 大规模财务造假之先河 | 1998年11月北京市第一中级人民法院做出维持行政处罚决定的判决 | |
|---|---|---|---|---|
| H | 华锐风电公司上市虚假陈述（财务造假）案 P469 | 为该公司做财务审计的利安达会计师事务所涉案会计师和华锐风电公司受到中国证监会行政处罚，连带发生民事赔偿诉讼 | 2011年至2012年华锐风电公司上市后财务造假，会计师审计参与，2016年8月北京市高级人民法院做出维持民事赔偿的判决 | 中国证监会：（2015）67号40000895X/行政处罚 |
| | 何某操纵上市公司犯罪案 P520—521 | 背信损害上市公司利益罪 | 2006年至2007年期间发生<br>2010年10月上海卢湾区人民法院判决有罪 | 华律网，2012年3月10日 |
| L | 律师为东方锅炉公司上市制造虚假法律文书案 P249 | 四川中维律师事务所涉案律师实施法律文书造假行为 | 1996年3月，四川省司法厅吊销涉案律师执照 | 新浪新闻，2000年8月22日 |
| | 律师为杭州娃哈哈公司上市提供虚假法律意见文书案 P249 | 北京大成律师事务所律师在娃哈哈公司1997年至1998年申请上市期间涉案 | 1999年4月中国证监会做出处罚决定 | 中国证监会网站，1999年4月5日 |
| | 廖英强操纵证券市场（股票）案 P469 | 2015年3月至11月，廖英强利用媒体传播虚假信息，操纵39只股票交易 | 2018年4月中国证监会做出处罚决定 | 中国证监会：（2018）22号 |

539

续表

| | | | | |
|---|---|---|---|---|
| L | 李定兴编造并传播苏三山公司股票交易虚假信息犯罪案 P517 | 李定兴因个人利用公款炒股被套,为了解套获利而触犯本罪 | 1993年9月至11月实施<br>1997年12月结案 | 个人图书馆网,2015年2月22日 |
| M | 美国MIT博士严飞内幕交易案 P24—25 | 2016年8月和12月,严飞两次利用内幕消息进行交易,从中获利12万美元 | 2017年7月被逮捕<br>2018年3月严飞在纽约被联邦法院判处15个月监禁 | 美国中文网·美国新闻2017年10月31日 |
| | 美国长期资本管理公司操纵市场(债券)案 P150 | 采用杠杆失控,致使公司资不抵债,2000年清算 | 1998年初到当年9月实施<br>2000年公司清算 | 百度百科:美国长期资本管理公司 |
| | 美国安然公司虚假陈述(财务造假)案 P199 | 安然公司1985年成立后长期财务造假 | 2016年12月宣告破产<br>主要负责人被治罪 | 百度知道,2017年12月7日 |
| | 美国雷曼兄弟公司违规经营破产案 P222 | 雷曼公司长期利用杠杆从事次级房屋抵押贷款债券经营,造成巨大风险敞口 | 2002年到2007年期间实施<br>2008年申请并宣告破产 | 百度百科:美国雷曼公司破产 |
| | 美国安达信会计师事务所虚假陈述(协助财务造假)案 P239 | 销毁安然公司的审计文件,试图逃避美国证券交易委员会调查,构成妨碍司法罪 | 2001年11月实施<br>2002年6月,安达信会计师事务所被法院定罪并撤销 | 和讯网·和讯新闻,2015年12月1日 |

续表

| | | | | |
|---|---|---|---|---|
| M | 美国世通公司虚假陈述（财务造假）案 P376—377 | 财务数据造假，直接导致世通公司破产，刷新了美国企业破产涉案金额历史记录 | 2002年世通公司财务造假被揭露，公司CEO埃伯斯被联邦法院以欺诈罪等罪名判刑 | 新华网·新华视点，2006年1月16日 |
| | 美国"家政皇后"玛莎·斯图尔特内幕交易案 P387—388 | 玛莎触犯内幕交易与伪证罪 | 2001年12月实施 2004年10月获罪 | 南方周末2005年3月24日 |
| N | 南京彭宇民事赔偿案 P92 | 彭宇涉嫌在南京市水西门公交车站前撞伤他人而引发民事诉讼 | 2006年11月发生 2007年9月南京市鼓楼区人民法院判决彭宇败诉 | 南京市鼓楼区人民法院：（2007）鼓民一初字第212号 |
| | 宁波徐翔操纵证券市场（股票）犯罪案 P178 | 本案是资本市场闻名遐迩的市场操纵大案，涉及文峰集团以及徐长江等人，2017年4月，徐长江一审亦被判刑 | 2011年至2015年实施。2017年1月青岛市中级人民法院做出刑事一审判决。2017年4月山东省高级人民法院维持原判。 | 山东省高级人民法院：（2017）鲁刑终185号 |
| | 南方证券公司严重违规经营破产案 P233 | 南方证券公司利用客户证券交易保证金操纵股票交易，导致资金链绷断而破产 | 2004年初被行政接管 2006年7月申请破产 2013年破产清算完成 | 深圳市中级人民法院：（2015）深中法破初字第28号 |

541

续表

| | | | | |
|---|---|---|---|---|
| R | 日本"利库路特贿赂——内幕交易"案 P386 | 1989年2月,东京检察当局逮捕了利库路特集团前董事长江副浩正,1990年10月,东京地方法院判处真藤恒2年徒刑 | 1988年7月被日本新闻媒体揭露 1990年9月法院宣判 | 百度百科:日本"利库路特贿赂案" |
| S | 上海挪用社保基金案 P184 | 2006年7月,上海劳动和社会保障局原局长祝均一因为违规拆借社保基金被查处,牵涉了福禧投资张荣坤等多人 | 2006年7月案发 2007年9月祝均一因受贿、挪用公款以及滥用职权三罪名,被长春市中级人民法院一审判处有期徒刑18年 | 百度百科:(2015)长刑执字第01428号 |
| S | 深圳宝安公司举牌收购上海延中实业公司所生"宝延风波"案 P344 | 中国证监会肯定宝安收购持股有效,但对宝安公司信息披露不及时处以100万元罚款 | 1993年,深圳宝安集团通过二级市场举牌收购上海延中实业 | 百度百科:宝延风波 |
| T | 唐汉博操纵证券市场(小商品城股票)案 P400 | 唐汉博以团伙成员、公司员工名义开立多个股票账户,在多地用多台电脑采取虚假挂单交易等操纵市场 | 2015年至2016年4月期间实施 2017年3月中国证监会对唐汉博做出行政处罚 | 中国证监会:(2017)21号40000895X/行政处罚 |

542

续表

| | | | | |
|---|---|---|---|---|
| | 新加坡上市公司中航油股份有限公司及其CEO陈久霖操纵市场（石油期货）案 P11—12 | 中航油在此次新加坡期货交易中对赌，买卖石油期货巨亏5.5亿美元 | 2003年至2004年12月实施 2006年3月陈久霖被新加坡法院判刑 | 新浪财经："中航油石油投机巨亏" |
| | 西安达尔曼公司虚假陈述（财务造假）案 P204—205 | 在财务报表中制造虚假采购，虚假销售、伪造现金流等虚假数据 | 1997年至2003年期间实施 2004年被揭露 2005年5月结案 | 百度文库："达尔曼财务舞弊案" |
| | 香港百富勤公司违规经营破产案 P228—229 | 超量违规经营东南亚国家债券 | 1997年在亚洲金融风暴中遭重创 1998年1月宣布破产 | 凤凰网·凤凰财知道，2016年1月22日。 |
| X | 新疆德隆集团操纵证券市场案 P398—399 | 德隆集团负责人唐万新以及其他高管分别因非法吸收公众存款和操纵市场而获罪 | 2006年因资金链断裂、债务崩盘而案发 2006年4月29日由武汉市中级人民法院做出刑事判决 | 武汉市中级人民法院：（2006）鄂武汉中刑初字第00036号 |
| | 新疆"啤酒花"公司违规担保、信息披露虚假陈述案 P476 | 伪造合同虚开发票，虚构营业收入，违规担保，未履行披露义务 | 2003年案发 2003年11月中国证监会行政处罚 | 豆丁网："啤酒花事件"的法律思考，2013年11月19日 |
| | 鲜言操纵市场（股票）案 P493—494 | 鲜言操纵多伦股份公司股票价格的行为涉及多种操纵手段，被中国证监会顶格处罚 | 2013年7月至2015年2月期间实施 2018年7月，上海一中院开庭审理 | 中国证监会：（2017）29号40000895X/行政处罚 |

续表

| | | | | |
|---|---|---|---|---|
| Y | 英国巴林银行因内部管控失当而致倒闭破产案 P223—224 | 交易员里森玩忽职守致使巴林银行发生巨额亏损 | 1995年2月，英国中央银行宣布巴林银行破产 | 财经天空·典型案例，2006年10月29日 |
| | 英国南海公司虚假信息传播案（南海泡沫案）P321—322 | 对南海公司拥有潜在巨额利润的虚假传言引发市场狂热投机，造成南海泡沫泛滥，最终导致投资者上当受骗，亏损累累 | 1720年底，英国政府对南海公司资产进行清理 1721年1月英国国会结束对南海公司案件调查 | 华声网，2018年1月31日 |
| | 宇通客车公司管理层收购案 P357 | 宇通客车公司管理层通过一系列的内部和外部收购操作，将原本属于国有控股的宇通客车公司改变为由管理层收购控股的私营公司 | 2001年6月，上海宇通与郑州市国资局签署股权转让协议，开始管理层收购的系列操作 2004年12月完成管理层收购并公告 | 道客巴巴:《宇通客车管理层收购案例（MBO）研究》2013年3月2日 |
| | 伊利股份公司前董事长郑俊怀及管理层收购犯罪案 P357—358 | 本案涉嫌以权谋私，郑俊怀以及其他相关高管被以挪用公款罪判刑 | 1999年至2003年实施 2004年被立案调查 2006年5月19日内蒙古自治区高级人民法院裁定维持原判。 | 2005年12月31日包头市中级人民法院做出刑事一审判决。新华网，2006年5月22日 |

续表

| | | | | |
|---|---|---|---|---|
| Y | 银广夏公司虚假陈述（财务造假）犯罪案 P375—376 | 原银广夏高管董博、李有强、丁功名等因提供虚假财会报告罪被判刑和罚金；深圳中天勤会计师事务所合伙人刘加荣、徐林文因出具证明文件重大失实罪被判刑和罚金 | 1998年至2001年实施 2002年4月，中国证监会对银广夏做出行政处罚 2003年9月执行 | 2003年9月16日，宁夏回族自治区银川市中级人民法院对银广夏案做出刑事一审判决。凤凰财经，2012年5月10日 |
| | 亿安科技操纵证券市场（股票价格）犯罪案 P401 | 亿安科技公司高管李鸿清、程冰芳、何新祥、王琦等人因操纵证券交易价格罪被判刑和没收非法所得 | 1998年10月至2001年2月实施 2001年4月26日，中国证监会做出行政处罚决定 | 2003年9月25日广州市中级人民法院对该案做出刑事一审宣判。南方都市报2003年9月26日 |
| Z | 中科创业操纵证券市场（股票）犯罪案 P59、P402—404 | 本案主犯吕梁、丁福根在调查、审判时缺席，其他相关人员获罪 | 1998年至2000年实施 2001年中国证监会查处 | 2003年4月1日，北京市第二中级人民法院做出刑事一审判决 |
| | 周益明借公司收购掏空四川明星电力公司犯罪案（合同诈骗） P336—337 | 周益明虚假收购行为构成合同诈骗罪，被判处无期徒刑，连带明星电力原董事长周秀华因受贿行为获罪 | 2002年至2004年实施 2005年案发 2007年4月四川省高级人民法院终审裁定维持原判 | 2006年12月1日四川省遂宁市中级人民法院刑事一审判决。人民网，2007年4月10日 |

续表

| | | | | |
|---|---|---|---|---|
| Z | 郑州"郑百文"公司信息披露隐瞒重大事件案 P382 | 郑百文利用公司巨额资金炒股获利,但在披露年度财务报告时隐瞒 | 1996年至1999年实施<br>2000年10月新华社揭露 | 2001年9月27日中国证监会做出行政处罚。新华社,2001年9月29日 |
| | 中国证监会王小石受贿案 P448 | 王小石利用职务便利收受贿赂款人民币共计72.6万元,被判处有期徒刑13年 | 2002年3月至9月期间实施<br>2005年12月执行 | 2005年12月9日,北京市第一中级人民法院对该案做出刑事一审判决 |
| | 中国证监会李量受贿案 P449 | 李量利用职务便利,收受9家公司投资人贿赂约700万元 | 2000年至2012年期间实施<br>具体量刑情况不详 | 2016年11月10日,扬州市中级人民法院开庭审理本案,李量认罪 |
| | "中安消"公司借壳收购飞乐股份虚假陈述案(财务造假)P469 | 虚增置入资产评估值以及虚增营业收入等主要财务数据 | 2014年至2015年期间实施<br>2018年1月结案 | 中国证监会《行政处罚事先告知书》:(处罚字)(2018)7、8、9号 |
| | 郑戈与安某公司擅自发行股票案 P514 | | 2001年12月至2007年8月实施<br>2008年12月结案 | 北大法宝网:2008年12月7日 |
| | 浙江金丽英诱骗投资者买卖期货合约案 P518 | | 2010年至2011年期间实施<br>2013年起诉,具体获刑不详 | 正义网:检察日报2013年5月8日 |

续表

| | | | | |
|---|---|---|---|---|
| Z | "327国债期货事件"——万国证券公司操纵国债期货案 P396 | 在此事件中，万国证券公司亏损13亿元，其负责人管金生被以贪污和挪用公款罪判刑17年 | 1992年至1995年2月期间实施 1996年7月万国证券公司被上海申银证券公司吸收合并，更名为申银万国证券公司 | 1997年2月3日上海第一中级人民法院做出刑事判决羊城晚报2013年7月6日 |

说明：

本案例索引表中引用的案例既有外国的，也有中国的；时间跨度较大；既有证券投资或公司收购实际操作案例，又有证券违法违规案件；有些是证券监管机构处罚的案件，有些是人民法院审判的案件。多种案例情况存在，不易用统一的引用标准注明，只能根据实际情形，尽可能引用权威出处。如有不当，请读者指正。

# 主要参考文献

1. [美]曼昆:《经济学原理》,梁小民译,机械工业出版社2003年。
2. [英]安东尼·阿巴拉斯特:《西方自由主义的兴衰》,曹海军等译,吉林人民出版社2004年。
3. 贺卫、伍山林:《制度经济学》,机械工业出版社2003年。
4. [美]科斯、哈特、斯蒂格利茨等:《契约经济学》,李风圣等译,经济科学出版社2003年。
5. 陈淮:《大道至简——讲给EMBA的经济学》,中国发展出版社2014年。
6. [加拿大]罗伯特·阿尔布里坦等主编:《资本主义的发展阶段——繁荣、危机和全球化》,张余文等译,经济科学出版社2003年。
7. [美]理查德·斯考特·卡内尔等:《美国金融机构法》上下册,高华军译,商务印书馆2016年。
8. 汪太贤:《西方法治主义的源与流》,法律出版社2001年。
9. 盛洪:《为什么制度重要》,郑州大学出版社2004年。
10. [英]麦考密克:《制度法论》,周叶谦译,中国政法大学出版社1994年。
11. 吴玉章:《法治的层次》,清华大学出版社2002年。
12. [美]弗兰克·J.法博齐:《资本市场:机构与工具》,唐旭等译,经济科学出版社1998年。
13. [美]托马斯·利奥:《投资银行业务指南》,周刚等译,经济科学出版社2000年。
14. [美]布瑞德福特·康纳尔:《公司价值评估——有效评估与决策的工具》,张志强等译,华夏出版社2001年。
15. 施锡铨:《博弈论》,上海财经大学出版社2005年。
16. [美]约翰·S.戈登:《伟大的博弈——华尔街金融帝国的崛起》,祁斌译,中信出版社 2005 年。

17. 谢思全等:《转型期中国财产制度变迁研究》,经济科学出版社 2003 年。
18. 禄正平:《中国资本市场规制》,上海财经大学出版社 2007 年。
19. 吴志忠:《美国商事法研究》,武汉大学出版社 1998 年。
20. 高如星、王敏祥主编:《美国证券法》,法律出版社 2000 年。
21. [美] 劳伦斯·A. 克尼厄姆:《向格雷厄姆学思考,向巴菲特学投资》,王庆等译,中国财政经济出版社 2005 年。
22. 王月溪:《投资银行与企业并购研究》,经济科学出版社 2004 年。
23. 夏斌、陈道富:《中国私募基金报告》,上海远东出版社 2002 年。
24. [美] J. 弗雷德·威斯通等:《兼并、重组与公司控制》,唐旭等译,经济科学出版社 1998 年。
25. 王建主编:《资产市场发育与国有企业改革》,中国经济出版社 1998 年。
26. 邵亚良:《中国证券市场可持续发展研究》,企业管理出版社 2001 年。
27. [美] 约翰·赫尔:《期权、期货和衍生证券》,张陶伟译,华夏出版社 1997 年。
28. 李明良:《期货市场风险管理的法律机制研究》,北京大学出版社 2005 年。
29. 胡英之:《证券市场的法律监管》,中国法制出版社 1999 年。
30. 符启林主编:《中国证券交易法律制度研究》,法律出版社 2000 年。
31. 吴志攀、白建军主编:《证券市场与法律》,中国政法大学出版社 2000 年。
32. 李朝晖:《证券市场法律监管比较研究》,人民出版社 2000 年。
33. 黄觉岸、罗祥国编著:《金融投资法律实务》,商务印书馆(香港)有限公司 1996 年。
34. 周小明:《信托制度比较法研究》,法律出版社 1996 年。
35. 刘朗泉:《中国商事法》,商务印书馆 2011 年。
36. 严武等:《中国投资银行业的规范与发展》,管理经济出版社 2000 年。
37. 张红风、孔宪香:《股票期权制度——理论、实践、反思》,经济科学出版社 2003 年。
38. 朱锦清:《证券法学》,北京大学出版社 2004 年。
39. 徐杰主编:《证券法教程》,首都经济贸易大学出版社 2000 年。
40. 廖盛芳主编:《证券法详解》,江苏人民出版社 1999 年。

41. 郝东旭、魏淑君编著:《证券市场风险法律防范》,法律出版社 2000 年。
42. [日] 河本一郎、大武泰南:《证券交易法概论（第四版）》,侯水平译,法律出版社 2001 年。
43. 朱从玖主编:《投资者保护——国际经验与中国实践》,复旦大学出版社 2002 年。
44. 张舫:《证券上的权利》,中国社会科学出版社 1999 年。
45. 王敦常编:《票据法原理》,商务印书馆 2016 年。
46. 赵锡军:《论证券监管》,中国人民大学出版社 2000 年。
47. 郝银钟、王莉君主编:《证券违法与犯罪研究》,人民法院出版社 2004 年。
48. 高西庆、陈大刚主编:《证券法学案例教程》,知识产权出版社 2005 年。
49. 郑顺炎:《证券市场不当行为的法律实证》,中国政法大学出版社 2000 年。
50. [美] 霍华德·施利特:《揭露美国财务史上七大骗术三十种手段——财务骗术》,吴谦立译,上海远东出版社 2003 年。
51. 符启林主编:《中国证券市场十年著名案例评析》,中国政法大学出版社 2003 年。
52. 杨亮:《内幕交易论》,北京大学出版社 2001 年。
53. 黄振中:《美国证券法上的民事责任与民事诉讼》,法律出版社 2003 年。
54. 张海波:《中国股市大索赔》,广东经济出版社 2002 年。
55. 吴晓求主编:《建立公正的市场秩序与投资者利益保护》,中国人民大学出版社 1999 年。
56. 张开平:《英美公司董事法律制度研究》,法律出版社 1998 年。
57. 齐斌:《证券市场信息披露的法律监管》,法律出版社 2000 年。
58. 于莹:《证券法中的民事责任》,中国法制出版社 2004 年。
59. 王利明:《侵权行为法归责原则研究》,中国政法大学出版社 2003 年。
60. 陈洁:《证券欺诈侵权损害赔偿研究》,北京大学出版社 2002 年。
61. 贺绍奇:《内幕交易的法律透视》,人民法院出版社 2000 年。
62. 张明远:《证券投资损害诉讼救济论——从起诉董事和高级职员的角度进行的研究》,法律出版社 2002 年。
63. 顾雷、王宝杰:《证券市场违规犯罪透视与法律遏制》,中国检察出版社 2004 年。

64. 屠光绍主编:《市场监管：架构与前景》,上海人民出版社 2000 年。
65. 胡启忠:《金融刑法适用论》,中国检察出版社 2003 年。
66. 李东方:《证券监管法律制度研究》,北京大学出版社 2002 年。
67. 周立:《金融衍生工具发展与监督》,中国发展出版社 1997 年。
68. 刘宪权:《证券期货犯罪理论与实务》,商务印书馆 2006 年。
69. 刘俊海:《现代证券法》,法律出版社 2011 年。

# 后　　记

同称为《证券法》或《证券法学》书名的著作或教材已经有几种问世，各有特色和重点。笔者再用这一书名撰写类似著作类的教材，确有挑战和疑惑。

一是本书积笔者多年资本市场实际工作经验和大学教学实践所得，侧重于理论联系实际，紧扣《证券法》、《公司法》等与资本市场规制相关的法律法规，从法理上阐述证券立法之必须及其在证券活动、监管、司法实施中之得失，自然与过往的传统法学教材在体例、结构、叙述或阐释风格上相去甚远。本书既有资本市场法律规制学术研讨、建议、总结成分，又有现行证券法律法规注释、解说、拓展之内容，似是著作的研讨，又有作为教材的愿望，是为在传统教材之外另辟蹊径之举。

二是本书作为教材，期待能够为大学法学、财经、金融、工商管理以及其他相关文科、商科专业的本科高年级学生和研究生参选为教材。应当看到，证券法律法规的适当应用与完善，正如资本市场生生不息的活动一样，需要鲜活的实例、案例和不断修正的理论去阐释和补充，本书在这方面给予了较多的关注。

三是资本市场规制需要全面借鉴我国境外各国、地区的证券法律法规立法和实践经验，尤其是英美法系判例法的经验，而不是纯粹的理论讨论，这和传统大陆法系的民商法理论著述有了差

# 后　记

距，尤其是在当前强调法典化立法的背景下。本书试图对证券法的成文立法和判例之间做出协调阐释，希望对读者有所助益。

笔者撰写本书历时十余载，经历了中国资本市场的起起落落，观察了美国资本市场的适度放任和严格监管，目睹了《证券法》、《公司法》几度修订、修改以及大量证券法规、规章的产生过程，体悟了资本运作的不易、暴富与风险，将其与法学理论结合完成本书。自然阐述风格不同，优劣与否，留给读者评价。

当然，笔者曾赴美国游学经年，现在受聘三亚学院法学院任教，在教学中深感中国大学法学教材需要更多地理论联系实际的创新，故而将这些年的积累汇总撰写成《证券法学》，以期对大学法学教育中的知识灌输模式改革有所助益。

当前我国资本市场发展已经相对成熟，各种证券法律法规和规章相对完备，证券监管宽严适度，市场体量和发展空间越来越大，适时推出不同体例和写作风格的《证券法学》，或有益于读者加深认识资本市场。

在本书最后的修改、校对过程中，三亚学院法学院学生林明、李明泽、林大清、姚轶诚提供了帮助，在此一并致谢。

禄正平

2018 年 6 月 9 日谨识

于三亚湾寓所